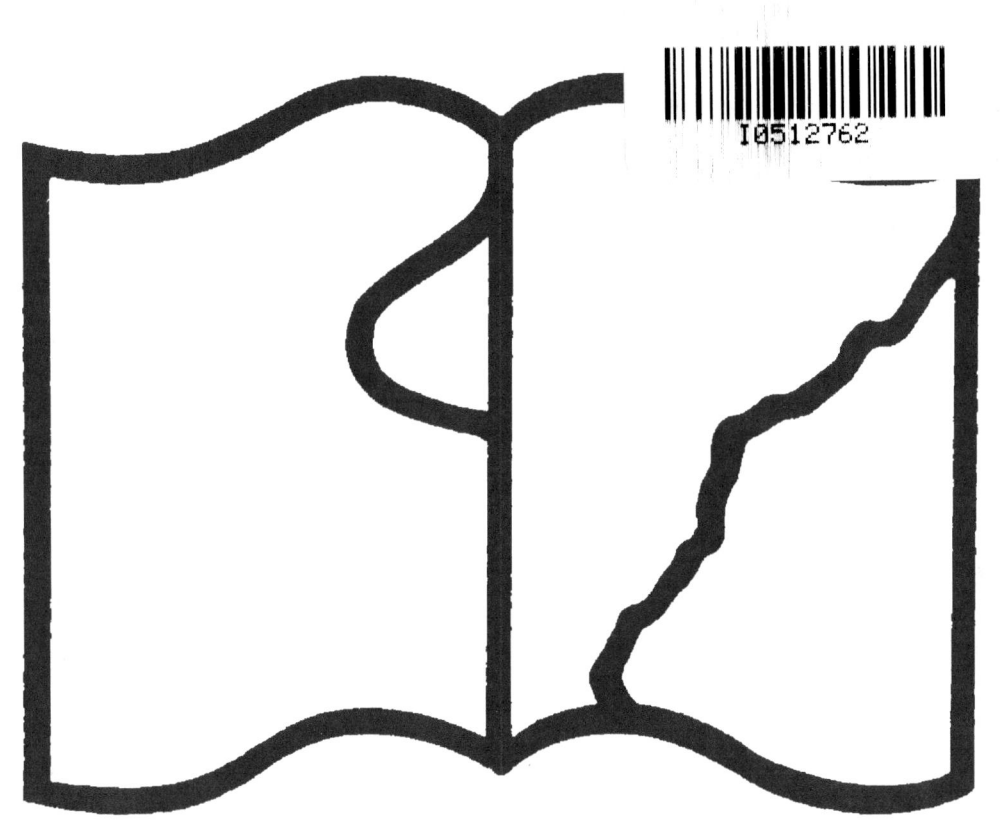

Texte détérioré — reliure défectueuse

NF Z 43-120-11

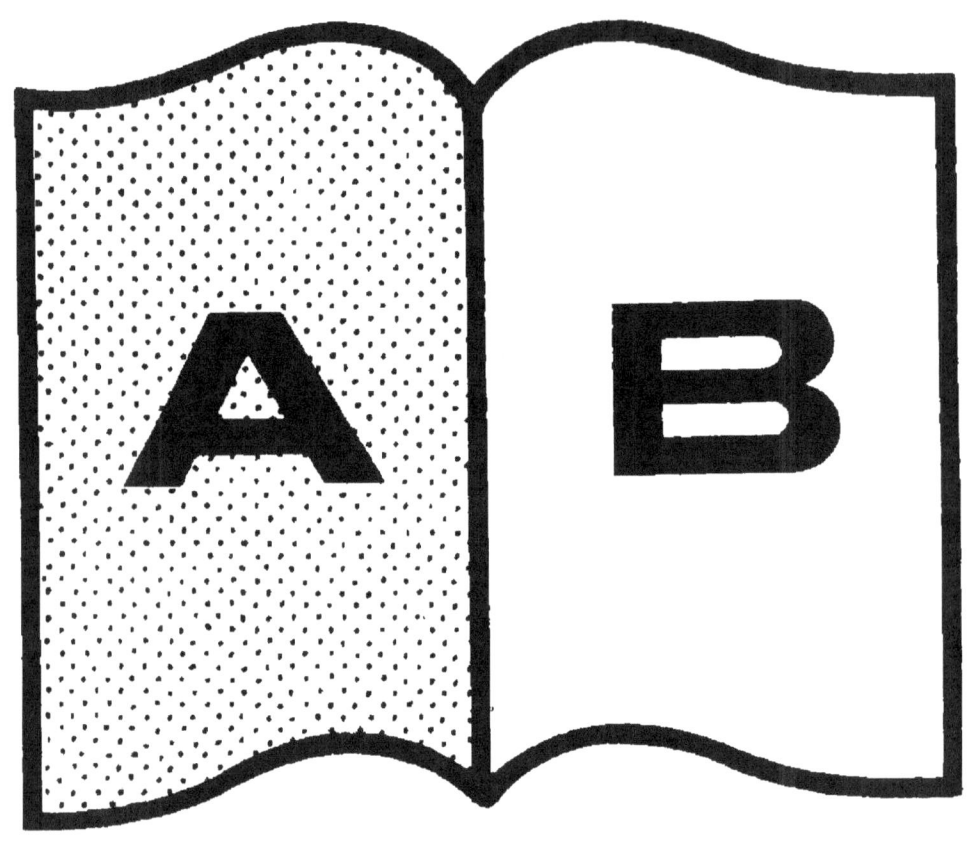

Contraste insuffisant

NF Z 43-120-14

Y. 5496.
+ c − h.

DICTIONNAIRE

DES

THÉÂTRES

DE PARIS.

DICTIONNAIRE
DES
THÉÂTRES
DE PARIS,

Contenant toutes les Piéces qui ont été repréfentées jufqu'à préfent fur les différens *Théâtres François*, & fur celui de l'*Académie Royale de Mufique* : les Extraits de celles qui ont été jouées par *les Comédiens Italiens*, depuis leur rétabliffement en 1716, ainfi que des *Opéra Comiques*, & principaux Spectacles des Foires *Saint Germain & Saint Laurent*. Des faits Anecdotes fur les Auteurs qui ont travaillé pour ces Théâtres, & fur les principaux Acteurs, Actrices, Danfeurs, Danfeufes, Compofiteurs de Ballets, Deffinateurs, Peintres de ces Spectacles, &c.

TOME QUATRIE'ME.

A PARIS,

Chez LAMBERT, Libraire, rue de la Comédie Françoife, au Parnaffe.

M. DCC. LVI.

Avec Approbation, & Privilége du Roy.

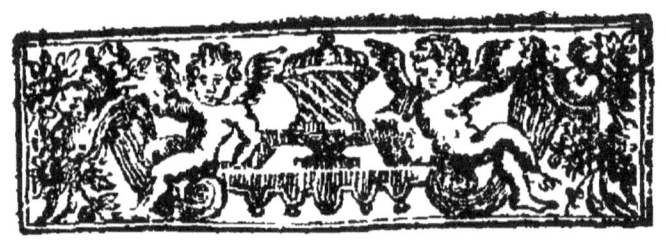

DICTIONNAIRE
DES
THÉATRES.

O B

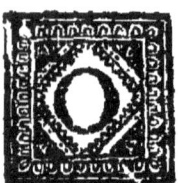BSTACLE (l') FAVORABLE, Opéra Comique en un acte, par Messieurs *Le Sage*, *Fuselier* & *d'Orneval*, représenté le Vendredi 20 Septembre 1726. précédé des *Comédiens Corsaires*, Prologue, & suivi des *Amours déguisés*, Piéce en un acte.

Cette piéce eut assez de succès, elle roule sur la dispute des Médecins & des Chirurgiens, c'étoit une matiere du temps, que les Auteurs ont traité d'une maniere plaisante. Elle a été reprise avec succès à la Foire S. Laurent de l'année 1734. Elle est imprimée tome VI. du Théatre de la Foire, Paris, veuve Pissot, 1728.

OBSTACLE (l') IMPRÉVÛ, Comédie en cinq actes & en prose, de M. *Destouches*, imprimée dans ses Œuvres, & représentée le Vendredi

Tome IV.   A

29 Octobre 1717. *Histoire du Théatre François*, année 1717.

OCCASION, (l') Comédie en forme d'Opéra Comique, en un acte, suivie d'un divertissement, au Théatre Italien, par Messieurs *Dominique*, *Riccoboni* le fils, & *Romagnesi*, représentée pour la premiére fois le Samedi 10 Août 1726. non imprimée.

Cette Comédie ou plûtôt cet Opéra Comique formoit le troisiéme acte de la piéce intitulée: *Les Comédiens Esclaves*, qui cependant n'étoit que le Prologue des piéces suivantes; *Arlequin toûjours Arlequin*, un acte, *Arcagambis*, *Tragédie burlesque*, un acte, & enfin l'*Occasion*, qui terminoit ce Spectacle. Comme le Prologue & les deux premiers actes de cette piéce sont imprimés, Paris, Brisson, nous allons rendre compte de la piéce qui fait le sujet de cet article.

„ L'Occasion personnifiée ouvre la scéne,
„ elle est poursuivie d'une troupe de gens qui
„ ont besoin de son secours, & qui chantent en
„ l'environnant.

> Non, non, n'espérez pas nous tromper,
> N'espérez pas nous échapper.

„ Un des poursuivans l'arrête enfin; l'Occa-
„ sion proteste qu'elle ne rendra service à aucun
„ d'eux, si on ne la laisse en liberté: elle consent
„ cependant qu'on la garde à vûe. Ensuite elle
„ donne audience à diverses personnes, qui
„ viennent se plaindre de l'avoir manquée, mais
„ elle leur fait connoître que c'est leur faute,
„ & non pas la sienne. Pour donner une idée

» plus précise de ces scénes, nous allons en
» présenter deux ».

SCÉNE III.

Lolotte, l'Occasion.

LOLOTTE.

Je viens, Déesse aimable, implorer votre secours.

L'OCCASION.

En quoi puis-je vous être utile ?

LOLOTTE.

Je me suis échappée du logis, pour vous demander une grace, que je vous prie de ne me pas refuser.

L'OCCASION.

Je vous l'accorderai volontiers ; vous êtes trop jolie pour ne pas l'obtenir. Parlez librément.

LOLOTTE.

Je suis dans ma treiziéme année, Mademoiselle, & cependant vous ne vous êtes pas offerte à moi : je vous cherche tous les jours, & vous me fuyez ; que vous ai-je fait pour me traiter si mal ?

L'OCCASION.

Voilà des reproches que je ne sçavois pas avoir mérités.

LOLOTTE.

Depuis le jour que j'ai trouvé l'occasion de plaire à un jeune Ecolier de Droit, qui vient faire des quadrilles chez nous, je n'ai pû trouver encore celui de lui dire qu'il m'a plû ; il est vrai que ma mere me couve des yeux, & qu'elle est terriblement surveillante.

AIR. (*Je ne suis né ni Roi ni Prince.*)

A mes désirs elle est contraire,
Mais elle cherche encore à plaire,
Je voudrois bien avoir mon tour ;
N'a-t-elle pas mauvaise grace ?
Elle veut bien faire l'amour,
Et ne veut pas que je le fasse.

L'OCCASION.

Elle a tort, & vous devez suivre l'exemple qu'elle vous donne.

LOLOTTE.

Il n'y a rien de si juste, ce me semble.

L'OCCASION.

Y a-t'il longtemps que vous aimez le jeune Ecolier de Droit?

LOLOTTE.

Il y a près d'un mois que je le vis pour la première fois; il me parut si joli, que je me sentis toute émue en le voyant. Il me lança de tendres œillades, auxquelles je répondis sur le champ; je compris par-là qu'il m'aimoit aussi; il ne me l'a point encore dit, & c'est ce qui me désespére. Il fait l'amour en Ecolier.

L'OCCASION.

Que voulez-vous que je fasse à cela pour vous, la belle enfant?

LOLOTTE.

Cela n'est pas difficile à deviner; je voudrois trouver l'occasion de tromper la vigilance de ma mere, & de voir mon Amant en secret; il ne tient qu'à vous de me procurer cet amusement.

L'OCCASION.

Je puis aisément vous satisfaire; mais pourquoi me demandez-vous cela?

LOLOTTE.

C'est que je suis curieuse de voir si il est aussi timide en particulier qu'il l'est devant le monde; d'ailleurs, j'ai tant de jolies choses à lui dire, que je voudrois qu'il n'y eut que lui qui les entendit.

L'OCCASION.

Vous l'aimez donc beaucoup?

LOLOTTE.

Oh, cela n'est pas croyable: il est fait à peindre, Mademoiselle, mais il n'a pas d'esprit.

L'OCCASION.

Et à quoi voyez-vous cela?

LOLOTTE.

C'est qu'il ne me parle que par signes, cela ne me consente pas.

L'OCCASION.

Vous avez raison. Eh bien ma petite, je vous promets de procurer bientôt à votre Amant l'occasion de vous parler autrement que par signes; mais s'il n'en profite pas, ce ne sera pas ma faute.

LOLOTTE.

Allez, allez, Mademoiselle, laissez-moi faire.

AIR. (*Menuet d'Hésione.*)

Je sors d'ici pour vous attendre,
Permettez-moi ce doux plaisir;
S'il n'a pas l'esprit de vous prendre,
Moi je sçaurai bien vous saisir.

SCÉNE IV.

LE CHEVALIER, L'OCCASION.

LE CHEVALIER.

Parbleu, Déesse, vous vous faites chercher bien long-temps! on ne sçait où vous trouver.

L'OCCASION.

Si vous me cherchez où je ne suis pas, vous ne me trouverez jamais.

LE CHEVALIER.

Je vous cherche où l'on vous trouve presque toûjours. A la Cour.

L'OCCASION.

Pas toujours. J'y ai rendu service à bien des gens.

LE CHEVALIER.

Je suis par-tout le Prince, croyant vous trouver auprés de lui, mais cela est inutile.

AIR. (*De Chasse.*)

Dans l'ardeur qui me presse,
Je m'empresse
Au lever.
Une course rapide,
Au dîner,
Me fait arriver.

Je vous cherche à la chasse,
Aux jeux, aux concerts, aux banquets,
Vains projets !
Hélas ! quoique je fasse,
Je ne vous rencontre jamais.

L'OCCASION.

Qu'avez-vous affaire de moi ? pourquoi me cherchez-vous ?

LE CHEVALIER.

Je me lasse d'être inutile à l'Etat, je cherche l'occasion de servir en quelque chose au Prince, & de sortir de cette inaction où je ne suis que malgré moi.

L'OCCASION.

Voilà des sentimens bien louables, & je vous servirai de tout mon pouvoir : mais sçachons qui vous êtes, & quel est votre rang ?

LE CHEVALIER.

Je suis bon Gentilhomme.

L'OCCASION.

Je vous demande ce que vous faites à la Cour ?

LE CHEVALIER.

Parbleu, je fais..... je fais....... ma Cour, on ne m'y donne point d'autres occupations.

L'OCCASION.

Je vous entends. Fainéant suivant la Cour.

LE CHEVALIER.

Je voudrois trouver l'occasion d'entrer en quelque place, où je devinsse utile à l'Etat ; c'est mon ambition : je ne cherche point à me mettre en crédit, ni à augmenter mes richesses, mais à pouvoir rendre service à ma patrie.

L'OCCASION.

Voilà une façon de penser bien estimable. Voici ce que vous devez faire. Prenez un parti, suivez-le exactement ; vous ne serez pas d'abord plus nécessaire qu'un autre, mais vous le deviendrez, si vous vous conduisez en habile homme. Aimeriez-vous la guerre, par exemple ?

LE CHEVALIER.

Mais j'ai du cœur comme un autre ; cependant je suis bien délicat, & j'aurois bien de la peine à en soûtenir les fatigues ; de plus, un coup de canon vient, qui vous rend sur le champ inutile au Royaume.

L'OCCASION.

Eh bien, prenez le parti de la Finance; un homme qui les administre bien, se fait généralement aimer & estimer.

LE CHEVALIER.

Non, je ne veux point mettre mon équité à une pareille charge; d'ailleurs je ne sçai point assez d'Arithmétique.

L'OCCASION.

Suivez les affaires du Prince, vous aurez peut-être dans la suite une place dans les Conseils, & c'est alors que vos sages avis seront d'une grande utilité.

LE CHEVALIER.

Oh, je n'entends rien aux affaires, & je suis si vif, que je ne sçaurois m'attacher.

L'OCCASION.

Que voulez-vous donc faire? Donnez-vous à l'étude des beaux Arts, d'autres que vous se font estimer par-là.

LE CHEVALIER.

Bon, bon, si je devenois sçavant, je ne pourrois plus fréquenter personne: je n'aurois qu'à parler de science, pour n'être plus entendu dans aucune compagnie.

L'OCCASION

Et comment voulez-vous donc être utile à l'Etat, si vous n'êtes propre à rien.

AIR. (*Quand Moïse fit défense.*)

Vous n'êtes point pour la guerre.

LE CHEVALIER.

Non, parbleu, c'est trop risquer.

L'OCCASION.

L'étude ne peut vous plaire.

LE CHEVALIER.

Je ne sçaurois m'appliquer.

L'OCCASION.

Vous fuyez la politique.

LE CHEVALIER.

J'en ignore la pratique.

L'OCCASION.
Puisque rien n'est votre fait,
Prenez le petit collet.

LE CHEVALIER.
Oh, pour cela non ; il ne me sied point, & je suis beaucoup mieux en Cavalier.

L'OCCASION.
Voulez-vous m'en croire ? Vous ne pouvez être bon qu'auprès du beau sexe. Employez-vous auprès des Dames.

AIR. (*Menuet d'Hésione.*)

Que les Beautés les plus cruelles,
De vous seul reçoivent la loi.
Qui peut se rendre utile aux Belles,
Trouve toûjours assez d'emploi.

LE CHEVALIER.
Il y a déja assez longtemps que je suis dans cet emploi, & je n'ai point à me plaindre de vous de ce côté-là.

A ces deux scénes suivent celles de *Nigaudin*, qui est le conte de *Nicaise* employé ; d'un vieillard, qui a toûjours été homme à bonne fortune, & qui prend la résolution d'être généreux à son tour. Enfin *Climéne*, Coquette un peu sur le retour, & qui cherche un mari. L'Occasion lui fait connoître que sa trop grande facilité lui a fait perdre l'Occasion.

CLIMÉNE.
Comment, je n'ai donc plus d'espoir d'être mariée ?

L'OCCASION.
Si vous êtes riche, vous pourrez trouver quelque garçon ruiné.

CLIMÉNE.
Je n'en veux point. Ne ferai-je pas mieux d'aller à l'Opéra ?

L'OCCASION.
Pourquoi faire ?

CLIMÉNE.
Ce qu'on y fait ordinairement, chanter & danser, vous pourriez m'y rendre quelque service.

L'OCCASION.

Air. (*Je ne suis né ni Roi ni Prince.*)

Non, ce n'est point dans les coulisses,
Que l'hymen trouve des auspices ;
Si vous allez à l'Opéra,
Que ce soit pour d'autres affaires,
Car jamais dans ce pays-là,
Je ne fais gagner les Notaires.

A peine Climéne est sortie, que l'Occasion s'apperçoit qu'on a négligé de l'observer, elle profite du moment & s'enfuit : tous les Acteurs de la piéce se rassemblent, & forment un divertissement de danses & de chants, qui est terminé par un vaudeville. En voici deux couplets.

Quand de l'Amant qui la talonne,
Une aimable personne,
Rebute trop l'empressement,
Pour lui c'est un fâcheux moment ;
Mais quand avec douceur,
Elle répond à son ardeur,
Qu'une tendre langueur,
Vient fixer son bonheur ;
L'occasion est bonne.

A chaque piéce qu'on vous donne,
Notre Troupe frissonne,
Nous craignons votre jugement,
Pour nous c'est un fâcheux moment ;
Mais quand le Spectateur,
Judicieux connoisseur,
Applaudit l'Acteur,
Quel plaisir pour l'Auteur
L'occasion est bonne.

(*Extrait Manuscrit.*) *Mercure de France,*
Septembre 1726. p. 1812. *& suivantes.*

OCCASIONS (les) PERDUES, Comédie

en cinq actes & en vers, de M. *Rotrou*, représentée en 1631. Paris, Quinet, 1636. *Hist. du Th. Franç.* année 1631.

OCTAVE, (Jean-Baptiste Constantini, dit) de Verone, fils de Constantin Constantini, Acteur de l'ancienne Troupe Italienne, & frere puîné d'Angelo Constantini, ou Mézétin, débuta au Théatre Italien en 1688. pour les seconds Amoureux, sous le nom d'*Octavio*. M. de Tralage, dans une note manuscrite, nous a conservé la date du début de cet Acteur. Voici ses termes. « Le 2 Novembre 1688. les Comé-
» diens Italiens ont joué pour la premiére fois
» une Comédie Italienne intitulée : *La Folie*
» *d'Octavio*. Celui qui représente *Octavio*, est
» un jeune homme qui fait le personnage d'A-
» mant. Il est fils de *Gradelin*, & frere de Mé-
» zétin. Il fut applaudi de toute l'assemblée. Il
» joua de sept sortes d'instrumens, sçavoir la
» flute, le théorbe, la harpe, le psaltérion, la
» cymbale, la guittare & le hautbois, & le len-
» demain il y ajoûta l'orgue. Il ne chante pas
» mal, & danse fort bien; il est bien fait de sa
» personne ».

Octave succéda à Aurélio, (Bartholomeo Raniéri,) dans l'emploi de second Amoureux, jusqu'en 1694. qu'il devint le premier, lorsque Cinthio quitta ce role pour prendre celui de Docteur.

En 1697. les Comédiens Italiens ayant été congédiés par ordre du Roi, Octave revint à Vérone sa patrie, & trouva l'occasion de rendre des services importans aux Généraux des Armées de France, au commencement de la guerre de 1701. ce qui fut cause que les Impériaux firent un dégât notable dans ses biens. Ces faits sont prouvés par une attestation en forme, qui est entre les mains de Mademoiselle Belmont, (Elisabeth Constantini) sa fille, dont voici la copie.

« Le Chevalier de Lisliére envoyé par le Roi
» en Italie, pour reconnoître les postes, les
» campemens & les marches des ennemis, cer-
» tifie que le sieur Constantini Octave, Gentil-
» homme de Vérone, a donné des preuves es-
» sentielles de son zéle & de son attachement
» pour la France, ayant fait plusieurs voyages
» par ordre des Généraux, & si utiles, qu'il a
» été le premier qui a donné l'avis de la mar-
» che des ennemis en Italie, ce qu'il a fait à ses
» dépens, ayant refusé les gratifications que les
» Généraux lui ont offert, & que les ennemis
» ayant sçu & étant informés de son zéle pour
» la France, lui ont ruiné les biens qu'il avoit
» aux environs de Vérone, & m'ayant demandé
» le présent certificat, comme ayant été souvent
» chargé de lui donner les ordres des Généraux,
» je n'ai pu refuser mon témoignage, pour mar-
» quer le zéle & l'attachement dudit sieur
» Constantini aux intérêts de la France, & la
» maniére désintéressée avec laquelle il en a
» donné des preuves. Fait au Camp de Saint
» Pierre de Linage, le 12 Juin 1701. *Signé*,
» LISLIÉRE ».

Octave revint à Paris au commencement de l'année 1708. & voici le placet qu'il présenta au Roi.

AU ROI.

» SIRE,

» Octave repréfente très-humblement à Votre
» Majefté, pour les fervices importans qu'il lui
» a rendus en Italie, & les pertes qu'il a fait
» pour cela, le tout à la connoiffance de M. le
» Maréchal de Teffé, il fupplie très-humble-
» ment Votre Majefté, qu'il lui plaife faire or-
» donner à M. de Chamillart, de lui donner un
» emploi à Paris, fçavoir une ambulance, ou
» un controlle, ou une infpection pour pouvoir
» y fubfifter avec fes enfans. Il continuera fes
» vœux pour la profpérité & fanté de Votre
» Majefté.

Plus bas eft écrit :

» Je certifie que le fieur Octave a rendu plu-
» fieurs fervices au Roi, pendant que j'ai été en
» Lombardie, & même que je l'ai employé à
» plufieurs chofes à Vérone, concernant ledit
» fervice. *Signé*, LE MARÉCHAL DE TESSÉ ».

Octave obtint une infpection fur toutes les barriéres de Paris, & cet emploi affez confidérable, le mit en état d'entreprendre un Spectacle d'Opéra Comique, aux Foires de Saint Germain & de Saint Laurent. Ce fut en 1712. qu'Octave forma cette entreprife, & qu'il la foûtint avec des fuccès divers. (*) Mais enfin la fortune lui devint fi contraire, que faifant

---

(*) Voyez depuis la page 132. jufqu'à la page 186. du premier volume les *Mémoires fur les Spectacles de la Foire*, Paris, Briaffon.

beaucoup de dépense & peu de recette, il fut forcé après la Foire de Saint Germain 1716. d'abandonner son entreprise, & de vendre la plus grande partie de ses effets, pour payer ses créanciers les plus privilégiés.

Quelque dérangées que fussent les affaires d'Octave, il ne perdit pas l'espérance de les rétablir, par le moyen d'un événement qui arriva au commencement de cette même année 1716.

Feu M. le Duc d'Orléans, Régent, avoit fait venir à Paris une nouvelle Troupe de Comédiens Italiens, & cette Troupe qui est la même qui représente aujourd'hui, débuta sur le Théatre du Palais Royal le 18 Mai 1716. & continua d'y jouer, jusqu'à ce que celui de l'Hôtel de Bourgogne, qui lui étoit destiné, fût réparé.

Octave avoit été à quelques lieues de Paris au-devant de ces Comédiens, & leur avoit offert ses services qui furent acceptés. On connoissoit sa capacité & son goût pour tout ce qui concernoit la manutention d'un Spectacle, ainsi il fut chargé par la Troupe, en lui assûrant des appointemens, du soin de rétablir la Salle & le Théatre de l'Hôtel de Bourgogne, & de plus on lui fit espérer qu'on le pensionneroit pour les soins & services qu'il pourroit continuer de rendre à la Troupe. Mais cet avantage présent, & ces espérances flateuses furent détruites en peu de temps. La Troupe crut s'appercevoir qu'Octave ne ménageoit pas assez ses intérêts, & qu'il n'avoit pas fait choix de gens assez habiles : en un mot on ne lui donna pas le temps de faire achever les réparations dont on l'avoit chargé, & la Troupe le remercia au bout de quinze jours ou trois semaines.

On ignore le parti qu'Octave prit après cette aventure : tout ce qu'on sçait de positif à son égard, est qu'il alla à la Rochelle, où il est mort le 16 Mai 1720. *Histoire de l'ancien Théatre Italien*, Paris, Lambert.

OCTAVIE, Tragédie de Roland *Brisset*, Tours, Montreuil & Richer, 1590. & dans les Œuvres de l'Auteur. *Hist. du Th. Franç.* année 1589.

OCTAVIE, FEMME DE L'EMPEREUR NÉRON, Tragédie d'un Auteur *Anonyme*, Paris, 1599. *Hist. du Théatre Franç.* année 1599.

ODORAT, (l') c'est le titre de la premiére Entrée du Ballet des *Sens*, de M. *Roy*, Musique de M. *Mouret*, sous lequel l'Auteur a traité la Fable de Leucothoé & de Clytie. Voyez *Sens*. (*les*)

ŒDIPE, Tragédie de Nicolas de *Sainte Marthe*, imp. en 1614. *Hist. du Th. Fr.* année 1614.

ŒDIPE, Tragédie de Jean *Prevost*, imp. dans les Œuvres de cet Auteur. *Hist. du Th. Fr.* année 1614.

ŒDIPE, Tragédie de M. *Corneille*, imprimée dans ses Œuvres, & représentée le Vendredi 24 Janvier 1659. sur le Théatre de l'Hôtel de Bourgogne. *Hist. du Th. Fr.* année 1659.

ŒDIPE, Tragédie de M. de *Voltaire*, imp. dans ses Œuvres, & représentée le Vendredi 18 Novembre 1718.

ŒDIPE, Tragédie de M. *De la Motte*, imp. dans ses Œuvres, & représentée le Lundi 18

ŒI ŒN OL

Mars 1726. suivie du *Cocher supposé*. *Hist. du Th. Franç. année 1726.*

ŒIL (1er) DU MAÎTRE, Ballet Pantomime du Sieur *Pontau*, représentée au Théatre de l'Opéra Comique, le Mercredi 8 Août 1742. & repris aux Foires suivantes.

ŒIL (l') DU MAÎTRE, Pantomime en un acte, éxécutée par les Comédiens Pantomimes de la Troupe du Sieur Matthews, à la Foire S. Laurent, le Samedi 24 Juillet 1745. *Affiches de Boudet.*

ŒILLETS, (Mlle des) célèbre Comédienne de l'Hôtel de Bourgogne, y a rempli pendant plusieurs années les premiers roles tragiques, avec de tels applaudissemens, qu'elle a passé avec justice, & de l'aveu des grands connoisseurs, pour la meilleure Actrice de son siécle. Elle mourut à la suite d'une assez longue maladie, le Samedi 25 Octobre 1670. âgée d'environ 49 ans. *Hist. du Th. Fr. année 1670.*

ŒNONE ET PARIS, c'est le titre de la seconde Entrée du Ballet des *Ages* de M. *Fuzelier*, Musique de M. *Bourgeois*, & traitée sous le titre de l'*Amitié*, représentée en 1713. M. l'Abbé Pellegrin a employé le même fonds de sujet pour sa Pastorale héroïque du *Jugement de Paris*. Voyez *Ages*, (les) Ballet.

OLIVETTE, JUGE DES ENFERS, Opéra Comique en un acte, avec un Divertissement & un Vaudeville, par M. *Fleuri*, non imp. & représenté le Samedi 7 Septembre 1726. précédé de la *Robe de dissention*, piéce en deux actes.

Pluton, amoureux d'Olivette, suivante de

Proserpine, lui fait prendre la figure de Minos, à qui il a donné celle d'Olivette, & son emploi auprès de la Déesse, pour ôter à celle ci tout sujet de jalousie. Avec la forme de Minos, Olivette est chargée en même temps de remplir son office de Juge des Enfers. Elle voit arriver un Gascon, tenant par la main le Médecin qui l'a tué en huit jours de temps, avec un torrent d'eau de poulet. Olivette ordonne que ce dernier sera dorénavant le malade, & le Gascon le Médecin.

M. Goguet petit Collet, avoue qu'il a perdu la vie en tombant du haut d'une échelle de corde, qui lui servoit à escalader la fenêtre d'une Beauté cruelle dont il étoit épris : il se plaint beaucoup, & prie sur tout qu'on lui donne un logement tranquille & commode. Le Juge le relégue avec la Pudeur, la Modestie & la Sobriété. M. Goguet paroît d'abord un peu surpris de son arrêt, mais il prend son parti, & chante en s'en allant, sur l'air : *Mais sur-tout prenez bien garde à votre cotillon.*

Dans ces lieux puisqu'on me retient,
Belles Ombres tenez-vous bien,
Jamais on ne vit chez Pluton,
Arriver si beau compagnon,
Et sur-tout prenez bien garde,
A votre cotillon. (*bis.*)

Olivette envoye avec les Ombres heureuses celle d'une petite fille qui se plaint d'avoir perdu le jour, sans avoir goûté les plaisirs comme sa mere. Elle condamne à un repos éternel un Coureur mort de chagrin d'avoir manqué d'une minute le pari qu'il avoit fait de monter en trois la butte de Montmartre à cloche-pied.

La Comtesse Folichonne & le Marquis de Boisfourchu viennent ensuite étaler leurs exploits d'amour & d'yvrognerie. Olivette veut les condamner à être jettés dans la gueule de Cerbere, mais ils en sortent pour appeller à Pluton même, d'un Juge qui respecte si peu les femmes du calibre de la Comtesse, & les Marquis de haute futaye.

A la suite de ces ombres, paroît celle de Pierrot, mari d'Olivette; il fait un aveu sincére & très détaillé de tous les tours qu'il lui a joué, & ajoûte qu'il est charmé de l'avoir fait mourir sous les coups de bâton. A ce récit, Olivette outrée de colere, se découvre.

PIERROT. (AIR. *Quand le péril est agréable.*)

O justes Dieux que je reclame,
S'il me faut ici pour jamais,
Goûter le repos & la paix,
Dois-je y trouver ma femme?

Pluton accourant au bruit que font ces deux Epoux, leur impose silence, & fait sentir à Olivette combien il est important qu'elle se reconcilie avec son mari, pour mieux tromper Proserpine. Le Dieu annonce ensuite une fête préparée par un Opéra mort depuis peu, & la piéce finit par un divertissement.

Couplet du Vaudeville.

Ces beaux lieux sont un sûr rempart
Contre la médisance :
Et les femmes mêmes ont l'art
De garder le silence.
Et biribi,
Lan laire,
On ne vit pas ainsi
Sur la terre.

Extrait Manuscrit.

OLYMPIE, (l'illustre) *ou* LE SAINT ALEXIS, Tragédie de M. *Desfontaines*, représentée en 1644. Paris, Lamy, 1644. *Histoire du Th. Franç.* année 1644.

OLYMPIQUES, (les Jeux) c'est sous ce titre que M. *Fuzelier* a traité le sujet d'*Alcibiade*, dans sa première Entrée du Ballet héroïque des *Fêtes Grecques & Romaines*, mis en Musique par M. de *Blamont*, & représenté en 1723. Voyez *Fêtes Grecques & Romaines*.

OMBRE (l') DE LA FOIRE, Prologue de Messieurs *Le Sage* & *d'Orneval*, non imp. & représenté le Samedi 3 Février 1720, par la Troupe de Francisque, suivi de l'*Isle du Gougou*, piéce en deux actes.

Le Théatre représente une solitude & un Lac dans l'enfoncement; Arlequin seul, déplore la perte de ses camarades. Dans le temps qu'il est occupé de cette pensée, l'Ombre de la Foire paroît, & lui présente un papier. Arlequin fait plusieurs lazzis de peur, avant de le prendre: il lit enfin l'écrit, & apprend qu'il doit lever une certaine pierre, sous laquelle il trouvera de quoi se consoler. Arlequin obéït, & appercevant une corde, & ensuite une ligne à pêcher, il se résout à faire le métier de pêcheur. Il est fort surpris de tirer au lieu du poisson qu'il espéroit, Mézétin, le Docteur, Léandre, Scaramouche, Pantalon, &c. Il apprend que ces Acteurs ont été métamorphosés en poissons par deux Magiciennes, dont l'une est appellée la Comédie Françoise, & l'autre la Comédie Italienne. Pour suppléer autant qu'il est possible à ce malheur, Pierrot qui est devenu Poëte, préfente une piéce, dans laquelle Arlequin qui a confervé la faculté de parler, s'en fervira, & fes Camarades le feconderont par des fignes.

ARLEQUIN lit.

« L'Ifle du Gougou, Piéce en monologues, avec grands lazzis, » tapages, preftiges, machines, & cætera. C'eft tout jufte ce » qu'il nous faut.

Au Public.

» Meffieurs nous allons faire tout ce que nous pourrons, » pour vous faire avaler le Goujon ».

Extrait Manufcrit.

OMBRE (l') D'ÉSOPE, Pantomime de M. *Panard*, repréfentée par la Troupe du Spectacle Pantomime, fur le Théatre de l'Opéra Comique, à la Foire S. Laurent, au mois d'Août 1747. *Affiches de Boudet.*

Cette piéce reparut à la même Foire S. Laurent, au mois de Juillet de l'année 1748. fous le titre du *Tombeau d'Efope.*

OMBRE (l') DE MOLIERE. Voyez *Moliere.*

OMBRE (le Retour de l') DE MOLIERE. Voyez *Moliere.*

OMBRE (l') DU COCHER POËTE, Prologue en vaudevilles du *Rémouleur d'Amour*, & de *Pierrot Romulus*, par Meffieurs *Le Sage, Fuzelier & d'Orneval*, repréfenté au mois de Février 1722. par les Marionnettes étrangeres, au Jeu qui portoit le nom de La Place.

Ce Prologue & les piéces qui le fuivirent eurent beaucoup de fuccès; elles font imprimées tome V. du Théatre de la Foire, Paris, Ganeau, 1724. précédées du petit avertiffement que voici.

« Les Auteurs de l'Opéra Comique voyant

» encore une fois leur Spectacle fermé, plus
» animés par la vengeance que par un esprit
» d'intérêt, s'aviserent d'acheter une douzaine
» de Marionnettes, & de louer une Loge, où,
» comme des assiégés dans leurs derniers retran-
» chemens, ils rendirent encore leurs armes
» redoutables. Leurs ennemis poussés d'une
» nouvelle fureur, firent de nouveaux efforts
» contre Polichinelle chantant, mais ils n'en
» sortirent pas à leur honneur.

» Le succès de ces piéces, & sur-tout de la
» Parodie de *Romulus*, fut tel, que M. le Duc
» d'Orléans Régent voulut voir ce spectacle, &
» le fit représenter à deux heures après minuit.
» Le Sieur Le Grand, Comédien François,
» piqué des traits répandus dans cette piéce,
» fit le couplet suivant, sur l'air, *la Beauté, la*
» *Rareté, la Curiosité* ».

 Le Sage & Fuzelier, dédaignant du haut stile,
   La Beauté,
 Pour le Polichinelle ont abandonné Gille,
   La Rareté.
 Il ne leur manque plus qu'à crier par la ville,
   La Curiosité.

Mémoires sur les Spectacles de la Foire, tome II. *pages* 5 *&* 6.

OMBRES, (les) Pastorale en cinq actes & en vers, de Nicolas *Filleul*, représentée au Château de Rouen, devant le Roi Charles IX. le 29 Septembre 1566. à la suite de *Lucréce*, Tragédie du même Auteur. Ces deux piéces sont imprimées ensemble sous le titre de *Théatre de Gaillon*, Rouen, Loyselet, 1566. *Hist. du Th. Fr. année* 1566.

OMBRES (les) MODERNES, Opéra Comique

en un acte, avec un Divertissement & un Vaudeville, par M. *Carolet*, non imp. représenté le Samedi 22 Février 1738.

L'idée de l'Auteur a été de critiquer les piéces qui avoient paru nouvellement sur les trois principaux Théatres de Paris. Caron passe dans sa barque l'Ombre d'une femme enjouée, que l'absence des Théatres François & Italiens, a fait mourir d'ennui. Celle d'*Atys* mort sans succès, se présente ensuite, & après elle l'Ombre de la *Gouvernante*, qui a terminé sa vie dans les régles, parce qu'elle coûtoit trop au public. Caron voit entrer l'Ombre d'un *Petit-Maître* fanfaron : étonné de le rencontrer en telle compagnie, il lui en demande le sujet.

LE PETIT MAITRE, (AIR. *Fy donc Julien.*)

J'avois à ma discrétion,
Les cœurs les plus rebelles ;
Et jamais dans l'inaction,
J'enflammois nulles Belles,
 Lorsqu'aux ardeurs,
 De tant de cœurs,
Il faut que l'on se rende ;
 Mon cher Caron,
 De quoi meurt-on,
Est-ce que ç'à se demande ?

La derniére Ombre est celle de Barnabas : il est mort de honte & de dépit d'être obligé d'essuyer les mauvais vers & les platitudes composées sur sa béquille. Minos vient juger ces différentes Ombres. Il renvoye la Femme enjouée avec les anciens Comédiens Italiens, & ordonne à *Atys* de ne plus paroître qu'il n'ait passé par la Fontaine de Jouvence. A l'égard de la *Gouvernante*, voici ce qu'il prescrit.

(Air. *Comme un Coucou.*)

Vous, vieille Gouvernante avide,
De qui le Public s'est lassé,
Ainsi qu'une autre Danaïde,
Remplissez un tonneau percé.

Minos promet à Barnabas que les Chansonniers le laisseront en repos, ainsi que sa béquille. On entend une simphonie qui annonce les Ombres des Acteurs Forains, qui forment le divertissement.

Couplet du Vaudeville.

Sur la terre combien d'Epoux,
Qui sont plus jaunes que concombre,
Voudroient que leurs moitiés chez nous,
Ne fut qu'une ombre.

L'Auteur a semé dans le cours de sa piéce des traits critiques sur les Opéra du *Triomphe de l'Harmonie*, & de *Castor & Pollux*, sur la Tragédie de *Lysimachus* & la *Métromanie*. *Extrait Manuscrit.*

OMBRES (les) PARLANTES, Comédie Françoise en prose & en un acte, dans le goût de l'ancien Théatre Italien, par M. *Romagnesi*, suivie du *Rendez-vous nocturne*, Ballet figuré, représentée pour la premiére fois sur le Théatre des Comédiens Italiens, le Samedi 28 Mai 1740. non imprimée.

Le Docteur veut épouser Colombine sa Pupille, & marier sa fille Isabelle à un vieux Médecin. Léandre & Octave, amans de ces jeunes filles, font jouer divers stratagêmes par Arlequin & Scaramouche, pour empêcher ces mariages. Le Docteur & son valet Pierrot éprouvent toutes les polissonneries que s'imaginent les intriguans. Enfin ces derniers se déguisent & viennent trouver le Docteur, en se disant les ombres de deux malades qui sont morts entre ses mains. La frayeur du Docteur est si grande, que non seulement il leur donne cinquante louis, pour qu'ils ne viennent plus le tourmenter, mais encore il consent qu'Octave épouse Colombine, & que Léandre ait le même sort avec sa fille Isabelle. Foible piéce. *Extrait Manuscrit.*

« Le 28 Mai 1740, les Comédiens Italiens » donnérent la premiére représentation d'une petite piéce Françoise en prose & en un acte, intitulée *Les Ombres parlantes*, elle fut suivie d'un Ballet Pantomime, qui a pour titre: *Les Rendez-vous nocturnes*, dont la composition ingénieuse & l'éxécution sont très-applaudies. Les pas du Ballet sont du Sieur *Riccoboni* le fils, & les airs de violons du Sieur *Blaise*. *Mercure de France*, mois de Mai 1740. p. 996.

OMPHALE, Tragédie lyrique en cinq actes, avec un Prologue, de M. *De la Motte*, Musique de M. *Campra*, représentée par l'Académie Royale de Musique à Paris, le Jeudi 10 Novembre 1701. in 4°. Ballard. *Extrait, Mercure de France*, Février 1733. p. 344-353.

Acteurs du Prologue.

L'Amour.	Mlle Loignon.
Junon.	Mlle Duperey.
Deux Graces.	Miles Maupin & Clément.

Ballet.

Graces.	Miles Dufort, Dangeville & Victoire.
Jeux.	Le Sieur Lestang.
	Les Sieurs Bourteville & F. Dumoulin

Plaisirs.	Les Sieurs Germain & Dumoulin L.
Faunes.	Les Sieurs Dumny, Courcelles, Javillier & Rose.

ACTEURS DE LA TRAGÉDIE.

Alcide.	Le Sieur Thévenard.
Omphale.	Mlle Moreau.
Iphis.	Le Sieur Pithon.
Manto, sous le nom d'Argine.	Mlle Desmatins.
L'Ombre de Tiresie.	Le Sieur Hardouin.
Céphise.	Mlle Maupin.
Doris.	Mlle Clément.
Le Grand Prêtre de Jupiter, Un Thébain.	Le Sieur Hardouin.
Une Thébaine.	Mlle Heusé.

ACTEURS DU BALLET.

ACTE I. *Lydiens & Lydiennes.* Le Sieur Balon.
Les Sieurs Germain, Blondy, Dumoulin L. & Ferrand.
Mlles Dangeville, Victoire, Le Maire & Rose.

ACTE II. *Mores & Moresses.* Le Sieur Pécourt.
Les Sieurs Du Mirail, Germain, Boutteville, Dumoulin L. & C.
Mlles Subligny, Dufort, Le Maire, Rose & Freville.

ACTE III. *Grecs & Grecques.*
Les Sieurs Balon, Blondy, Ferrand, Dangeville & Fauveau.
Mlles Subligny, Victoire, Rose, Le Maire & Dangeville.

ACTE IV. *Magiciens.*
Les Sieurs Blondy & F. Dumoulin.
Les Sieurs Du Mirail, Germain, Boutteville, Dumoulin L. Ferrand & Dangeville.

ACTE V. *Prêtresses de Diane.* Mlle Subligny.
Mlles Dangeville, Victoire, Rose, Freville, Le Brun, Desmatins & Clément.

Cet Opéra fut représenté à Trianon devant le Roi & la Cour, le Lundi gras 23 Février 1702. 2ᵉ édition in-4°. Ballard.

Mêmes Acteurs qu'à la représentation ci-dessus : on ajoûta aux Ballets.

O M.

PROLOGUE.	Bergers.	Les Sieurs Fauveau, Dangeville & Dumay.
	Bergéres.	Mlles Freville, Clément & Le Brun.
	Faunes.	Les Sieur Javillier & Rose.
ACTE II.	Un petit More.	Le petit Dupré.
ACTE III.	Grecs.	La Selle & la petite Prevost.
ACTE V.	Suite d'Alcide.	Le Sieur Du Mirail.

Les Sieurs Germain, Boutteville, Dumoulin L. Blondy, Ferrand & Dangeville.

IIe REPRISE de la Tragédie d'*Omphale*, le Lundi 21 Avril 1721. 3e édition in-4°. Ribou.

ACTEURS DU PROLOGUE.

L'Amour.	Mlle Person.
Junon.	Mlle Tettelette.
Une Grace.	Mlle Antier.

BALLET.

Plaisirs.	Le Sieur Marcel L. & Mlle Menès.

Les Sieurs P. Dumoulin, Laval & Dangeville.
Mlles La Ferriere, Corail & Labatte.

Jeux.	Le Sieur Dupré.

Les Sieurs Maltaire & Guyot.
Mlles Corail & De Lisle.

ACTEURS DE LA TRAGÉDIE.

Alcide.	Le Sieur Thévenard.
Omphale.	Mlle Lambert.
Iphis.	Le Sieur Muraire.
Manto.	Mlle Antier.
Céphise.	Mlle Minier.
Doris.	Mlle Rubantel C.
Un Prince Lydien.	Le Sieur Le Mire.

ACTEURS DU BALLET.

ACTE I.	Lydiens & Lydiennes.	Le Sieur D. Dumoulin.

Les Sieurs Dumoulin L. Dupré, Pierret, Javillier, Dezais & Maltaire C.
Mlle Prevost.
Mlles Dupré, Corail, Le Maire, Le Roy, Mangot & Labatte.

ACTE II.	Mores & Moresses.	Le Sieur Blondy.

Les Sieurs F. & P. Dumoulin, Laval, Pierret Maltaire C. & Dezais.

Mlles La Ferriere, Labatte, Dupré, Duval;
Corail & De Lifle.

ACTE III. *Grecs & Grecques.*
Les Sieurs Dangeville, Guyot, Maltaire L. & C.
Javillier & Marcel C.
Mlle Prevoft.
Mlles Duval, Corail, Le Maire, Le Roy,
Mangot & Labatte.

ACTE IV. *Magiciens.* Le Sieur Dupré.
Les Sieurs Dumoulin L. Pierret, Duval,
P. Dumoulin, Maltaire L. & C. & Dezais.

ACTE V. *Prêtresses de l'Amour.* Mlle Guyot.
Mlles Dupré, Duval, Corail, Labatte,
Le Maire & De Lifle.

IIIᵉ REPRISE de l'Opéra d'*Omphale*, le Jeudi 22. Janvier 1733. 4ᵉ édition in-4°. Ballard.

ACTEURS DU PROLOGUE.

L'Amour.	Mlle Dun.
Junon.	Mlle Monville.
Deux Graces.	Mlles Mignier & Julie.

BALLET.

Plaifirs. Mlle Richalet.
Le Sieur Matignon & Mlle Le Breton.
Les Sieurs Bontems, Maltaire L. & Hamoche.
Mlles Thibert, Favre & S. Germain.
Jeux. Le Sieur Maltaire C.
Les Sieurs Dupré & Dumay.
Mlles Du Rocher & Rabon.

ACTEURS DE LA TRAGÉDIE.

Alcide.	Le Sieur Chaffé.
Omphale.	Mlle Péliffier.
Iphis.	Le Sieur Tribou.
Manto.	Mlle Antier.
Céphife.	Mlle Mignier.
Doris.	Mlle Julie.
Un Lydien.	Le Sieur Dun.

ACTEURS DU BALLET.

ACTE I. *Lydiens & Lydiennes.* Le Sieur D. Dumoulin.
Les Sieurs Dupré, Dumay, Javillier L.
Dangeville & Hamoche.
Mlles Carville, Du Rocher, Rabon,
Le Sage & La Martiniere.

Acte II. *Mores & Moresses.*   Le Sieur Dupré.
Les Sieurs Dangeville, P. Dumoulin,
F. Dumoulin & Hamoche.
Mlles Richalet, Thibert, Le Breton & Favre.
Acte III. *Grecs & Grecques.*   Mlle Camargo.
Les Sieurs Dangeville, F. Dumoulin, Dupré,
Dumay & Bontems.
Mlles La Martiniere, Le Sage, Thibert,
Richalet & Le Breton.
Acte IV. *Magiciens.*   Le Sieur Dupré.
Les Sieurs Dupré, Dumay, Javillier C. Savar,
Matignon, Maltaire L. Hamoche & Bontems.
Acte V. *Prêtresses de l'Amour.* Mlle Camargo.
Mlles Rabon, Carville, La Martiniere, Le Breton, Favre, S. Germain & Le Sage.

L'Opéra d'Omphale fut encore repris le Jeudi 13 Janvier 1735. & continué les Jeudis suivans. Le Jeudi 17 Février l'Académie Royale de Musique y ajoûta un pas de six, exécuté par les Demoiselles Camargo & Mariette, & les Sieurs Dumoulin, Dupré, Maltaire & Javillier. Le Lundi 21 Mars, la même Tragédie fut donnée pour la Capitation des Acteurs, suivie d'une Cantatille chantée par la Demoiselle Fel, & d'un air Italien par Mlle Bourbonnois: le tout fut terminé par un pas de trois dansé par la Demoiselle Mariette, & les Sieurs Dumoulin & Dupré.

On donna encore quelques représentations de la même piéce après Pâques, à l'ouverture du Théatre.

IVe Reprise d'*Omphale*, le Vendredi 14 Janvier 1752. 4e édition in-4°. De Lormel.

Acteurs du Prologue.

L'Amour.   Mlle Chefdeville.
Junon.   Mlle Jacquet.
Graces.   Mlle Coupée & Le Miere.

B ij

BALLET.

Graces.	Mlle Carville.
	Mlles Desiré & Bellenot.
Jeux & Plaisirs.	Le Sieur Laval.
	Le Sieur Teissier & Mlle Labatte.
	Les Sieurs Cayez, Bourgeois, Gallini & Desplaces C.
	Mlles Puvignée M. Deschamps, Parquet & Coura.

ACTEURS DE LA TRAGÉDIE.

Alcide.	Le Sieur Thévenard.
Omphale.	Mlle Fel.
Iphis.	Le Sieur Jélyotte.
Manto.	Mlle Chevalier.
Céphise.	Mlle Coupée.
Doris.	Mlle Le Miere.
Un Lydien.	Le Sieur Person.
Un Thébain.	Le Sieur Cuvillier.

ACTEURS DU BALLET.

ACTE I.   *Lydiens & Lydiennes.*
Les Sieurs Lyonnois & Vestris.
Mlle Lyonnois.
Les Sieurs Desplaces C. Feuillade, Gobert,
Hiacinthe & Le Lievre.
Mlles Ponchon, Briseval, Coupé,
Sauvage & Marquise.

ACTE II. *Mores & Moresses.*   Le Sieur Dupré.
Le Sieur Lany & Mlle Puvignée.
Les Sieurs Saunier, Dupré, Le Lievre,
Hamoche & Beat.
Mlles Bellenot, Desiré, Courcelle,
Dazenoncourt, Marquise & Coupé.

ACTE III. *Grecs & Grecques.*   Le Sieur Vestris.
Le Sieur Beat & Mlle Reix.
Les Sieurs Feuillade, Hyacinthe, Gobert,
Cayez & Bourgeois.
Mlles Briseval, Sauvage, Ponchon,
S. Germain & Victoire.

ACTE IV.   *Magiciens.*
Les Sieurs Lany, Lyonnois & Vestris.
Les Sieurs Saunier, Desplaces L. & C.
Le Lievre, Laurent & Hiacinthe.

ACTE V. *Prêtresses de l'Amour.*   Mlle Puvignée.
Mlles S. Germain, Courcelle, Desiré, Bellenot, Marquise, Coupé, Ponchon, Victoire,
Briseval & Dazenoncourt.

Cette Tragédie a été parodiée au Théatre Italien sous le titre d'*Hercule filant*, & en dernier lieu sous celui de *Fanfale*. Et à l'Opéra Comique sous le titre de *La Fileuse*.

OMPHALE, (les avantures amoureuses d') SON COMBAT, SA PERTE, SON RETOUR, ET SON MARIAGE, Tragi Comédie en cinq actes & en vers, par le Sieur *Grandchamp*, Paris, 1630. *Hist. du Théatre Fr.* année 1630.

C'est un sujet de pure imagination.

OPÉRA, (l') Entrée ajoûtée au Ballet des *Fêtes Vénitiennes*, de M. *Danchet*, Musique de M. *Campra*, le 14 Octobre 1710. Cette Entrée a été reprise en 1731. & en 1740. Voyez.*Fêtes* (*les*) *Vénitiennes*.

OPÉRA (l') COMIQUE ASSIÉGÉ, Opéra Comique d'un acte, par Messieurs *Le Sage* & *d'Orneval*, représenté le Dimanche 26 Mars 1730. accompagné des *Couplets en Procès*, de la *Pantoufle*, & de la Parodie de *Telémaque*.

Cette piéce fut faite à l'occasion d'un nouveau procès que les Comédiens François intentérent à l'Opéra Comique, & sans succès. On y trouve des traits assez plaisans sur plusieurs piéces nouvellement représentées sur les Théatres des deux Comédies Françoise & Italienne. Elle est imp. tome VII. du Théatre de la Foire, Paris, Gandouin, 1731.

OPÉRA (l') DE VILLAGE, Comédie en un acte & en prose, avec un divertissement, Musique du Sieur *Raisin* l'aîné, par M. *Dancourt*, imp. dans ses Œuvres, & représentée le Vendredi 20 Juin 1692. précédée de la Tragédie de *Zélonide*. *Histoire du Th. Fr.* année 1692.

OPÉRATEUR, (l') Comédie en un acte d'un Auteur *Anonyme*, non imp. repréfentée le Mercredi 24 Octobre 1685. précédée de la Tragédie de *Cinna*. *Hiftoire du Théatre François*, année 1685.

OPÉRATEUR (l') BARRY. Voyez *Barry*.

OPINIÂTRE, (l') Comédie en trois actes & en vers, de M. l'Abbé *Brueys*, imp. dans fes Œuvres, & repréfentée le Mardi 10 Mai 1722. précédée de la Tragédie de *Phédre*. *Hift. du Théatre Franç.* année 1722.

ORACLE, (l') Comédie en un acte & en profe, avec un divertiffement, Mufique de M. *Grandval*, par M. de *Saintfoix*, Paris, Prault fils, & repréfentée le Mardi 22 Mars 1740. précédée de la Tragédie d'*Andronic*. *Hiftoire du Théatre Franç.* année 1740.

ORACLE (l') DE DELPHES, Comédie en trois actes & en vers, d'un Auteur *Anonyme*, non imp. repréfentée le Jeudi 17 Décembre 1722. précédée de la Comédie du *Mifantrope*. Cette piéce eft mal à propos attribuée à M. de *Moncrif*, par l'Auteur des *Recherches fur les Théatres*. *Hift. du Th. Fr.* année 1722.

ORACLES (les) D'HARPOCRATE, *ou le* DIEU DU SILENCE, Pantomime par M. *Panard*, repréfentée fur le Théatre du nouveau Spectacle Pantomime, à la Foire S. Laurent, au mois d'Août 1746. *Affiches de Boudet*.

ORACLE (l') MUET, piéce en un acte & en profe, de Meffieurs *Le Sage* & *d'Orneval*, non imp. & repréfentée à la Foire S. Laurent 1724 par la Troupe de Dolet & La Place, précédée des *Captifs d'Alger*, Prologue, & de la

Toison d'or, piéce en un acte des mêmes Auteurs. Voyez *Captifs (les) d'Alger.*

Extrait de l'Oracle muet.

Arlequin un filet à la main, se plaint de n'avoir rien pris depuis quinze jours: de dépit il jette son filet, mais trouvant beaucoup de résistance à le retirer, il appelle Gille & Scaramouche à son secours, & ce n'est pas sans peine qu'ils en viennent à bout. Lorsque le filet est à terre, Arlequin l'ouvre, & y apperçoit un grand vase: la curiosité fait qu'il léve le couvercle du vase, il entend d'abord un fort gémissement, auquel succéde un feu & un coup de pétard, & enfin un Diable, qui par sa présence fait fuir Scaramouche & Gille. Arlequin voulant les imiter, tombe à plat sur le ventre. Le Diable loin de lui faire aucun mal, le remercie du service qu'il vient de lui rendre, de le délivrer de la prison où il est enfermé depuis cent ans, & par reconnoissance, il lui fait présent du vase, qui par un pouvoir magique, a la vertu de rendre une réponse allégorique aux curieux qui pour le consulter voudront mettre la main dedans. Le Diable ajoûte qu'il va charger cinq cens mille de ses camarades de publier par toute la terre qu'Arlequin rend des Oracles muets. A peine le Diable est disparu, que Scaramouche & Gille viennent voir si Arlequin est encore en vie: celui-ci leur fait part de son avanture, & leur explique la vertu merveilleuse du vase: comme ils ont peine à le croire, Arlequin propose à Scaramouche d'en faire l'essai, il y consent, & mettant la main dans le vase, il demande quelle est l'avanture qui lui est arrivée à Paris en plein marché, sur cela il retire sa main avec une poignée de verges.

Arrive Damis, qui veut sçavoir si la fille qu'il recherche en mariage est telle qu'il se l'imagine. Il prend une cage, dont la porte est ouverte, l'oiseau qui est renfermé dedans s'envole aussitôt.

GILLE.
» Les moineaux sont dénichés.

Céphise veut connoître quel est le caractere de l'Amant qu'elle compte épouser : elle tire du vase une bouteille & des cartes à jouer.

GILLE,
» Il n'aime que le vin & le jeu ».

Deux Auteurs se présentent ensuite pour interroger l'Oracle sur le sort de leurs ouvrages, le premier a composé un livre de sciences, il tire un cornet d'épices, & l'autre Auteur de plusieurs piéces de Théatres, prend une paire de sifflets.

Le Paysan Colas vient après eux : il est en peine de sa prétendue, qui depuis trois mois est à Paris; il désire sçavoir ce qu'elle y fait, & mettant la main dans le vase, il en tire une poupée, représentant un enfant en maillot.

COLAS.
» Comment, tatigué ! c'est-là ce qu'elle fait ?

SCARAMOUCHE *imitant les cris d'un enfant.*
» Houhai, houhai, houhai.

GILLE.
» Elle en fera bien d'autres.

La Coquette Doriméne succéde au Paysan, elle a trois amans, un Marquis, un Chymiste & un Marchand de bois ; elle voit sortir du vase pour le premier, une souriciere tendue, une épaisse fumée pour le second, & pour le dernier, un collier de perles & des diamans.

Dans la scéne suivante, Argentine & Diamantine se disputent au sujet d'un Cavalier, dont chacune d'elle prétend posséder le cœur. Elles tirent du vase un papillon.

DIAMANTINE.
» Un papillon !

GILLE *riant.*
» Courrez après.

ARGENTINE.
» Qu'est-ce que c'est que celà ?

ARLEQUIN.
» C'est le cœur de votre Amant.

Un Chapelier très-assuré de la vertu de sa femme, améne deux de ses voisins, pour leur en faire voir la preuve autentique. Il tire une paire de cornes.

GILLE.
» Cela parle tout seul.

ARLEQUIN.
Voilà votre coëffure.

Enfin la Demoiselle Rabon se présente de la part des Entrepreneurs de l'Opéra Comique, pour sçavoir quel sera le succés de leur nouvelle entreprise. Elle tire du vase une Balance : sur l'un des bassins qui est en haut, on voit écrit *recette*, & sur l'autre qui est en bas, *dépense*.

Après ce trait que les Auteurs avoient ajoûté pour se venger du Sieur Honoré, Entrepreneur de l'Opéra Comique, avec qui ils n'avoient pû s'accorder, quatre émissaires de ce dernier spectacle paroissoient, prenoient querelle avec les autres Forains, & la piéce finissoit par ce combat burlesque, qui tenoit lieu de divertissement. *Extrait Manuscrit.*

ORACLES, (les) Parodie de la Pastorale lyrique d'*Issé*, en un acte, de prose & de vaudevilles, au Théatre Italien, par M. *Romagnesi*, représentée pour la premiére fois le Jeudi 21 Décembre 1741. Paris, veuve La Tour. *Extrait, Mercure de France, Janvier* 1742. *p.* 161 *& suivantes.*

ORANTE, Tragi Comédie en cinq actes & en vers, de M. *Scudery*, représentée en 1635. imp. la même année, Paris, Courbé. *Hist du Th. Fr. année* 1635.

ORESTE, Tragédie de Messieurs *Le Clerc & Boyer*, non imp. représentée à Paris le Vendredi 10 Octobre 1681.

Le fond du sujet de cette piéce est celui d'*Iphigénie en Tauride.* Voyez *Iphigénie en Tauride. Hist. du Théatre Franç. année* 1681.

ORESTE, Tragédie de M. de *Voltaire*, Paris, Le Mercier & Lambert, 1750. & représentée le Lundi 12 Janvier 1750. suivie du *Mariage forcé. Histoire du Th. Fr. année* 1750.

ORESTE ET PYLADE, Tragédie de M. *Chancel de la Grange*, imp. dans ses Œuvres, & représentée le Mercredi 11 Décembre 1697. *Histoire du Théatre François, année* 1697.

ORGEMONT, (N......... d') Comédien

François de la Troupe du Marais, & camarade de Mondory, lui a succédé en 1636. dans l'emploi d'Orateur de la Troupe, qu'il a rempli jusqu'en 1643. On ignore en quel temps il est mort. Il n'étoit plus vivant en 1674. il passoit pour un des meilleurs Comédiens du Théatre du Marais. *Hist. du Th. Fr. année* 1634.

ORIGINAUX, (les) c'est le titre de la troisiéme Piéce du divertissement intitulé *Les Caracteres de Thalie*, de M. *Fagan*, représenté au Théatre François en 1737. Voyez *Caracteres (les) de Thalie. Histoire du Théatre Fr. année* 1737.

ORION, Tragédie lyrique en cinq actes, de M. *De la Font*, retouchée par M. l'Abbé *Pellegrin*, Auteur du Prologue, Musique de M. *De la Coste*, représentée par l'Académie Royale de Musique, le Mardi 17 Février 1728. in 4°. Ballard, & tome XIV. du Recueil général des Opéra. *Extrait, Mercure de France, Mars* 1728. p. 561-579.

ACTEURS DU PROLOGUE.

Vénus.	Mlle Eremans.
Jupiter.	Le Sieur Chassé.
Minerve.	Mlle Antier.
L'Amour.	Mlle Julie.
Suivante de Minerve.	Mlle Minier.

BALLET.

Graces. — Mlle Menès.
Mlles Duval, Thibert & Du Rocher.
Plaisirs. Les Sieurs Savar & Tabary.
Mlles Binet & La Martiniere.
Jeux. Les Sieurs Dangeville & Javillier.
Mlles De Lisle C. & Camargo C.

ACTEURS DE LA TRAGE'DIE.

Diane.	Mlle Antier.
Orion, fils de Neptune.	Le Sieur Tribou.

Pallante, Roi des Scythes.	Le Sieur Chassé.
Alphise, Nymphe de Diane.	Mlle Pélissier.
Palemon, confident d'Orion.	Le Sieur Dun.
Une Thébaine.	Mlle Eremans.
Nymphes de Diane.	Mlles Petitpas & Mignier.
Un Scythe.	Le Sieur Dun.
L'Aurore.	Mlle Dun.

ACTEURS DU BALLET.

ACTE I. *Thébains & Thébaines.* Le Sieur D: Dumoulin.
Les Sieurs Dumoulin L. Savar, Tabary & Pierret.
Le Sieur Laval.
Le Sieur Maltaire C. & Mlle De Lisle.
Mlles Petit, Thibert, Le Maire & Verdun.

ACTE II. *Nymphes de Diane.* Mlle Prevost.
Mlles De Lisle, Duval, Petit, Thibert, Du Rocher, Binet & La Martiniere.

ACTE III. *Scythes.* Le Sieur Blondy.
Le Sieur Laval & Mlle Camargo.
Les Sieurs Dumoulin L. Savar, Pierret, P. Dumoulin, Dangeville & Camargo.
Mlles Petit, Thibert, Le Maire, Verdun, Binet & De Lisle C.

ACTE IV. *Bergers.*
Les Sieurs F. & P. Dumoulin, Picard, Dangeville, Maltaire L. & C.
Nymphes de Diane. Mlle Camargo.
Mlles Petit, Sallé, Thibert, Du Rocher, Binet & La Martiniere.

Cet Opéra n'a point été repris.

ORITHYE ET BORÉE, c'est le sujet de la quatriéme Entrée du Ballet des *Saisons*, de M. l'Abbé *Pic*, Musique de M. *Collasse*, traité sous le titre de l'*Amour brutal.* Voyez *Ballet (le) des Saisons.*

ORNEVAL, (N...... d') Auteur vivant,

a composé pour le Théatre Italien, en société avec Messieurs Le Sage & Fuzelier.

Le jeune Vieillard, Comédie Françoise en prose & en trois actes, & trois divertissemens, précédée d'un Prologue aussi en prose, (ce Prologue n'a pas été imprimé,) 1722.

La Force de l'Amour, Comédie Françoise en prose & en un acte, suivie d'un divertissement, 1722.

La Foire des Fées, Comédie Françoise en prose & en un acte, suivie d'un divertissement, 1722.

Ces deux piéces précédées d'un Prologue en prose, intitulé *Le Dieu du Hazard*, 1722.

Au même Théatre avec M. Le Sage.

L'Arbitre des Différends, Comédie Françoise en prose & en trois actes, précédée d'un Prologue intitulé *Arlequin Prologue*, 1725. non imp.

A l'Opéra Comique, à lui seul.

Arlequin Gentilhomme malgré lui, trois actes, non imp. 1716.

Arlequin traitant, trois actes, 1716.

Le Jugement de Paris, un acte, 1718.

L'Isle du Gougou, en prose & jargon, trois actes, 1720. non imprimé.

Le Diable d'Argent, un acte en prose, 1720.

Arlequin Roi des Ogres, *ou* Les Bottes de sept lieues, un acte, en prose, 1720.

La Queue de Vérité, un acte, en prose, 1720.

En société avec M. Le Sage.

ARLEQUIN HULLA, *ou* LA FEMME RÉPUDIÉE, un acte, 1716.

L'ISLE DES AMAZONES, un acte, 1718.

L'ÂNE DU DAGGIAL, un acte en prose, 1720. non imp.

L'OMBRE DE LA FOIRE, Prologue en prose, 1720. non imp.

LA STATUE MERVEILLEUSE, trois actes, 1720.

L'OMBRE D'ALARD, Prologue en prose, 1721. non imprimé.

MAGOTIN, un acte en prose, 1721. non imprimé.

ROBINSON, un acte en prose, 1721. non imprimé.

LE RAPPEL DE LA FOIRE A LA VIE, un acte, 1721.

ARLEQUIN BARBET, PAGODE ET MÉDECIN, un acte en prose, précédé d'un Prologue aussi en prose, 1723. non imp.

LES CAPTIFS D'ALGER, Prologue en prose, 1724. non imp.

LA CONQUÊTE DE LA TOISON D'OR, un acte en prose, 1724. non imprimé.

L'ORACLE MUET, un acte en prose, 1724. non imprimé.

LA PUDEUR A LA FOIRE, Prologue en prose, 1724. non imprimé.

LA MATRONE DE CHARENTON, un acte en prose, 1724. non imprimé.

LES VENDANGES DE LA FOIRE, un acte en prose, 1724. non imprimé.

OR

Les Débris de la Foire S. Germain, Prologue, 1727. non imprimé.

Les Nôces de Proserpine, Parodie critique, un acte, 1727. non imprimé.

Les Couplets en Procès, un acte, 1729.

La Reine du Barostan, un acte, 1729.

La Princesse de la Chine, trois actes, 1729.

Le Corsaire de Salé, un acte, 1729.

Les Spectacles malades, un acte, 1729.

L'Opéra Comique assiégé, un acte, 1730.

Roger Roi de Sicile, surnommé le Roi sans chagrin, trois actes, 1731.

Les Désespérés, Prologue, 1732.

Sophie et Sigismond, un acte, 1732.

La Fille Sauvage, *ou* La Sauvagesse, un acte, 1732.

Au même Théatre, en société avec Messieurs Le Sage & Fuzelier.

Les Funérailles de la Foire, un acte, 1718.

Les Arrêts de l'Amour, un acte, 1721.

Arlequin Endymion, un acte, 1721.

La Forêt de Dodone, un acte, 1721.

La Fausse Foire, Prologue en prose, 1721.

La Boëte de Pandore, un acte en prose, 1721.

La Tête Noire, un acte en prose, 1721.

Le Régiment de la Calotte, un acte, 1721.

L'Enchanteur Mirliton, Prologue, 1725.

Les Enragés, un acte, 1725.

Le Temple de Mémoire, un acte, 1725.

Les Comédiens Corsaires, Prologue, 1725.

L'Obstacle favorable, un acte, 1726.

Les Amours déguisés, un acte, 1726.

La Pénélope Françoise, deux actes, 1726.

Les Pélerins de la Mecque, trois actes, 1728.

L'Industrie, Prologue, 1730.

Zémine et Almanzor, un acte, 1730.

Les Routes du Monde, un acte, 1730.

L'Indifférence, Prologue, 1730.

L'Amour Marin, un acte, 1730.

L'Espérance, un acte, 1730.

*Au même Théatre, en société avec
M. Fuzelier.*

L'Antre de Laverna, un acte, 1728. non imprimé.

Aux Marionnettes, avec le même.

La Grand'mere Amoureuse, Parodie de la Tragédie lyrique d'*Atys*, trois actes, 1726.

Les Stratagêmes de l'Amour, Parodie du Ballet lyrique du même titre, trois actes, 1726. non imprimée.

*A l'Opéra Comique, en société avec
Messieurs Le Sage & Autreau.*

Les Amours de Nanterre, un acte

précédé d'un Prologue, 1718. (Le Prologue non imprimé.

Au même Théatre, en société avec Messieurs Le Sage & Piron.

LES TROIS COMMERES, trois actes & un Prologue, 1724.

Au même Théatre, en société avec Messieurs Le Sage & La Font.

LE MONDE RENVERSÉ, un acte, 1718.

Au même Théatre, en société avec Messieurs Le Sage & Panard.

L'IMPROMPTU DU PONT-NEUF, un acte, 1729.

Aux Marionnettes, en société avec Messieurs Le Sage & Fuzelier.

L'OMBRE DU COCHER POËTE, Prologue, 1722.

PIERROT ROMULUS, *ou* LE RAVISSEUR POLI, Parodie en un acte de la Tragédie de *Romulus*, 1722.

LE RÉMOULEUR D'AMOUR, un acte, 1722.

ORONTÉE, Tragédie en cinq actes, avec un Prologue, de M. *Le Clerc*, Musique de M. *Lorenzani*, représentée par l'Académie Royale de Musique, sur le Théatre de Chantilly, devant Monseigneur le Dauphin, le Lundi 23 Août 1688. in-4°. Paris, Coignard. *Extrait*, *Mercure galant*, Septembre 1688, II. Partie, pag. 99. *& suivantes*.

ACTEURS DU PROLOGUE.

Le Dieu Pan.   Le Sieur Moreau.

BALLET.

Faunes.   Les Sieurs Piftot, Labbé, Defnoyers, Diot, Thibaut & Gaudon.
Six petits Faunes   Les Sieurs Magny, Balon, Renaud, Blondy, Rouffel & Morel.
Dryades.   Mlle Subligny.
Mlles de Seve, Durieux, Beauchamps, Leftang, Le Sueur & Pefan L.
Faune & Hamadryade.
Le Sieur Pecourt & Mlle La Fontaine.

ACTEURS DE LA TRAGE'DIE.

Orontée, Reine d'Egypte. Mlle Le Rochois.
Amafie, Princeffe.   Mlle Moreau.
Lyfandre, Prince.   Le Sieur Jonquet.
Créonte, Chef du confeil d'Orontée.   Le Sieur Beaumavielle.
Alidor, crû fils d'Hipparque & d'Ariftée, & fils d'Agenor, Roi de Phénicie, & de Laodice.   Le Sieur Mattau.
Ariftée, crue mere d'Alidor, femme d'Hipparque.   Mlle Coignard L.
Ifmenie, Magicienne.   Mlle Defmatins.
Méliffe, confidente d'Orontée.   Mlle Barbereau.
Jacinte, fille efclave, en habit d'homme.   Mlle Freville.
Gelon, homme de Cour.   Le Sieur Morel.
Arcas, camarade de Gelon.   Le Sieur Philbert.
L'Ombre de Ptolomée, Roi d'Egypte.   Le Sieur Dun.

ACTEURS DU BALLET.

ACTE I. Egyptiens, Egyptiennes. Le Sieur Pecourt.
Les Sieurs Deshayes, Prevoft, Defnoyer C. Piquet, Poitier & Piftot.
Mlle Pefan.
Mlles La Fontaine, Pefan C. De Seve, Breard, Subligny & Carré.

ACTE II. *Hommes & Femmes.*   Le Sieur Pecourt.
Les Sieurs Thibaut, Piftot, Poitier & Labbé.
Mlle La Fontaine.
Mlles Subligny, Carré, Breard & De Seve.
Amours.
Les Sieurs Magny, Balon, Renaud & Blondy.
Le Sieur Leftang & Mlle Pefan.
ACTE IV.   *Compagnons de Gelon.*
Les Sieurs Diot, Piftot, Defnoyer, Prevoft,
Colin, Deshayes, Labbé & Gaudon.
ACTE V. *Egyptiens, Egyptiennes.* Le Sieur Leftang.
Les Sieurs Poitier, Piftot, Prevoft
& Defnoyer C.
Mlles Durieux, Pefan, Leftang & Beauchamps.

ORONTES, (les trois) Comédie en cinq actes & en vers, de M. l'Abbé de *Boisrobert*, imp. tome VI. du Recueil intitulé Théatre François, Paris, 1737. par la Compagnie des Libraires, & repréfentée au Théatre de l'Hôtel de Bourgogne en 1652. *Hift. du Th. Fr.* année 1652.

OROONDATE, ce fujet a été traité par M. *Gillet de la Teffonnerie*, dans fon quatriéme acte de l'*Art de regner*, Tragi-Comédie, repréfentée en 1645. Voyez *Art (l') de régner*.

OROONDATE, *ou* LES AMANS DISCRETS, Tragi Comédie en cinq actes & en vers, par M. *Guérin de Boufcal*, repréfentée en 1645. & imp. Paris, Courbé & Sercy, 1645. *Hiftoire du Théatre François*, année 1645.

OROONDATE (le Mariage d') ET DE STATIRA, *ou la* CONCLUSION DE CASSANDRE, Tragi-Comédie en cinq actes & en vers de M. *Magnon*, Paris, Quinet, 1648. repréfentée la même année. *Hift. du Th. Franç.* année 1648.

OROPASTE, *ou* LE FAUX TONAXARE, Tragédie de M. l'Abbé *Boyer*, repréfentée en 1662. Paris, Sercy, 1663. *Hift. du Th. Fr.* année 1662.

ORPHÉE (le Mariage d') ET D'EURIDICE, *ou* LA GRANDE JOURNÉE DES MACHINES, Tragédie en cinq actes & en vers, de M. *Chappoton*, repréſentée en 1640. par la Troupe Royale, & repriſe en 1648. ſous le titre de *La grande Journée des Machines*, ou *la Deſcente d'Orphée aux Enfers, & ſa mort par les Bacchantes*, Paris, Quinet, 1640. *Hift. du Th. Fr.* année 1640.

Orphée, Tragédie lyrique en trois actes, avec un Prologue, de M. du *Boullay*, Muſique de M. *Louis Lully*, in-4°. Ballard, & tome IV. du Recueil général des Opéra, repréſentée en 1690.

Cet Opéra n'a jamais eu de repriſe.

Orphée, c'eſt le titre de la premiére Entrée du Ballet héroïque du *Triomphe de l'Harmonie*, de M. *Le Franc*, Muſique de M. *Grenet*, & repréſentée en 1737. Voyez *Triomphe* (le) *de l'Harmonie*.

Orphée aux Enfers, Opéra en un acte qui ſe trouve à la fin du troiſiéme acte du Ballet du *Carnaval de Veniſe*, de M. *Regnard*, Muſique de M. *Campra*, repréſenté en 1699. Voyez *Carnaval* (le) *de Veniſe*.

Orphée, Ballet Pantomime de la compoſition de M. *Riccoboni* le fils, éxécuté à la fin de la piéce des *Muſes*, de M. *Morand*. Ce Ballet repréſenté pour la premiére fois le Vendredi 12 Décembre 1738. imp. Œuvres de M. Morand, Paris, Jorry.

Comme tous les Lecteurs n'ont point ſous

la main ce Ballet imprimé, & qu'il est singulier, nous croyons qu'on ne nous sçaura pas mauvais gré de le placer dans cet ouvrage.

« Le Théatre représente l'entrée des enfers : Orphée y arrive seul, en déplorant la perte de sa chere *Euridice*, & tâche par les tendres sons de sa lyre, de s'ouvrir un chemin vers elle. Les monstres infernaux, *Cerbere*, les *Parques*, *les Furies*, attirés successivement, & désarmés par la douceur de cette harmonie, si nouvelle pour eux, cédent à son pouvoir séduisant. L'Enfer s'ouvre : *Pluton* y paroît sur son throne, avec *Proserpine* & les autres Divinités de l'Averne. Le Dieu est surpris de l'audace du mortel, qui ose pénétrer jusques dans son Empire, il donne des marques de son courroux, mais bientôt il éprouve la puissance de l'art enchanteur d'Orphée, qui en ce moment décisif, employe tout son sçavoir, toute sa délicatesse, toute sa douleur pour fléchir ce Juge sévére. Il se jette à ses genoux, s'y prosterne, & lui déclare très-pathétiquement le sujet de ses regrets & de son entreprise : il s'adresse ensuite à la Déesse, qu'il tâche d'intéresser en sa faveur. Pluton attendri & sollicité encore par Proserpine, qui n'est pas moins touchée, accorde à Orphée sa demande, ordonne qu'on lui rende Euridice, & lui explique à quelle condition il pourra l'emmener. Orphée resté seul se livre à sa joie, & la tendre épouse arrive auprès de lui ; dès qu'il l'entend, il lui fait signe de le suivre, & à mesure qu'elle s'approche, il détourne la vûe. Tandis qu'ils ne songent

» qu'à fuir ensemble, pour se rejoindre, ils en-
» tendent quelque bruit, ils s'en allarment ; puis
» se rassurent & veulent continuer leur marche ;
» le bruit redouble ; la peur fait rentrer Euridice,
» des monstres paroissent ; le fidéle époux craint
» qu'ils ne lui ayent enlevé l'unique objet de son
» amour ; il la cherche des yeux, & a la dou-
» leur de voir que les Parques la font rentrer
» dans le fatal séjour de la mort, parce qu'il
» vient de manquer à l'ordre de Pluton, qui
» lui a défendu de la regarder. Il veut la suivre,
» des Furies s'opposent à ses transports ; elles
» l'entourent, & après l'avoir accablé par les
» démonstrations de leur joie, elles le laissent
» dans le plus affreux désespoir ; il en marque
» toute la vivacité ; il y succombe, & se laisse
» tomber sur un rocher. Le Théatre a changé
» au moment que les Furies se sont retirées, &
» représente une campagne bordée de rochers,
« & embellie par des bois. Une troupe de Bac-
» chantes qui reviennent de célébrer des Orgies
» arrivent avec vivacité, & s'abandonnant à
» tous leurs divers transports, elles apperçoi-
» vent Orphée, & veulent l'obliger à prendre
» part à leurs jeux. Il s'en défend, elles le sai-
» sissent ; il veut fuir, elles le poursuivent ; il
» s'obstine dans son refus, elles le frappent de
» leurs tyrses ; leur rage augmente toujours par
» ses prétendus mépris ; tant que ne pouvant se
» dégager de leur cruelle persécution, le mal-
» heureux Orphée se précipite du haut d'un
» rocher, où elles vouloient achever de l'as-
» sommer. On voit aussi-tôt descendre des
» cieux un vautour, qui enléve sa lyre, laquelle

, en aftre brillant, conduite par le vautour,
» s'éléve peu à peu, & va prendre sa place par-
» mi les signes célestes. Les Bacchantes recom-
» mencent leurs danses avec un contentement
» & une fureur dignes d'elles. Au reste le pu-
» blic a trouvé que l'arrangement de ce Ballet
» est très-ingénieux, l'exécution parfaite, & la
» Musique qui est du Sieur Blaise, Basson de la
» Comédie Italienne, frappée au bon coin:
» naturelle, pleine d'agrément, variée & très-
» bien caractérisée. Le Sieur Riccoboni le fils
» n'a pas moins bien rempli dans le personnage
» d'*Orphée*, qu'à inventer ce charmant Ballet;
» il a été très bien secondé par tous les Acteurs
» & Actrices, & sur-tout par le Sieur *Jouan*, &
» par la Demoiselle *Silvia*, dont les graces &
» les divers talens se font autant admirer, lors-
» qu'elle danse que lorsqu'elle remplit un role
» de Comédie ».

ORPHÉE ET EURIDICE, piéce en un acte de M. *Valois*, non imp. & représentée au mois de Février 1742. à la Foire S. Germain, par les Marionnettes de Bourfault. Ce sujet a été traité assez de fois, & est si connu, qu'il suffit de remarquer que c'est Polichinelle qui fait le personnage d'Orphée: il descend aux enfers pour demander Euridice à Pluton: ce Dieu la lui accorde, en lui imposant seulement cette condition.

PLUTON. (AIR. *Prens-moi pour ton Jardinier.*)

Ce que tu viens demander,
Je veux bien te l'accorder;
Mais j'exige un point,
Et n'y manque point;

Regarde bien son voile,
Aux Enfers elle reviendra,
Si tu leve la toile,
Lon la,
Si tu leve la toile.

Orphée désobéit, & perd Euridice par son imprudence.
Extrait manuscrit.

ORPHISE, *ou la* BEAUTÉ PERSÉCUTÉE, Tragi-Comédie de M. *Desfontaines*, représentée en 1637. & imp. Paris, Sommaville, 1638. *Hist. du Th. Fr. année* 1637.

OSIRIS, c'est le titre de la première Entrée du Ballet héroïque des *Fêtes de l'Hymen & de l'Amour*, ou *Les Dieux d'Egypte*, de M. *Cahusac*, Musique de M. *Rameau*, représenté en 1748. Voyez *Fêtes* (*les*) *de l'Hymen & de l'Amour*.

OSMAN, Tragédie de M. *Tristan*, mise au Théâtre par les soins de M. *Quinault*, après la mort de l'Auteur en 1656. Paris, De Luynes, 1656. *Histoire du Th. Fr. année* 1656.

OSSONE, (les Galanteries du Duc d') Comédie en cinq actes & en vers de M. *Mairet*, représentée en 1627. au Théâtre de l'Hôtel de Bourgogne, Paris, Rocoles, 1636. *Histoire du Théatre François, année* 1627.

OSTORIUS, Tragédie de M. l'Abbé de *Pure*, représentée en 1659. sur le Théatre de l'Hôtel de Bourgogne, imp. la même année à Paris. *Hist. du Th. Franç. année* 1659.

OTHON, Tragédie de M. *Corneille*, imp. dans ses Œuvres, & représentée le 5 ou le 6 Novembre 1664. sur le Théatre de l'Hôtel de Bourgogne.

Bourgogne. *Hist. du Th. Franç.* année 1664.

OTHON, (la Mort d') Tragédie de M. *Belin*, non imp. représentée le Lundi 5 Janvier 1699. *Hist. du Th. Fr.* année 1699.

OVIDE, c'est le sujet de la IIIe Entrée du Ballet des *Amours déguisés*, de M. *Fuzelier*, mis en Musique par M. *Bourgeois*, & traité sous le titre de l'*Estime*, représenté en 1713. Voyez *Amours déguisés*, Ballet.

Voyez *Amours (les) d'Ovide*, Tragi-Comédie de M. *Gilbert*.

OUVILLE, (Antoine le Metel Sieur d') frere de l'Abbé de *Boisrobert*, & Poëte Dramatique, a composé pour le Théatre François les pieces suivantes.

LES TRAHISONS D'ARBIRAN, Tragi-Comédie, 1637.

L'ESPRIT FOLLET, Comédie en cinq actes, 1641.

LES FAUSSES VÉRITÉS, *ou* CROIRE CE QU'ON NE VOIT PAS, ET NE PAS CROIRE CE QU'ON VOIT, Comédie en cinq actes, 1642.

L'ABSENT CHEZ SOI, Comédie en cinq actes, 1643.

LA DAME SUIVANTE, Comédie en cinq actes, 1645.

AIMER SANS SÇAVOIR QUI, Comédie en cinq actes, 1645.

LES MORTS VIVANS, Comédie en cinq actes, 1645.

LA COËFFEUSE A LA MODE, Comédie en cinq actes, 1646.

JODELET ASTROLOGUE, Comédie en cinq actes, 1646.

Tome IV. C

Les Soupçons sur les Apparences, Héroï-Comédie en cinq actes, 1650. On peut douter que cette derniere soit de M. d'Ouville. *Hist. du Th. Franç. année* 1637.

OUVRAGE (l') DUN MOMENT, *ou* LE GALANT COUREUR, Comédie en un acte & en prose, avec un divertissement, par M. *Le Grand*, imp. dans ses Œuvres, & représentée le Mardi 11 Août 1722. précédée de la Tragédie de *Géta*, *Hist. du Th. Franç. année* 1722.

OUVRAGE (l') D'UNE MINUTE. Voyez *Course* (*la*) *Galante*.

OUYE, (l') c'est le titre de la quatriéme Entrée du Ballet des *Sens*, de M. *Roy*, Musique de M. *Mouret*, sous lequel l'Auteur a traité le sujet d'*Ulysse & des Sirénes*, représenté en 1732. Voyez *Sens.* (*les*)

OÜYN, (Jacques) Poëte Dramatique, naquit à Louviers, petite ville de Normandie, a composé,

Tobie, Tragi-Comédie, 1597.
Hist. du Th. Fr. année 1597.

P.

P A

PACARONI, (N....... de) Poëte Dramatique, mort vers 1746. ou 1747. a composé pour le Théatre François :
BAJAZET I. Tragédie, 1739.

PAGHETTI, (Pierre) Comédien de la nouvelle troupe Italienne pour les roles de pere dans le François, & pour celui de Pantalon, après la mort de celui qui remplissoit ce personnage, étoit né à *Bressia* dans l'état de Venise ; son pere Comédien estimé dans sa sa Troupe pour son talent & sa conduite, lui fit prendre tout jeune le même parti, qu'il continua quelques années, ensuite il passa en France, joua dans différentes villes de ce Royaume dans la Troupe de Pascariel, ancien Comédien Italien, dont il épousa la fille, veuve d'un excellent Pierrot qui n'a jamais joué à Paris, & qui se nommoit *Maganox*. Paghetti suivit Dominique son beau-frere lorsqu'il vint à Paris pour jouer à l'Opéra Comique, & y représenta avec succès. Enfin le 9 Avril 1720. il débuta au nouveau Théatre Italien dans la Comédie de la *Fausse Coquette*, Comédie Françoise représentée par les anciens Italiens, le 18 Décembre 1694. par le role de *Prudent*, où il fut très-accueilli du public. Il fut reçu dans la Troupe peu de temps après, & continua d'y jouer avec succès jusqu'à sa mort, qui arriva le 14 Novembre 1732. Voici de quelle façon le *Mercure de France*, mois de Novembre 1742. pag. 2469. & 2470 parla de la mort de cet Acteur.

« Le 14 Novembre 1732. le Sieur *Paghetti* Comédien Italien, originaire de *Breffia*, dans l'Etat de Venise, mourut à Paris après avoir reçû tous ses Sacremens, âgé de 58 ans, il fut inhumé le lendemain à S. Sauveur sa Paroisse, dont le Curé a rendu des témoignages publics de la constance & de la parfaite résignation avec laquelle il est mort. Cet Acteur, que le Public regrette fort, étoit venu fort jeune en France ; il parloit également bien le François & l'Italien ; on n'a guére vû d'acteurs rassembler tant de talens pour le Théatre & pour toutes sortes de rôles, de quelques caracterès qu'ils fussent ; & quoi qu'il ne fut pas d'une figure ni d'une taille avantageuse, (Paghetti étoit petit & bossu, mais d'une phisionnomie aimable) » il les jouoit avec une justesse & une précision qui ne laissoit rien à desirer. Il avoit été reçu au Théatre Italien au mois d'Avril 1720 ».

PAÏSANS (les) DE QUALITÉ, Comédie Françoise en prose & en un acte, suivie d'un divertissement, au Théatre Italien, par Messieurs *Dominique & Romagnesi*, représentée pour la premiere fois le Jeudi 14 Juillet 1729, Paris, Briasson. *Extrait*, *Mercure de France*, mois de Juillet 1729. p. 1623. & *suivantes*.

Cette piéce étoit précédée d'un Prologue en prose, & suivie des *Débuts*, Comédie en prose & en un acte, avec un divertissement, & de *Serpilla & Bajocco*, Parodie en un acte & en vaudeville d'un interméde Italien sous le même titre, représenté sur le Théatre de l'Académie Royale de Musique. (Ces piéces des mêmes Auteurs, Paris, Briasson.)

PAIX, (les Plaisirs de la) Ballet en trois actes, avec un Prologue & quatre intermédes, par M. *Menesson*, Musique de M. *Bourgeois*, représenté par l'Académie Royale de Musique, le Lundi 29 Avril 1715. in-4°. Ribou, & tome XI. du Recueil des Opéra.

Acteurs du Prologue.

L'Hyver.	Le Sieur Mantienne.
Un Plaisir.	Le Sieur Bourgeois.
Vénus.	Mlle Antier.

Ballet.

Plaisirs. Les Sieurs Germain & Gaudreau. Mlles Le Roy & Rameau.
Jeux. Les Sieurs P. Dumoulin & Dangeville. Mlles Le Maire & Dupré.
Graces. Mlle Guyot. Mlles Isecq, La Ferriere & Haran.
Amours. Les Sieurs Paris, Rameau, Boizot & La Motte.

I. *Interméde.* Les Cyclopes.

Ballet.

Forgerons. Le Sieur D. Dumoulin. Les Sieurs Blondy, Marcel, Javillier, Pierret, Guyot, Duval, Maltaire & Dupré.

I. ENTRÉE. *L'Assemblée.*

Licidas, amant de Céphise.	Le Sieur Bourgeois.
Clitandre, ami de Licidas.	Le Sieur Dun.

Céphise, amante de Licidas.	Mlle Heusé.
Le Conducteur de la Fête.	Le Sieur Mantienne.
Isabella, Italienne.	Mlle Antier.
Valerio, Italien.	Le Sieur Hardouin.
Une Françoise.	Mlle Constance.

BALLET. Nations.

Allemands.	Le Sieur Dangeville.
	Les Sieurs Ferrand & Pierret.
	Mlles Duval & Rameau.
Polonois.	Les Sieurs Blondy & Marcel.
	Mlles Menès & Isecq.
Hollandois.	Les Sieurs F. & P. Dumoulin.
	Mlles La Ferriere & Haran.
Suisses.	Les Sieurs Germain & Gaudreau.
	Mlles Le Maire & Dupré.

II. INTERMEDE.

Bacchus.	Le Sieur Buseau.
Comus.	Le Sieur Foissier.

II. ENTRE'E. Fête des Buveurs.

Licas, buveur.	Le Sieur Thévenard.
Cliton, valet de Licas.	Le Sieur Mantienne.
Timante, Berger, amant d'Iris.	Le Sieur Cochereau.
Iris, amante de Timante.	Mlle Poussin.
Une Bergere.	Mlle Kerkoffen.
Un Buveur.	Le Sieur Muraire.

BALLET.

Buveurs.	Le Sieur Blondy.
	Les Sieurs Germain, Gaudrau, Ferrand, Pierret, F. & P. Dumoulin, Dangeville & Dupré.

FESTE DE VILLAGE.

Un Pastre.	Le Sieur F. Dumoulin.

Bergers & Bergéres.

Le Sieur D. Dumoulin & Mlle Prevost.
Les Sieurs Guyot, Maltaire, Duval & Rameau.
Mlles Mangot, Duval, Chasteauvieux & Brunel.

III. INTERMEDE.

Momus.	Le Sieur Le Bel.

PA

III. ENTRÉE. *Le Jaloux puni*, ou *La Sérénade*.

Alcantor, amant jaloux. Le Sieur Dun.
Clarice, amante de Lysis. Mlle Heusé.
Elise, suivante de Clarice. Mlle Boisseau.
Lysis, amant de Clarice, Le Sieur Buseau.
Gusman, valet de Lysis. Le Sieur Mantienne.
Une Musicienne. Mlle Minier.

MASCARADE.

Masques sérieux. Le Sieur Marcel & Mlle Guyot.
Les Sieurs Duval, Guyot, Maltaire, Rameau & Dupré.
Mlles Haran, Mangot, Rameau, Chasteauvieux & Brunel.

Masques Comiques.

Pélerins. Les Sieurs Germain & Javillier.
Mlles Dupré & Duval.

Autres Masques.

Les Sieurs Dumoulin L. & Marcel.
Mlles Menès & Isecq.
Les Sieurs Gaudrau & Pierrer.
Mlles Le Maire & Le Roy.
Vieux & vieille. Le petit Boisor & le petit Paris.
Le Sieur F. Dumoulin & Mlle La Ferriere.

Ce Ballet n'a point reparu au Théatre.

PAIX, (le Temple de la) Ballet de M. *Quinault*, Musique de M. *Lully*. Voyez *Temple (le) de la Paix*.

PALAIS (le) ENCHANTÉ, Opéra Comique en un acte, avec un divertissement & un vaudeville, par M. *De la Grange*, non imp. représenté le Samedi 27 Février 1734. jour de l'ouverture de la Foire S. Germain, cette année, il étoit précédé du *Retour de l'Opéra Comique au Fauxbourg S. Germain*, Prologue, & suivi de l'*Heureux déguisement*, piéce en un acte.

Le sujet de celle qui fait le sujet du présent

article, n'est pas fort difficile à imaginer. Clorinde, amante de Roger, est retenue dans un Palais enchanté sous la puissance de la Magicienne Urgande. Roger a reçu de Merlin son protecteur une baguette, par la vertu de laquelle il détruit les enchantemens d'Urgande, malgré les efforts de cette Magicienne, qui ne servent qu'à prolonger la durée de l'action de la piéce. Le Palais enchanté disparoît, Roger retrouve sa Maîtresse, & rend la liberté aux captifs qui sont enchantés avec elle, & qui par reconnoissance, & pour témoigner leur joie, forment le divertissement. Cette piéce n'eut point de succès.

Extrait Manuscrit.

PALAIS (le) DE L'ENNUY, ou LE TRIOMPHE DE POLICHINELLE, Prologue de M. *Carolet*, non imp. & représenté à la Foire Saint Laurent 1731. par les Marionnettes de Bienfait. L'intention de l'Auteur étoit de faire la critique de l'Opéra d'*Endimion*, qu'on représentoit en ce temps-là au Théatre de l'Académie Royale de Musique, mais on peut dire qu'il s'en est acquitté d'une façon trop dure : la scéne de la piéce se passe dans le Palais de l'Ennui; l'Opéra vient prier ce Dieu de ne le plus visiter aussi assiduement : Endimion paroît, & l'Opéra prend aussitôt la fuite.

L'ENNUY, (AIR. *Lon lan la derirette.*)

Sauvez-vous, Monsieur l'Opéra,
Ce froid Berger vous ennuyera,
 Lon lan la derirette,
Il est plus fade que l'Ennuy,
 Lon lan la deriri.

Polichinelle arrive, & fait disparoître Endimion & le Dieu de l'Ennui.

Extrait Manuscrit.

PALAIS (le) DE LA FORTUNE. Voyez *Souffleur.* (*le*)

PALAIS (le) DE L'ILLUSION, Opéra Comique en un acte, avec un divertissement & un vaudeville, de Messieurs *Laffichard & Valoir*, non imprimé & représenté le Jeudi 19 Juillet 1736.

Cette piéce est en scénes épisodiques; différentes personnes se trouvent transportées dans le Palais de l'Illusion, par les Génies folâtres, suivans de cette Divinité. La premiére est Madame Grondart, qui s'est imaginé que son mari s'est noyé : cette idée est d'autant plus flatteuse pour elle, qu'elle espére épouser un jeune homme dont elle est éprise. L'Illusion voulant se divertir aux dépens de cette folle, feint la voix de son mari. Madame Grondart fuit dans le moment, & fait place à un Gascon, faux brave qui se bat contre l'Univers, & au fond est extrêmement poltron. Le troisiéme personnage est une vieille qui se croit rajeunie à l'âge de quinze ans. Dans la scéne suivante, les Auteurs ont fait usage du conte de l'Anneau d'Hans-Carvel, qu'ils ont mis en action de cette maniere. Sotinot se persuade que sa femme lui préfére un jeune Mousquetaire. L'Illusion qui veut le guérir de cette fantaisie, prend la forme d'un lutin, & s'annonçant comme le Démon des Jaloux, donne à celui-ci un bracelet, en lui disant :

« Prends ce bracelet, tant que tu l'auras, ta femme ne
» pourra te faire d'infidélité.

SOTINOT.

» Monseigneur, que de bontés !

L'ILLUSION. (AIR. *Branle de Mets.*)

>De ce qui fait la colere,
>Il sçaura te préserver,
>Mais il faut le conserver,
>Pour qu'il te soit salutaire :
>Car si quelqu'un s'en servoit,
>L'effet en seroit contraire :
>Car si quelqu'un s'en servoit,
>Sa vertu s'éclipseroit.

SOTINOT.

» Monseigneur Satan, je vous rens mille graces ».

La derniére scéne est celle d'une jeune fille, qui croit être garçon, depuis qu'elle a endossé l'habit d'homme, & la piéce finit par le divertissement que forment les Génies de la Cour de l'Illusion.

Couplet du Vaudeville.

>A vos filles, trop sombres meres,
>Si vous parlez de Monasteres,
>On baillera,
>On s'endormira.
>Mais si vous changez de langage,
>On s'éveillera,
>On sourira,
>Nature produira cela.

Extrait Manuscrit.

PALAIS (le) DES FÉES, Feu d'artifice éxécuté au Théatre Italien, le Dimanche 27 Juin 1749.

PALAPRAT, (Jean) Poëte dramatique, naquit à Toulouse en 1650. d'une ancienne famille, fut Capitoul de cette ville en 1675.

& Chef du Consistoire en 1684. Sécretaire des commandemens de M. de Vendôme, Grand-Prieur de France en 1691. mort à Paris le Mardi 14 Octobre 1721. âgé de 71 ans, a composé pour la scéne Françoise :

Le Ballet extravagant, Comédie en prose & en un acte, 1690.

Les Saturnales, ou La Prude du Tems, Comédie en cinq actes & en vers, 1693.

Hercule et Omphale, Comédie en cinq actes, 1694. non imp.

En société avec M. l'Abbé Brueys.

Le Concert Ridicule, Comédie en un acte & en prose, 1689.

Le Secret révélé, Comédie en un acte & en prose, 1691.

Le Grondeur, Comédie en trois actes & en prose, avec un Prologue en vers libres, 1691.

Le Muet, Comédie en cinq actes & en prose, 1691.

Les Œuvres de M. Palaprat sont imp. Paris. Briasson. *Hist. du Th. Fr.* année 1693.

PALENE, Tragi Comédie en cinq actes & en vers, de M. l'Abbé de *Boisrobert*, représentée en 1640. & imp. Paris, Quinet, 1642. *Hist. du Th. Fr.* année 1640.

PAMÉLA, Piéce en cinq actes & en vers libres, de M. de la *Chaussée*, non imp. & représentée au Théatre François le Vendredi 6 Décembre 1743. *Histoire du Th. Franç.* année 1743.

C vj

PAMÉLA EN FRANCE, *ou* LA VERTU MIEUX ÉPROUVÉE, Comédie Françoise en vers & en trois actes, suivie d'un divertissement, au Théatre Italien, par M. de *Boiſſi*, représentée pour la premiére fois le Lundi 4 Mars 1743. Paris, Prault pere. *Extrait, Mercure de Mars* 1743. *p.* 543. *& ſuivantes.*

PAN ET DORIS, c'eſt le titre d'une Paſtorale en un acte, de M. d'*Ayguebere*, miſe en Muſique par M. *Mouret*, qui formoit le troiſiéme acte de la Piéce des *Trois Spectacles*, repréſentée en 1729. Voyez *Trois (les) Spectacles.*

PANARD, (N.........) Auteur vivant, a donné au Théatre François, en ſociété avec M. Laffichard.

L'AMANT COMÉDIEN, *ou* LES ACTEURS DÉPLACÉS, Comédie en proſe, mêlée de vers, en un acte, précédée d'un Prologue, 1739.

A lui ſeul, au Théatre Italien.

LES ENNUIS DE THALIE, Comédie en vers libres & en un acte, ſuivie d'un divertiſſement, 1745.

LES VŒUX ACCOMPLIS, Comédie en vers libres & en un acte, avec des divertiſſemens, au ſujet de la naiſſance de Monſeigneur le Duc de Bourgogne, 1751.

En ſociété avec M. Sticotti, Comédien Italien.

ROLAND, Parodie en proſe & vaudevilles de la Tragédie lyrique du même nom, 1744.

LES FÊTES SINCERES, Comédie en vers & en un acte, suivie d'un divertissement, 1744. non imp.

L'IMPROMPTU DES ACTEURS, Comédie en vers libres & en un acte, suivie d'un divertissement, 1745.

LES TABLEAUX Comédie en vers libres & en un acte, avec un divertissement, 1747.

A lui seul, à l'Opéra Comique.

LA TANTE RIVALE, piéce en deux actes, précédée d'un Prologue, 1729. non imp.

L'IMPROMPTU DU PONT-NEUF, un acte 1729.

LES PETITS COMÉDIENS, Prologue, 1731. non imp.

LA NIÉCE VENGÉE, un acte, 1731. non imp.

LE NOUVELLISTE DUPÉ, un acte, 1732. non imp.

LE POT POURRI COMIQUE, un acte précédé d'un Prologue, 1732. non imp.

LES DEUX ÉLEVES, un acte, 1732. non imp.

L'ACTE PANTOMIME, un acte, 1732. non imp.

LA FAUSSE ÉGYPTIENNE, un acte, 1733. non imp.

LE DÉPART DE L'OPERA COMIQUE, un acte, 1733. non imp.

L'AMANT MAÎTRE DE MUSIQUE, un acte 1733. non imp.

L'IMPROMPTU, Prologue, 1733. non imp.

LA MERE EMBARRASSÉE, un acte, 1734. non imp.

L'ABSENCE, un acte, 1734. non imp.

DOM QUICHOTTE CHEZ LA DUCHESSE, Ballet Pantomime, 1734.

L'ACADÉMIE BOURGEOISE, un acte, 1735. non imp.

LES EPOUX RÉUNIS, un acte, précédé d'un Prologue, 1736. non imp.

LE MAGASIN DES MODERNES, un acte, 1736.

LES ENNEMIS RECONCILIÉS, un acte, 1736. non imp.

LA FÉE BIENFAISANTE, Prologue, 1736. non imp.

L'EUROPE ET LA PAIX, Prologue, 1736. non imp.

LA MUSE PANTOMIME, un acte, 1737. non imp.

LE CARNAVAL, Prologue, 1738. non imp.

LA PANTOMIME, un acte, 1738. non imp.

L'ARMOIRE, *ou* LA PIÉCE A DEUX ACTEURS, un acte, précédé d'un Prologue & suivi d'un Epilogue, 1738. non imp.

LE FOSSÉ DU SCRUPULE, deux actes, précédés d'un Prologue & suivis d'un Epilogue, 1738. non imp.

GRAND VAURIEN, Parodie en un acte de la Tragédie de *Maximien*, 1738. non imp.

LA FOIRE DE BOULOGNE, un acte, 1738. non imp.

LE RÊVE, un acte, 1738. non imp.

L'AMPHIGOURI, *ou* LES TROIS PROLOGUES, trois actes, 1739. non imp.

L'ESSAI DES TALENS, *ou* LES TALENS COMIQUES, un acte, 1739. non imp.

PA

La Fausse rupture, un acte, précédé d'un Prologue, 1739. non imp.

L'Amant supposé, ou Le Miroir, un acte, 1739. non imp.

Les Fols volontaires, deux actes, 1740. non imp.

Les Acteurs éclopés, un acte, 1740. non imp.

L'École d'Asniere, un acte, 1740. non imp.

La Gageure, un acte, 1740. non imprimé.

Le Comte de Belflor, trois actes, 1740. non imp.

Les Jardins d'Hébé, un acte, 1740. non imp.

Les Faux Niais, un acte, 1741. non imprimé.

Le Registre inutile, un acte, précédé d'un Prologue, 1741. non imp.

L'Intrigue, un acte, 1741. non imp.

Les Vendanges, un acte, 1741. non imprimé.

Les Obstacles supposés, un acte, 1742. non imp.

L'Arbre de Cracovie, un acte, 1742. non imp.

Le Saut du Fossé, un acte, 1742. (C'est le *Fossé du Scrupule*, réduit en un acte, non imp.

La Foire de Cythere, un acte, 1742. non imp.

Les Vaudevilles, un acte, 1743. non imp.

*En société avec Messieurs Fuzelier & Pontau,
au même Théatre.*

LA MÉPRISE DE L'AMOUR, *ou* PIERROT TANCREDE, Parodie en un acte de la Tragédie lyrique de *Tancréde*, 1729. non imp.

LE MALADE PAR COMPLAISANCE, trois actes, 1730. non imp.

*Au même Théatre, avec Messieurs Marignier
& Pontau.*

ARGÉNIE, trois actes, 1729. non imp.

Au même Théatre, avec M. Pontau.

LES DEUX SUIVANTES, trois actes, 1730. non imp.

LE BOUQUET DU ROI, un acte, 1730. non imp.

LA COMÉDIE SANS HOMMES, un acte, 1732. non imp.

LES FÊTES GALANTES, Ballet pantomime, 1736. non imp.

LE RIEN, un acte, 1737. non imp.

*En société avec Messieurs Favart & Pontau,
au même Théatre.*

LE QU'EN-DIRA-T'ON, un acte, 1740. non imp.

*Au même Théatre, avec Messieurs Fagan
& Pontau.*

LE BADINAGE, Prologue, 1731 non imp.

ISABELLE ARLEQUIN, un acte, non imp.

Au même, avec Messieurs Piron, Pontau & Gallet.

LA RAMÉE ET DONDON, Parodie en un acte de la Tragédie de *Didon*, 1734. non imp.

Au même avec M. Fagan.

LE SYLPHE SUPPOSÉ, un acte, 1730. non imp.

L'ESCLAVAGE DE PSYCHÉ, trois actes, 1731. non imp.

LA FAUSSE RIDICULE, un acte, 1731. non imp.

MOMUS A PARIS, un acte, 1732. non imp.

LE TEMPLE DU SOMMEIL, un acte, 1732. non imp.

Au même avec Messieurs Pontau & Parmentier.

ALZIRETTE, Parodie en un acte de la Tragédie d'*Alzire*, 1736. non imp.

Au même avec M. Laffichard.

PYGMALION, un acte, 1735. non imp.
LE GAGE TOUCHÉ, un acte, 1736. non imp.

Au même avec M. Favart.

LA RÉPÉTITION INTERROMPUE, un acte, précédé d'un Prologue, 1735. non imp.

LA FOIRE DE BESONS, Ballet comique, 1735. non imp.

LA PIÉCE SANS TITRE, *ou* LE PRINCE NOCTURNE, un acte, 1737. non imp.

Au même avec Messieurs Gallet, Pontau & Laffichard.

MAROTTE, Parodie en un acte de la Tragédie de *Mérope*, 1743. non imp.

Au même avec M. Fro***.

LE MAGASIN DES CHOSES PERDUES, un acte, non imp.

Au même avec M. Carolet.

LA MIE MARGOT, Ballet pantomime, 1735. non imp.

L'ASSEMBLÉE DES ACTEURS, un acte, 1737. non imp.

L'INDUSTRIE, un acte, 1737. non imp.

A lui seul, au Spectacle Pantomime.

LES ORACLES D'HARPOCRATE, ou LE DIEU DU SILENCE, Pantomime, 1746. sujet imp.

L'OMBRE D'ÉSOPE, Pantomime, 1747. sujet imprimé.

PANDORE, Comédie en un acte & en vers, de M. de *Saintfoix*, non imp. & représentée le Vendredi 13 Juin 1721. précédée de *Mithridate*, *Hist. du Th. Fr.* année 1721.

PANDORE, (la Boëte de) Comédie en un acte & en vers, de M. (Philippe) *Poisson*, imp. dans ses Œuvres, & représentée le Vendredi 18 Mars 1729. précédée de la Comédie du *Tartuffe*. *Hist du Th. Fr.* année 1729.

PANDORE, (la Boëte de) Piéce en un acte & en prose, de Messieurs *Le Sage*, *Fuselier* &

d'*Orneval*, imp. tome IV. du Théatre de la Foire, Paris, Ganeau, 1724. & repréfentée le Jeudi 31 Juillet 1721. précédée de la *Fauſſe Foire*, Prologue, & ſuivie de la *Tête Noire*, piéce d'un acte. On ne peut faire mieux l'éloge de cette piéce, qu'en ajoûtant qu'elle étoit digne d'un autre Théatre que celui où elle a été repréſentée.

PANIERS, (les) Comédie en un acte & en proſe, avec un divertiſſement, par M. *Le Grand*, repréſentée le Jeudi 25 Février 1723. précédée de l'*Ecole des Femmes*. Cette piéce eſt un Fragment du Ballet des *Vingt-quatre Heures*, Divertiſſement repréſenté à Chantilly le Jeudi 5 Novembre 1722. *Hiſt. du Th. Fr.* année 1722.

PANTALON AMANT MALHEUREUX, *ou* ARLEQUIN DÉVALISEUR DE MAISON, (*la Caſa Svaliagiata*,) Canevas Italien en trois actes, repréſenté pour la premiere fois le Mercredi 27 Mai 1716.

„ Pantalon eſt fort amoureux de Flaminia,
„ qui ne l'aime point, mais comme la fortune
„ de cette Demoiſelle eſt très-médiocre, Scapin
„ valet de Flaminia, conſeille à ſa Maîtreſſe de
„ feindre d'aimer Pantalon, qui eſt fort riche,
„ afin d'en tirer tout ce qu'elle pourra, & qu'elle
„ ne manque pas d'employer toutes ſortes d'arti-
„ fices & de flatteries. Pantalon demande par
„ grace à ſa Maîtreſſe, qu'il puiſſe du moins la
„ voir un jour en particulier, n'ayant pas en-
„ core été chez elle; Flaminia lui donne un
„ rendez vous, auquel Pantalon ſe propoſe de
„ ne pas manquer. Quand il eſt prêt de s'y

» rendre, Scapin envoye à Pantalon différentes
» perſonnes, ſous différens déguiſemens, &
» ſous des prétextes frivoles, pour amuſer le
» bon homme. Ces importuns l'obſédent ſi
» fort, malgré l'envie qu'il a de ſe débarraſſer
» d'eux, qu'ils lui font manquer l'heure du ren-
» dez vous, ce qui occaſionne la rupture de Pan-
» talon avec ſa Maîtreſſe ». *Merc. de France*,
Mai 1740. p. 995.

M. de Charni, dans ſa *premiere Lettre hiſto-
rique ſur la nouvelle Comédie Italienne*, p. 39.
donne un petit précis de cette piéce, & ajoûte
la réfléxion ſuivante. « Cette piéce reſſemble il
» eſt vrai à la Comédie des *Fâcheux* de Mo-
» liere. Cette reſſemblance me fait penſer à
» deux portes ſemblables de deux maiſons,
» mais dont l'une faite par un Italien, donne
» entrée dans différentes petites chambres déta-
» chées, propres à loger des artiſans ; & l'autre
» faite par un François, ſert d'entrée à une enfi-
» lade d'appartemens réguliers & gracieux, qui
» prouvent l'habileté & le bon goût de celui
» qui en a été l'Architecte ».

PANTALON BANQUEROUTIER VÉNITIEN,
(*Pantalone Mercante fallita*,) Canevas Italien en trois actes, repréſenté pour la premiére
fois le Dimanche 18 Octobre 1716, Cette
piéce eſt moderne, & dans le goût des mœurs
de Veniſe. *Sans Extrait.*

PANTALON CHERCHE TRÉSOR, ET ARLE-
QUIN CRÛ MARCHAND, (*li tri ſenti turchi.*)
Canevas Italien en trois actes, repréſenté pour
la premiére fois le Mercredi 22 Juillet 1716.
Cette piéce eſt très ancienne. (*Sans Extrait.*)

Voyez *Histoire de l'ancien Théatre Italien*, *in-*12. Paris, Lambert, 1753.

PANTALON DÉBAUCHÉ, *ou* ARLEQUIN QUI SE TRAHIT LUI-MÊME, (*Il marito vitioso.*) Canevas Italien en cinq actes, par M. *Ricco-boni* le pere, représenté pour la première fois le Lundi 29 Juin 1716. Cette piéce est composée suivant les mœurs de Venise.

ACTEURS.

PANTALON, *Marchand Vénitien, établi à Naples.*

FLAMINIA.
MARIO.   } *enfans de Pantalon.*
SILVIO.

ARLEQUIN.   } *Domestiques de Pantalon.*
VIOLETTE.

LÉLIO, *amant de Flaminia.*
LE DOCTEUR.
SCARAMOUCHE.
SCAPIN.

La scéne est à Naples, dedans & devant la maison de Pantalon.

« Pantalon, Marchand Vénitien établi a
» Naples, se livre à la crapule, & s'associe à
» des débauchés, qui le jettent dans le vice de
» l'yvrognerie. Il refuse sa fille Flaminia à Lélio,
» qui l'aime passionnément, parce qu'il ne le
» croit pas assez riche pour la lui donner en
» mariage. De deux fils qu'il a, nommés Mario
» & Silvio, l'un est fort assidu à son négoce, &

» l'autre n'a d'autre passion que celle de voya-
» ger, à quoi son pere s'oppose fortement.

» La débauche de Pantalon lui fait négliger
» entiérement le soin de ses affaires, & dans le
» vin, il insulte le Docteur & Scaramouche,
» qui cherchent avec ardeur l'occasion de s'en
» venger. Arlequin amoureux de Violette, qui
» est domestique ainsi que lui chez Pantalon,
» en est rebuté, parce qu'elle aime Scapin:
» l'amour que le premier a pour elle, l'engage
» à lui promettre de voler son Maître, dans
» l'espérance de fuir ensemble après le vol, &
» de l'épouser. Scapin profitant de l'yvresse de
» Pantalon, sous prétexte de lui faire signer
» une quittance, lui suppose un écrit, par le-
» quel il le fait consentir au mariage de Lélio
» & de Flaminia. Ce vieillard revenu dans son
» bon sens, & ne pouvant désavouer sa signa-
» ture, en est dans un étonnement extrême. Le
» Docteur qui est créancier de Pantalon, pour
» se venger de l'offense qu'il en a reçue, fait
» saisir toutes les marchandises de son magasin.
» On lui améne un moment après Mario, qui
» vient d'être blessé dans un combat singulier
» par Scaramouche, lequel a voulu tirer ven-
» geance sur le fils, de l'insulte que le pere lui a
» faire.

» Silvio son autre fils, pendant le sommeil
» de son pere, lui enléve la meilleure partie
» de sa caisse, & s'en va courir le pays. Enfin
» pour comble de malheurs, Arlequin qu'il a
» toûjours reconnu pour un valet très fidéle,
» séduit par Violette, lui vole une somme d'ar-
» gent très-considérable, & la donne à cette

, fille, qui fe moquant de lui, fe fauve avec
„ Scapin. Pantalon alors reconnoiffant que fa
„ débauche eft la fource de tous fes malheurs,
„ protefte de quitter entiérement la paffion
„ qu'il avoit pour le vin, & termine la piéce
„ par l'approbation qu'il donne au mariage de
„ Lélio & de Flaminia ». *Canevas imprimé.*

PANTALON DUPÉ, Canevas Italien en trois
actes, repréfenté une feule fois le Mercredi 2
Mars 1746. *Sans Extrait*

PANTALON ET ARLEQUIN COCUS SANS
FEMMES, (*Pantalone è Arlichino marite fenza
Moglie.*) Canevas Italien en trois actes, repréfenté une feule fois le Lundi 4 Août 1721.
(*Sans Extrait.*) Cette piéce eft très-ancienne.
Elle commence d'une façon très-comique &
très-théatrale, mais la fuite ne répond pas à ce
début. *Note manufcrite.*

PANTHÉE, Tragédie de Caïe Jules de
Guerfens, Poitiers, Bouchet freres, 1571.
Hift. duh. Fr. année 1571.

PANTHÉE, Tragédie d'Alexandre *Hardy*,
repréfentée en 1604. au Théatre de l'Hôtel de
Bourgogne, imp. tome II. des Œuvres Dramatiques de cet Auteur, Paris, Quefnel, 1624.
Hiftoire du Th. Fr. année 1604.

PANTHÉE, Tragédie de Claude *Billard de
Courgenay*, repréfentée en 1608. imp. dans le
Recueil des Piéces de Théatre de cet Auteur.
Hift. du Th. Fr. année 1608.

PANTHÉE, ou L'AMOUR CONJUGAL, Tragédie de *Guérin de la Dorouviere*, Angers,
1608. *Hiftoire du Théatre François, année*
1608.

PANTHÉE, Tragédie de M. *Tristan*, représentée en 1637. Paris, Courbé, 1639. *Histoire du Th. Fr. année* 1637.

PANTHÉE, Tragédie de M. d'*Urval*, représentée en 1638. Paris, Besogne, 1639. *Hist. du Th. Fr. année* 1638.

PANTOMIME, (la) en paroles & en vaudevilles, de M. *Panard*, non imp. & représentée au Théatre de l'Opéra Comique, le Jeudi 6 Février 1738. précédée du *Carnaval*, Prologue. Cette piéce n'est autre chose que le *Pot pourri*, Pantomime du même Auteur, qui avoit été représenté le 13 Février 1732. & qu'il a donné ensuite en vaudevilles, & sous un nouveau titre. Voyez *Pot pourri Pantomime*.

PANTOUFLE, (la) Opéra Comique en un acte, avec un Divertissement & un Vaudeville, par M. *Marignier*, non imp. représenté le Lundi 20 Mars 1730. précédé des *Couplets en Procès*, & de la Parodie de *Télémaque*.

Le Sultan Solyman a trouvé par hazard dans les Jardins du Sérail une Pantoufle, sans connoître la personne à qui elle appartient, il en devient épris avec tant de violence, que pour la trouver, il fait essayer la pantoufle premiérement à toutes les femmes & les filles du Sérail, & ensuite à toutes ses sujettes. Comme cette chaussure n'a pû convenir à aucune d'elles, le Sultan a pris la résolution d'envoyer Pierrot son confident chercher ce qu'il demande dans les pays étrangers, & sur-tout en France, Pierrot de retour de ce long voyage, où il n'a rien fait, rapporte la Pantoufle en présence de Roxane, jeune Sultane, qui est entrée au Sérail
depuis

P A

depuis son départ : elle reconnoît cette Pantoufle pour la même qui lui a été enlevée par une aigle à Athénes, un jour qu'elle étoit au bain. Le Sultan charmé de cette heureuse rencontre, l'épouse, & céde à son frere Haly, la Sultane Amine, dont il commençoit à devenir amoureux. Suit un divertissement & un vaudeville. En voici un couplet.

> De l'argent qu'Iris avec adresse,
> Sçait tirer d'un Banquier,
> On la voit acheter la tendresse
> D'un aimable Officier.
> L'Officier à quelque poulette
> Court dans le moment en donner moitié,
> Chacun trouve liron, lirette,
> Chaussure à son pied.

Extrait Manuscrit.

Cette Piéce a été reprise le Jeudi 28 Août 1738. précédée de la *Muse Pantomime*, & suivie du Ballet de l'*Amour & de l'Innocence*.

Le mariage du Sieur Thévenard, célébre Acteur de l'Académie Royale de Musique, sur lequel on prétend que cet ouvrage fut composé, a fort contribué à son succès.

PANURGE, Comédie en cinq actes de M. *Montauban*, non imp. représentée au Théatre de Guénégaud, le Vendredi 3 Août 1674. *Hist. du Th. Franç.* année 1674.

PANURGE A MARIER, Comédie Françoise en prose & en trois actes & trois divertissemens, précédée d'un Prologue aussi en prose, au Théatre Italien, par M. *Autreau*, représentée pour la première fois le Jeudi 21 Novembre 1720. *Théatre de M. Autreau*, Paris, Briasson.

Tome IV. D

Cette piéce fut sifflée à sa premiére repréſentation. On ſupprima à la ſeconde le ſecond & le troiſiéme acte, & on ne joua que le Prologue & le premier acte, Voici le compte que M. Peſſelier a rendu de cette piéce dans la Préface des Œuvres de M. Autreau.

« *Panurge à marier* eſt une ſingularité de » l'Auteur, qui ne lui réuſſit pas. Le jargon » Gaulois déplût aſſez dans le Prologue, pour » prévenir contre la piéce, dans laquelle il n'eſt » cependant plus queſtion de ce jargon. L'au-» torité de Rabelais ne ſauva point du naufrage » M. Autreau, qui n'auroit pas dû oublier le » danger de mettre au Théatre des plaiſanteries » conſacrées par des Romans ſi fort goûtés, » qu'il eſt preſque impoſſible de ne pas ſe trou-» ver au-deſſous de l'idée que l'on ſe forme de » la piéce, ſur le titre ſeul que l'on a pris. Ce » fut en partie ce qui fit tomber celle ci, où l'on » trouvera cependant de l'imagination & de la » bonne critique. Il s'agit de marier Panurge, » & pour lui trouver un parti convenable, on » le tranſporte ſucceſſivement dans l'Iſle moyen-» ne, dans l'Iſle haute & dans l'Iſle baſſe, c'eſt-» à-dire, que l'on le fait tour à tour voyager » à la ville, à la Cour & à la campagne ».

PAPYRE, *ou le* DICTATEUR ROMAIN, Tragédie de M. *Maréchal*, repréſentée en 1645. Paris, Quinet, 1648. *Hiſt. du Th. Fr.* année 1645.

PARASITE, (le) Comédie en cinq actes & en vers, de M. *Triſtan*, repréſentée au Théatre de l'Hôtel de Bourgogne en 1654. Paris, Courbé, 1654. *Hiſt. du Th. Franç.* année 1654.

PARC, (N... du) *dit* GROS RENÉ, Comédien François de la Troupe de M. Moliere, vint avec lui à Paris en 1658. Il y a apparence qu'en 1660. cet Auteur avoit dessein de passer dans celle de l'Hôtel de Bourgogne, pour y remplacer Jodelet: on ignore le temps de sa mort, qui cependant est surement antérieur à l'année 1673. *Hist. du Th. Fr. année* 1660.

PARC, (N...... femme de Du) Comédienne Françoise, s'engagea avec son mari dans la Troupe de M. Moliere, & la suivit en Province: revint à Paris avec cette même Troupe en 1658. & continua à y jouer jusqu'en 1666. qu'elle passa à l'Hôtel de Bourgogne: elle est morte le 10 ou le 11 Décembre 1668. Mlle Du Parc remplissoit avec applaudissement les seconds roles tragiques & comiques. *Hist. du Th. Franç. année* 1668.

PARESSEUX, (le) Comédie en trois actes & en vers, avec un Prologue, de M. de *Launay*, Paris, Le Breton, & représentée le Mardi 28 Avril 1733. suivie du *Médecin malgré lui*, *Histoire du Théatre Franç. année* 1733.

PARIS ET ŒNONE, c'est le sujet de la II.e Entrée du Ballet des *Amours déguisés*, de M. *Fuzelier*, Musique de M. *Bourgeois*, traité sous le titre de l'*Estime*, & représenté en 1713. Voyez *Amours* (*les*) *déguisés*.

PARIS, (le Jugement de) Pastorale Héroïque. Voyez *Jugement* (*le*) *de Paris*.

PARIS, c'est le titre que porte le premier acte de la *France Galante*, Opéra Comique de M. *Boissi*, représenté en 1731. Voyez *France* (*la*) *Galante*.

D ij

PARISIEN, (le) Comédie en cinq actes & en vers, de M. *Champmeflé*, imp. dans ses Œuvres, & représentée le Samedi 7 Février 1682. *Hist. du Th. Fr.* année 1682.

PARISIENNE, (la) Comédie en un acte & en prose de M. *Dancourt*, imp. dans ses Œuvres, & représentée le Mercredi 13 Juin 1691. précédée d'*Agrippa*, ou le *Faux Tibérinus*. *Hist. du Théatre Franç.* année 1691.

PARMENTIER, (N...... Auteur vivant, a donné au Théatre François.

LE BAL DE PASSY, *ou* LES MASQUES, Comédie en prose & en un acte, non imp. 1741.

A l'Opéra Comique, en société avec Messieurs Panard & Pontau.

ALZIRETTE, Parodie en un acte & en Vaudevilles de la Tragédie d'*Alzire*, non imprimée, 1736.

PARNASSE, (le) Ballet en cinq Entrées, dont la décoration du Prologue forme toutes celles des autres entrées, à l'occasion de la naissance de Monseigneur le Dauphin, sur la Cour de Marbre, à Versailles, le Mercredi 5 Octobre 1729. & ensuite sur le Théatre de l'Académie Royale de Musique.

ACTEURS.

LE PARNASSE. Prologue.

Apollon.   Le Sieur Chaffé.
Saturne.   Le Sieur Thévenard.

BALLET.

Le Sieur Laval & Mlle Prevost.

Cette premiére Entrée est tirée du Prologue de *Bellerophon*, *Muses préparez vos Concerts*;

de celui de *Phaëton*, *Un Héros qui mérite une gloire immortelle*: & le chœur d'*Isis*, *Célébrons son grand nom.*

LA MUSE LYRIQUE, II. ENTRE'E.

Uranie.	Mlle Le Maure.
Polymnie.	Mlle Antier.

Pris du *Retour des Dieux*, de M. *Tanevot*; Musique de M. *Colin de Blamont*,

Peuples soumis au pouvoir de Louis.

& du *Carnaval de Venise*, de M. *Regnard*, Musique de M. *Campra*.

Si Canti, si Goda.

LA MUSE PASTORALE, III. ENTRE'E.

Un Berger.	Le Sieur Dangerville.
Deux Bergéres.	Mlles Antier & Le Maure.
Une autre Bergére.	Mlle Pélissier.

BALLET.

Mlles Salé & Mariette.

Tiré de l'Idylle intitulée *Les Préfens des Dieux*,

Habitans fortunés des rives de la Seine.

paroles de M. l'Abbé *Pellegrin*, Musique de M. *Colin de Blamont*.

LA MUSE HE'ROIQUE, IV. ENTRE'E.

Apollon.	Le Sieur Chaffé.
La Muse Héroïque.	Mlle Antier.
Suivante de la Muse.	Mlle Eremans.
Autre suivante.	Mlle Le Noir.

Tiré du Prologue d'*Amadis de Gaule*, des *Préfens des Dieux*, de la Pastorale d'*Issé*, & du Ballet des *Fêtes Grecques & Romaines*.

LE GENIE DE LA FRANCE, v. ENTRÉE.

L'*Europe*.	Mlle Antier.
Une *Européenne*.	Mlle Le Maure.

Tiré de l'Opéra de *Phaëton*, de l'Idylle de *Sceaux*, du Ballet des *Elémens*, de l'Idylle des *Préfens des Dieux*, & du Ballet des *Stratagêmes de l'Amour*.

Ce Divertiffement ne fe trouve point dans le Recueil général des Opéra, il a été imprimé féparément, Paris, Ballard, 1729.

Mlle Péliffier n'ayant pû, par indifpofition remplir à la Cour le role dont elle étoit chargé, l'a joué feulement à Paris.

PARNASSE (le) MODERNE. Voyez *Polichinelle Apollon*.

PARODIE, Tragi-Comédie critique en un acte en profe, mêlée de Vaudevilles, au Théatre Italien, par M. *Fuzelier*, repréfentée pour la premiére fois le Dimanche 23 Mai 1723. Paris, Briaffon. Voici le compte que le Mercure du même mois de Mai 1723. p. 967-970. rendit de cette piéce.

« Les Comédiens Italiens ont donné le 23 de » ce mois (Maï) une piéce qui a pour titre » *Parodie, Tragi-Comédie nouvelle*. Nous n'en » donnerons pas un extrait bien détaillé. Quoi- » qu'elle n'ait qu'un acte, cet acte eft fi chargé » d'Acteurs, & tout ce qui s'y paffe eft fi peu » tiré au clair, qu'il faudroit voir la piéce plus » d'une fois, pour en rendre un compte rai- » fonnable, & d'ailleurs nous ne voulons pas » être complices du déchaînement de l'Auteur » contre tous fes confreres. Voici en gros de

» quoi il est question. Une Muse de la derniere
» promotion, appellée *Parodie*, s'apprête à se
» faire couronner de barbeaux, & prétend en-
» chaîner à son char de triomphe, tous les
» Auteurs *parodiables*, c'est-à-dire, tous ceux
» qui auroient eu le malheur de réussir, car
» grace à cette Muse caustique, on ne sçauroit
» réussir impunément. Un de ses plus chers
» Confidents, apparemment c'est Momus, lui
» apprend qu'il se forme une furieuse conjura-
» tion contre elle dans le Caffé du Parnasse, &
» lui conseille de mettre le Parterre de son parti,
» si elle veut remporter cette nouvelle victoire.
» Le conseil paroît trop bon pour n'être pas
» accepté. Le Parterre personnifié se montre
» aux yeux de l'intrépide Muse, il lui promet
» tout ce qu'elle exige de lui. La Muse de la
» Tragédie vient se plaindre des insultes qu'on
» lui fait continuellement. Un Auteur tragique
» à qui on donne le nom de *Furius*, vient lui
» faire une description de la conjuration prête
» d'éclore; cette scéne est parodiquement copiée
» sur la seconde du premier acte de *Cinna*; mais
» il s'en faut bien que la copie réponde à l'ori-
» ginal; on a trouvé le secret de rendre le grand
» Corneille ennuyeux; le tendre & le galant
» Racine n'y est pas moins défiguré. Titus &
» Andromaque ne sont plus reconnoissables;
» quel nouveau triomphe pour Parodie! Elle
» fait enfin l'Hermione, & répond ironique-
» ment à sa rivale prosternée à ses pieds.

Le Parterre est présent, vous régnez sur son ame,
Faites le prononcer, j'y souscrirai, Madame.

» Nous ne garantissons pas ces deux vers
» pour fidélement extraits, mais toûjours c'est
» l'équivalent que nous donnons. *Pirithous* &
» *Nitétis* viennent tour à tour orner le char de
» triomphe, & le Chanteur débite au Pont-
» neuf contre *Inès*. On juge bien que les enfans
» de cette malheureuse épouse n'y sont pas
» oubliés. La mauvaise plaisanterie qu'on en a
« faite par un paralléle outré avec la famille
» désolée des *Plaideurs*, a trop flatté l'Auteur
» *Anonyme*, (on feignoit sans doute de ne pas
» sçavoir son nom,) pour être oublié dans
» un genre de piéces dont tout le mérite con-
» siste à faire rire aux dépens de qui il appar-
» tiendra. Voilà tout ce que nous avons à dire
» de cette piéce. Il y a apparence que c'est
» une échappée de la Foire, & qu'elle avoit
» été faite dans ces temps malheureux, où la
» Tragédie étoit presque abandonnée de tout
» le monde, on y a enté *Pirithous*, *Nitétis* &
» *Inès*, pour la rendre vaudeville, & voilà les
» derniéres volontés de la Foire expirante, éxé-
» cutées à la lettre ».

PARTERRE, (le) Feu d'Artifice éxécuté au Théatre Italien, le Dimanche 21 Décembre 1749.

PARTERRE (le) MERVEILLEUX, Prologue en vaudevilles, de M *Carolet*, représenté le Mardi 19 Août 1732. suivi du *Rival de lui-même*, piéce en un acte du même Auteur. Ces deux Ouvrages sont imp. dans les Œuvres de M. *Carolet*, sous le titre du Tome IX. du Théatre de la Foire.

PARTHÉNIE, Tragi-Comédie de M. *Baro*,

repréfentée en 1641. Paris, Sommaville, 1642. *Hiftoire du Th. Fr. année* 1641.

PARTIE (la) DE CAMPAGNE, Comédie en profe & en un acte, fuivie d'un divertiffement, au Théatre Italien, par Meffieurs *Du Vigeon* & *Romagnefi*, repréfentée pour la premiére fois le Jeudi 5 Juin 1738. Paris, Duchefne.

PARTISAN (le) DUPÉ. Voyez *Riche (le) vilain*.

PARVENU, (le) *ou* LE MARIAGE FAIT ET ROMPU, Canevas Italien en trois actes, mêlé de fcènes Françoifes, au Théatre Italien, par M. de *Beauchamps*, repréfenté une feule fois le Mercredi 12 Février 1721. *Sans Extrait*.

PARVI, (N........) Auteur vivant, a donné au Théatre Italien, en fociété avec M. Minet fils.

LA NÔCE DE VILLAGE, Comédie en profe & en un acte, fuivie d'un divertiffement, 1744. non imp.

Au même Théatre avec M. Laujon.

LA FILLE, LA FEMME, LA VEUVE, Parodie en trois petits actes du Ballet des *Fêtes de Thalie*, 1745.

PAS (le) DE SIX COMIQUE, Parodie du *Pas de fix*, éxécuté fur le Théatre de l'Académie Royale de Mufique, repréfenté fur le Théatre Italien le Samedi 19 Février 1735.

« Le 19 Février (1735.) les Comédiens Ita-
» liens donnerent deux piéces nouvelles d'un

D v

» acte chacune & en vers ; la premiére a pour
» titre *Les femmes Corfaires*, qui n'a eu qu'une
» repréfentation. La feconde eft intitulée, *Les*
» *Ennuis du Carnaval*, & a été reçue très-favo-
» rablement du public. Cette piéce dont on
» parlera plus au long, fut fuivie d'une Entrée
» de fix perfonnes, à l'imitation du *Pas de fix*,
» qu'on a danfé à l'Opéra après la Tragédie
» d'*Omphale*. Cette danfe figurée & fort bien
» caractérifée, eft parfaitement bien éxécutée
» par les Acteurs de la Troupe, & compofée
» d'un Arlequin & d'une Arlequine, d'un Pier-
» rot & d'une Perette, d'un Polichinelle &
» d'un Payfan ou Sabotier ; les airs font paro-
» diés fur ceux qui ont été compofés pour le
» *Pas de fix* de l'Opéra ». *Mercure de France*,
mois de *Février*, 1735. p. 364.

PASITHÉE, Tragi Comédie de Pierre *Trot-
terel*, Sieur d'Aves, repréfentée en 1624. imp.
la même année, Rouen, Du Petitval. *Hift. du
Th. Franç*, année 1624.

PASQUIN (Don) d'AVALOS, Comédie
en un acte & en vers de M. *Montfleury*, c'eft
le fecond interméde de l'*Ambigu comique* de
cet Auteur ; repréfentée en 1673. Voyez *Ambigu (l') comique*.

PASSIONS (les) ÉGARÉES, ou LE RO-
MAN DU TEMPS, Tragi Comédie du Sieur
de *Richemont Banchereau*, Paris, Collet, 1632.
Hift. du Th. Fr. année 1632.

PASTOR (le) FIDO, Paftorale héroïque
en trois actes & en vers libres, avec un Prologue, par M. l'Abbé *Pellegrin*, Paris, Piffot,
1725. & repréfentée le Samedi 7 Septembre

1726. suivie du *Concert ridicule*. *Hist. du Th. Franç.* année 1726.

PASTORALE, (la) premiére Entrée du Ballet des *Muses*, de M. *Danchet*, Musique de M. *Campra*, & représenté en 1703. les Auteurs y ont substitué dans la suite une nouvelle Pastorale intitulée *Amaryllis*. Voyez *Ballet* (le) *des Muses*.

PASTORALE HÉROÏQUE, composée pour la Fête des Ambassadeurs du Roi d'Espagne, à l'occasion de la naissance de Monseigneur le Dauphin, & éxécutée le Mardi 24 Janvier 1730. par l'Académie Royale de Musique, & sur le Théatre de l'Opéra, le Mardi 31 du même mois, précédée de la Tragédie d'*Hésione*, dont on avoit supprimé le Prologue.

ACTEURS.

Pan.   Le Sieur Dun.
Junon.   Mlle Pélissier.
Astrée.   Mlle Eremans.
Deux Bergéres.   Mlles Dun & Petitpas.

BALLET.

Le Sieur D. Dumoulin & Mlle Camargo.
Mlle Sallé.

Les Lundi 20 Février & Mardi gras 21 cette Pastorale fut reprise, précédée du Prologue des *Amours de Mars & de Vénus*, de M. *Danchet*, Musique de M. *Campra*, elle étoit suivie de *Pourceaugnac*, & du *Cariselli*. Les principaux roles de ces deux derniers Ballets comiques furent remplis par le Sieur Tribou. La Musique de cette Pastorale est de M. *Rebel* le fils, sur les paroles données à M. de *La Serre*, Paris, Ballard, 1730.

PATELIN, (l'Avocat) Comédie en trois

actes & en profe, de M. l'Abbé *Brueys*; imp. dans fes Œuvres, & repréfentée le Vendredi 4 Juin 1706. précédée de la Tragédie de *Britannicus*. *Hiftoire du Th. Fr. année* 1706.

PAUSANIAS, Tragédie de M. *Quinault*, imp. dans fes Œuvres, & repréfentée le Vendredi 16 Novembre 1668. fur le Théatre de l'Hôtel de Bourgogne. *Hift. du Théatre Franç. année* 1668.

PAZETTI, (Louis) né à Venife, débuta à Paris au Théatre Italien le Samedi 18 Juin 1740. pour le role de *Pantalon*, dans la piéce Italienne intitulée : *La force du fang & de l'amour*, & continua dans d'autres piéces. Il ne fut que médiocrement goûté & enfuite remercié. Cependant le Mercure de France du mois de Juin IIe vol. p. 1427. parla avec éloge de cet Acteur : nous allons rapporter fes termes.

« Le 18 Juin 1740. les Comédiens Italiens
» donnérent une piéce nouvelle Italienne en
» trois actes, fous le titre de *La force du fang*
» *& de l'amour*, que le public a reçû favora-
» blement. Le Sieur *Louis Pazetti*, Vénitien,
» nouvel Acteur, joua pour la premiére fois le
» role de *Pantalon*, avec toute la vivacité &
» l'intelligence dont ce caractere eft fufceptible;
» il a été applaudi & goûté du public. Le Mer-
» credi 22 du même mois, les mêmes Comé-
» diens remirent au Théatre une Comédie Ita-
» lienne en trois actes intitulé: *Le double ma-*
» *riage d'Arlequin*, dans laquelle le nouvel
» Acteur reçut de nouveaux applaudiffemens.
» Le Jeudi 30 (même mois) on remit au mê-
» me Théatre une autre Comédie Italienne en

» trois actes intitulée *La belle-mere supposée*, » ou *La finta Matrigna*, dans laquelle le nou- » veau Pantalon remplit très-bien son rôle ».

PÉCHANTRÉS, (N............) Poëte Dramatique, né à Toulouse vers l'an 1633. étoit fils d'un Chirurgien de cette ville, & étudia en Médecine, & professa cet art pendant quelques années. Il est mort au mois de Février ou de Mars 1709. âgé d'environ 70 ans. Il a composé pour le Théatre François:

GÉTA, Tragédie, 1687.

JUGURTHA, Tragédie, non imp, 1692.

LA MORT DE NÉRON, Tragédie, 1703. *Histoire du Théatre François*, année 1703.

PÉDAGOGUE (le) AMOUREUX, Comédie en cinq actes & en vers, de M. *Chevalier*, représentée en 1665. sur le Théatre du Marais, Paris, Baudouin, 1665. *Hist. du Th. Fr.* année 1665.

PÉDANT (le) AMOUREUX, Ballet Pantomime de la composition du Sieur *Boudet*, & dans lequel il a rempli le principal caractere, représenté sur le Théatre de l'Opéra Comique, le Samedi 20 Février 1740. précédé des *Acteurs éclopés*.

PÉDANT (le) JOUÉ, Comédie en cinq actes & en prose, de M. *Cyrano Bergerac*, représentée en 1654. & imp. la même année, Paris, Sercy. *Hist. du Th. Fr.* année 1654.

PEINE (la) DU TALION, *ou* LE CABARETIER PUNI, Pantomime représentée par la Troupe Pantomime, sur le Théatre de l'Opéra Comique à la Foire S. Laurent, au mois de Juin 1748. *Affiches de Boudet*.

PEINES (les) ET LES PLAISIRS DE L'AMOUR, Pastorale en cinq actes avec un Prologue, de M. *Gilbert*, Musique de M. *Cambert*, représentée au mois de Novembre 1671. in-4°. Paris, & tome I. du Recueil général des Opéra.

Cette Piéce n'a jamais été remise au Théatre.

PEINTURE, (la) c'est le titre de la quatriéme Entrée du Ballet du *Triomphe des Arts*, de M. de *La Motte*, Musique de M. de *La Barre*, sous lequel l'Auteur des paroles a traité le sujet d'*Apelle* & de *Campaspe*, représenté en 1700. Voyez *Triomphe* (le) *des Arts*.

PÉLERINAGE (le) DE LA FOIRE, Comédie Françoise en prose & en deux actes, mêlée de vaudevilles, & *Les Plaisirs de la Campagne*, ou *Le Triomphe d'Arlequin*, Parodie en un acte & en prose mêlée de vaudevilles, du troisiéme acte du Ballet lyrique des *Plaisirs de la Campagne*, au Théatre Italien, par M. *Dominique*, représentée pour la premiére fois le Jeudi 14 Septembre 1719. non imprimées.

« Les deux premiers actes de ce Spectacle
» intitulés Le *Pélerinage de la Foire*, ne sont
» qu'une répétition du sujet de la *Désolation des*
» *deux Comédies*, & de celui du *Procès des*
» *Théatres*, dont on a parlé à leur article, &
» on y joignit l'acte intitulé *Les Plaisirs de la*
» *Campagne*, ou *Le Triomphe d'Arlequin*, Parodie en un acte de la 3ᵉ Entrée du Ballet ly-
» rique des *Plaisirs de la Campagne*, représenté
» sur le Théatre de l'Opéra le 10 Août 1719.

Note manuscrite. Voici un petit extrait du *Triomphe d'Arlequin.*

« La Meuniere Colette, montée sur son âne, & allant à son moulin, est attaquée par un autre âne, beaucoup plus mauvais que le sien. Arlequin & Trivelin accourent au bruit & aux cris de Colette, & Arlequin la délivre du danger où elle étoit exposée, en tuant l'âne d'un coup de couteau. Trivelin qui veut s'en attribuer la gloire, tire du ventre de l'âne le couteau avec lequel il a été tué, & présente comme en triomphe ce couteau à Colette, pour la persuader que c'est lui qui est son libérateur ; mais Arlequin à qui ce titre est dû avec plus de raison, puisque c'est lui qui a délivré Colette du péril, arrache ce couteau des mains de Trivelin, (qu'il traite de fanfaron,) & le remet dans sa gaine, qu'il tire de sa poche. Trivelin qui se trouve confondu par cette preuve, se retire honteusement. Colette épouse Arlequin son libérateur, & le fait son garde-moulin. La piéce finit par un divertissement & un vaudeville à l'honneur de Colette & de son garde-moulin ».
Extrait Manuscrit.

PÉLERINE (la) AMOUREUSE, Tragi-Comédie de M. *Rotrou*, représentée en 1634, & imp. Paris, Sommaville, 1637. *Hist. du Th. Fr.* année 1634.

PÉLERINES (les) DE CYTHERE, Opéra Comique en trois actes, de M. *Le Tellier*, représenté par la Troupe de Dolet & La Place, à la Foire S. Germain 1714.

Cette piéce fut imprimée à Marseille en 1717.

& représentée en cette ville la même année, par la Troupe d'Octave : cependant comme cette édition est assez rare, nous croyons devoir faire connoître cet ouvrage, qui a eu assez de succès sans l'avoir mérité.

Pierrot & Mezzetin après avoir enlevé Colombine & Marinette, les conduisent à Cythere, où ils les abandonnent. Arlequin & Scaramouche, anciens Amans de ces deux Belles, courent après les Ravisseurs, & trouvent leurs Maîtresses à Cythere. La piéce finit par leurs mariages; elle est coupée de scénes épisodiques d'Amans qui viennent au même lieu. Voici quelques couplets, pour donner une idée du style.

SCARAMOUCHE. (Air. *Lanturlu.*)

Par ici nos Belles,
Ont pû se sauver :
Courons après elles,
Pour les attraper ;

ARLEQUIN.

Ce sont des femelles,
C'est tout autant de perdu,
Lanturlu, lanturlu, lanturelu.

SCARAMOUCHE. (Air. *Vous m'entendez bien.*)

Si je tenois dans ma fureur,
Celle qui déchire mon cœur :
Elle seroit percée !

ARLEQUIN.

Fort bien,

SCARAMOUCHE.

D'un coup de mon épée,
Vous m'entendez bien,

ARLEQUIN. (*Même air.*)

Je porte toûjours un poignard,
Je m'en servirai tôt ou tard,
Contre l'objet que j'aime, ...
  Ou bien........
Ou bien contre moi-même,
 Vous m'entendez bien.

Arlequin termine la piéce par le couplet suivant.

(AIR. *Mon papa toute la nuit.*)

Vous qui cherchez des maris,
Venez nous voir à Cythere,
Parmi nos jeux & nos ris,
Vous trouverez votre affaire :
Mariez, mariez, mariez-vous,
Sans façon & sans myftere :
Mariez, mariez, mariez-vous,
A la mode de chez nous.

PÉLERINS (les) DE LA MECQUE, Opéra Comique en trois actes, de Messieurs *Le Sage*, *Fuzelier* & *d'Orneval*, représenté le Lundi 29 Juillet 1726. & repris le Mercredi 18 Février 1729. Cette piéce est imp. tome VI. du Théatre de la Foire. Elle a été très-applaudie tant à sa nouveauté qu'à sa reprise.

PÉLOPÉE, Tragédie de M. l'Abbé *Pellegrin*, sous le nom de M. le Chevalier *Pellegrin* son frere, Paris, Le Breton, & représentée le Samedi 18 Juillet 1733. suivie de *Crispin Rival de son Maître*. *Hist. du Th. Franç.* année 1733.

PÉNÉLOPE, Tragédie de M. l'Abbé *Genest*, représentée le Samedi 22 Janvier 1684. *Histoire du Th. Fr.* année 1684.

PÉNÉLOPE (la) MODERNE, Opéra Comique en deux actes, avec deux divertissemens &

deux vaudevilles, par Meſſieurs *Le Sage*, *Fuzelier* & *d'Orneval*, repréſenté le Lundi 6 Septembre 1728. ſuivi des *Nôces de la Folie*, ou *Le Temple de Mémoire*, imp. tome VII. du Théatre de la Foire.

Cette piéce eut aſſez de ſuccès, la décoration fut extrêmement applaudie : elle étoit du Chevalier Servandoni, aſſez connu par une infinité d'ouvrages en ce genre, & repréſentoit une prairie terminée par un bois, avec un Château dans l'éloignement, & à un des côtés, un torrent qui venoit ſe jetter par caſcades dans la prairie. Cette décoration fut trouvée très-ingénieuſement imaginée, & très-bien exécutée malgré la petiteſſe du lieu.

PERE (le) DE BONNE FOI, (*Il padre ingaunato.*) Canevas Italien en un acte, compoſé dans le goût des mœurs de Veniſe, repréſenté pour la premiére fois le Jeudi 14 Septembre 1719.

« Pantalon, Banquier Vénitien, ayant fait
» des pertes conſidérables dans ſon commerce,
» ſe retire à ſa maiſon de campagne auprès de
» Veniſe, avec ſes deux filles, Flaminia & Sil-
» via, c'eſt, dit-il, pour y vivre autant par
» œconomie que pour tâcher d'oublier ſes mal-
» heurs paſſés, & pour éviter auſſi que ſes
» filles ne ſoyent fréquentées par des Amans.
» Cependant Lélio & Mario qui aiment ces
» deux sœurs, avoient trouvé pluſieurs occa-
» ſions de les voir à Veniſe, & cauſer avec
» elles, ſans que Pantalon en ait jamais rien
» ſçû ; ils ſont bien étonnés d'apprendre par
» une lettre que Flaminia écrit à Lélio, que

» Pantalon les emméne à la campagne où il
» va se retirer; elle lui mande même de faire
» ensorte de les venir voir avec Mario, & de
» trouver quelque expédient pour que Pantalon
» ne se doute de rien. Lélio qui a une petite
» maison de campagne peu éloignée de celle
» de Pantalon, quoique connu de lui, prend la
» résolution de s'y en aller avec son ami Mario.
» A peine y est-il arrivé, qu'il va se promener
» à un petit bois joignant la maison de Pantalon;
» il a un livre à la main, feignant de lire ou de
» rêver; il y trouve Pantalon, qui est fort
» étonné de trouver Lélio si près de sa maison.
» Après quelque compliment de part & d'autre,
» de s'être trouvé là, Lélio lui dit qu'il a quitté
» Venise pour se retirer à la campagne, y jouir
» d'une vie tranquille; qu'il a même résolu de
» n'y voir personne, hors un de ses amis, qu'il
» a mené avec lui, & qui a fait le même projet.
» Pantalon lui dit confidemment qu'il est dans
« le même cas, & qu'il ne s'est retiré à la cam-
» pagne avec ses filles, que pour éviter le grand
» monde, mais qu'il le prie pourtant de le venir
» voir avec son ami. Lélio le lui promet après
» bien des difficultés de sa part, & se retire.
» Pantalon fait sçavoir aussi-tôt cette agréable
» nouvelle à ses filles, qui font de leur côté les
» mêmes difficultés de voir le monde, &c. mais
» toûjours très-disposées d'abuser de la bonne
» foi de Pantalon. Cependant Lélio & Mario
» vont le voir & il les reçoit de la maniere du
» monde la plus gracieuse; il appelle aussitôt ses
» filles, qui sont très-aises, comme on peut
» penser, de revoir leurs amans, quoiqu'elles

» leur témoignent beaucoup d'indifférence &
» de froideur, en préfence de Pantalon, qui ne
» ceffe d'admirer la retenue de fes filles, & la
» difcrétion de ces deux Meſſieurs, qui n'ofent
» prefque pas les approcher, ni même leur par-
» ler. Comme cette converfation devient fort
» froide, par la préfence de Pantalon, Flaminia
» propofe à fon pere, pour le réjouir, de jouer
» à Colin Maillard: on s'amufe de tout, dit-
» elle, à la campagne. Pantalon y confent, &
» ne fe fent pas d'aife, de voir que fes filles pré-
» férent de jouer à ces fortes de jeux enfantins,
» au plaifir d'entretenir ces deux Meſſieurs, jeu-
» nes & bienfaits. On bande les yeux à Silvia,
» qui en cherchant pour attraper quelqu'un de
» la compagnie, arrête fon pere, qui s'éclate de
» rire à tout bout de champ. On bande après
» les yeux à Pantalon, & comme on a grand
» foin de l'éviter, il eſt un efpace de temps fans
» attraper perfonne, & c'eſt juſtement dans cet
» intervalle que les deux Amans entretiennent
» leurs Maîtreſſes, & prennent les mefures qu'il
» faut pour parvenir à les époufer ; enfin Panta-
» lon las de ne voir goûte, & ne pouvant attra-
» per perfonne, ôte le mouchoir qu'on lui a
» mis devant les yeux, mais un moment aupara-
» vant Lélio & Mario fe retirent à un des bouts
» du Théatre, & les deux filles à l'autre, fe
» tournant prefque le dos. Pantalon eſt dans
» un étonnement fans égal, & croit que ces
» deux Meſſieurs n'ont ofé parler à fes filles,
» pendant qu'il a eu les yeux bandés ; le jeu de
» Théatre dans cette fcéne en fait tout le mérite,
» & il eſt au-deſſus de tout ce qu'on en pourroit

» décrire, il n'y a que les seuls Italiens, comme
» on l'a déja remarqué, capables de faire valoir
» un sujet si mince, & d'amuser si agréablement
» le Spectateur. Cependant Lélio ne sçachant
» comment faire pour écarter Pantalon, feint
» de prendre querelle avec Mario, sur ce qu'il
» a remarqué, lui Lélio, que Mario avoit pris
» la main à Silvia d'une maniere un peu trop
» libre, & qu'il ne vouloit point souffrir de pa-
» reilles libertés dans la maison de son ami Pan-
» talon ; celui-ci a beau dire à Lélio que cela
» n'est rien, & qu'il ne doit point s'en fâcher ;
» la querelle s'échauffe, Lélio tire un pistolet
» de sa poche qu'il veut tirer à Mario ; Panta-
» lon épouvanté de voir un pistolet prêt à tirer,
» prend la fuite & va s'enfermer chez lui ; c'est
» dans ce temps-là que Lélio & Mario ont tout
» le temps d'entretenir leurs Maîtresses & de les
» emmener dans la maison de Lélio, où ils se
» promettent encore la foi de mariage, &c.
» Pantalon vient ensuite tout effrayé, en cher-
» chant par tout ses filles, qu'il ne voit plus ; il
» trouve un moment après Lélio & Mario, qui
» lui disent avoir fait la paix ensemble, & pren-
» nent congé de lui, pour aller rejoindre, disent-
» ils à Pantalon, deux Dames qui sont arrivées
» de Venise chez Lélio pour s'y marier, l'une
» avec Lélio, & l'autre avec Mario ; Pantalon
» ravi de cette conjecture, prie Lélio de con-
» duire ces deux Dames chez lui, que ses filles
» pourront contribuer à les divertir, & qu'enfin
» il offre sa maison pour y faire la nôce. Lélio
» & Mario vont prendre leurs Maîtresses ca-
» chées sous des voiles, & arrivent avec elles

» chez Pantalon, qui les reçoit gracieufement;
» & leur témoigne le plaifir qu'il a de les rece-
» voir chez lui, où il veut abfolument que tou-
» tes les cérémonies du mariage fe faffent ; il fait
» appeller en même temps fes filles pour venir
» faluer ces deux dames ; alors fes deux filles
» ôtent leurs voiles, & fe font voir à Pantalon,
» qui a bien de la peine à fe perfuader que ces
» deux Dames font fes propres filles, (qu'il
» croyoit dans fa maifon,) elles fe jettent aux
» pieds de Pantalon, pour obtenir fon confen-
» tement pour leurs mariages, & Lélio & Ma-
» rio demandent la même grace ; Pantalon s'at-
» tendrit, confent à tout ce qu'on veut en ac-
» cordant tout ce qu'on lui demande.
Extrait Manufcrit.

PERE (le) INTÉRESSÉ, *ou* LES VRAIS AMIS, Comédie en vers & en cinq actes, par M. l'Abbé *Pellegrin*, repréfentée une feule fois, le Mardi 26 Novembre 1720. non imp. *Hift. du Th. Fr. année* 1720.

PERE (le) PARTIAL, Canevas Italien en cinq actes, mêlé de fcénes Françoifes, par M. *Riccoboni* le pere, repréfenté pour la premiére fois le Dimanche 29 Mai 1718.

« Les Comédiens Italiens repréfenterent pour
» la première fois, Dimanche 29 Mai, le *Pere*
» *partial*, piéce nouvelle en cinq actes, avec
» des fcénes Françoifes. En voici le fujet.
» Lélio Gentilhomme Ferrarois, étant allé
» s'établir à Venife après la mort de fa femme,
» y améne avec lui, (Mario) fon fils, (Flami-
» nia) fa fille. Celle-ci étant l'objet de fon affec-
» tion, il n'a des yeux que pour elle, il la prévient

» fur tout. Le fils au contraire est l'objet de son
» indifférence & même de son indignation ; il
» ne peut le souffrir : l'inclination qu'il a pour
» les manieres de France où il a séjourné quel-
» que temps, devient encore un sujet de division
» entre lui & son fils ; car celui-ci ne connoissant
» d'autres mœurs que celles d'Italie, se trouve
» souvent d'un sentiment opposé à celui de son
» pere, au lieu que Flaminia qui trouve son
» compte dans la liberté françoise, l'entretient
» dans l'opinion qu'il a que c'est là la vraye & la
» bonne maniere de vivre. Par cette adresse, elle
» avoit la permission d'aller aux bals, aux specta-
» cles, aux promenades ; & la solitude dans la-
» quelle les femmes vivent ordinairement en
» Italie, n'étoit point du tout en usage chez
» elle.

» Un jeune homme, nommé *Silvio*, qui étoit
» dans le service de France, & qui s'en retour-
» noit à Boulogne, pour y retrouver un oncle
» qu'il n'avoit vû depuis longtemps, en passant
» par Venise, vit un jour Flaminia dans un bal ;
» son esprit & ses manieres le charmerent, &
» il en devint éperduement amoureux. Il n'avoit
» pû sçavoir qui elle étoit, car comme elle sça-
» voit parler François, & que ce Cavalier avoit
» été annoncé comme François dans l'assem-
» blée, elle s'étoit servie de cette langue pour se
» mieux déguiser ; il ne laissa pas cependant que
» de découvrir sa demeure, & depuis ce jour il
» cherchoit avec empressement l'occasion de la
» revoir, lorsque le hazard lui fit rencontrer
» Violette, suivante de Flaminia, qui l'avoit
» accompagnée au Bal ; il saisit ce moment

» heureux, lui demande des nouvelles de sa Maî-
» tresse, & apprend avec un plaisir infini qu'elle
» répond à l'empressement qu'il a de la voir, &
» à son amour. Mais Mario, qui avoit vû roder
» ce Cavalier autour de sa maison, arrive dans
» ce temps-là avec Arlequin son valet, & s'em-
» porte si haut contre Violette & Silvio, que
» Lélio sort de chez lui pour sçavoir le sujet du
» bruit qu'il entend : Violette s'excuse, & Silvio
» fait si bien, que Lélio apprenant de lui qu'il
» est François, gronde fort son fils, & fait en
» même temps beaucoup de civilités au jeune
» Cavalier, en lui offrant de le présenter à sa fil-
» le, quoiqu'elle soit encore à sa toilette. Silvio
» qui n'auroit jamais osé espérer une telle fa-
» veur, accepte ses offres. Mario veut s'y oppo-
» ser, mais Lélio irrité d'une pareille audace, le
» chasse & lui défend de mettre le pied dans sa
» maison. Voilà donc le prétendu François jouis-
» sant du plaisir de voir sa chere Flaminia, & de
» se trouver à sa toilette ; mais son bonheur fut
» bientôt interrompu par l'arrivée d'un nommé
» Pantalon, oncle de Flaminia & beau-frere de
» Lélio. Cet homme, Italien de la vieille roche,
» averti par son neveu Mario de ce qui se passoit
» chez son pere, y vient aussitôt pour s'en éclair-
» cir, & voyant qu'on ne lui en avoit point im-
» posé, s'emporte contre son beau-frere : Silvio
» veut sortir, mais Flaminia, en fille adroite,
» & qui craint que son pere ne souscrive aux
» sentimens de Pantalon, feint de laisser couler
» des larmes, & dit à son pere que pour le met-
» tre à couvert des chagrins qu'il reçoit tous les
» jours pour elle de son oncle & de son frere,

» elle

» elle a résolu de se retirer dans un Couvent,
» & qu'elle le prie d'y consentir. Lélio attendri
» par les larmes de sa fille, dit à son beau-frere
» qu'il prétend être le Maître dans sa maison, &
» que pour le lui mieux prouver, il veut que ce
» Gentilhomme, non seulement rende visite à
» sa fille, mais encore qu'il prenne un logement
» chez lui, & que ceux qui ne le trouveront
» pas bon, n'auront qu'à rester chez eux. Ce
» compliment mettoit Pantalon & Mario dans
» un terrible embarras. Selon eux, c'étoit faire
» entrer le loup dans la bergerie: ainsi il étoit à
» propos de trouver quelque reméde à ce mal;
» mais la préoccupation où ils étoient, leur em-
» pêcha d'en trouver un bon. Il fut résolu d'en-
» voyer Arlequin demander pardon à Lelio, &
» de faire ensorte qu'il pût rentrer chez lui,
» afin d'observer les actions & les paroles du
» jeune François & de Flaminia, mais ils n'a-
» voient pas prévû que comme ces deux amans
» parloient françois, Arlequin se trouvoit aussi
» peu avancé que s'il n'eut point été présent à
» leur conversation.

» Nos deux amans jouissoient en paix du
» plaisir de s'aimer & de se le dire; ils s'étoient
» juré une fidélité éternelle, lorsqu'un contre-
» temps imprévû pensa les séparer pour jamais.
» Le Docteur oncle du jeune Silvio, ayant ap-
» pris que l'on avoit vû son neveu à Venise,
» étoit parti de Boulogne pour s'y rendre. Com-
» me il connoissoit Pantalon, il s'adressa d'abord
» à lui pour s'en informer; mais celui-ci ne pou-
» vant lui en donner des nouvelles, le Docteur
» désespéroit presque de retrouver son neveu,

» lorsque le hazard lui procura ce que ses soins
» n'avoient pû lui faire découvrir ; je veux dire
» qu'il le reconnut rentrant chez Lélio. Il en
» avertit aussitôt son ami Pantalon, & le prie
» de lui faire avoir une entrevûe avec Silvio.
» Pantalon qui ne souhaitoit rien tant que de
» retirer ce jeune homme d'auprès de sa niéce,
» lui accorde volontiers cette grace ; mais quel-
» le fut la surprise du Docteur, lorsque son ne-
» veu reste tout interdit en le voyant ? Ce jeune
» homme qui avoit Lélio pour témoin de ses
» actions, jugea bien que s'il reconnoissoit son
» oncle, il seroit regardé comme un imposteur,
» & séparé de sa chere Flaminia. Cependant
» l'oncle pressoit, il falloit répondre, & son
» silence alloit le condamner, lorsque Scapin
» son valet le tire de cet embarras : il prit Lélio
» à part, & lui dit que ce bon homme n'étoit
» point oncle de Silvio, mais qu'il s'imagine
» l'être : que la cervelle lui a tourné par la mort
» d'un neveu qui avoit servi en France ; que
» depuis ce temps là, il prend tous les jeunes
» gens qui parlent François, pour ce cher neveu,
» & que comme Silvio a déja été une fois à
» Boulogne en butte à cette folie, son embarras
» ne vient que de ce qu'il se voit encore aujour-
» d'hui exposé à de nouvelles persécutions. Lé-
» lio donne dans cette fable, & trouve effecti-
» vement quelque chose d'égaré dans la phiso-
» nomie de ce bon homme ; mais enfin celui ci
» parle si sensément, qu'il persuade à Lélio
» qu'on le trompe, & que lui Docteur est véri-
» tablement oncle de Silvio, & que ce jeune
» homme est Italien, & non pas François. Pour

» mieux s'assurer du fait, Pantalon propose
» qu'il n'y a qu'à laisser seuls l'oncle & le neveu,
» pendant que de leur côté ils observeront de
» quelque endroit prochain ce qui se passera en-
» tr'eux. Ce piége tendu, Silvio y donna, com-
» me de raison. Lélio & son beau-frere le sur-
» prennent, même parlant Italien avec son on-
» cle, & par leur présence le couvrent de con-
» fusion. Flaminia qui apprend cette fourberie,
» s'emporte aussi contre lui, mais Silvio s'excu-
» se si bien, & lui dit des choses si touchantes,
» qu'elle n'a pas de peine à lui pardonner. Ce-
» pendant, comme ils avoient pour témoins
» leurs deux oncles & Arlequin, Flaminia s'avi-
» sa d'une ruse. Elle dit à Silvio que, quoiqu'ils
» parlassent d'une langue étrangere, leurs gestes,
» leurs tons, pourroient les trahir, & qu'ainsi
» il falloit prendre un air & un ton fâché, pour
» leur donner le change. En effet, ces trois es-
» pions paroissent charmés de voir des gestes de
» colere & de menaces, dans le temps néan-
» moins que ces deux Amans se juroient de s'ai-
» mer toûjours, & s'engageoient par des ser-
» mens réciproques de n'être jamais à d'autre.
» C'est l'ordinaire des amans de ne penser qu'au
» présent, & non point du tout à l'avenir ; ceux-
» ci étoient dans le cas : le Docteur pressoit son
» neveu de partir avec lui, & Flaminia se voyoit
» à la veille d'épouser malgré elle le Comte
» Octavio, à qui son pere l'avoit destinée. Il
» falloit cependant se voir, pour se tirer l'un &
» l'autre de l'embarras où ils se trouvoient : ce
» qui eut été impossible si l'esprit de Flaminia
» n'y eut suppléé par une nouvelle ruse. Elle

E ij

» demande à voir encore une fois Silvio, & sous
» prétexte de lui rendre les lettres qu'elle fei-
» gnoit avoir reçues de lui, elle lui en donne
» une, par laquelle elle l'inftruifoit de ce qu'il
» falloit qu'il fît, & cela, en préfence de fon
» pere, de fon oncle & de l'oncle de Silvio. Ce
» jeune homme charmé, fort pour exécuter le
» deffein de Flaminia, qui de fon côté va fe ren-
» dre dans l'endroit qu'elle a marqué à Silvio.
» Jufques-là tout le monde étoit bien content,
» mais cela changea bientôt. Arlequin qui étoit
» allé accompagner Flaminia par l'ordre de Lé-
» lio, revient peu de temps après, & lui apprend
» que fa fille s'eft fait enlever, & que le faux
» cavalier François eft fon ravifleur. Quel coup
» de foudre pour lui, & en même temps quelles
» réflexions ne fait il pas fur fa partialité ? Il
» déplore fa difgrace, lorfque fon beau-frere
» vient lui dire, qu'en allant à fa maifon de cam-
» pagne, il a apperçu fa niéce & fon amant dans
» une gondole, qu'il a fait arrêter, & que fur
» le champ il a fait mettre le ravifleur en prifon,
» & fa niéce dans fa maifon, où il l'a fait enfer-
» mer jufqu'à ce qu'ils décidaffent ce qu'ils en
» feroient. Lélio témoigne à fon beau-frere fa
» reconnoiffance, & lui avoue fon injuftice pour
» fon fils, qui venant à arriver dans ce temps-
» là, eft reçu avec toute la tendreffe imaginable :
» il demande la grace de fa fœur ; mais Lélio
» outré contre elle, la lui refufe, & déclare
» qu'il veut abfolument qu'elle foit enfermée
» pour le refte de fes jours ; parce que dit-il, ce
» feroit une récompenfe, & non pas une puni-
» tion pour elle, que de lui laiffer époufer fon
» amant.

« Il est extraordinaire qu'une Comédie finisse sans mariage & sans gayeté: c'est pourquoi dans celle ci, lorsque l'Acteur rêvoit pour annoncer, Arlequin l'arrêtoit & lui demandoit si la Comédie étoit finie, & s'il ne sçavoit pas que selon les bonnes régles d'Aristote, une Comédie ne devoit point finir comme une Tragédie, par de la morale & de la tristesse: que l'Auteur auroit dû tout au moins faire paroître le ravisseur, afin qu'il fut traité comme il le méritoit, ou du moins son valet. Dans ce moment, Scapin valet de Silvio, paroît conduit par les Sbirres, & Arlequin saisissant l'occasion de finir la Comédie joyeusement, tombe sur le pauvre Scapin & sur les Sbirres, les bâtonne tous d'importance, & vient ensuite dire au parterre que pour lors la Comédie est finie dans les régles ». *Mercure du mois de Juin* 1718. p. 89-97.

M. de Charni dans sa 4ᵉ lettre sur la nouvelle Comédie Italienne, rend le compte suivant de la piéce dont nous venons de rapporter l'extrait.

« Le 29 Mai 1718. le *Pere partial*, piéce nouvelle; elle fut d'abord faite en Italien, & quoi qu'il y ait des scénes Françoises, on connoit parfaitement par leur tournure, qu'elles sont traduites à la lettre, & servilement de l'Italien, ce qui ne les rend pas plus parfaites. Je n'ai que deux choses à vous dire sur cette Comédie, la premiére, c'est qu'il m'a semblé qu'elle ne répondoit point à son titre, voici pourquoi; Lélio a deux enfans, un fils & une fille, il aime fort la fille, parce qu'elle est effectivement d'un caractere fort aimable,

» & témoigne avoir pour le fils une aversion
» qui paroît être aussi bien fondée, de sorte
» qu'il n'y a selon moi aucune partialité dans
» son fait ; ainsi, ou le terme de *Partial* ne
» m'est point connu, où il est mal appliqué.

» La seconde remarque que j'ai à vous faire,
» c'est sur une scéne qui m'a paru neuve, plai-
» sante & Théatrale, la voici.

» La fille de Lélio & son amant se trouvent
» par la présence de gens intéressés, dans l'obli-
» gation de témoigner avoir de la haine l'un
» pour l'autre ; mais comme ils veulent aussi
» profiter de ce temps qui leur est cher, pour
» exprimer leurs véritables sentimens, & qu'ils
» sçavent que ceux qui les écoutent n'entendent
» pas le François, ils se servent de cette langue
» pour se découvrir réciproquement ce qu'ils
» sentent l'un pour l'autre, en accompagnant
» leurs paroles de gestes de colere, de haine,
» en un mot, entiérement opposés à ce qu'ils
» disent, ce qui fait croire à leurs surveillans
» qu'ils sont fort brouillés. Cette scéne produisit
» un grand effet, car outre qu'elle parut, com-
» me je vous l'ai dit, excellente par elle-même,
» c'est qu'elle fut parfaitement bien jouée par
» Flaminia qui faisoit l'Amante, & par Silvia
» déguisée en Cavalier qui représentoit l'Amant.
» Il seroit à souhaiter que les Italiens fussent
» souvent dans la nécessité de faire paroître
» celle ci sous cet habit, les spectateurs y trou-
» veroient leur compte. Je ne puis me lasser
» de dire qu'elle est charmante dans ce dégui-
» sement ».

PERE (le) RIVAL, Opéra Comique en un

acte, avec un divertiſſement & un vaudeville, par M. *Carolet*, Muſique de M. *Corette*, repréſenté le Mardi 30 Mars 1734. & imp. dans le Recueil de ſes piéces, qui porte le titre de tome IX. du Théatre de la Foire.

PERE (le) TROMPÉ, ET ARLEQUIN CRU PANTALON ET CAPITAINE, (*Arlichino finto Pantalone è Capitane.*) Canevas en trois actes, repréſenté pour la premiére fois le Vendredi 14 Août 1716. *Sans Extrait.*

PERES (les) RIVAUX DE LEURS FILS, Canevas Italien en trois actes, d'un Auteur François *Anonyme*, repréſenté une ſeule fois le Jeudi 19 Août 1717. *Sans Extrait.* Cette piéce pourroit bien être la copie d'une Comédie Françoiſe en vers & en trois actes de *Chevalier*, Comédien du Marais, intitulée : *Les Barbons amoureux & Rivaux de leurs fils.*

PÉRIER, Acteur Forain, étoit mari de la Dlle *Gautier*, ancienne Actrice de l'Opéra Comique, du temps que le Sieur Honoré en étoit Entrepreneur. Périer joua ſur ce même Théatre pendant les Foires S. Laurent 1732. & 1733. Il rempliſſoit les roles de pere, & joua d'original celui du Suiſſe, dans la *Lanterne véridique*, piéce d'un acte de M. *Carolet.* Cet Acteur eſt mort en Province depuis quelques années.

PÉRINE, nom d'un perſonnage introduit dans les farces qu'on repréſentoit au Théatre de l'Hôtel de Bourgogne, vers le commencement du ſiécle précédent, & qui jouoit ſous les habits de femme avec Gautier-Garguille. Cet Acteur n'eſt point connu ſous ſon propre nom. *Hiſt. du Th. Fr. année* 1600.

PERRETTE ET LUCAS, Comédie en un acte & en prose de M *Fagan*, non imp. représentée le Mercredi 17 Novembre 1734. précédée des *Bourgeoises à la mode*. *Histoire du Th. Franç. année* 1734.

PERRON (N......... du) DE CASTERA, Résident de Sa Majesté très-chrétienne auprès du Roi & de la République de Pologne, de l'Académie Royale des Sciences de Berlin, mort à Warsovie dans la quarante-cinquième année de son âge, a donné au Théatre Italien:

LE PHŒNIX, *ou* LA FIDÉLITÉ MISE A L'ÉPREUVE, Comédie Françoise en vers libres & en un acte, 1731.

LES STRATAGÊMES DE L'AMOUR, Comédie Françoise en vers & en trois actes, 1739.

PERSÉE, ROI DE MACÉDOINE, M. *Gillet de la Tessonnerie* a traité ce sujet dans son cinquiéme acte de sa Tragi Comédie intitulée *l'Art de regner*, ou *Le Sage Gouverneur*, représentée en 1645. Voyez *Art (l') de regner.*

PERSÉE ET DÉMÉTRIUS, Tragédie de M. *Corneille de Lisle*, représentée sur le Théatre de l'Hôtel de Bourgogne, à la fin du mois de Décembre 1662. imp. dans les Œuvres de cet Auteur. *Hist. du Th. Fr. année* 1662.

PERSÉE, Tragédie lyrique en cinq actes, avec un Prologue, de M. *Quinault*, mise en Musique par M. *Lully*, représentée à Paris le Vendredi 17 Avril 1682. & à Versailles au mois de Juillet suivant, in-4°. Paris, Ballard, & tome second du Recueil général des Opéra. *Extrait, Mercure de France, Février* 1737. *p*. 355, 359. *& Mars, p.* 562-576.

ACTEURS DE LA TRAGÉDIE.

Céphée.	
Cassiope.	Mlle Bluquette.
Mérope.	Mlle Rochois.
Andromède.	Mlle Aubry.
Phinée.	Le Sieur Beaumavielle.
Amphimedon.	
Corite.	
Persée.	Le Sieur Du Mesnil.
Mercure.	
Méduse.	Le Sieur Desvoyes.

BALLET.

ACTE IV. Une Ethiopienne.   Mlle La Fontaine.
ACTE V. Un Courtisan de la suite
de Céphée.   Le Sieur Pécourt.

La Tragédie de *Persée* a été reprise pour la seconde fois le Jeudi 10 Avril 1687.

ACTEURS.

Céphée.	Le Sieur Dun.
Mérope.	Mlle Desmatins.
Andromède.	Mlle Moreau.
Phinée.	Le Sieur Beaumavielle.
Persée.	Le Sieur Du Mesnil.
Méduse.	Le Sieur Desvoyes.

IIIᵉ REPRISE de la Tragédie de *Persée*, le Vendredi 9 Février 1703. 2ᵉ édit. in 4°. Ballard.

ACTEURS DU PROLOGUE.

La Vertu.	Mlle Clément L.
Phronyme.	Le Sieur Cochereau.
Mégathyme.	Le Sieur Chopelet.
La Fortune.	Mlle Lallemand.
La Magnificence.	Mlle Dupeyré,
L'Abondance.	Mlle Loignon.

BALLET.

Suite de la Vertu.

Mlles Victoire, Dangeville, Rose, De Long, La Ferriere & Guillet.
Suite de la Fortune.   Le Sieur Blondi.
Les Sieurs Ferrand, H. Dumoulin, Fauveau, Dangeville L. Du Mirail *fils* & Levêque.

PE

ACTEURS DE LA TRAGÉDIE.

Céphée, Roi d'Ethiopie.	Le Sieur Hardouin.
Cassiope, Reine d'Ethiopie.	Mlle Maupin.
Mérope.	Mlle Desmatins.
Andromède.	Mlle Sallé.
Phinée, frere de Céphée.	Le Sieur Thévenard.
Amphimedon, Corite & Protenor.	Les Sieurs Courteil, Le Bel & Drot.
Persée.	Le Sieur Cochereau.
Mercure.	Le Sieur Chopelet.
Un Cyclope & une Guerriere.	Le Sieur Labé & Mlle Lallemand.
Une Divinité Infernale.	Le Sieur Bertrand.
Méduse, Euriale & Sthénone.	Les Sieurs Desvoyes, Prunier & Marianval.
Un Matelot.	Le Sieur Boutelou.
Le Grand Prêtre de l'Hymenée.	Le Sieur Desvoyes.
Vénus.	Mlle Dupeyré.
Un Triton.	Le Sieur Drot.

ACTEURS DU BALLET.

Acte I.	Jeux Junoniens.	Les Sieurs Balon, Du Mirail, Germain & Boureville. Mlles Subligny, Dangeville, Victoire & Rose.
Acte II.	Forgerons.	Les Sieurs Bouteville, Du Mirail, Germain & Dumoulin L.
	Amazones.	Mlles Victoire, Dangeville, La Ferriere & Guillot.
Acte III.	Suite de Méduse.	Les Sieurs Javillier, Rose, Du May & Du Breuil.
Acte IV.	Ethiopiens.	Les Sieurs Dangeville L. Fauveau, Levêque & Brinqueman.
	Matelots.	Les Sieurs Dangeville C. La Selle, Du May & Javillier.
	Matelottes.	Mlle Subligny. Mlles Rose, La Ferriere & De Long.
Acte V.	Sacrificateurs.	Les Sieurs La Vigne, Brinqueman, Dangeville C. & Aubert.
	Combattans.	Les Sieurs Levêque, Du Mirail fils, Du Breuil, Du May, Javillier & Rose.

IV.e REPRISE de la Tragédie lyrique de *Per-*

ée, le Jeudi 20 Novembre 1710. 3e édition
1-4° Ballard.

ACTEURS DU PROLOGUE.

La Vertu.   Mlle Milon.
Phronyme & Mégathyme.   Les Sieurs Le Bel & Buseau.
La Fortune.   Mlle Hucqueville.
La Magnificence & l'Abondance.   Mlles Boissé & Laurent.

BALLET.

Suite de la Vertu.   Mlles Chaillou, Melot, Le Maire, Menès, Du Fresne & Haran.
Suite de la Fortune.   Les Sieurs Germain, Dumoulin L. Ferrand, Marcel, Gaudrau & Javillier.

ACTEURS DE LA TRAGÉDIE.

Céphée.   Le Sieur Hardouin.
Cassiope.   Mlle Milon.
Mérope.   Madame Pestel.
Andromède.   Mlle Journet.
Phinée.   Le Sieur Thévenard.
Amphimedon, Coritè & Protenor.   Les Sieurs Le Mire, Guesdon & Morand.
Persée.   Le Sieur Cochereau.
Mercure.   Le Sieur Guesdon.
Cyclope & Guerriere.   Le Sieur Dun & Mlle Hucqueville.
Divinité infernale.   Le Sieur Le Mire.
Méduse, Euriale & Sthénone.   Les Sieurs Mantienne Buseau & Dun.
Un Matelot.   Le Sieur Guesdon.
Le Grand-Prêtre d'Hymenée.   Le Sieur Duplessis.
Vénus.   Mlle Hucqueville.
Un Triton.   Le Sieur Courteil.

ACTEURS DU BALLET.

ACTE I. Jeux Junoniens.   Les Sieurs H. F. P. & D. Dumoulin, Germain & Blondy.
Mlles Prevost, Chaillou, Le Maire, Menès, Maugis & Dufresne.
ACTE II. Forgerons.   Le Sieur D. Dumoulin.
Les Sieurs Germain, H. F. & P. Dumoulin.

Amazones.	Mlles Chaillou, Milot, Le Maire & Menès.
Divinités infernales.	Les Sieurs Blondy, Marcel, Javillier & Gaudrau.
ACTE III. *Suite de Méduse.*	Les Sieurs Germain, H. Dumoulin, Ferrand, Marcel, Javillier & Gaudrau.
ACTE IV. *Matelots.*	Les Sieurs F. & P. Dumoulin, Gaudrau & Pierret.
Matelottes.	Mlle Guyot. Mlles Maugis, Dufresne, Haran & Isecq.
ACTE V. *Sacrificateurs.*	Les Sieurs Ferrand, Marcel, Javillier & Gaudrau.
Combattans de Phinée.	Les Sieurs P. Dumoulin, Javillier, Gaudrau, Pierret & Duval.
Combattans de Céphée.	Les Sieurs Germain, Dumoulin L. Ferrand, F. & P. Dumoulin & Marcel.

Suivans de Cephée & de Persée.

Le Sieur Blondy.
Les Sieurs Germain, Dumoulin L.
Ferrand, P. & F. Dumoulin, Marcel.
Mlle Prevost.
Mlles Chaillou, Milot, Le Maire, Menès,
Maugis & Dufresne.

Ve REPRISE de l'Opéra de *Persée*, le Dimanche 8 Novembre 1722. 4e édit. in 4° Ribou.

ACTEURS DU PROLOGUE.

La Vertu.	Mlle Le Maure.
Phronyme & Mégathyme.	Les Sieurs Grenet & Chartene.
La Fortune.	Mlle Lizarde.
Suivante de la Fortune.	Mlle Julie.

BALLET.

Suite de la Vertu.	Mlles Le Maire, Duval, Thierry, Rey, Thibert & Roland.
Suite de la Fortune.	Le Sieur Dupré. Les Sieurs Dumoulin L. P. Dumoulin, Dangeville, Mion, Javillier & Pierret.

ACTEURS DE LA TRAGE'DIE.

Céphée.	Le Sieur Du Bourg.
Cassiope.	Mlle Antier C.

Mérope.	Mlle Antier.
Androméde.	Mlle Tulou.
Phinée.	Le Sieur Thévenard.
Persée.	Le Sieur Murayre.
Mercure.	Le Sieur Tribou.
Un Cyclope, une Guerriere.	Le Sieur Dun & Mlle Minier.
Un Dieu Infernal.	Le Sieur Chaffé.
Méduse, &c.	Les Sieurs Mantienne, Guefdon & Dun.
Une Néréide & l'Hymen.	Mlle Catin.
Le Grand Prêtre.	Le Sieur Le Mire.
Vénus.	Mlle Antier.

ACTEURS DU BALLET.

ACTE I. *Jeux Junoniens.* Les Sieurs Dumoulin L. Marcel, Mion. F. & P. Dumoulin. Mlle Menès.
Mlles La Ferriere, De Laftre, Corail, Thibert & Rey.

ACTE II. *Forgerons.* Le Sieur F. Dumoulin. Les Sieurs P. Dumoulin, Dangeville & Laval.
Amazones. Mlles Le Maire, Thierry, Duval & Rey.
Divinités Infernales. Le Sieur Blondy. Les Sieurs Marcel, Dupré, Mion & Pierret.

ACTE III. *Fantômes.* Le Sieur Dupré. Les Sieurs Dangeville, Maltaire, Javillier, Mion, Pierret & Duval.

ACTE IV. *Peuples.* Les Sieurs Dumoulin L. Mion & Duval.
Mlle Prevoft.
Mlles Thierry, Rey & Corail.
Matelots. Les Sreurs Laval, Dangeville & Maltaire.
Mlles La Ferriere, De Laftre, Thibert & Petit.

ACTE V. *Peuples.* Le Sieur Blondy.
Les Sieurs Marcel, Dupré, Dumoulin L. Mion, F. & P. Dumoulin.
Mlles La Ferriere, Corail, De Laftre, Duval, Thierry & Rey.
Sacrificateurs. Les Sieurs Laval, Dangeville, Maltaire & Duval.
Combattans de Phinée. Les Sieurs Dangeville, Duval, Maltaire, Javillier & Pierret.
Combattans de Persée. Les Sieurs Marcel, Dupré, F. & P. Dumoulin & Mion.

Le Mardi 9 Mars, & le Samedi 13 du même mois, l'Académie Royale de Musique donna la représentation de cet Opéra pour les Acteurs. On y avoit ajoûté la Cantate de *Zéphyre & Flore*, mise en Musique par le Sieur *Bourgeois*, qui fut chantée par la Dlle Antier ; & la Dlle Prevot dansa la Musette de M. *Campra*, que ce Musicien ajoûta en 1718. au Ballet des *Ages*.

Le Jeudi 8 Avril, on reprit encore la Tragédie de *Persée*, qui eut encore quatre représentations.

VIᵉ REPRISE de la Tragédie de *Persée*, le Jeudi 14 Février 1737. 5ᵉ édit. in-4°. Ballard.

ACTEURS DU PROLOGUE.

La Vertu.	Mlle Julie.
Phronyme & Mégathyme.	Les Sieurs Cuvillier & Dumast.
La Fortune.	Mlle Petitpas.
Suivante.	Mlle De Lorge.

BALLET.

Suite de la Vertu. Mlle Le Breton.
Miles Dallemand, Frémicourt, S. Germain, Le Duc, Thibert & S. Huray.
Suite de la Fortune. Le Sieur Matignon.
Les Sieurs Dumay, Dupré, P. Dumoulin, Bontems, Maltaire L. & Hamoche.

ACTEURS DE LA TRAGÉDIE.

Céphée.	Le Sieur Dun.
Cassiope.	Mlle Eremans.
Mérope.	Mlle Antier.
Andromède.	Mlle Pélissier.
Phinée.	Le Sieur Chassé.
Amphimédon, &c.	Les Sieurs Person, Bérard & Louette.
Persée.	Le Sieur Tribou.
Mercure.	Le Sieur Jélyotte.
Un Cyclope, une Guerriere.	Le Sieur La Febvre & Mlle Duplessis.

Divinité Infernale, un Triton.   Le Sieur Le Page.
Méduse, &c.   Les Sieurs Cuvillier, Dumaft & Fontenay.

Grand Prêtre de l'Hymen.   Le Sieur Perfon.
Vénus.   Mlle De Lorge.

ACTEURS DU BALLET.

ACTE I. *Jeux Junoniens.*   Mlle Mariette.
Les Sieurs Bontems, Matignon, Dangeville, F. Dumoulin & Hamoche.
Mlles Frémicourt, Dallemand, S. Germain, Le Duc & S. Huray.

ACTE II. *Forgerons.*   Le Sieur Maltaire 3.
Les Sieurs P. Dumoulin, Dangeville, Bontems & Matignon.

Amazones.   Mlles Du Rocher, Carville L. Carville C.

Divinités infernales.   Le Sieur D. Dumoulin.
Les Sieurs Savar, Javillier C. Du May & Dupré.

ACTE III. *Suite de Méduse.*   Le Sieur Maltaire C.
Les Sieurs Savar, Javillier, Du May, Dupré, Maltaire L. & Hamoche.

ACTE IV. *Ethiopiens, Ethiopiennes.*   Mlle Sallé.
Les Sieurs Savar, Du May & Dupré.
Mlles Du Rocher, Carville L. & Petit.

Matelots, Matelottes.   Les Sieurs F. & P. Dumoulin, Dangeville & Hamoche.
Mlles Frémicourt, Le Breton, Dallemand & Le Duc.

ACTE V. *Sacrificateurs,*   Les Sieurs Savar, Javillier C. Du May & Dupré.

Combattans du parti de Phinée.

Les Sieurs F. & P. Dumoulin, Dangeville & Bontems.

Combattans du parti de Persée.

Les Sieurs Maltaire C. Matignon, Maltaire L. & Hamoche.

Courtisans de Céphée & de Persée.

Le Sieur Dupré.
Les Sieurs Savar, Javillier C. Du May, Dupré, Bontems & Matignon.
Mlles Du Rocher, Petit, Carville L. & C. Frémicourt L. & S. Germain.

VIIᵉ REPRISE de l'Opéra de *Persée*, le Mardi 15 Novembre 1746. 6ᵉ édition in-4°. De Lormel.

ACTEURS DU PROLOGUE

La Vertu.	Mlle Coupée.
Mégathyme.	Le Sieur Poirier.
La Fortune.	Mlle Jacquet.

BALLET.

Suite de la Vertu.   Mlle Le Breton.
Mlles Petit, Rosaly, Puvigné, Du Château, Devaux L. & Minot.
Suite de la Fortune.   Le Sieur Monservin.
Les Sieurs Feuillade, Lyonnois, Caillez, Dangeville, Levoir & Device.

ACTEURS DE LA TRAGÉDIE.

Céphée.	Le Sieur Le Page.
Cassiope.	Mlle Romainville.
Mérope.	Mlle Chevalier.
Andromède.	Mlle Fel.
Phinée.	Le Sieur Chassé.
Persée.	Le Sieur Jélyotte.
Mercure & un Matelot.	Le Sieur Poirier.
Cyclope & Guerriere.	Le Sieur La Mare & Mlle Coupée.
Une Divinité infernale.	Le Sieur Armand.
Méduse, &c.	Mlle Metz, les Sieurs La Tour & Person.
Un Triton.	Le Sieur Person.
Le Grand Prêtre de l'Hymen.	Le Sieur Albert.
Vénus.	Mlle Rollet.

ACTEURS DU BALLET.

ACTE I. *Jeux Junoniens.*   Mlle Dallemand.
Les Sieurs P. Dumoulin & Levoir.
Mlles Minot & Sauvage.
Les Sieurs F. Dumoulin & Dangeville.
Mlles Thierry & Beaufort.
Les Sieurs Matignon & Maltaire C.
Mlles Courcelle & S. Germain.
ACTE II. *Cyclopes.*   Les Sieurs Levoir & Device.
Les Sieurs P. Dumoulin, Hamoche, Feuillade & Lyonnois.

P E

Amazones.   Mlle Lyonnois.
Mlles Petit, Rofaly, Thierry, Beaufort,
Du Château & Minot.
Divinités Infernales.   Le Sieur Dupré.
Les Sieurs Monfervin, Matignon,
Du May & Dupré.

Acte III. *Suite de Médufe.*   Les Sieurs Hamoche,
Du May, Dupré, Maltaire C. Matignon,
Monfervin, Feuillade & Lyonnois.

Acte IV. *Ethiopiens.*   Mlle Camargo.
Les Sieurs Du May, Dupré,
Matignon & Device.
Mlles Rofaly, Petit, Thierry & Beaufort.
Matelots.   Les Sieurs F. Dumoulin,
Maltaire C. Hamoche & Levoir.
Mlles Courcelle, S. Germain, Minot
& Lyonnois C.

Acte V. *Prêtres de l'Hymen.*   Les Sieurs Du May,
Dupré, Device, Matignon, Feuillade
& Lyonnois.
Combattans du parti de Perfée.
Les Sieurs Hamoche, Levoir, Cayez & Duval.
Combattans du parti de Phinée.
Les Sieurs P. & F. Dumoulin, Dangeville
& Maltaire C.
Courtifans de Céphée.   Le Sieur Dupré.
Mlle Dallemand.
Le Sieur D. Dumoulin & Mlle Le Breton.
Les Sieurs Du May, Dupré, Device, Matignon,
Feuillade & Lyonnois.
Mlles Carville, Lyonnois, Petit, Rofaly,
Thierry & Beaufort.

PERSÉE LE CADET, Parodie en trois actes & en monologues de la Tragédie lyrique ci-deſſus, repréfentée à la Foire S. Germain 1709. par la Troupe de Dolet & La Place.

PERSÉENE, (la) *ou* LA DÉLIVRANCE D'ANDROMÉDE, Tragédie de Jean de *Boiſ-fin de Gallardon*, repréfentée en 1617. Paris, 1618. avec les autres piéces dramatiques du même Auteur. *Hiſtoire du Théatre François*, année 1617.

PERSELIDE, *ou* LA CONSTANCE D'A-MOUR, Tragi-Comédie d'un Auteur *Anonyme*, représentée en 1646. & imp. la même année, Paris, Courbé. *Histoire du Théatre Franç. année* 1646.

PERSIDE, *ou* LA SUITE D'IBRAHIM BASSA, Tragédie de M. *Desfontaines*, représentée en 1644. imp. la même année, Paris, Quinet. *Hist. du Th. Fr. année* 1644.

Le même sujet avoit été traité par *Mainfray*, sous le titre de *La Rhodienne*, ou *La cruauté de Solyman*.

PERSPECTIVE, (la) feu d'Artifice éxécuté au Théatre Italien le Dimanche 16 Avril 1747.

PERTHARITE, ROI DES LOMBARDS, Tragédie de M. *Corneille*, représentée sur le Théatre de l'Hôtel de Bourgogne en 1653. imp. dans ses Œuvres. *Hist. du Th. Fr. année* 1653.

PÉRUSE, (Jean de la) Poëte Dramatique, né à Angoulême, mort à Paris vers l'an 1554. ou 1555. a composé

MÉDÉE, Tragédie, 1553.
Histoire du Théatre François, année 1553.

PÉRUVIENNE, (la) Comédie en cinq actes & en vers libres, de M. *Boissi*, non imp. & représentée le Mercredi 5 Juin 1748. *Hist. du Th. Fr. année* 1748.

PÊCHE, (la) première Entrée du Ballet des *Plaisirs de la Campagne*, de M. l'Abbé *Pellegrin*, Musique de M. *Bertin*, & représentée en 1719. Voyez *Plaisirs* (les) *de la Campagne*.

PESSELIER, (N.........) Auteur vivant, a donné au Théatre François,

Ésope au Parnasse, Comédie en vers libres & en un acte, suivie d'un divertissement, 1739.

Au Théatre Italien.

L'École du Temps, Comédie Françoise en vers & en un acte, suivie d'un divertissement, 1738.

Petites (les) Maisons, Piéce en un acte de M. *Carolet*, non imp. représentée par les Marionnettes de Bienfait, à la Foire S. Laurent 1727.

Les piéces composées pour ce genre de Théatre, ont l'avantage de n'avoir pas besoin d'intrigue ni de conduite : dans celle-ci l'Auteur fait paroître des Fous de différentes espéces. Voici la scéne d'un Peintre qui vient demander un logement à Momus, Concierge des Petites Maisons.

MOMUS.

« On ne peut sans injustice vous le refuser.

LE PEINTRE.

» Vous avez raison, je suis même trop fou pour un Peintre.

MOMUS.

» Etes-vous marié ?

LE PEINTRE.

» Je suis trop rangé pour celà.

(Air. *Je suis fils d'Ulysse, moi.*)

Je n'aime point l'embarras du ménage,
Je suis simple garçon.
Je suis logé dans un sixiéme étage,
Mon lit est sans façon.
Pour ma cuisine, elle est à la Guinguette,
J'aime la Grisette,

MOMUS.

Bon.

LE PEINTRE.

J'aime la Grifette.

MOMUS. (AIR. *Réveillez-vous belle endormie.*)

Mon cher, à votre extravagance,
Ce lieu ne conviendra pas mal.

LE PEINTRE.

Je vous donne la préférence.
Car on m'attend à l'Hôpital.

Voici un couplet du Vaudeville.

Damon dans un lefte équipage,
Au Cours se donne des airs foux;
Il croit être bien sage,
Qu'en dites-vous ?
Hors le Petit Maître & le Page,
Personne ne l'applaudira,
Larira :
Pour moi je dis qu'il en tient-là.

Extrait Manuscrit.

PETITES (les) MAISONS, Opéra Comique en un acte, avec un divertissement & un vaudeville, par M. *Carolet*, Musique de M. *Travenol*, représentée à la Foire S. Germain 1732. & imp. dans le Recueil de cet Auteur, sous le titre de tome IX. du Théatre de la Foire.

Quoique M. Carolet semble avoir donné la préférence à cette piéce, qu'il a fait imprimer, on peut assurer sans crainte qu'elle est encore au-dessous de la précédente, qui est sous le même titre, mais traitée différemment.

PETIT (le) HOMME DE LA FOIRE, Comédie en un acte de M. *Raisin* l'aîné, non mp. repréfentée le Mardi 20 Mai 1687. précédée de la Tragédie de *Bajazet*. *Hift. du Théatre François*, année 1687.

PETIT (le) MAÎTRE AMOUREUX , Comédie Françoife en vers & en trois actes, au Théatre Italien, fuivie du Ballet de *Pygmalion*, par M. *Romagnefi*, repréfentée pour la premiére fois le Lundi 28 Juin 1734. non imprimée & *fans Extrait*.

PETIT (le) MAÎTRE DE CAMPAGNE, *ou* LE VICOMTE DE GÉNICOURT , Comédie en un acte & en profe d'un Auteur *Anonyme*, repréfentée le Mardi 28 Juillet 1701 précédée de *Venceflas. Hift. du Théatre François*, année 1701.

PETIT (le) MAÎTRE CORRIGÉ , Comédie en trois actes & en profe, de M. *Marivaux*, Paris, Prault pere, & repréfentée le Samedi 6 Novembre 1734. fuivie du *Retour imprévû*. *Hift. du Th. Fr. année* 1734.

PETITS (les) COMÉDIENS, Prologue de la *Niéce vengée*, de M. *Panard*, repréfentée en 1731. au Théatre de l'Opéra Comique. Voyez *Niéce (la) vengée*.

PETITS (les) MAÎTRES, Comédie Françoife en vers & en trois actes au Théatre Italien, par M. *Avisse*, repréfentée pour la premiére fois le Mardi 2 Juillet 1743. Paris, Duchefne. *Extrait, Mercure de France, Décembre premier volume* 1743. p. 2714. & *fuivantes*.

PETITS (les) MAÎTRES , Divertiffement muet à cinq Entrées, par un Auteur *Anonyme*, non imp. repréfenté à la Foire S. Laurent le Lundi 19 Septembre 1712.

Arlequin déguisé en Marquis petit Maître, remplit la premiére Entrée par ses minauderies: la seconde est une scéne de ce prétendu Marquis, & d'un Chevalier autre Petit Maître. Dans la suivante, Mézerin vêtu en Comtesse, reçoit les complimens des deux Petits Maîtres.

LA COMTESSE.

(AIR. *Vous qui vous mocquez par vos ris.*)

Mes yeux ont-ils tant de pouvoir?
Le croirai-je, je n'ose;
Je crois pourtant que mon miroir,
Me dit la même chose;
Allons donc, à plaire ce soir,
Il faut que je m'expose,

Dans la IVe Entrée, une Crieuse du Jeu de Belair vient prier le monde d'entrer à son Spectacle qui est le plus beau.

LE MARQUIS. (AIR. *Ta la rerita.*)

Il faut une piéce farcie,
De couplets gras, de jeux gaillards;
Et nous aimons à la folie,
Les pots de chambre & les pétards,
C'est celà seul qui nous attire,
Ta la lerita, la lerita, ra la lire.

Ve Entrée. Une seconde Crieuse annonce son Jeu comme le meilleur.

LE CHEVALIER.

(AIR. *J'entens déja le bruit des armes.*)

Oui, mais en fait de Vaudeville,
Je suis un peu délicat moi,
Ces beaux airs qui courent la ville,
Les entend-on chanter chez toi?
Je veux par-tout des *il m'enfile*,
Et grand nombre de *j'en connois*,

Comme la Crieufe affure qu'on trouve à fon Jeu tout ce qu'on demande, les deux Petits Maîtres & la Comteffe fe déterminent à y prendre une Loge. Le Marquis veut payer, & fouillant dans fa poche n'y trouve point d'argent: le même accident arrive au Chevalier; enfin la Comteffe eft obligée de payer pour tous les trois; le Marquis tire de la bourfe de la Comteffe l'argent qu'il faut pour la Loge & garde le furplus.

Extrait Manufcrit.

PHAËTON, (le trébuchement de) Tragédie d'un Auteur *Anonyme*, repréfentée en 1622. imp. dans le Recueil intitulé Théatre François, in-12. Paris, Loifon, 1624. *Hift. du Th. Fr. année* 1622.

PHAËTON, (la chute de) Tragédie du Sieur *Triftan l'Hermite*, de Vozelle, repréfentée en 1639. imp. la même année, Paris, Befogne. *Hift. du Th. Fr. année* 1639.

PHAËTON, Tragédie lyrique en cinq actes, avec un Prologue, de M. *Quinault*, Mufique de M. *Lully*, repréfentée à Verfailles le Mercredi 6 Janvier 1683. & à Paris le Mardi 27 Avril fuivant, jour de l'ouverture du Théatre, in-4° Ballard, & tome II. du Recueil général des Opéra. *Extrait, Mercure de France*, Novembre 1721. p. 118-123. Décembre II. vol. 1720. p. 2935 2940.

IIe REPRISE de l'Opéra de *Phaëton*, au mois de Novembre 1692.

IIIe REPRISE de *Phaëton*, le Jeudi 12 Janvier 1702. 2e édition in 4° Ballard.

ACTEURS DU PROLOGUE.

Aſtrée.   Mlle Clément.
Saturne.   Le Sieur Dun.

BALLET.

Suite d'Aſtrée.   Mlle Dufort.
Mlles Freville, Victoire, Dangeville, Le Maire, Roze, Clément & Deſmatins.
Suite de Saturne.   Les Sieurs Germain, Boutteville, Blondy, Ferrand, Dumoulin L. & Dangeville.

ACTEURS DE LA TRAGE'DIE.

Libie, fille de Mérops.   Mlle Moreau.
Théone, fille de Protée.   Mlle Deſmatins.
Phaëton.   Le Sieur Chopelet.
Clyméne, mere de Phaëton.   Mlle Maupin.
Protée.   Le Sieur Dun.
Triton.   Le Sieur Deſvoyes.
Epaphus.   Le Sieur Thévenard.
Mérops.   Le Sieur Hardouin.
Une Egyptienne.   Mlle Clément.
Un Roi Indien.   Le Sieur Dun.
Un Roi Ethiopien.   Le Sieur Labbé.
Le Soleil.   Le Sieur Boutelou.
Une des Heures.   Mlle Dupeyré.
La Terre.   Le Sieur Deſvoyes.
Jupiter.   Le Sieur Courteil.

ACTEURS DU BALLET.

Acte I. Tritons.   Le Sieur Balon.
Les Sieurs Du Mirail, Germain, Boutteville, Dumoulin L. Fauveau & Dangeville.
Acte II. Ethiopiens, Ethiopiennes. Le Sieur Pécourt.
Le petit Dupré.
Les Sieurs Boutteville, F. Dumoulin, Germain & Dumoulin L.
Mlles Dangeville, Victoire, Le Maire & Roze.
Acte III. Egyptiens, Egyptiennes. Les Sieurs Ferrand, Blondy, Dangeville & Fauveau.
Mlles Dangeville & Victoire.
Mlles Freville, Le Maire, Roze & Deſmatins.
Démons.   Les Sieurs Du May, Javillier & Roze.

ACTE IV. *Le Printems.*   Le Sieur Leſtang.
       Suite du Printems.   Les Sieurs Du Mirail,
       Germain, Boutteville & F. Dumoulin.
       Mlles Victoire, Dangeville, Roze & Le Maire.
ACTE V.   *Egyptiens, Egyptiennes.*
       Les Sieurs F. Dumoulin & Blondy.
       Les Sieurs Fauveau, Dangeville & Du May.
       Mlles Freville, Clément & Le Brun.

IVe REPRISE de *Phaëton*, le Dimanche 5 Janvier 1710. 3e édition in 4° Ballard.

ACTEURS DU PROLOGUE.

Aſtrée.	Mlle Milon.
Saturne.	Le Sieur Hardouin.

BALLET.

Suite d'Aſtrée.   Mlle Chaillou.
     Mlles Milot, Le Maire, Menès,
     Haran & Maugis.
Suite de Saturne.   Le Sieur D. Dumoulin.
     Les Sieurs Ferrand, Blondy, Marcel,
     Javillier, Pierret & Gaudrau.

ACTEURS DE LA TRAGÉDIE.

Libie.	Madame Peſtel.
Théone.	Mlle Journet.
Phaëton.	Le Sieur Cochereau.
Clymène.	Mlle Du Jardin.
Protée.	Le Sieur Dun.
Triton.	Le Sieur Mantienne.
Epaphus.	Le Sieur Thévenard.
Mérops.	Le Sieur Hardouin.
Une Egyptienne.	Mlle d'Hucqueville.
Un Roi Indien.	Le Sieur Le Mire.
Un Roi Ethiopien.	Le Sieur Perere.
Le Soleil.	Le Sieur Chopelet.
La Terre.	Le Sieur Le Bel.
Jupiter.	Le Sieur Courteil.

ACTEURS DU BALLET.

ACTE I. *Tritons.*   Le Sieur Balon.
     Les Sieurs Germain, H. F. & P. Dumoulin,
     Marcel & Javillier.

ACTE II. *Ethiopiens, Ethiopiennes.* Les Sieurs Germain, Pécourt, H. F. P. & D. Dumoulin.
Mlle Prevoft.
Mlles Le Maire, Mangot, Haran, Richecourt, Chaillou & Maugis.
ACTE III. *Egyptiens, Egyptiennes.* Le Sieur Dumoulin L. & Mlle Chaillou.
Les Sieurs Germain, Ferrand & Marcel.
Mlles Milot, Le Maire & Menès.
ACTE IV, *Le Printems.* Le Sieur Blondy.
Le Sieur D. Dumoulin & Mlle Guyot.
L'Eté. Le Sieur F. Dumoulin & Mlle Guyot.
L'Automne. Le Sieur Marcel & Mlle Chaillou.
L'Hyver. Le Sieur Javillier & Mlle Milot.
ACTE V. *Egyptiens, Egyptiennes.*
Les Sieurs F. & P. Dumoulin, Gaudreau & Pierret.
Mlle Guyot.
Mlles Mangot, Rochecourt, Maugis & Haran

Ve REPRISE de la Tragédie de *Phaëton*, le Mardi 11 Novembre 1721. 4e édition in-4° Ribou.

ACTEURS DU PROLOGUE.

Aftrée.	Mlle Eremans.
Saturne.	Le Sieur Chaffé.

BALLET.

Suite d'Aftrée. Mlles Le Maire, Le Roy, De Lifle, Lantier, Mangot & Roland.
Suite de Saturne. Le Sieur Dupré.
Les Sieurs Dumoulin L. Mion, Laval, Pierret, Dangeville & Javillier.

ACTEURS DE LA TRAGE'DIE.

Libie.	Mlle Tulou.
Théone.	Mlle Antier.
Phaeton.	Le Sieur Murayre.
Clyméne.	Mlle Lambert.
Protée.	Le Sieur Du Bourg.
Triton.	Le Sieur Jacier.
Epaphus.	Le Sieur Thévenard.
Mérops.	Le Sieur Le Mire.
Le Soleil.	Le Sieur Tribou.
Une Heure.	Mlle Lizarde.

L'Automne.	Le Sieur Dun.
Un Roi Indien.	Le Sieur Chaffé.
Une Egyptienne.	Mlle Minier.
La Terre.	Le Sieur Artaut.
Jupiter.	Le Sieur Renard.

ACTEURS DU BALLET.

ACTE I. *Tritons.*   Le Sieur D. Dumoulin.
Les Sieurs Blondi & Marcel L.
Les Sieurs H. F. & P. Dumoulin, Dangeville, Maltaire, Mion & Guyot.

ACTE II. *Indiens & Indiennes.*   Mlle Prevost.
Les Sieurs Laval, Mion & Dangeville.
Mlles La Ferriere, Dupré & De Lifle.
Ethiopiens, Ethiopiennes.
Les Sieurs F. & P. Dumoulin & Dezais.
Mlles Duval, Le Maire & Lantier.
Mlle Petit.

ACTE III.   *Egyptiens, Egyptiennes.*
Le Sieur Marcel L. & Mlle Menès.
Les Sieurs Dumoulin L. Mion, Laval, Pierret, Maltaire & Guyot.
Mlles La Ferriere, Dupré, Duval, Le Maire, De Lifle & Lantier.
Furies.   Les Sieurs Javillier, Dangeville, Duval & Marcel L.

ACTE IV. *Les Saisons.*   Le Sieur Blondy & Mlle Guyot.
Le Printems.   Le Sieur Marcel & Mlle Menès.
L'Eté.   Le Sieur Dupré & Mlle Dupré.
L'Automne.   Le Sieur Laval & Mlle Duval.
L'Hyver.   Le Sieur Mion & Mlle Lantier.

ACTE V. *Egyptiens, Egyptiennes.* Le Sieur F. Dumoulin.
Les Sieurs Maltaire, Guyot & Pierret.
Mlles La Ferriere, Lantier & De Lifle.

Au mois de Décembre fuivant, la Dlle *Le Maure* nouvelle Actrice de l'Académie Royale de Mufique, chanta le role d'*Aftrée* dans le Prologue, & le Sieur *Tribou* fut chargé de celui qui donne le nom à la Tragédie.

VIe REPRISE de l'Opéra de *Phaëton*, le Jeudi 21 Décembre 1730. 5e édition in-4°. Ballard.

ACTEURS DU PROLOGUE.

Astrée.	Mlle Petitpas.
Saturne.	Le Sieur Chassé.

BALLET.

Suite d'Astrée, Mlle Ferret.
Mlles Petit, Du Rocher, Thibert, Richalet & Rabon.
Suite de Saturne. Le Sieur Maltaire C.
Les Sieurs Savar, Tabary, Dumay, Dupré & Matignon.

ACTEURS DE LA TRAGÉDIE.

Libie,	Mlle Le Maure.
Théone.	Mlle Antier.
Phaëton.	Le Sieur Tribou.
Clymène.	Mlle Eremans.
Protée.	Le Sieur Dun.
Triton.	Le Sieur Cuvillier.
Epaphus.	Le Sieur Chassé.
Mérops.	Le Sieur Dun.
Le Soleil.	Le Sieur Dumast.
Une Heure.	Mlle Petitpas.
L'Automne.	Le Sieur Joly.
Une Egyptienne.	Mlle Du Tillié.
La Terre.	Le Sieur Cuvillier.
Jupiter.	Le Sieur Goujet.

ACTEURS DU BALLET.

Acte I. Tritons. Le Sieur D. Dumoulin.
Les Sieurs Laval & Maltaire C.
Les Sieurs Dangeville, P. Dumoulin & F. Dumoulin.
Les Sieurs Maltaire L. Savar, Tabary, Dumay & Dupré.

Acte II. Indiens & Indiennes. Le Sieur Dupré.
Les Sieurs Bontems, Matignon & P. Dumoulin.
Mlles Thibert, Richalet & La Martiniere.
Ethiopiens, Ethiopiennes.
Les Sieurs Tabary, Dangeville & Savar.
Mlles Du Rocher, Ferret & Petit.

Acte III. Egyptiens, Egyptiennes. Les Sieurs Tabary, Dangeville, Savar, P. Dumoulin & Matignon.
Mlles Du Rocher, Ferret, Petit, Thibert & Richalet.

PH

Furies.   Le Sieur Dupré.
       Les Sieurs Dupré, Dumay, Maltaire L.
               & Hamoche.

Acte IV. *Les Saisons.* Le Sieur Laval & Mlle Richalet.
      Le Printems.   Le Sieur Marignon
                    & Mlle Du Rocher.
      L'Eté.   Le Sieur Tabary & Mlle Petit.
      L'Automne.   Le Sieur Savar & Mlle
                      La Martiniere.
      L'Hyver.   Le Sieur Bontems & Mlle Rabon.

Acte V. *Egyptiens, Egyptiennes.* Mlle Camargo.
    Les Sieurs Maltaire L, Hamoche, P. Dumoulin,
        Dangeville, Dupré & Dumay.
   Mlles Du Rocher, Thibert, Ferret, Richalet,
          La Martiniere & Petit.

A la fin du mois de Février 1731. on donna à Mlle *Eremans* le role de *Libie*, & celui de *Théone* à Mlle *Pélissier*.

VIIe REPRISE de *Phaëton*, le Mardi 13 Novembre 1742. 6e édit. in-4° Paris, Ballard.

ACTEURS DU PROLOGUE.

Astrée.   Mlle Fel.
Saturne.   Le Sieur Chassé.

BALLET.

Suite d'Astrée.   Mlle Le Breton.
Mlles Fremicourt, Thierry, Dazenoncourt,
     Dary, S. Huray & Minot.
Suite de Saturne.   Les Sieurs Maltaire C.
   Levoir, Dangeville & P. Dumoulin.

ACTEURS DE LA TRAGÉDIE.

Mérops.   Le Sieur Le Page.
Clymène.   Mlle Eremans.
Libie.   Mlle Chevalier.
Théone.   Mlle Le Maure.
Phaëton.   Le Sieur Jélyotte.
Epaphus.   Le Sieur Chassé.
Protée.   Le Sieur Le Page.
Triton.   Le Sieur Bérard.
Le Soleil.   Le Sieur La Tour.
Une Heure & une Egyp-
    tienne.   Mlle Fel.

L'Automne.	Le Sieur Albert.
La Terre.	Le Sieur Cuvillier.
Jupiter.	Le Sieur Perſon.

ACTEURS DU BALLET.

ACTE I. *Tritons.*   Le Sieur D. Dumoulin.
Les Sieurs Javilliers L. & C.
Les Sieurs Dumay, Dupré, Monſervin & Gherardi.
P. Dumoulin, Maltaire C. Dangeville & Levoir.

ACTE II. *Indiens & Indiennes.*   Le Sieur Dupré.
Les Sieurs Dumay, Dupré & Maltaire C.
Mlles Courcelle, Erny & Fremicourt.
Ethiopiens, Ethiopiennes.
Les Sieurs Monſervin, P. Dumoulin & Ghérardi.
Mlles Rabon, Petit & Thierry.

ACTE III. *Egyptiens, Egyptiennes.* Mlle Dallemand L.
Les Sieurs Monſervin, P. Dumoulin, Gherardi & Hamoche.
Mlles Rabon, Petit, Thierry & Dazenoncourt.
Fantômes.   Le Sieur Dupré.
Les Sieurs Maltaire C. Dupré, Levoir & Hamoche.

ACTE IV.   *Les Saiſons.*
Le Sieur Javillier L. & Mlle Carville.
Le Printems.   Le Sieur Maltaire C. & Mlle Courcelle.
L'Eté.   Le Sieur Dumay & Mlle Rabon.
L'Automne. Le Sieur Lany & Mlle S. Germain.
L'Hyver.   Le Sieur Gherardi & Mlle Petit.

ACTE V. *Egyptiens, Egyptiennes.* Mlle Camargo.
Les Sieurs F. Dumoulin, Maltaire L. Hamoche, Levoir & Lany.
Mlles Courcelle, S. Germain, Dazenoncourt, Fremicourt & Bouquet.

On peut regarder comme une eſpéce de Parodie de cet Opéra, la Comédie de *Phaëton*, que M. *Bourſault* donna en 1691. au Théatre François: les anciens Comédiens Italiens en avoient précédemment fait paroître une autre : ajoûtez les trois Parodies du nouveau Théatre

Italien, *Arlequin Phaëton*, de M. l'Abbé *Macharty*, en 1721. Une seconde sous le même titre en 1731. de la composition des Sieurs *Dominique* & *Romagnesi*, & *Phaëton*, Parodie donnée en 1743. par le Sieur *Riccoboni* fils. Le Sieur Carolet en a produit aussi une au Jeu des Marionnettes, intitulée *Le Cocher mal adroit*, ou *Polichinelle Phaëton*.

PHAËTON, Parodie en un acte, prose & vaudevilles de la Tragédie lyrique du même nom, au Théatre Italien, par M. *Riccoboni* le fils, représentée pour la première fois le Lundi 21 Janvier 1743. non imp. & *sans Extrait*.

PHALANTE, Tragédie d'un Auteur *Anonyme*, Paris, 1610. & représentée vers l'année 1610. sur le Théatre de l'Hôtel de Bourgogne. *Histoire du Théatre Fr*. année 1610.

PHALANTE, Tragédie de M. de la *Calprenede*, représentée en 1641. imp. la même année, Paris, Sommaville. Le sujet est le même que celui de la précédente. *Hist. du Th. Fr.* année 1641.

PHANAZAR, Tragédie en un acte, au Théatre Italien, par M. de *Morand*, représentée pour la première fois le Vendredi 12 Décembre 1738. Œuvres de l'Auteur, Paris, Jorry. Cette pièce faisoit partie de celle du même Auteur intitulée *Les Muses*. Voyez *Muses*. (*les*)

PHARAON, (le) Opéra Comique en un acte de M. *Fuzelier*, représenté au Jeu de Paume d'Orléans, à la Foire S. Germain 1717. imp. tome II. du Théatre de la Foire.

M. Dancourt avoit traité le même sujet en 1687. sous le titre de la *Désolation des Joueurs*,

Comédie en un acte, représentée au Théâtre François. Cet Auteur avoit refondu fa piéce en 1718. & vouloit la donner avec le nouveau titre de la *Déroute du Pharaon*, mais elle ne fut pas jouée. Voyez ces articles.

PHARAMOND, Tragédie de M. *Cahusac*, représentée le Mardi 14 Août 1736. suivie de la *Parisienne*. Cette Tragédie est imp. Paris, Prault fils. *Hist. du Th. Fr. année* 1736.

PHÉDRE ET HIPPOLYTE, Tragédie de M. *Racine*, imp. dans fes Œuvres, & représentée au Théatre de l'Hôtel de Bourgogne, le Vendredi premier Janvier 1677. *Hiftoire du Théatre Franç. année* 1677.

PHÉDRE ET HIPPOLYTE, Tragédie de M. *Pradon*, imp. dans fes Œuvres, & repréfentée le Dimanche 3 Janvier 1677. fur le Théatre de Guénégaud. *Hift. du Th. Fr. année* 1677.

Voyez *Hippolyte* de *Garnier*, de la *Pineliere* & de *Gilbert*, & *Hippolyte & Aricie*, Tragédie lyrique de M. l'Abbé *Pellegrin*.

PHILANIRE FEMME D'HIPPOLYTE, Tragédie en vers libres, avec des chœurs, par Claude *Rouillet*, Paris, Ricard, 1563. *Histoire du Théatre François, année* 1563.

PHILANTROPE. (le) Voyez *Ami* (l') *de tout le monde*.

PHILÉMON ET BAUCIS, c'est le titre de la troisième Entrée du Ballet de la *Paix*, de M. *Roy*, mis en Musique par Messieurs *Rebel* fils & *Francœur* cadet, & représentée en 1738. Voyez *Ballet* (le) *de la Paix*.

PHILINE, *ou l'*AMOUR CONTRAIRE, Pastorale en cinq actes & en vers du Sieur de la *Morelle*, représentée au Théatre de l'Hôtel de Bourgogne, & imp. Paris, Collet, 1630. *Hist. du Th. Franç.* année 1630.

PHILIS (les Yeux de) CHANGÉS EN ASTRES, Pastorale en trois actes & en vers, de M. *Bourſault*, imp. dans ſes Œuvres, & repréſentée en 1665. au Théatre de l'Hôtel de Bourgogne. *Hist. du Th. Fr.* année 1665.

PHILOCLÉE ET TÉLÉPHONTE, Tragi-Comédie de M. *Gilbert*, repréſentée par la Troupe de l'Hôtel de Bourgogne, & par celle du Marais en 1642. imp. tome VII. du Recueil intitulé Théatre François, Paris, 1737. par la Compagnie des Libraires. Voyez *Téléphonte* de M. de *La Chapelle*, *Amaſis*, de M. *De la Grange*, & *Mérope* de M. de *Voltaire*. *Hist. du Th. Franc.* année 1642.

PHILOMÈLE, Tragédie lyrique en cinq actes, avec un Prologue, de M. *Roy*, Muſique de M. de *La Coste*, repréſentée le Mardi 20 Octobre 1705. in-4º Ballard, & tome IX. du Recueil général des Opéra. *Extrait, Mercure de France, Décembre I. vol.* 1734. p. 2691. *& ſuivantes*.

ACTEURS DU PROLOGUE.

Vénus.   Mlle Pouſſin.
Mars.   Le Sieur Dun.
Berger & Bergère.   Le Sieur Chopelet & Mlle Vincent.

BALLET.

Guerriers.   Le Sieur Dangeville L.
Les Sieurs Blondy, Ferrand, Du Mirail & Javillier.

Bergers, Bergères.
Les Sieurs Germain, H. F. & P. Dumoulin, Mlles Guyot, Saligny, Prevoſt & Nadal.

ACTEURS DE LA TRAGÉDIE.

Térée.	Le Sieur Thévenard.
Progné, épouse de Térée.	Mlle Journet.
Philoméle, sœur de Progné.	Mlle Desmatins.
Athamas, amant de Philoméle.	Le Sieur Cochereau.
Minerve.	Mlle Loignon.
Cléone, confidente de Progné.	Mlle Du Jardin.
Elise, Magicienne.	Mlle Dupeyré.
Arcas, confident de Térée.	Le Sieur Chopelet.
Deux Athéniennes.	Mlles Poussin & Aubert.
La Jalousie.	Le Sieur Mantienne.
Le Chef des Génies.	Le Sieur Desvoyes.
Un Génie.	Le Sieur Boutelou.

ACTEURS DU BALLET.

ACTE I. *Athéniens.* Les Sieurs Germain, H. F. & P. Dumoulin.
Athéniennes. Mlles Prevost, Guyot, Saligny & Carré.

ACTE II. *Plaisirs.* Les Sieurs Ferrand & Dumoulin L. Mlles Dangeville & Bassecourt.
Jeux. Les Sieurs Du Mirail & Marcel. Mlles Le Comte & Nadal.

ACTE III. *Courtisans de Térée.* Le Sieur Blondy.
Les Sieurs Germain, H. F. & P. Dumoulin & Dangeville L.
Mlles Dangeville, Bassecourt, Nadal, Le Comte & Prevost.

ACTE IV. *Suite de la Jalousie.* Le Sieur P. Dumoulin.
Les Sieurs Dangeville L. & C. Javillier & Marcel.
Bacchantes. Mlle Subligny.
Mlles Dangeville, Le Comte, Nadal, Saligny, Prevost & Guyot.

ACTE V. *Fête Marine.* Le Sieur Balon & Mlle Subligny.
Matelots, Matelottes. Les Sieurs Blondy, Ferrand, Dangeville L. & C. Du Mirail & Javillier.
Mlles Prevost, Saligny, Guyot & Le Comte.

II.e REPRISE de la Tragédie de *Philoméle*,

le Mardi 8 Octobre 1709. 2ᵉ édition in-4°. Ballard.

ACTEURS DU PROLOGUE.

Vénus.	Mlle Poussin.
Mars.	Le Sieur Dun.
Berger, Bergere.	Le Sieur Chopelet & Mlle Poussin.

BALLET.

Guerriers.	Les Sieurs Ferrand, Blondy, Marcel & Javillier.

Suite de Vénus.
Le Sieur D. Dumoulin & Mlle Guyot.

Bergers, Bergéres.	Les Sieurs Germain, Dumoulin L. P. Dumoulin Pécourt. Mlles Le Maire, Menès, Dufresne & Mangot.
Un Pastre.	Le Sieur F. Dumoulin.
Amours.	Le petit Javillier, Brunel, Moreau & Maltaire.

ACTEURS DE LA TRAGE'DIE.

Térée.	Le Sieur Thévenard.
Progné.	Mlle Du Jardin.
Philoméle.	Mlle Journet, & depuis le 18 Novembre Madame Pestel.
Athamas.	Le Sieur Cochereau.
Minerve.	Mlle Véron.
Cléone.	Mlle Cataíde.
Elise.	Mlle Milon.
Arcas.	Le Sieur Buseau.
Athénien, Athénienne.	Le Sieur Chopelet & Mlle Poussin.
Bacchantes.	Mlles Poussin & Véron.
La Jalousie.	Le Sieur Mantienne.
Le Chef des Génies.	Le Sieur Le Bel.
Un Génie.	Le Sieur Gomerville.
Plaisirs.	Le Sieur Cochereau & Mlle Boüé.

ACTEURS DU BALLET.

ACTE I. *Athéniens.*   Le Sieur Balon.
Les Sieurs Germain, Dumoulin L. Blondy, Marcel, Javillier & Gautreau.

ACTE II, *Plaisirs.*   Mlle Guyot.
Les Sieurs Ferrand, Marcel, Javillier & Gautreau.
Mlles Chaillou, Milot, Menès & Le Maire.

PH

Jeux.	Les Sieurs F. & P. Dumoulin.
ACTE III. Courtijans de Térée.	
	Le Sieur Dumoulin L. & Mlle Chaillou.
	Les Sieurs F. P. & D. Dumoulin & Pécourt.
	Mlles Menès, Le Maire, Dufresne & Mangot.
ACTE IV. Bacchantes.	Mlles Prevost & Guyot.
	Mlles Chaillou, Milot, Le Maire, Menès, Mangot & Dufresne
ACTE V.	Matelots, Matelottes.
	Le Sieur Balon & Mlle Prevost.
	Le Sieur D Dumoulin.
	Les Sieurs P. Dumoulin, Pécourt, Pierret & Gautreau.
	Mlles Menès, Mangot, Rochecourt & Maugis.

IIIᵉ REPRISE de la Tragédie de *Philoméle*, le Mardi 27 Avril 1723. 3ᵉ édit. in 4°. Ribou.

ACTEURS DU PROLOGUE.

Vénus.	Mlle Eremans.
Mars.	Le Sieur Du Bourg.
Berger & Bergéres.	Le Sieur Grenet, les Dlles Julie & Person.

BALLET.

Guerriers.	Le Sieur Dupré.
	Les Sieurs Dumoulin L. Mion, Javillier & Pierret.
Suite de Vénus.	Le Sieur Marcel & Mlle Menès.
Graces.	Mlles Dupré, Duval & De Lisle.
Plaisirs & Jeux.	
	Les Sieurs Maltaire & Duval.
	Mlles Thibert & Roland.

ACTEURS DE LA TRAGE'DIE.

Progné.	Mlle Le Maure.
Cléone.	Mlle Eremans.
Elife.	Mlle Minier.
Térée.	Le Sieur Thévenard.
Athéniens.	Les Sieurs Grenet, Duchesne & Mlle Souris.
Philoméle.	Mlle Antier.
Athamas.	Le Sieur Muraire.
Minerve.	Mlle Lisarde.
Génies.	Le Sieur Guesdon & Mlle Constance.
Arcas.	Le Sieur Grenet.

P H

La Jalousie.	Le Sieur Mantienne.
Une Bacchante.	Mlle Constance.
Le Chef des Génies.	Le Sieur Murayre.

ACTEURS DU BALLET.

ACTE I. Athéniennes.   Mlles La Ferriere,
De Lastre, Duval, Rey, Le Maire & Thierry.

ACTE II. Jeux.   Mlle Menès.
Les Sieurs F. & P. Dumoulin, Laval
& Dangeville.
Mlles La Ferriere, De Lastre, Roland
& Thibert.

ACTE III. Peuples.   Le Sieur Blondy.
Les Sieurs Marcel, Dupré, H. & P. Dumoulin,
Mion & Laval.
Mlles Dupré, Duval, De Lisle, Rey,
Le Maire & Thierry.

ACTE IV. Suite de la Jalousie.   Le Sieur Dupré.
Les Sieurs Dumoulin, Dangeville, Maltaire,
Duval, Pierret & Mion.
Bacchantes.   Mlle Prevost.
Mlles Dupré, Duval, De Lisle, La Ferriere,
De Lastre, Rey, Le Maire & Thierry.

ACTE V.   Matelots, Matelottes.
Le Sieur D. Dumoulin & Mlle Prevost.
Le Sieur F. Dumoulin.
Les Sieurs P. Dumoulin, Dangeville,
Maltaire & Duval.
Mlles La Ferriere, De Lastre, Thibert
& Roland.

IVe REPRISE de l'Opéra de *Philoméle*, le Mardi 19 Octobre 1734. 4e édit. in 4°. Ballard.

ACTEURS DU PROLOGUE.

Vénus.	Mlle Petitpas.
Mars.	Le Sieur Dun.
Berger.	Le Sieur Dumast.

BALLET.

Guerriers.   Le Sieur Maltaire,
Les Sieurs Javillier C. Castillon,
Savar & Dupré.
Graces.   Mlle Le Breton,
Mlles Favre & S. Germain.

PH

Jeux & Plaisirs.
Les Sieurs Matignon, Hamoche & Andrea;
Mlles Binet, Petit & Centuray.

ACTEURS DE LA TRAGÉDIE.

Térée.	Le Sieur Chaffé.
Philoméle.	Mlle Le Maure.
Progné.	Mlle Antier.
Athamas.	Le Sieur Tribou.
Minerve.	Mlle Gaucher.
Cléone.	Mlle Julie.
Elise.	Mlle Monville.
Arcas.	Le Sieur Dumast.
La Jalousie & un Suivant de l'Hymen.	Le Sieur Cuvillier.
Athéniens.	Les Sieurs Dumast & Cuvillier.
Une Athénienne.	Mlle Petitpas.
Le Chef des Génies, un Matelot.	Le Sieur Jélyotte.
Génies.	Le Sieur Jélyotte & Mlle Petitpas.

ACTEURS DU BALLET.

ACTE I. *Athéniens, Athéniennes.* Le Sieur D. Dumoulin,
Les Sieurs Dupré, Savar, P. Dumoulin,
Dangeville, Bontems & Matignon.
Mlles Petit, Rabon, Le Breton, Thibert
& Du Rocher.

ACTE II. *Jeux.*   Mlle Mariette.
Les Sieurs Dupré, P. Dumoulin, Dangeville
& Matignon,
Mlles Thibert, Le Breton, Favre & S. Germain.

ACTE III. *Courtisans.*   Le Sieur Dupré.
Les Sieurs Javillier, Castillon, Savar, Dupré,
P. & F. Dumoulin, Hamoche & Dangeville.

ACTE IV. *Suite de la Jalousie.*   Le Sieur Maltaire C.
Les Sieurs Javillier, Castillon, Savar, Dupré,
Hamoche, Bontems & Maltaire L.
Bacchantes.   Mlle Camargo.
Mlles Petit, Mariette, Thibert, Le Breton,
Rabon, Du Rocher & Carville.

ACTE V. *Matelots & Matelottes.* Le Sieur Javillier L.
Le Sieur D. Dumoulin & Mlle Camargo.
Les Sieurs Matignon, Maltaire L. Bontems
& F. Dumoulin.
Mlles Le Breton, S. Germain, Petit & Thibert.

PHILOMÉLE, Parodie en trois actes, de prose mêlée de vaudevilles, de la Tragédie lyrique, du même nom, au Théatre Italien, par M. *Piron*, représentée pour la premiére fois le Samedi 12 Juin 1723. non imp. & *sans Extrait.*

« Les Comédiens Italiens ont représenté le » 12 de ce mois. (Juin 1723.) une piéce nou- » velle en trois actes, qui a pour titre *Philoméle,* » avec des agrémens ; c'est une Parodie de l'O- » péra qu'on joue actuellement. Le public n'a » pas paru s'intéresser beaucoup à cette nou- » veauté, &c. » *Mercure de France, mois de Juin* 1723. p. 1184.

PHILOSOPHE (le) DUPE DE L'AMOUR, Comédie Françoise en prose & en un acte, suivie d'un divertissement, au Théatre Italien, par M. de *Saintfoix*, représentée pour la premiére fois le Mardi 29 Octobre 1726. Paris, Chaubert. *Extrait, Mercure de France, Décembre II. volume* 1726. p. 2953. *& suivantes.*

PHILOSOPHE (le) MARIÉ, Comédie en cinq actes & en vers de M. *Destouches*, imp. dans ses Œuvres, & représentée le Samedi 15 Février 1727. suivie des *Vacances. Histoire du Théatre Franç. année* 1727.

PHILOSOPHE (le), TROMPÉ PAR LA NATURE, Comédie Françoise en prose & en trois actes, suivie d'un divertissement, au Théatre Italien, par M. de S. *Jorri*, représentée pour la premiére fois le Dimanche 5 Novembre 1719. *Œuvres mêlées de l'Auteur.* Paris, Didot.

PHILOSOPHES (les) AMOUREUX, Comédie en cinq actes & en vers de M. *Destouches*, représentée le Samedi 26 Novembre

1729. suivie d'*Attendez-moi sous l'Orme*. *Hist. du Th. Franç.* année 1729.

PHILOTIS, (la Fête de) C'est le titre de la troisiéme Entrée du Ballet des *Stratagêmes de l'Amour*, de M. *Roy*, Musique de M. *Destouches*, & représenté en 1726. Voyez *Stratagêmes (les) de l'Amour*, Ballet.

PHILOTIS, (la Fête de) troisiéme Entrée de la Parodie des *Stratagêmes de l'Amour*, de M. *Fuzelier*. Voyez *Stratagêmes (les) de l'Amour*, Parodie.

PHOCION, Tragédie de M. *Campistron*, imp. dans ses Œuvres, & représentée le Jeudi 16 Décembre 1688. *Hist. du Th. Franç.* année 1688.

PHŒNIX, (le) *ou* LA FIDÉLITÉ MISE A L'ÉPREUVE, Comédie Françoise en vers libres & en un acte, suivie d'un divertissement, au Théatre Italien, par M. *Du Perron de Castera*, représentée pour la premiére fois le Lundi 5 Novembre 1731. Paris, Briasson. *Extrait, Mercure de France, mois de Novembre 1731. p. 2636. & suivantes.*

PHRAARTE, *ou* LE TRIOMPHE DES VRAIS AMANS, Tragi-Comédie d'Alexandre *Hardy*, représentée en 1623. au Théatre de l'Hôtel de Bourgogne, & imp. Rouen, Du Petitval, 1626. *Histoire du Théatre François*, année 1623.

PHRAATE, Tragédie de M. *Campistron*, non imp. & représentée le Jeudi 26 Décembre 1686. *Hist. du Th. Fr.* année 1686.

PHYLLIS ET DÉMOPHON, c'est le titre de la premiére Entrée du Ballet de la *Paix*, de

P H

M. *Roy*, Musique de Messieurs *Rebel* fils & *Francœur* cadet, représentée en 1738. Voyez *Ballet (le) de la Paix*.

PICHOU, (N.........) Poëte Dramatique, né à Dijon Capitale du Duché de Bourgogne, fut assassiné étant encore très-jeune, au commencement de l'année 1631. Il a composé pour la scéne Françoise :

LES FOLIES DE CARDÉNIO, Tragi-Comédie, 1629.

LES AVANTURES DE ROSILEON, Tragi-Comédie Pastorale, non imp. 1629.

L'INFIDELLE CONFIDENTE, Tragi-Comédie, 1630.

LA FILIS DE SCIRE, Comédie Pastorale, 1630. *Hist. du Th. Franç.* année 1629.

PIÉCE (la) A DEUX ACTEURS, Opéra Comique. Voyez *Armoire*. (*l'*)

PIÉCE (la) MANQUÉE, piéce en un acte & en vaudevilles, de M. *Valois*, non imp. représentée par les Marionnettes de la Foire S. Laurent 1733. suivie de l'*Impromptu de Polichinelle*, piéce en un acte du même Auteur.

Polichinelle dit au Compere qu'il va donner la représentation d'une piéce intitulée *La Nymphe du Pont-neuf*. Le Compere lui demande le nom de l'Auteur.

LE COMPERE. (AIR. *Du Confiteor.*)

N'estce pas un certain gaillard,
Qui ne manque pas la riposte,
Et qui sçait exceller en l'art
De faire des piéces en poste,
Et qui vous fait cent vers plûtôt,
Qu'on ne fait un cent de cerneaux.

C'est lui-même, répond Polichinelle. L'Auteur paroît, c'est M. Farinet Boulanger, il conteste avec Mlle Gaudon Bienfait, qui ne veut point du role qu'on lui a destiné. Farinet le veut donner à Mlle Manon Bienfait; cette derniére le refuse: le Poëte piqué retire sa piéce & s'en va: pour y suppléer, Polichinelle dit qu'il va en faire éxécuter une de sa façon, qui a pour titre l'*Impromptu de Polichinelle*. Voyez cette derniére. *Extrait Manuscrit.*

Piéce (la) sans titre, Opéra Comique en un acte, avec un divertissement & un vaudeville, de Messieurs *Panard & Favart*, non imp. & représenté le Dimanche 3 de Février 1737. précédé d'un Prologue, intitulé le *Vaudeville*, & suivi de *Marianne*, piéce en un acte.

La piéce qui fait le sujet de cet article, fut composée à l'occasion d'un bruit qui courut alors d'un fameux voleur qui voloit seul & de nuit. On disoit qu'il se faisoit appeller le *Prince*, & le public y avoit ajoûté l'épithéte de *Nocturne*, ou de *Ténébreux*. La Police ne voulut pas permettre que l'ouvrage parut sous ce titre, ni sous celui du *Normand dupé*, qu'on proposa d'y substituer: il ne passa que sous le nom de la *Piéce sans titre*. En voici l'Extrait.

C'est une espéce d'imitation du *Pourceaugnac* de M. *Moliere*. Eraste, rival de M. de Pomainville, veut l'obliger par des tours d'adresse à renoncer à l'Hymen d'Angélique. Ce sont ces tours qu'on joue au Normand & à Cotentin son valet qui forment l'intrigue de la piéce. En arrivant de Falaise à Paris, Pomainville & Cotentin sont abordés par des fourbes, dont l'un d'eux qui se dit le Prince Nocturne, leur dérobe leurs épées & leurs chapeaux. Un Savetier & une Ravaudeuse feignant d'avoir une querelle ensemble, rossent M. Pomainville. Scapin valet d'Eraste se déguise, & faisant semblant d'être des amis de ce Normand, lui enléve sa valise, à la place de laquelle il en substitue une pareille, mais qui est vuide. Ces différens assauts ne peuvent rebuter l'amoureux Pomainville, il se rend chez Madame Argante, mere d'Angélique, avec un Notaire pour terminer, mais dans le moment que le contrat est prêt à être signé, Eraste, au moyen d'une trape pratiquée dans la salle, fait abimer le Notaire, Pomainville & le valet de ce dernier. Madame Argante persuadée que le malin esprit se mêle du mariage de sa fille, lui laisse la liberté de choisir un époux. Eraste paroît, Angélique lui donne la main, & le divertissement est exécuté par les mêmes personnes qui ont aidé à tromper M. de Pomainville.

Couplet du Vaudeville.

L'autre jour un tour d'adresse
Fut joué par des filoux,
Des Colombats de sept sous
Furent vendus six francs piéce,
Ce fut entre chien & loup,
Qu'ils firent ce beau coup.

Pour entendre ce couplet, il faut sçavoir que dans le parterre de l'Opéra, un Colporteur avoit vendu des Colombats enveloppés de papier, pour des Almanachs du Diable.

PIED (le) DE NEZ, piéce en trois actes &

par écriteaux, de M. l'Abbé *Pellegrin*, non imp. & représentée au commencement du mois d'Août 1718. au Jeu du Chevalier Pellegrin.

Depuis la Foire S. Laurent 1711. ce jeu avoit continué très-uniment, sans embarras & sans bruit jusqu'à celle-ci, que les Entrepreneurs de l'Opéra Comique, à qui tout autre Spectacle, quelque médiocre qu'il fut, faisoit ombrage, en demanderent la suppression, fondés sur leur privilége exclusif. Le Chevalier Pellegrin, Maître de ce Théatre, eut un procès à soûtenir à ce sujet : cet obstacle ne fut surmonté qu'au bout d'un mois, aussi-tôt il fit représenter le *Pied de nez*, où il voulut tourner en ridicule ses adversaires, qui s'étoient vantés hautement que son Théatre ne seroit plus ouvert. La satisfaction de l'Auteur auroit été complette, si le public avoit pris goût à la plaisanterie, mais malheureusement la piéce eut un succès très désavantageux. *Mémoires sur les Spectacles de la Foire*, tome I. p. 217 & 218.

PIERRE (la) PHILOSOPHALE, Comédie en cinq actes & en prose, de Messieurs *Corneille de l'Isle & Devizé*, non imp. & représentée le Dimanche 3 Février 1681. *Hist. du Th. Franç.* année 1681.

PIERROT CADMUS, Parodie en un acte de la Tragédie lyrique de *Cadmus & Hermione*, (de M. *Quinault*, Musique de M. *Lully*,) par M. *Carolet*, représentée le Samedi 31 Août 1737. au Théatre de l'Opéra Comique. Cette piéce est imp. Paris, veuve Valeyre & Gandouin l'aîné 1737. L'Auteur a suivi la marche de l'Opéra qu'il a critiqué, à l'exception de quelques traits fur les retranchemens que l'Académie Royale de Musique avoit jugé à propos de faire en remettant cette piéce au Théatre, & de la XVIIIe scéne, où l'on introduit le Grand Thomas, qui est appellé pour arracher les dents du Dragon.

PIERROT FURIEUX, *ou* PIERROT ROLAND, Parodie en un acte de la Tragédie lyrique de *Roland*, (de M. *Quinault*, Musique de M. *Lully*,) par M. *Fuzelier*, non imprimée, & représentée au Jeu de Paume d'Orléans, à la Foire S. Germain 1717.

Quoique cette Parodie soit grossiérement faite, & sans aucun art, elle n'a pas laissé d'avoir un succès très-brillant, par l'agrément qui sçût mettre le Sieur Hamoche, qui étoit chargé du principal role ; dans la derniére scéne cet Acteur chantoit une espéce de pot-pourri composé de grands airs de l'Opéra, & de chansons de Pontneuf les plus ridicules, & dont les paroles étoient assez gaillardes. Ce pot-pourri étoit terminé par un fracas de pots & de verres, ce qui terminoit la piéce assez heureusement. L'Auteur y avoit inséré une aventure tirée des Contes Arabes, & voici de quelle façon.

Gros Jean Cabaretier de Vaugirard, voulant se venger d'Arlequin qui l'excroque journellement, l'invite à un grand repas, auquel il ne fait servir que des plats & des bouteilles vuides, voulant cependant faire croire à Arlequin qu'ils sont remplis de mets & de vins délicieux. Arlequin a d'abord quelque peine à goûter cette plaisanterie, mais ensuite il s'y prête au point de feindre s'être enyvré de ces vins prétendus,

& en cet état il rosse Gros Jean, & se venge du tour qu'on a voulu lui jouer.
Extrait Manuscrit.

PIERROT PERRETTE, Opéra Comique en deux actes, par M. *Fuzelier*, non imp. représenté le Jeudi 22 Février 1725. précédé d'un Prologue intitulé l'*Audience du Tems*.

« Léandre Officier de marine, est amoureux
» d'Angélique, jeune personne captive à la
» campagne dans un Château, sous l'autorité
» d'un Tuteur, qui ne veut pas la marier, pour
» jouir plus longtemps des biens de sa pupille.
» Ce vieux oncle & tuteur, Gentilhomme Picard, nommé M. de Benaiscourt, a pour Domestique Nicaise, niais véritablement, &
» Nicette, qui contrefait l'imbécille pour ne pas
» allarmer son Maître, & pouvoir mieux servir la jeune Angélique, de qui elle est confidente. Il a chassé Scaramouche & Diamantine
» Italiens, qui commençoient à se franciser. Ce
» même jour on célèbre la Fête de son village,
» décorée d'une foire rustique, cela l'inquiéte
» par rapport aux visites qui peuvent lui survenir, & qu'il ne veut pas recevoir.

» Pendant que ce soin l'occupe, Léandre arrive sur son vaisseau avec M. Oronte, autre
» oncle d'Angélique, qui a promis de la marier
» avec son amant, s'il se trouve qu'il en soit
» aimé. Cet Oronte est propriétaire par moitié
» du Château qu'habite M. de Benaiscourt, &
» d'un caractere chancelant: ferme quand il est
» loin de M. de Benaiscourt son beau-frere, &
» tremblant dès qu'il l'apperçoit. Il n'ose entrer
» dans un Château où il a droit de propriété,

„ & en marque sa crainte à Léandre, qu'il dégui-
„ se sous les apparences de la circonspection.
„ Pierre, valet de Léandre, instruit de la peine
„ de son Maître, & de la façon de penser de
„ M. de Benaiscourt, se produit à ce bizarre
„ pour valet & pour servante, sous les noms
„ de Pierrot & de Perrette : ce double person-
„ nage fonde toute l'intrigue & le comique de
„ cette piéce. Léandre entre dans le Château à
„ la faveur de cette fourberie, voit Angélique
„ & obtient son aveu, qui est confirmé par son
„ bon oncle M. Oronte ». *Mercure de France*,
Mars 1725. p. 559. & suiv.

PIERROT ROLAND. Voyez *Pierrot furieux*.
PIERROT ROMULUS, *ou* LE RAVISSEUR
POLI, Piéce en un acte & en vaudevilles, de
Messieurs *Le Sage*, *Fuzelier* & *d'Orneval*, représentée au Jeu des Marionnettes de *la Place*,
le Mardi 3 Février 1722. précédée de l'*Ombre
du Cocher Poëte*, Prologue, & du *Rémouleur
d'Amour*, piéce en un acte.

Ces trois piéces sont imprimées tome V. du
Théatre de la Foire. On peut les regarder comme les meilleures qui ayent paru sur celui des
Marionnettes, sur-tout celle de *Pierrot Romulus*, qui est une Parodie très spirituelle de la
Tragédie de *Romulus*, de M. de *La Motte*. Elle
eut aussi un succès des plus brillans: on la reprit à la Foire S. Laurent suivante, mais comme les Auteurs cessérent de prêter la main à
l'exécution, elle fut moins goûtée. Voyez *Ombre (l') du Cocher Poëte*.

PIERROT TANCRÉDE, Parodie de la Tragédie lyrique de *Tancréde*, (de M. *Danchet*,

Musique de M. *Campra*.) Voyez *Méprise* (*la*) *de l'Amour*.

PIERROT VALET DE MAGICIEN, Piéce en monologues, formant la premiére partie du IIe acte de l'*Histoire de l'Opéra Comique*, ou les *Métamorphoses de la Foire*, de M. *Le Sage*, représentée le Mercredi 27 Juin 1736. non imp.

Pierrot valet d'un Magicien, profitant de l'absence de son Maître qui est allé au sabat, ouvre un Grimoire, & appelle les Diables. Il leur ordonne de lui amener son ami Arlequin, & ensuite de dresser une table bien garnie. Tandis que Pierrot & son camarade ne songent qu'à faire bonne chere, un Huissier paroît, & signifie aux Acteurs Forains un arrêt qui les réduit aux scénes muettes. Pour s'y conformer les Forains jouent *Arlequin Orphée*, piéce qui compose la seconde partie de ce même acte. Voyez *Arlequin Orphée*, & l'*Histoire de l'Opéra Comique*, ou *Les Métamorphoses de la Foire*.
Extrait Manuscrit.

PIERROTS. (les deux) Voyez *Deux* (*les*) *Pierrots*.

PIN, (Joseph du Landas, Sieur du) Comédien François, étoit fils, ou selon d'autres, parent de M. du Landas, Lieutenant général de la Rochelle. Il s'engagea d'abord dans une troupe de Province, & ensuite vint à Paris, où il entra dans celle du Marais, passa en 1673. au Théatre de Guénégaud; retiré lors de la réforme & de la réunion des Troupes au mois d'Août 1680. avec une pension de 500 livres. Il est mort le Mercredi 25 Juillet 1696. Le Sieur du Pin

Pin étoit un Acteur très médiocre. *Hift. au Th. Fr. année* 1680.

PIN, (Louife-Jacob de Montfleury, femme de Jofeph du Landas, Sieur du) Comédienne Françoife, étoit fille de Zacharie Jacob, dit Montfleury, Comédien François. Mlle du Pin fuivit fon mari en Province, & dans les Cours étrangéres: elle entra en même temps que lui dans la Troupe du Marais, de-là dans celle de Guénégaud en 1673. confervée à la réunion de 1685. Quitta le Théatre le Samedi 14 Avril 1685. avec une penfion de 1000 livres, morte le Lundi 8 Avril 1709. Mlle du Pin a rempli les premiere roles tragiques & comiques. *Hift. du Th. Fr. année* 1685.

PINELIERE, (N...... de la) Angevin, Auteur Dramatique, a compofé pour la fcéne Françoife:

HIPPOLYTE, Tragédie, 1635.
Hift. du Th. Fr. année 1635.

PIRITHOÜS, Tragédie lyrique en cinq actes, avec un Prologue, de M. *Seguinault*, Mufique de M. *Mouret*, repréfentée le Mardi 26 Janvier 1723. in-4° Paris, Ribou, & tome XIII. du Recueil général des Opéra. *Extrait, Mercure de France, Février* 1723. pag. 321-333.

ACTEURS DU PROLOGUE.

L'*Europe*.	Mlle Eremans.
L'*Amour*.	Mlle Catin.
L'*Hymen*.	Mlle Lifarde.
Une *Européenne*.	Mlle Minier
Bellone.	Le Sieur Dun.

BALLET.

Bergers Bergéres héroïques.
Le Sieur Dupré.

Tome IV. G

Les Sieurs Dangeville, P. Dumoulin,
Maltaire & Duval.
Mlle Menès.
Mlles La Ferriere, De Laftre, Thibert
& Roland.
Le Sieur Laval & Mlle Corail.

ACTEURS DE LA TRAGE'DIE.

Pirithoüs, Roi des Lapi-
thes.   Le Sieur Muraire.
Eurite, Roi des Centau-
res.   Le Sieur Thévenard.
Théſée, Roi d'Athénes. Le Sieur Du Bourg.
Hippodamie, amante de
Pirithoüs.   Mlle Tulou.
Hermilis ſœur d'Eurite,
Magicienne.   Mlle Antier.
Acmene, confident de Pi-
rithous.   Le Sieur Dun.
Le Grand Prêtre de
Mars.   Le Sieur Le Mire
La Diſcorde.   Le Sieur Tribou.
Centaures.   Les Sieurs Le Mire &
Grenet.
Songes.   Mlle Minier & le Sieur
Grenet.
L'Oracle.   Le Sieur Guefdon.
Bergéres.   Mlles Julie & Lifarde.

ACTEURS DU BALLET.

ACTE I. Centaures.   Le Sieur F. Dumoulin.
Les Sieurs Marcel, Dupre, Dumoulin L.
Mion, Javillier, Pierret,
Maltaire & Duval.
ACTE II.   Eſprits transformés en ſonges inquiets.
Mlle Prevoſt.
Les Sieurs H. F. & P. Dumoulin, Laval,
Dangeville & Mion.
Mlles De Lifle, Rey, Thierry, Duval,
Corail & Le Maire.
ACTE III. Athéniens, Athéniennes. Le Sieur Blondy.
Les Sieurs Dumoulin L. Mion, Pierret,
Maltaire & Duval.
Mlles La Ferriere, De Lifle, Duval,
De Laftre & Rey.
Le Sieur Marcel & Mlle Menés.

ACTE IV. *Magiciens.* Le Sieur Dupré,
Les Sieurs P. Dumoulin, Dangeville, Laval,
Pierret, Mion, Maltaire & Duval.
ACTE V. *Fête de Village.*
Le Sieur D. Dumoulin & Mlle Prevost.

I. QUADRILLE.

Les Sieurs P. Dumoulin, Dangeville & Mion.
Mlles La Ferriere, De Lastre & Thierry.

II. QUADRILLE.

Les Sieurs Pierret, Maltaire & Duval.
Mlles Le Maire ; Thibert & Roland.
Un Pastre. Le Sieur F. Dumoulin.

Cet Opéra fut repris le Mardi 6 Avril à l'ouverture du Théatre, & le Jeudi 15 du même mois, Mlle Le Maure joua avec un applaudissement universel le role d'*Hippodamie*, dont Mlle Tulou avoit été chargé à la premiére repréfentation.

Le Jeudi 14 Octobre de la même année 1723. l'Opéra de *Pirithoüs* fut encore repris, & Mlle Le Maure continua d'y jouer le role d'*Hippodamie*.

IIᵉ REPRISE de la Tragédie lyrique de *Pirithoüs*, le Jeudi 11 Mars 1734. avec des changemens confidérables, tant dans les paroles que la Mufique, 2ᵉ édition in-4° Ballard.

C'eft conformément à cette derniére édition que cette Tragédie eft imprimée dans le Recueil général des Opéra.

ACTEURS DU PROLOGUE.

L'Europe. Mlle Eremans.
L'Amour. Mlle Petitpas.
L'Hymen. Mlle Julie.
Bellone. Le Sieur Cuyillier.

PI

BALLET.

Bergers héroïques.	Le Sieur Matignon.
	Le Sieur Bontems & Mlle Le Breton.
Polonois.	Les Sieurs Dupré & Dumay.
	Mlles Petit & Rabon.
Turcs.	Les Sieurs Savar & Javillier C.
	Mlles Favre & S. Germain.

ACTEURS DE LA TRAGÉDIE.

Pirithoüs.	Le Sieur Tribou.
Eurite.	Le Sieur Chaßé.
Théfée.	Le Sieur Dun.
Hippodamie.	Mlle Le Maure.
Hermilis.	Mlle Antier.
Acmene.	Le Sieur Dun.
Le Grand-Prêtre de Mars.	Le Sieur Cuignier.
La Discorde, un Songe & l'Oracle.	Le Sieur Jélyotte.
Un Songe.	Mlle Julie.
Deux Bergéres.	Mlles Dun & Monville.
Une Thessalienne.	Mlle Petitpas.

ACTEURS DU BALLET.

ACTE I. *Centaures.* Le Sieur D. Dumoulin.
Les Sieurs P. Dumoulin, Dangeville, Hamoche, Bontems, Javillier C. Castillon, Dumay & Dupré.

ACTE II. *Démons transformés en songes.*
Le Sieur D. Dumoulin & Mlle Camargo.
Les Sieurs Dumay, Dupré, Matignon & Dangeville.
Mlles Thibert, Le Breton, S. Germain & Favre.

ACTE III. *Athéniens.*
Le Sieur Javillier & Mlle Mariette.
Les Sieurs Dangeville, F. Dumoulin, Dumay & Dupré.
Mlles Du Rocher, Carville, Thibert & Petit.

ACTE IV. *Magiciens.* Le Sieur Dupré.
Les Sieurs Maltaire L. Hamoche, Dumay, Dupré, Savar, Javillier C. Castillon, Bontems & Matignon.

ACTE V. *Fête de Village.* Mlle Camargo.
Les Sieurs F. & P. Dumoulin.
Les Sieurs Maltaire, Hamoche, Bontems & Matignon.
Mlles Favre, Le Breton, S. Germain & Binet.

PIRON, (Alexis) de Dijon en Bourgogne, Poëte Dramatique aujourd'hui vivant, a composé pour le Théatre François;

Les Fils ingrats, Comédie en cinq actes & en vers, 1728.

Calisthéne, Tragédie, 1730.

Gustave Vasa, Tragédie, 1733.

L'Amant mystérieux, Comédie en trois actes & en vers, 1734. non imp.

Les Courses de Tempé, Pastorale en un acte & en vers libres, 1734.

La Métromanie, Comédie en cinq actes & en vers, 1738.

Fernand Cortès, Tragédie, 1744. non imprimée.

Au Théatre Italien.

Philoméle, Parodie en trois actes, 1723. non imp.

Les huit Mariannes, Parodie en un acte, 1725. non imp.

Les Enfans de la Joye, Comédie en vers & en un acte, 1725. non imp.

A l'Opéra Comique, à lui seul.

Arlequin Deucalion, en trois actes & en prose, 1722. non imp.

L'Antre de Trophonius, un acte en prose, 1722. non imp.

L'Endriague, trois actes en prose & vaudevilles, 1723. non imp.

Le Claperman, trois actes en prose & vaudevilles, 1724. non imp.

L'Âne d'or, deux actes en prose & vaudevilles, 1724. non imp.

Le Caprice, un acte en prose & vaudevilles, 1724.

Les Chiméres, *ou* Le bonheur de l'Illusion, deux actes en prose & vaudevilles & un Prologue, 1725. non imp.

Le fâcheux Veuvage, trois actes en prose & vaudevilles, 1725. non imp.

Crédit est mort, un acte en prose & vaudevilles, 1726. non imp.

L'Enrollement d'Arlequin, un acte en prose & vaudevilles, 1726. non imp.

La Robe de Dissention, *ou* Le faux Prodige, deux actes en prose & vaudevilles, 1726. non imp.

On peut encore lui attribuer.

Les Espaces imaginaires, un acte en prose & vaudevilles, 1734. non imp.

(C'est la piéce des *Chimeres*, retouchée & mise en un acte.)

Les Jardins de l'Hymen, *ou* La Rose, un acte, 1744.

En société avec Messieurs Le Sage
& d'Orneval.

Les Trois Commeres, trois actes en prose & un Prologue, 1723. (Cette piéce est imp. mais mêlée de vaudevilles, composés par Messieurs *Le Sage* & *d'Orneval*.)

Avec Messieurs Pontau, Panard & Gallet.

La Ramée et Dondon, Parodie en un

acte de la Tragédie de *Didon*, 1734. non imp.

A lui seul aux Marionnettes.

Colombine Nitétis, Parodie en trois actes de la Tragédie du même nom, 1722. non imp.

La Vengeance de Tirésias, *ou le* Mariage de Momus, trois actes 1722. non imp.

Place, (N........ la) Poëte Dramatique aujourd'hui vivant, a composé pour la scène Françoise :

Venise sauvée, Tragédie, 1746.

Jeanne d'Angleterre, Tragédie, non imprimée, 1748. *Histoire du Th. Franç. année* 1746.

» Place, (Antoine de la) fils d'un Limona-
» dier de Paris, quitta la profession de son pere,
» pour s'attacher à la peinture. Le Maître chez
» lequel il travailloit, logeoit dans la même
» maison où étoient quelques Acteurs Italiens
» de l'ancienne Troupe avec lesquels La Place
» fit connoissance. Il en obtint son entrée à leur
» Théâtre, qu'il conserva jusqu'en 1697. que la
» Troupe fut supprimée par ordre du Roi.

» Pascariel, Acteur Italien, après la disper-
» sion de ses Camarades, obtint du Roi un
» privilége pour représenter des piéces de ce
» Théâtre dans toute l'étendue du Royaume,
» à condition néanmoins que ce seroit toûjours
» à trente lieues de la Capitale. Pascariel com-
» posa une Troupe, & ne revint à Paris qu'en
» 1701. Il y rencontra La Place, qui depuis son
» départ avoit continué plus que jamais ses étu-
» des de peinture. Pascariel lui proposa de l'em-

» mener avec lui en Province, à titre de Pein-
» tre & Décorateur de sa Troupe. La Place,
» qui depuis le départ des Italiens avoit conser-
» vé un goût décidé pour leur Spectacle, &
» qui d'ailleurs étoit assez mécontent d'une bel-
» le mere que son pere lui avoit donné depuis
» peu, accepta les offres de Pascariel. L'enga-
» gement se fit le 7 Juin de la même année, &
» un mois après, La Place partit pour Toulou-
» se, où Pascariel avoit laissé sa Troupe. Ce
» dernier avoit aussi engagé le jeune Dominique.

» Quatre mois ne furent pas écoulés, que
» le Peintre devint Acteur. Il débuta par le
» role de *Pierrot*, & ayant été goûté dans ce
» caractere, il le continua. Pascariel avoit deux
» filles, qui toutes deux jouoient dans sa Trou-
» pe: l'aînée que l'on nommoit *Marianne*, fut
» l'objet des vœux de La Place, mais ses soins
» furent superflus, Marianne avoit le cœur pris
» pour le jeune Dominique: La Place s'en ap-
» perçut par les rigueurs qu'on lui fit éprouver.
» Ce chagrin, & quelques injustices de Pasca-
» riel, l'engagérent à rompre avec cet Entre-
» preneur à la fin de 1703. De retour à Paris,
» La Place se lia d'amitié avec Alard, & après
» la Foire de S. Laurent 1705. il s'engagea dans
» la Troupe de la veuve Maurice, pour l'em-
» ploi de Pierrot, mais comme Belloni entra
» dans ce temps-là dans la même Troupe, ce
» dernier obtint la préférence sur La Place, de
» sorte que celui ci ne joua point à la Foire
» S. Germain 1706. A la suivante, il débuta
» par le role de *Scaramouche*, & y ayant été
» goûté, il ne le quitta pas depuis ». *Mémoires*

sur les Spectacles de la Foire, tome I. pag. 50, & suivantes.

La suite de la vie de cet Acteur est si intimement liée avec celle de Dolet son associé, que pour ne point user de répétition, nous y renvoyons le Lecteur. La Place ayant renoncé au Théatre, se mêla de brocanter des tableaux, & mourut dans une situation assez mal aisée en 1743.

PLACE (la) ROYALE, *ou l'*AMOUREUX EXTRAVAGANT, Comédie en cinq actes & en vers de M. *Corneille*, représentée en 1635. & imp. dans ses Œuvres. *Hist. du Théatre Franç. année* 1635.

PLACE (la) ROYALE, Comédie de M. *Claveret*, non imp. représentée en 1635. *Histoire du Th. François, année* 1635.

PLAGIAIRE, (le) Comédie Françoise en vers & en trois actes & trois divertissemens, au Théatre Italien, par M. de *Boissi*, représentée pour la premiére fois le Mardi 1 Février 1746. Paris, Prault pere.

PLAGIAIRE, (le) Feu d'Artifice éxécuté au Théatre Italien le Mercredi 21 Septembre 1746.

PLAIDEURS, (les) Piéce en trois actes, en scénes muettes, & par écriteaux, représentée au Jeu de Dolet & La Place, associés avec Bertrand, au mois de Février 1712. imprimée in-12. la même année.

Cette piéce n'est qu'un assemblage d'invectives contre les Comédiens François, avec lesquels les Acteurs Forains étoient en procès : dans la suite des représentations, on retrancha

G v

quelques scénes, qu'on remplaçoit par d'autres, toûjours sur le même sujet. L'impression de cet ouvrage, qui n'a aucun mérite, nous dispense d'en donner l'Extrait.

PLAIDEUSE, (la belle) Comédie en cinq actes & en vers, de M. l'Abbé de *Boisrobert*, représentée en 1654. Paris, de Luynes, 1655. *Hist. du Th. Fr. année* 1654.

PLAINES, (François de Chaligny, Seigneur des) mort à Paris au mois de Septembre 1723. a donné au Théatre François :

CORIOLAN, Tragédie, non imp. 1722. *Histoire du Théatre Fr. année* 1722.

PLAISIR, (le) Comédie en un acte & en vers libres, de M. l'Abbé *Marchadier*, Paris, Cailleau, & représentée le Jeudi 3 Août 1747. précédée des *Confidences réciproques*, & de la *Rivale Suivante*. *Hist. du Th. Fr. année* 1747.

PLAISIRS (les) DE LA CAMPAGNE, Ballet en trois actes, avec un Prologue, de M. l'Abbé *Pellegrin*, (sous le nom de Mlle Barbier,) Musique de M. *Bertin*, représentée le Jeudi 10 Août 1719. in-4° Ribou, & tome XII. du Recueil général des Opéra.

ACTEURS DU PROLOGUE.

Pan.	Le Sieur Le Mire C.
Palès.	Mlle Tulou.
Terpsichore.	Mlle Antier.

BALLET.

Bergers & Bergeres. Mlle Prevost.
Le Sieur Laval & Mlle La Ferriere.
Les Sieurs H. & P. Dumoulin & Dupré.
Mlles Duval, Le Maire & Le Roy.

I. ENTRE'E. *LA PESCHE.*

Doriméa. Mlle La Garde.

Lisette.	Mlle Antier.
Valere.	Le Sieur Thévenard.
Zerbin.	Le Sieur Mantienne.
Léandre.	Le Sieur Le Mire C.
Un Matelot.	Le Sieur Dautrep.

BALLET.

Matelots, Matelottes. Le Sieur D. Dumoulin.
Les Sieurs Maltaire L. & Dupré.
Les Sieurs Dangeville, Laval, Javillier
& Pierret.
Mlles Brunel, Chasteauvieux, Duval & Corail.

II. ENTRL'E. *LA VENDANGE.*

Oronte, Seigneur du Village.	Le Sieur Mantienne.
Dorante.	Le Sieur Murayre.
Angélique.	Mlle Tulou.
Agathine.	Mlle Antier.
Clarice.	Mlle La Garde.

BALLET.

Vendangeurs. Le Sieur F. Dumoulin.
Le Sieur Marcel.
Les Sieurs Ferrand, Pierret, Javillier,
Marcel L. Maltaire & Guyot.
Mlles Menès, Corail, Dupré, Duval,
Le Maire & Le Roy.
Jeunes Payſannes. Mlles Brunel &
Chasteauvieux.

III. ENTRE'E. *LA CHASSE.*

Lisimon.	Le Sieur Thévenard.
Lisis.	Le Sieur Murayre.
Artemiſe.	Mlle Journet.
Cléone.	Mlle Limbourg.

BALLET.

Chaſſeurs. Le Sieur Blondy.
Les Sieurs P. Dumoulin, Dangeville, Laval,
Guyot & Maltaire,
Mlles Menès, Dupré, La Ferriere, Le Maire,
Duval, Corail & Lisarde.

Ce Ballet n'a jamais été remis au Théatre.

PLAISIRS (les) DE LA PAIX, Ballet. Voyez
Paix. (les plaiſirs de la)

G vj

PLAISIRS (les) DE L'ISLE ENCHANTÉE, c'eſt le titre général du divertiſſement donné à Verſailles le Mercredi 7 Mai 1664. & jours ſuivans, pendant leſquels furent repréſentés *La Princeſſe d'Elide*, Comédie Ballet en cinq actes avec un Prologue. La Comédie des *Fâcheux*, les premiers actes de celle du *Tartuffe*, & le *Mariage forcé*, piéces de la compoſition de M. *Moliere*, & qui furent jouées par ſa Troupe. *Hiſtoire du Th. Fr. année* 1664.

PLAISIRS (les) CHAMPÊTRES, c'eſt le titre d'un Divertiſſement de Danſes, dont la Muſique eſt de M. *Rebel* pere, & qui a été éxécuté pour la première fois ſur le Théatre de l'Académie Royale de Muſique, à la ſuite de la Paſtorale héroïque d'*Acis & Galatée*, le Dimanche 19 Septembre 1734. par

Miles Camargo	& les Sieurs D. Dumoulin,
Mariette.	Dupré,
	Maltaire,
	& Javillier.

Ce Divertiſſement a été repris le Lundi 21 Mars 1740. à la ſuite de la repréſentation de la Tragédie lyrique de *Pyrame & Thisbé*, qui fut donnée pour la capitation des Acteurs. Il fut éxécuté par les

Dlles Sallé,	Les Sieurs Dupré,
Mariette.	D. Dumoulin,
	Maltaire,
	Javillier.

PLATÉE, Ballet bouffon en trois actes, avec un Prologue, de M. *Autreau*, retouché par M. *Balot de Sovot*, Muſique de M. *Rameau*, repréſenté le Mardi 4 Février 1749. in 4º Paris, De Lormel.

PL

ACTEURS DU PROLOGUE

Thespis.	Le Sieur Poirier.
Un Satyre.	Le Sieur Person.
Vendangeuses.	Mlles Carrou & Chefdeville.
Thalie.	Mlle Coupée.
Momus.	Le Sieur La Marre.
L'Amour.	Mlle Rosalie.

BALLET.

Satyres & Menades.
Les Sieurs Laval, Cayez & Monservin,
Mlles Bellenot L. & C. & Désiré.
Paysans vendangeurs.
Le Sieur Lany & Mlle Lyonnois.
Les Sieurs Le Liévre & Laurent.
Mlles Briseval & Dazenoncourt.
Les Sieurs Hamoche, Bourgeois & Mion,
Mlles Himblot, Parquet & Amedée.

ACTEURS DU BALLET.

Platée, Nymphe.	Le Sieur La Tour.
Cytheron.	Le Sieur Le Page.
Jupiter.	Le Sieur Person.
Junon.	Mlle Jacquet.
Mercure.	Le Sieur Poirier.
Momus.	Le Sieur Lamarre.
La Folie.	Mlle Fel.
Clarine.	Mlle Coupée.

BALLET.

ACTE I. Nayades, suivantes de Platée.
Mlle Lany.
Mlles Courcelle, S. Germain, Thierry,
Minot, Beaufort & Sauvage.
Aquilons. Le Sieur Lyonnois.
Les Sieurs Dumay, Dupré, Matignon,
Feuillade, Le Liévre & Laval.

ACTE II. Suivans de la Folie, d'un caractere gai.
Mlles Lany & Dallemand.
Les Sieurs Dumay, Dupré, Matignon
& Hamoche.
Mlles S. Germain, Courcelle, Beaufort
& Minot.
Suivans de la Folie, d'un caractere sérieux.
Le Sieur Lany.
Les Sieurs Feuillade, Cayez, Laval & Bourgeois,

ACTE III. *Satyres & Dryades.*   Le Sieur Dupré.
Le Sieur Monfervin & Mlle Carville.
Le Sieur Teffier.
Les Sieurs Dumay, Laval & Cayez.
Mlles Devoux, Bellenot L. & C.
Suivans de Momus, fous la forme des Graces.
Les Sieurs Le Liévre, Mion & Laurent.
Habitans de la Campagne.
Le Sieur Dumoulin & Mlle Dourder.
Le Sieur Deviffe.
Le Sieur Lany & Mlle Lyonnois.
Mlle Dallemand.
Les Sieurs Feuillade, Matignon & Bourgeois.
Mlles Défiré, Dazenoncourt & Brifeval.

IIe REPRISE du Ballet de *Platée*, le Jeudi 5 Février 1750. 2e édition in-4° De Lormel.

Mêmes Acteurs & Actrices que le 4 Février 1749. à la réferve du role de *Momus*, qui en dernier lieu fut joué par le Sieur Albert.

BALLET DU PROLOGUE.

Satyres & Menades.
Les Sieurs Laval, Cayez & Prunier.
Mlles Beaufort, Bellenot C. & Défiré.
Payfans Vendengeurs.
Le Sieur Lany & Mlle Lyonnois.
Les Sieurs Le Liévre & Laurent.
Mlles Brifeval & Grenier.
Les Sieurs Hamoche, Bourgeois & Aubri.
Mlles Parquet, Amedée & Defchamps.

ACTEURS DU BALLET.

ACTE I.   *Nymphes fuivantes de Platée.*
Mlle Labatte.
Mlles Courcelle, S. Germain, Thierry, Grenier, Beaufort & Sauvage.
Aquilons.   Le Sieur Lyonnois.
Les Sieurs Dupré, Feuillade, Aubry, Le Liévre, Laval & Saunier.

ACTE II.   *Suivans de la Folie, d'un caractere gai.*
Mlles Lany & Dallemand.
Les Sieurs Dupré, Hamoche, Laurent & Saunier.
Mlles S. Germain, Courcelle, Sauvage & Thierry.

Suivans de la Folie d'un caractere sérieux.
Le Sieur Aubry.
Les Sieurs Feuillade, Cayez, Le Liévre
& Bourgeois.
Acte III. *Satyres & Dryades.* Le Sieur Dupré.
Le Sieur Laval & Mlle Carville.
Le Sieur Tessier.
Les Sieurs Saunier, Dupré & Cayez.
Mlles Thierry, Désiré & Bellenot C.
Habitans de la Campagne.
Le Sieur Vestris & Mlle Lany.
Le Sieur Devisse.
Mlle Dallemand.
Les Sieurs Feuillade, Le Lievre, Laurent
& Bourgeois.
Mlles Sauvage, Briseval, Victoire & Grenier.

PLUTUS, Comédie en trois actes & en vers de M. *Le Grand*, imp. dans les Œuvres de cet Auteur, & représentée le Jeudi 1 Février 1720. précédée de la Comédie des *Plaideurs*. *Histoire du Théatre François*, année 1720.

POÉSIE, (la) IIe Entrée du *Triomphe des Arts*, Ballet de M. *De la Motte*, mis en Musique par M. *De la Barre*, représenté en 1700. Voyez *Triomphe (le) des Arts*.

POÉSIE, (la) I^e Entrée du Ballet des *Fêtes d'Hébé*, ou *Les Talens lyriques*, de plusieurs Auteurs *Anonymes*, mis en Musique par M. *Rameau*, & représenté en 1739. Voyez *Fêtes (les) d'Hébé*.

POËTE (le) BASQUE, Comédie en un acte & en vers de M. *Poisson* (Raymond) imp. dans ses Œuvres, & représentée au commencement du mois de Juin 1668. sur le Théatre de l'Hôtel de Bourgogne. *Histoire du Théatre François*, année 1668.

POËTES, (les) Comédie en un acte & en vers, d'un Auteur *Anonyme*, non imp. & représentée à S. Germain en Laye le 2 Décembre 1666. par les Comédiens de la Troupe de l'Hôtel de Bourgogne, dans la sixiéme Entrée du Ballet des *Muses*. Voyez *Ballet (le) des Muses*.
Hist. du Th. Fr. année 1666.

POINT (le) D'HONNEUR, Comédie en cinq actes & en prose, de M. *Le Sage*, représentée le Vendredi 3 Février 1702, M. Le Sage l'a retouchée depuis, & l'a mise en trois actes, c'est de cette façon qu'elle est imprimée dans le Théatre de cet Auteur, Paris, Barois, 1739. Voyez *Arbitre (l') des différends*.
Hist. du Th. Franç. année 1702.

POISSON, (Raymond) Auteur Dramatique & Comédien François, s'engagea de bonne heure dans une Troupe de Province. Débuta dans celle de l'Hôtel de Bourgogne vers l'an 1652. conservé à la réunion des Troupes en Août 1680. quitta le Théatre avant Pâques de l'année 1685. mort en 1690. Raymond Poisson fut un des grands Comédiens de son temps, il excelloit dans le comique, & principalement dans les roles de *Crispin*, qu'il avoit imaginé. Il a composé pour la scéne Françoise :

LUBIN, *ou* LE SOT VENGÉ, Comédie en un acte & en vers, 1652.

LE BARON DE LA CRASSE, Comédie en un acte & en vers, dans laquelle se trouve inférée celle du *Zig-zag*, 1662.

LE FOU DE QUALITÉ, Comédie en un acte & en vers, 1664.

L'APRÈS SOUPER DES AUBERGES, Comédie en un acte & en vers, 1665.

LE POËTE BASQUE, Comédie en un acte & en vers, dans laquelle est inférée celle de la *Mégère amoureuse*, 1668.

LES FAUX MOSCOVITES, Comédie en un acte & en vers, 1668.

LES FEMMES COQUETTES, *ou* LES PIPEURS, Comédie en cinq actes & en vers, 1670.

LA HOLLANDE MALADE, Comédie en un acte & en vers, 1672.

LE COCU BATTU ET CONTENT, Comédie non imp. 1672.

LES FOUX DIVERTISSANS, Comédie en trois actes & en vers, 1680.

LE BON SOLDAT, Comédie en un acte & en vers, composée d'une partie de la précédente, 1691.

Les Œuvres de Raymond Poisson sont imp. en deux volumes in 12. Paris, 1743. par la compagnie des Libraires. *Histoire du Théatre Franç. année* 1652.

POISSON, (N......... femme de Raymond) Comédienne de l'Hôtel de Bourgogne, pour les Confidentes tragiques, & les secondes Amoureuses comiques. On ignore le temps de sa mort, qui a cependant précédé de plusieurs années celle de son mari. *Hist. du Th. Franç. année* 1685.

POISSON, (Paul) Comédien François, étoit fils de Raymond Poisson, les roles duquel il a rempli avec l'applaudissement général du public. Il nâquit à Paris en 1658. débuta au Théatre François le ...... Mars 1686. se retira le

Mercredi 16 Décembre 1711. rappellé le 20 Octobre 1715. quitta abfolument le Théatre le Samedi 1 Avril 1724. avec la penfion ordinaire de 1000 livres, fe retira à S. Germain en Laye, où il mourut le Lundi 29 Décembre 1735. âgé de 77 ans. *Hift. du Th. Fr. année* 1730.

Poisson, (Marie - Angélique Gaffaud du Croify, femme de Paul) Comédienne Françoife de la Troupe de M. Moliere, où elle fut admife au mois de Mai 1673. continua au Théatre de Guénégaud, confervée au mois d'Août 1680. lors de la réunion des Troupes: retirée du Théatre le 19 Avril 1694. avec la penfion de 1000 livres, dont elle jouit. Aujourd'hui vivante à S. Germain en Laye. *Hift. du Théatre François, année* 1730.

Poisson, (Philippe) fils aîné de Paul Poiffon, débuta au Théatre François au mois d'Avril 1700. & pour la feconde fois le Samedi 20 Décembre 1704. par le role de *Sévére* dans la Tragédie de *Polyeucte*. Retiré du Théatre le Mercredi 16 Décembre 1711. rentra dans la Troupe le Dimanche 20 Octobre 1715 quitta abfolument le Théatre le Lundi 14 Avril 1722. avec penfion de 1000 livres dont il a joui jufqu'à fa mort, arrivée à S. Germain en Laye, le Mardi 6 Août 1743.

Le Sieur Poiffon qui fait le fujet de cet article, eft connu par plufieurs piéces comiques qui ont parues avec fuccès fur la fcéne Françoife, & dont voici les titres.

Le Procureur arbitre, Comédie en un acte & en vers, 1728.

PO

La Boête de Pandore, Comédie en un acte en vers, avec un Prologue, 1729.

Alcibiade, Comédie en trois actes & en vers, 1731.

L'Impromptu de Campagne, Comédie en un acte & en vers, 1733.

Le Réveil d'Épiménide, Comédie en trois actes & en vers, avec un Prologue, 1735.

Le Mariage par Lettre de Change, Comédie en un acte & en vers, avec un divertissement, 1735.

Les Ruses de l'Amour, Comédie en trois actes & en vers, 1736.

Poisson (François-Arnoul) de Roinville, fils de Paul Poisson, & frere cadet du précédent, a débuté au Théatre François le Jeudi 21 Mai 1722. par le role de *Sosie* dans *Amphitryon*, reçû le Lundi 5 Mars 1725. aujourd'hui vivant Comédien de la Troupe du Roi, où il remplit avec tout le naturel & la finesse imaginable, les roles de Crispin & autres caracteres, que les Sieurs Poisson son pere & son ayeul étoient en possession de représenter.

Poisson, (N......... femme de François Arnoul) Comédienne Françoise, a débuté le Vendredi 10 Novembre 1730. par le role d'*Hermione* dans la Tragédie d'*Andromaque*: second début le Jeudi 3 Mai 1736. par *Chimene* dans le *Cid*, & *Hortense* de la Comédie du *Florentin*, reçue le Vendredi 10 Août suivant, retirée du Théatre le Lundi 3 Juillet 1741. avec la pension ordinaire de 1000 livres, aujourd'hui vivante.

Poisson (N........) de Grandville,

second fils de Raimond Poisson, débuta à Paris le Lundi 8 Février 1694. dans la Comédie de l'*Esprit follet*, il ne fut point reçû, & passa dans la Troupe des Comédiens François entretenus par l'Electeur de Saxe, Roi de Pologne, où il est mort. *Histoire du Théatre François, année* 1695.

POLICHINELLE A LA GUINGUETTE DE VAUGIRARD, Piéce en un acte & en vaudevilles, par un Auteur *Anonyme*, non imp. représentée par les Marionnettes de Bienfait, au mois d'Août 1731.

La conduite de la piéce répond pleinement à son titre, & au Théatre sur lequel elle a été représentée. Plusieurs personnes de la lie du peuple se trouvent à une Guinguette de Vaugirard. Madame Molton, Marchande Merciere, & Pinchinot son Garçon de Boutique: Bourguignon, laquais d'un Petit-Maître, y vient accompagné de la servante d'une Coquette: un Maître à chanter s'y rencontre avec un Suisse, & enfin Polichinelle, tenant une Grisette par-dessous le bras. Cette piéce qui est sans intrigue & sans plaisanterie, finit par un divertissement & un vaudeville, dont voici deux couplets.

> Que cette Guinguette est aimable!
> On y boit, on y vit content,
> On y trouve l'heureux instant,
> La Bourgeoise y devient traitable ;
> Pour les fortunes du hazard,
> Vive le vin de Vaugirard.

> Ici la servante calcule,
> Ce qu'elle vole en tapinois,

Et pour le fils de son Bourgeois,
Souvent elle ferre la mule ;
Pour faire maint enfant bâtard,
Vive le vin de Vaugirard.

Extrait Manuscrit.

POLICHINELLE AMADIS, Parodie en trois actes & en vaudevilles, de la Tragédie lyrique d'*Amadis de Gaule*, (de M. *Quinault*, Musique de M. *Lully*,) par un Auteur *Anonyme*, non imp. représentée par les Marionnettes de Bienfait, au mois de Mars 1732.

Il nous paroît inutile d'entrer dans aucun détail de cette Parodie, qui n'est qu'une répétition assez mal construite des autres qui ont été faites sur cet Opéra : nous ajoutons seulement un couplet du vaudeville qui termine la piéce. C'est Polichinelle qui parle.

Autrefois j'avois seul le droit,
D'amuser par des rapsodies ;
Et d'assembler Paris chez moi,
Avec de minces parodies :
Mais, hélas ! Messieurs, qui l'eut crû ;
Aujourd'hui sur moi l'on empiéte,
  Tourlourirette :
Amadis a déja paru.

Note manuscrite.

POLICHINELLE ALCIDE, *ou* LE HÉROS EN QUENOUILLE, Piéce de M. *Carolet*, représentée au Jeu des Marionnettes de Bienfait, le Jeudi 26 Février 1733. non imprimée.

On n'a crû devoir rapporter ce titre, que pour grossir le nombre des Parodies qui ont été faites sur la Tragédie lyrique d'*Omphale*, de M. de *La Motte*, dont la Musique est de M. *Destouches*.

POLICHINELLE APOLLON, *ou* LE PARNAS-
SE MODERNE, Prologue de M. *Carolet*, non
imprimé, repréſenté par les Marionnettes de
Bienfait, à la Foire S. Laurent 1732.

Dans une ſcéne qui ſe paſſe entre la Comédie Italienne & la Françoiſe, la premiére dit à ſa Rivale.

AIR. (*Du haut-en-bas.*)

Le Glorieux,
Vous fait avoir le vent en poupe,
Le Glorieux,
Conduit chez vous jeunes & vieux:
Vous allez boire à pleine coupe,
Et plus d'un fait dans votre troupe,
Le Glorieux.

Note Manuſcrite.

POLICHINELLE ATYS, Parodie en trois actes de l'Opéra d'*Atys*, par M. *Carolet*, non imprimée, repréſentée par les Marionnettes de Bienfait, à la Foire S. Germain 1736.

Après toutes les Parodies d'*Atys*, dont celle-ci n'eſt qu'une ridicule imitation, on n'en peut remarquer que le dénouement, qui eſt bien digne du Théatre pour lequel l'ouvrage étoit deſtiné. Cybéle transforme Polichinelle ſon amant en chou: cette métamorphoſe fournit le refrain du vaudeville, dont voici un couplet.

Pour triompher d'une tigreſſe,
Il ne faut pas tant filer doux,
Il vaut mieux pouſſer la tendreſſe,
Tout au travers des choux.

Extrait manuſcrit.

POLICHINELLE COLIN MAILLARD, Piéce en un acte, d'un Auteur Anonyme, non imp.

représentée par les Marionnettes de Gillot.

Polichinelle a une extrême envie de se marier : il va dans cette intention chez le bon homme Tate-poule, qui lui présente ses filles, qui sont en grand nombre : elles lui plaisent toutes également, de sorte qu'incertain sur le choix, il accepte la proposition qu'on lui fait de jouer à Colin Maillard. On lui bande les yeux, il court pour attraper ces filles, & enfin après un long jeu de Théatre, croyant en embrasser une, il reconnoit qu'on le trompe, & qu'il ne tient qu'un fagot habillé. Polichinelle sort en détestant le mariage, & donnant les femmes & les filles au Diable. *Extrait Manuscrit.*

POLICHINELLE COMTE DE PAONFIER, Parodie en un acte de la Comédie du *Glorieux*, par M. *Largiliere* le fils, (c'est le coup d'essai de l'Auteur,) non imprimée & représentée par les Marionnettes de Bienfait, le.... Mars 1732.

Cette Parodie est une des plus passables qui ait paru sur ce Théatre : elle est terminée par un vaudeville.

Couplet du Vaudeville.

Laquais d'un bourgeois de la ville,
La Pierre est modeste & soumis,
Mais sitôt qu'il se voit commis,
Il se fait nommer Pierrenville,
  Ziste, zeste, lon lan la,
Ce n'est qu'orgueil que celà.

Extrait Manuscrit.

POLICHINELLE CUPIDON, *ou l'*AMOUR CONTREFAIT, Piéce en un acte de M. *Carolet*, non imp. représentée au Jeu des Marionnettes de

Bienfait, pendant la Foire S. Laurent 1731.

Cette piéce est composée de scénes épisodiques d'Amans qui viennent implorer le secours de l'Amour. C'est Polichinelle qui joue ce personnage, & qui par conséquent fournit à l'Auteur le double titre de l'ouvrage. *Note Manuscrite.*

POLICHINELLE DISTRIBUTEUR D'ESPRIT, Piéce en un acte de M. *Valois d'Orville*, non imp. représentée par les Marionnettes de Bienfait, à la Foire S. Germain 1741.

La scéne se passe dans la salle de l'Entrepreneur. Polichinelle se vante de porter dans ses deux bosses un magazin d'esprit, & tel, qu'il est capable d'en fournir ceux qui auront le dessein d'en faire emplette. Un Poëte se présente. On sera sans doute étonné de lui voir si peu d'amour propre. Il avoue ingénuement qu'il s'apperçoit manquer d'esprit, parce que toutes ses piéces sont sifflées. Pour éviter cette disgrace, il adopte le *Pygmalion* des Italiens.

Farinette vendeuse de biscuits remplit la seconde scéne, par différens couplets satiriques sur la piéce intitulée *La chercheuse d'Esprit*, & l'Actrice qui en remplissoit le principal role.

Dans la scéne suivante, un Paysan vient censurer le spectacle que le Sieur Servardoni donnoit cette année dans la salle des machines au Château des Thuilleries. Et enfin paroît Lisette, qui parodie très foiblement Nicette la chercheuse d'Esprit. *Extrait Manuscrit.*

POLICHINELLE ET DAME GIGOGNE, THÉTIS ET PELÉE, Parodie en trois actes de l'Opéra de *Thétis & Pelée*, représentée au Jeu
des

des Marionnettes de Bienfait. Voyez *Amans (les) peureux.*

Polichinelle Gros-Jean, Parodie en un acte de la Tragédie lyrique de *Roland*, par un Auteur *Anonyme*, non imp. fans Extrait, repréfentée par les Marionnettes de Bienfait, à la Foire S. Germain 1744.

Polichinelle Maître Maçon, Piéce en un acte, d'un Auteur *Anonyme*, non imprimée, repréfentée au Jeu des Marionnettes de Bienfait, à la Foire S. Germain 1744.

La femme de Polichinelle & fes trois filles ont un extrême défir de fçavoir le fecret des Francs Maçons. Cette recherche ne fert qu'à leur procurer la réponfe fuivante, qu'on leur chante fur l'air: *Vla c'que c'eſt q'd'aller au bois.*

<blockquote>
Dans nos loges nous bâtiſſons,
Vla c'que c'eſt q'les Francs-Maçons :
Sur les vertus nous élevons
Tous nos édifices,
Et jamais les vices,
N'ont pénétré dans nos maifons,
Vla c'que c'eſt q'les Francs-Maçons.
</blockquote>

Extrait Manufcrit.

Polichinelle Maître d'Hôtel. Voyez *Aſſemblée (l') des Poiſſardes.*

Polichinelle Persée, Parodie en un acte de l'Opéra de *Perſée*, par un Auteur *Anonyme*, repréfentée au Jeu des Marionnettes de Bienfait, à la Foire S. Germain 1737. non imp. *fans Extrait.*

<blockquote>
Couplet du Vaudeville.
Un Laquais eſt ferviable,
Chez un Traitant bien en fonds ;
</blockquote>

Tome IV.   H

Chez le Bourgeois est-il stable ?
Eh ! fi donc ,
Chacun aime son semblable.

POLICHINELLE PHAËTON, Parodie de l'Opéra de *Phaëton*. Voyez *Cocher* (*le*) *mal-adroit*.

POLICHINELLE PYRAME, Parodie de la Tragédie lyrique de *Pyrame & Thisbé*. Voyez *Qui proquo*, (*le*) ou *Polichinelle Pyrame*.

POLYCRATE, Comédie héroïque en cinq actes, de M. l'Abbé *Boyer*, représentée au Théatre du Marais le Dimanche 19 Janvier 1670. imp. la même année in-12. Paris, Barbin. *Hist. du Th. Franç. année* 1670.

POLYCRITE ET LA MORT DU GRAND PROMÉDON, *ou l'*EXIL DE NÉRÉE, Tragi-Comédie de M. *Gillet de la Tessonnerie*, représentée en 1639. in 4° Paris, Quinet, 1643. *Hist. du Théatre Franç. année* 1639.

POLYCRITE, Tragi-Comédie de M. l'Abbé *Boyer*, représentée sur le Théatre de l'Hôtel de Bourgogne, le Mardi 10 Janvier 1662. imp. à Paris la même année, in-12. de Sercy. *Histoire du Th. Franç. année* 1662.

POLYDORE, Tragédie de M. l'Abbé *Pellegrin*, représentée le Vendredi 6 Novembre 1705. in-12. Paris, Le Breton, 1706. *Hist. du Th. Fr. année* 1705.

POLYDORE, Tragédie lyrique en cinq actes, avec un Prologue, de M. l'Abbé *Pellegrin*, Musique de M. *Batistin*, représentée le Jeudi 15 Février 1720. in-4° Paris, Ribou, & tome XIII. du Recueil général des Opéra. *Extrait*, *Merc. de Fr. Mai* 1739. *p.* 1012-1023.

P O

ACTEURS DU PROLOGUE.

Neptune.	Le Sieur Le Mire.
Un Triton.	Le Sieur Muraire.
Vénus.	Mlle Tulou.
Thétis.	Mlle Rousseau.

BALLET.

Suite de Neptune.   Le Sieur D. Dumoulin.
Les Sieurs P. Dumoulin, Dangeville,
Laval & Guyot.
Suite de Thétis.   Mlles Chasteauvieux,
La Ferriere, Mangot & de Lastre.
Suite de Vénus. Graces.
Mlles Dupré, Duval & Corail.
Un Triton & une Grace.
Le Sieur Marcel L. & Mlle Menès.

ACTEURS DE LA TRAGÉDIE.

Polymnestor, Roi de Thrace.	Le Sieur Du Bourg.
Ilione, fille de Priam, femme de Polymnestor.	Mlle Antier.
Déidamie, fille d'Achille.	Mlle La Garde.
Sthénelus, Général de la Grèce.	Le Sieur Jacier.
Timante, vieillard Troyen.	Le Sieur Arteau.
Théano, Enchanteresse Thracienne.	Mlle Tulou.
Polydore, fils de Priam.	Le Sieur Thévenard.
Le Grand-Prêtre de l'Hymen.	Le Sieur Le Mire.
L'Ombre de Déiphile.	Le Sieur Arteau.
Un Thrace, un Grec.	Le Sieur Murayre.

ACTEURS DU BALLET.

ACTE I.   Grecs & Grecques.   Le Sieur Blondy.
Les Sieurs Dumoulin L. Ferrand, Marcel L.
Dupré, Pierret & Javillier.
Mlle Guyot.
Mlles Dupré, Duval, Le Maire, Le Roi,
Corail & Lisarde.

ACTE II.   Thraces & Thraciennes.
Les Sieurs Dupré, Pierret & Guyot.
Mlles Le Maire, Le Roy & Lisarde.

Matelots, Matelottes.
Les Sieurs F. Dumoulin, Dezais, Laval
& Maltaire.
Mlle Prevost.
Mlles La Ferriere, Chasteauvieux,
De Lasne & Corail.

ACTE III. *Grecs & Grecques.*
Les Sieurs Ferrand & Javillier.
Mlles Le Maire & Duval.
Thraces & Thraciennes.
Les Sieurs Dupré, Pierret, Maltaire & Guyot.
Mlles Prevost & Guyot.
Mlles Menès, Dupré, Mangot & Lizarde.

ACTE IV. *Magiciens.*   Le Sieur Blondy.
Les Sieurs Marcel & Dupré.
Les Sieurs Javillier, Dezais, Pierret, Marcel C.
P. Dumoulin, Laval, Guyot & Maltaire.

IIe REPRISE de la Tragédie lyrique de *Polydore*, le Mardi 21 Avril 1739. 2e édition in-4°. Ballard, avec des changemens & des augmentations.

ACTEURS DU PROLOGUE.

Neptune.	Le Sieur Dun.
Triton.	Le Sieur Jélyotte.
Vénus.	Mlle Julie.
Thétis.	Mlle Fel.

BALLET.

Suite de Neptune.   Le Sieur Matignon.
Les Sieurs Javillier 3. Dumay, Dupré,
Tessier & Hamoche.
Suite de Thétis.   Mlle Le Breton.
Mlles Du Rocher, Erny, Courcelle & Thierry.
Suite de *Vénus. Les Graces.*
Mlles Petit, Frémicourt & S. Germain.

ACTEURS DE LA TRAGÉDIE.

Polymnestor.	Le Sieur Albert.
Ilione.	Mlle Antier.
Polydore.	Le Sieur Le Page.
Déidamie.	Mlle Pélissier.
Sthénelus.	Le Sieur Méchain.
Timante.	Le Sieur Cuvillier.

Théano.	Mlle Eremans.
Le Grand-Prêtre de l'Hymen.	Le Sieur Dun.
L'Ombre de Déiphile.	Le Sieur Gallard.

ACTEURS DU BALLET.

ACTE I. *Grecs & Grecques.*   Le Sieur Dupré.
Les Sieurs Savar, Javillier C. La Croix, Dangeville & P. Dumoulin.
Mlles Courcelle, Thierry, S. Germain, Du Rocher & Petit.

ACTE II.   *Thraces & Thraciennes.*
Les Sieurs Javillier 3. Dumay & Dupré.
Mlles Erny, Du Rocher & Petit.
Matelots, Matelottes. Le Sieur Maltaire 3.
Les Sieurs Maltaire L. Hamoche, Tessier & F. Dumoulin.
Mlle Mariette.
Mlles S. Germain, Courcelle & Frémicourt.

ACTE III. *Grecs & Grecques.*   Le Sieur D. Dumoulin.
Les Sieurs Savar, Javillier C. & La Croix.
Mlles Thierry, Courcelle & S. Germain.
Thraces & Thraciennes. Mlle Sallé.
Les Sieurs Javillier 3. Dumay & Dupré.
Mlles Erny, Du Rocher & Petit.

ACTE IV. *Magiciens & Magiciennes.* Le Sieur Maltaire C.
Les Sieurs Savar, La Croix, Dangeville, P. Dumoulin & Matignon.
Mlle Le Breton, Frémicourt, Dallemand L. Petit, Erny & Du Rocher.

POLYEUCTE MARTYR, Tragédie sainte de M. *Corneille*, représentée au Théatre de l'Hôtel de Bourgogne en 1640. in-4°. Paris, Sommaville, 1642. & dans le Recueil des Œuvres de l'Auteur. *Histoire du Théatre François*, année 1640.

POLYGAME (le) Parodie Pantomime en un acte de la Tragédie d'*Amestris*, représentée sur le Théatre de l'Opéra Comique, par la Troupe Pantomime, le 15 Juillet 1747.

ACTEURS.

PIERROT, *Amant d'une Coëffeuse.*
UNE MARCHANDE DE MODE, *femme de Pierrot.*
UNE COËFFEUSE.
ARLEQUIN, *pere de la Coëffeuse.*
UN NOTAIRE.
UN HUISSIER.
TROUPE DE CROCHETEURS, DE FORTS ET DE DÉCROTEURS.

La scéne se passe en Gréce.

SCÉNE Ire.

Le Théatre représente une Place publique, dans laquelle on voit d'un côté une Boutique de Marchande de Mode, & de l'autre celle d'une Coëffeuse.

PIERROT, UN HUISSIER.

Pierrot dégoûté de sa femme par le temps qu'il vit avec elle, & par la nouvelle conquête qu'il a fait d'une Coëffeuse sa voisine, veut répudier cette femme, épouser le nouvel objet de sa tendresse, & le mettre en possession de tout ce dont sa premiére femme jouit; pour cet effet il donne ordre à l'Huissier de lui aller signifier un congé. L'Huissier que touche l'humanité, n'ose qu'à regret prêter son ministere à cette action cruelle, mais les Loix l'autorisent & les menaces de Pierrot le déterminent.

SCÉNE II.

Une Marchande de Mode.

Cette malheureuse femme est irritée du procédé de son mari, & de dépit déchire le congé que vient de lui remettre l'Huissier.

SCÉNE III.

La Marchande, La Coëffeuse.

La Coëffeuse, l'air content du mariage qu'elle va contracter avec Pierrot, insulte au chagrin de sa voisine. Le mépris s'empare de l'une & de l'autre, la fureur se répand sur leurs visages, & leurs yeux enflammés font bientôt qu'un combat mutuel sert de soulagement à leur rage. Le dégât des habits & les bonnets roulant sur la poussiere, font un combat comique d'un si tragique différend.

SCÉNE IV.

La Marchande, La Coëffeuse, Arlequin.

Arlequin en pere de Famille fait cesser ce combat, & comme les motifs lui en sont connus, pour appaiser sa sœur, au préjudice de sa fille, il sort pour joindre Pierrot.

SCÉNE V.

La Marchande, Troupe de Crocheteurs, de Forts et de Décroteurs.

La vengeance de la Marchande n'étant pas

satisfaite, elle répand de l'argent à ces hommes rustiques, pour les engager à détruire la maison voisine, & à faire périr celles qui en sont en possession.

SCÉNE VI.

Arlequin, Pierrot, Suite de Pierrot.

Pierrot ayant un intérêt particulier de se faire un beau pere de celui qui n'est que son frere, (*) cherche à le revêtir de titres d'honneurs, à condition qu'il épousera sa fille. Arlequin à ce prix renonce à toutes dignités. Pierrot en vain veut le forcer à les recevoir; Arlequin fuit plûtot que de les accepter.

SCÉNE VII.

Pierrot, La Marchande de Mode.

Après que Pierrot a essuyé de sa femme les justes reproches que lui a mérité sa perfidie, les larmes qu'elle verse lui font connoître l'injustice de son choix, il abhorre son infidélité, & se propose de ne plus partager un amour que sa femme seule sçait mériter.

SCÉNE VIII.

La Marchande, Pierrot, La Coëffeuse *qui survient*, Troupe de Crocheteurs, de Forts et de Décroteurs.

Cette troupe de canaille ameutée par la

───────────

(*) Selon l'usage du lieu où se passe la scéne.

femme de Pierrot, vient éxécuter ses ordres; au même instant la boutique de la Coëffeuse est mise en piéce. Un déluge de poupées, de coëffures & de papillotes voltigent par la fenêtre, la mere même de la coëffeuse s'y trouve précipitée. La fille se sauve au milieu des débris, & vient faire connoître à Pierrot que cet événement est l'ouvrage de la jalousie de sa femme. Pierrot, en la menaçant, emméne la coëffeuse. Sa femme les suit.

SCÉNE IX.

Le Théatre représente la mer.

PIERROT, ARLEQUIN, LA MARCHANDE, LA COËFFEUSE, UN NOTAIRE.

Tandis que le Notaire taille sa plume pour dresser les articles du Contrat de Pierrot avec la Coëffeuse, la Marchande tire le sien de sa poche, pour faire voir à Arlequin l'injustice de Pierrot; mais Pierrot arrachant le canif des mains du Notaire, en donne un coup dans son contract. On fait signer la Coëffeuse, ce qui indigne tellement Arlequin, qu'il enléve sa fille & va la jetter dans la mer. Des Matelots voyant cette cruauté, l'y précipitent en même temps. Pierrot est si pénétré de douleur, qu'il veut se poignarder. Sa femme l'en empêche, & Pierrot se retire assez puni de se voir obligé de vivre avec sa femme. *Programme imprimé.*

POLYMNESTE, Tragédie de M. l'Abbé *Genest*, représentée le Mercredi 12 Décembre 1696. non imp. *Hist. du Th. Fr. année 1696.*

H v

POLYMNIE, (les Fêtes de) Ballet héroïque en trois actes, avec un Prologue de M. *Cahusac*, Musique de M. *Rameau*, représenté par l'Académie Royale de Musique, le Mardi 12 Octobre 1745. in 4°. Ballard.

ACTEURS DU PROLOGUE.

Le Temple de Mémoire.

Mnémosine.	Mlle Chevalier.
La Victoire.	Mlle Romainville.
Un Chef des Arts.	Le Sieur La Tour.
Polymnie.	Mlle Bourbonnois.

BALLET.

Les Arts. Le Sieur Maltaire 3.
Les Sieurs P. Dumoulin, Hamoche, Levoir, Deville, Feuillade & Cayez.
Muses. Mlles Rabon, Rosalie, Erny, Lyonnois, Thierry, Puvignée, Carville & Beaufort.
Le Sieur Matignon & Mlle Lyonnois.

ACTE I. *LA FABLE.*

Le Destin.	Le Sieur Le Febvre.
Jupiter.	Le Sieur Le Page.
Hébé.	Mlle Fel.
Alcide.	Le Sieur Jélyotte.

BALLET.

Jeux & Plaisirs. Le Sieur Dupré.
Les Sieurs Cayez, Feuillade, P. Dumoulin & Deville.
Mlle Le Breton.
Mlles Courcelle, S. Germain, Lyonnois, Erny & Beaufort.
L'Hymen. Mlle Puvignée.
Dieux & Déesses.
Les Sieurs Monservin, Dumay, Maltaire C. Dangeville & F. Dumoulin.
Mlles Carville, Rabon, Rosalie, Thierry & Puvignée.

ACTE II. *L'HISTOIRE.*

Seleucus.	Le Sieur Chassé.
Stratonice.	Mlle Chevalier.

Antiochus.	Le Sieur Jélyotte.
Une Syrienne.	Mlle Coupée.

BALLET.

Syriens.	Le Sieur Tessier.
	Mlle Dallemand.

Le Sieur Monservin & Mlle Carville.
Les Sieurs Dupré, Ghérardi, Hamoche
& Levoir.
Mlles Rabon, Rosalie, Beaufort & Thierry.

ACTE III. *LA FE'ERIE.*

Oriade.	Mlle Romainville.
Argelie.	Mlle Fel.
Zimès.	Le Sieur Chassé.

BALLET.

Chasseurs.	Le Sieur Pitro.

Les Sieurs Monservin, Ghérardi, Matignon,
Dupré, Levoir, Devisse, Feuillade
& Hamoche.

Nymphes.	Mlle Camargo.

Mlles Lyonnois, Carville, Erny, Rabon,
Rosalie, Beaufort, Courcelle, S. Germain
& Thierry.
Le Sieur Dumoulin & Mlle Camargo.

Cet Opéra n'a point été remis au Théatre.

POLYPHÊME, Pastorale tragi-comique Françoise, en prose & en cinq actes avec des divertissemens, au Théatre Italien, par Messieurs *Le Grand* & *Riccoboni* le pere, représentée pour la premiére fois sur le Théatre des Comédiens Italiens du Fauxbourg S. Laurent, le Lundi 31 Août 1722. non imprimée.

Quoique cette piéce n'ait eû qu'un succès médiocre, nous espérons cependant que le Lecteur s'amusera de ce que nous allons en tranferire.

ACTEURS.

Polyphême.

TRIGUEULES.
GRANDENT. } *Ciclopes.*
CROQU'AMORT.
LARIDON, *Rotisseur de Polyphême.*
SILÉNE.
ULISSE.
EURILOQUE. } *Compagnons d'Ulisse.*
POLITES.
ARLEQUIN, *valet d'Ulisse.*
GALATHÉE.
ACIS.
SPINETTE. } *Bergéres.*
CLORITE.
NEPTUNE.

Troupe de Ciclopes, de Satyres, de Grecs & de Bergers.

La scéne se passe dans l'Isle des Ciclopes.

ACTE I.

Le Théatre représente un bois des deux côtés, & la mer dans l'enfoncement.

SCÉNE PREMIÉRE.

SPINETTE *seule.*

Malheureuse Spinette, tu cours en vain toute cette Isle, pour rejoindre tes compagnes, que le glouton Polyphême à mis en fuite. La Nimphe Galathée, à son approche est rentrée dans la mer, & le Pasteur Acis, son amant, s'est pareillement caché derriére quelques-uns de ces rochers. O ciel ! si j'allois maintenant rencontrer ce cruel Ciclope, ce seroit fait de moi, il faudroit perdre ou la vie ou l'honneur ! cher honneur que tu m'est précieux ! mais d'un autre côté, la mort est si triste à mon âge. Je frémis d'y penser ; mais pourquoi m'allarmer de ce qui peut-être n'arrivera pas. Si je tombe entre ses mains, alors comme alors, je m'en tirerai comme je pourrai. Quelque réfolution que prenne une fille pour l'avenir, fouvent l'occafion détruit tout. Mais que vois-je ? deux Ciclopes de fa fuite, ah me voila perdue.

SCÉNE II.

SPINETTE, TRIGUEULES, GRANDENT.

TRIGUEULES.

Oh que nenni, la belle, vous n'êtes pas perdue, puifque nous vous avons trouvée.

SPINETTE.

Hélas ! que vais-je devenir ?

TRIGUEULES.

Heureufe, fi vous ne faites pas la fotte. Vous êtes Galathée apparemment, cette Nymphe dont Polyphême eft amoureux.

SPINETTE.

Non, je vous affure.

GRANDENT.

Il n'importe ; Polyphême veut une femme, il nous avoit envoyé à la chaffe, nous vous avons prife au gîte, & nous allons vous mener dans fa caverne.

SPINETTE.

Il ne prendra jamais le change.

TRIGUEULES.

Vous avez des yeux qui le charmeront d'abord.

SPINETTE.

Quoi ! je me verrois dans les bras d'un Géant ?

GRANDENT.

Cela vaut mieux qu'un petit Berger. Vous ferez la brue du Dieu de la Mer.

SPINETTE.

Ah ! plûtôt la mort.

TRIGUEULES.

La réfiftance eft vaine.

SPINETTE.

(*A part.*) Il faut ufer d'adreffe. (*haut.*) Encore fi Polyphême étoit beau comme vous, je n'aurois pas tant de répugnance.

TRIGUEULES.

Il eft vrai que nous fommes des Cupidons auprès de lui. Mais fa puiffance......

SPINETTE.

Oh ! je n'ai point d'ambition.

GRANDENT.

Serions-nous de votre goût ?

SPINETTE.

Que ne ferois-je pas, pour n'être point à Polyphême ?

TRIGUEULES.

Camarades, gardons-la pour nous.

GRANDENT.

Oui ; allons la belle, choififfez.

SPINETTE.

Vous me paroiffez fi aimables que je ne puis choifir.

TRIGUEULES *à Grandent.*

Qu'elle décide.

SPINETTE.

Je ne veux point décider.

TRIGUEULES.

Il y aura ici des coups de donnés.

GRANDENT.

Ce fera tant pis pour toi.

SPINETTE.

Combattez-vous, & je ferai le prix du vainqueur.

TRIGUEULES.

C'eft-à-dire que vous ne nous prenez pas fur la mine ; cela n'eft pas d'une fotte.

(*Pendant que Trigueules & Grandent fe battent, Spinette s'enfuit.*)

SCÈNE III.

POLYPHÊME, SILÉNE, SATYRES, TRIGUEULES, GRANDENT.

POLYPHEME.

Puissant Neptune, à qui tout obéit dans la mer depuis la plus grosse baleine jusqu'aux plus petits avelins, n'auras-tu pas pitié de ton fils ! tu lui as donné un cœur amoureux, le ventre affamé qu'il ne peut contenter. Je suis contraint de dévorer mon amour, & de ne manger à mes repas que des cerfs & des lions ; cela est trop indigeste. Qu'en dites-vous, pere Siléne ?

SILÉNE.

J'ai vû ce matin paroître un vaisseau, portant pavillon Grec ; Neptune votre pere, aura peut-être eu la charité de le faire échouer sur vos côtes.

POLYPHEME.

Tant mieux, bon homme, car la faim qui me tourmente me pourroit bien faire manger quelques Satyres.

SILÉNE.

Nous sommes sous la protection de Bacchus. Son Tyrse vaut bien le trident de votre pere. Le Dieu du vin vaut mieux que celui des eaux. Contentez-vous de nous tenir captifs.

POLYPHEME.

Allez donner ordre à mon diner. Je vais chercher Acis & Galathée, qui se sont retirés vers la pointe de cette Isle.

SCÊNE IV.

ACIS *seul.*

ACIS.

Que je suis heureux que les animaux dévorans ne m'ayent pas senti. Chere Galathée venez rassurer votre amant ; votre vûe me fera oublier tous les maux que j'ai soufferts. Mais voici la Bergére Spineute, j'ai été témoin du péril qu'elle vient de courir.

SCÉNE V.

Acis, Spinette.

SPINETTE.

Ah ! cher Acis, sçavez-vous ce qu'il me vient d'arriver ?

ACIS.

J'ai tout entendu, & j'admire votre adresse.

SPINETTE.

Je ne pouvois opposer que la ruse à la force. Hélas ! que m'auroit servie cette fierté qui m'a rendu jusqu'ici si respectable, mon malheur excitant la pitié auroit diminué l'estime.

ACIS.

Hé, pourquoi ?

SPINETTE.

On ne s'attache à la conquête d'un cœur que dans l'espoir d'en obtenir davantage. Vous même, Acis, si Galathée avoit été en proye à la brutalité de Polypheme, auriez-vous pour elle le même empressement ?

ACIS.

Je cesserois de vivre, plûtôt que de l'estimer.

SPINETTE.

C'est être bien heureux que d'avoir toûjours la mort pour sortir d'embarras. Voici nos Bergers & nos Bergeres, tâchons d'attirer par nos chants cette aimable Nymphe. A sa vûe, nos allarmes vont se dissiper.

SCÉNE VI.

Acis, Spinette, Bergers et Bergéres.

DEUX BERGÉRES.

Galathée objets de nos vœux,
Quittez vos demeures profondes,
Abandonnez le sein des ondes,
Venez briller en ces lieux.

UN BERGER.

Pour le retour d'une Nymphe si belle,
Préparons des chants nouveaux.
Aux doux accens de Philoméle,
Mêlons le chant des chalumeaux ;
Zéphirs, régnez seuls sur les eaux,
Amours volez au-devant d'elle.

SCÉNE VII.

Les Acteurs précédents, Galathée, Tritons, Nymphes.

GALATHÉE.

Je me rends à vos vœux, malgré les sujets que j'ai de me plaindre d'Acis & de Spinette. Les Zéphirs qui les ont écoutés m'ont assuré qu'ils ne parloient que d'amour. Une amie & un Amant me seroient-ils devenus infidéles ?

ACIS.

Qu'allez-vous soupçonner ?

GALATHÉE.

Spinette a des appas, & vous avez des yeux.

SPINETTE.

On ne peut avoir des yeux que pour vous.

ACIS.

En parlant d'amour, je n'avois que ma chere Galathée pour objet.

GALATHÉE.

Je sçaurai dans peu ce que j'en dois croire. Si ma crainte est injuste, Acis n'en sera que plus heureux. Ulisse, que Minerve conduit sur ces bords, vient punir l'impie Polypheme & le mettre hors d'état de nous nuire. Neptune ne peut s'opposer aux arrêts du destin. Cependant continuez vos jeux, pour achever de bannir mes soupçons.

DUO.

Loin de nous,
Les soupçons jaloux ;
Aimons sans crainte,
Sans contrainte,
Rien n'est plus doux.

UNE BERGÉRE.

Que la jalousie est cruelle !
Elle outrage à tous les momens,
Les plus fidéles Amans,
Sans rappeller une infidéle.

DUO.

Loin de nous,
Les soupçons jaloux ;
Aimons sans crainte,
Sans contrainte,
Rien n'est si doux.

UNE BERGÉRE.

Un Amant constant qu'on soupçonne,
Peut à la fin se rebuter,
Et se résoudre à mériter,
Les noms odieux qu'on lui donne.

DUO.

Loin de nous,
Les soupçons jaloux, &c.

ACTE II.
SCÉNE PREMIÉRE.
SILÉNE, SATYRES.

SILÉNE

En attendant que nous sçachions quel est le vaisseau qui est derriére ce rocher, déplorons notre malheur, ô mes chers amis ! Bacchus, que tu me fais essuyer de malheurs sur mes vieux jours ! en te cherchant, nous sommes tombés entre les mains de Polyphême, qui nous traite barbarement. Où est le tems, où plein d'une agréable yvresse, nous adressions nos chansons bachiques à la Déesse Vénus, avec nos Bacchantes échevelées ! que nous sommes malheureux ! dans cette Isle où il ne croit point de vin. On ne boit ici que du lait de brebis, ah ! le triste breuvage pour des enfans de Bacchus ! Voici le vaisseau qui s'approche, qui que vous soyez, vous ne connoissez pas le barbare Polyphême.

SCÉNE II.

Les précédents, Ulisse, Euriloque, Polites, Arlequin *sur un vaisseau qui aborde.*

ULISSE.

Courage, mes compagnons, je découvre que cette Isle est habitée.

ARLEQUIN.

Oh, oh, oh, dia, huriau !

ULISSE, *à Siléne & aux Satyres.*

Mes amis, ne pourriez-vous point nous fournir, en payant, des vivres ?

ARLEQUIN.

Il y a deux jours que nous n'avons mangé.

ULISSE.

Nous vous donnerons en échange des vins de Dimares & de Ténédos.

SILÉNE.

Du vin ! approchez ; nous avons autant de soif que vous avez de faim. Et pour du vin, nous vous fournirons de tout.

MATELOTS.

Cessons de nous affliger,
De nos maux perdons la mémoire.

ARLEQUIN.

Nous allons manger.

SILÉNE.

Nous allons boire.

Ulisse & les siens descendent du vaisseau en chantant & en dansant.

SILÉNE.

Vous vous réjouissez, & vous n'en avez pas beaucoup de sujet. Faites transporter votre vin, & me dites qui vous êtes. Je vous dirai après le péril que vous courez.

ULISSE.

Je suis le prudent Ulisse, qui revient triomphant du siége de Troye.

EURILOQUE.

Je suis le fidéle Euriloque.

POLITES.

Moi, l'intrépide Polites.

ARLEQUIN.

Et moi, l'affamé Arlequin.

SILÉNE.

Nous avons sçû ce qui s'est passé devant Troye, mais dites-nous ce que vous fîtes quand vous fûtes entrés dedans.

ULISSE.

C'est un récit trop long à vous faire.

SILÉNE.

On dit que vous trouvâtes tous les Troyens yvres.

ULISSE.

Il est vrai, mais plusieurs s'étant réveillés, nous fûmes contraints de mettre le feu dans la ville.

ARLEQUIN.

C'est-là qu'il faisoit diablement chaud.

ULISSE.

J'y fus blessé à la cuisse.

EURILOQUE.

Moi à l'épaule.

POLITES.

Et moi, à la tête.

ARLEQUIN.

J'y fus tué. Et c'est ainsi que finit la guerre de Troye.

SILÉNE.

Qu'est devenue la belle Héléne?

ARLEQUIN.

Son cocu de mari a fait comme beaucoup d'autres, il a été trop heureux de la reprendre.

ULISSE.

Dites-nous présentement où nous sommes, & ce que nous avons à craindre ?

SILÉNE.

Vous êtes dans l'Isle des Ciclopes. Ces gens aiment tant les étrangers, qu'ils les mangent.

ARLEQUIN.

A l'aide ! je n'ai plus faim, rembarquons-nous au plus vîte.

SILÉNE.

Vous aurez le temps d'emporter vos provisions & de nous faire goûter votre vin. Polyphême ne reviendra pas sitôt.

ARLEQUIN.

Polyphême ! quelle bête est-ce là ?

SILÉNE.

C'est le Prince des Ciclopes, le fils de Neptune & de ces belles Nymphes de la mer. Et cependant il n'en est pas plus beau. Il n'a qu'un œil.

ARLEQUIN.

Et s'il le perdoit, il ne verroit donc plus goûte ? qu'êtes-vous ? que faites-vous ici ? pourquoi Polyphême ne vous a-t'il pas encore mangé ?

SILÉNE.

Il nous en menace tous les jours, mais il n'oseroit le faire, nous sommes de pâte immortelle.

ARLEQUIN *le frappant.*

Voyons un peu.

SILÉNE.

Que faites-vous donc ?

ARLEQUIN.

Vous n'êtes donc pas de pâte insensible ? mais qui êtes-vous ?

SILÉNE.

Je suis Siléne, le pere nourricier de Bacchus.

ARLEQUIN.

Quoi, vous êtes le maître des yvrognes ! dites-moi, bon homme, qu'avez-vous fait de votre âne ?

SILÉNE.

Le Ciclope l'a mangé en arrivant.

ARLEQUIN *au Docteur (ou Euriloque.)*

Camarade, prenez garde à vous.

ULISSE.

Puifque vous êtes Siléne, il ne tient qu'à vous de fuir avec nous.

SILÉNE.

C'eft ce que nous méditons depuis longtemps. Mais en attendant faites-nous goûter de vos vins.

ARLEQUIN.

Volontiers. En voila de Dimares.

SILÉNE.

O l'agréable liqueur ! cela me va jufqu'aux ongles. Allons Satyre mon ami, une petite chanfon.

UN SATYRE.

Que tous les Dieux fe difputent la gloire,
D'embellir les dons de Bacchus.
Honorons fa mémoire,
En nous enyvrant de fon jus.

Pour rendre la vigne féconde,
Puiffant Dieu de l'Onde,
Répands tous tes flots.
Aftre du jour, flambeau du monde,
Viens dorer nos côteaux.

Que tous les Dieux fe difputent la gloire,
D'embellir les dons de Bacchus.
Honorons fa mémoire,
En nous enyvrant de fon jus.

Maître du ciel ne defcends fur la terre
Que pour le bonheur des humains ;
Ne faites gronder le tonnerre
Que pour meurir nos raifins.

Que tous les Dieux se disputent la gloire,
D'embellir les dons de Bacchus.
Honorons sa mémoire,
En nous enyvrant de son jus.

SILÉNE.

Ah ! tout est perdu ! voici Polyphême.

(*Tous se jettent le ventre à terre.*)

ARLEQUIN.

Ah ! je suis mort.

SCÉNE III.

Polyphême et les Acteurs précédents.

POLYPHEME.

Pourquoi donc tout ce bacanal ? vous vous réjouissez bien vous autres ? il semble que vous ayez encore Bacchus avec vous.

SILÉNE.

Aussi l'avons-nous. Voici deux outres de vin, dont les gens de ce vaisseau vous font présent.

POLYPHEME.

Ou sont-ils ?

SILÉNE.

Ils se proménent dans votre Isle.

POLYPHEME *tombe sur les Grecs*.

Courons après. Ouf ! qu'ai-je rencontré, mais vraiment la rencontre n'est pas si mauvaise. Bon jour mes enfans, soyez les bien venus.

ARLEQUIN.

Monseigneur, ayant appris que vous étiez ici, nous avons voulu vous rendre nos petits devoirs.

POLYPHEME.

Je vous suis obligé mes amis, car j'avois grand faim.

ULISSE.

Aimable fils du Dieu des Eaux, nous sommes des Grecs, qui venons vous offrir de faire fleurir dans votre Isle tous les arts que nous possédons.

POLYPHEME.

Cela est bel & bon, mais je te défie de me persuader que j'aye déjeuné. Commençons par voir quel est le plus gras.

ARLEQUIN montrant le Docteur.

Le voila, vous pouvez tirer de ses côtes deux bonnes échinées.

POLYPHEME.

Et que faire du reste ?

ARLEQUIN.

Des jambons. Vous êtes sur le bord de la mer, le sel ne vous manquera pas.

EURILOQUE.

Ah ! Monseigneur, je suis coriace comme tous les diables.

POLYPHEME à Ulisse.

Voyons celui-ci.

ARLEQUIN.

Il n'a que la langue de bonne.

POLYPHEME à Polites, (ou Pantalon.)

Et celui-ci ?

ARLEQUIN.

C'est une espéce de Bouc d'Arcadie qui sera excellent à la daube. Il n'y a que moi qui ne vaut pas l'accommodage.

POLYPHEME.

Nous verrons tout cela tantôt. Il faut que je fasse un sacrifice à mon pere. Satyres, préparez-en deux pour victimes. (à Ulisse & à Arlequin.) Entretenez-moi vous autres.

SCÉNE IV.

Polyphême, Ulisse, Arlequin.

POLYPHEME.

Eh bien ! d'où êtes-vous vous autres ?

ULISSE.

Nous sommes Grecs.

POLYPHEME.

Et qui es-tu, toi qui me parle ?

ULISSE.

ULISSE.

Je me nomme...... Perſonne.

POLYPHEME.

(à Arlequin.)

Voila un plaiſant nom. Et toi ?

ARLEQUIN.

Jupiter.

POLYPHEME.

C'eſt le nom d'un Dieu que je hais bien.

ARLEQUIN.

Je le changerai, & je m'appellerai Arlequin Jupiter, ou Arlequin, c'eſt à peu près la même choſe.

POLIPHEME.

Pour le peu de tems que tu as à vivre, ce n'eſt pas la peine. Et d'où venez-vous ?

ULISSE.

Du ſiége de Troyes.

POLYPHEME.

Oh ! oh ! vous êtes donc de ces bélitres qui avez fait tant de ravages pour Héléne ? N'avez-vous pas de honte d'avoir fait couler tant de ſang pour une femme ? Et quelle femme encore !

ARLEQUIN.

C'eſt ce que je dis. Faut-il que tant d'honnêtes gens ſe faſſent échigner pour une guenon !

ULISSE.

Ce fut le crime des Dieux.

POLIPHEME.

Oui, mais les hommes en pâtirent. Je veux immoler à ma fureur tout autant de Grecs qu'il m'en tombera dans les mains.

ULISSE.

Craignez que les Dieux, protecteurs des Grecs......

POLYPHEME.

Parbleu, je me ſoucie bien des Dieux ; je ſuis auſſi puiſſant qu'eux.

SCÉNE V.

SILÉNE ET LES ACTEURS PRÉCÉDENTS.

SILÉNE.

Seigneur, tout est prêt pour le sacrifice.

POLYPHEME.

Ornez les deux victimes de fleurs.

ULISSE.

O Minerve ! viens me secourir.

ARLEQUIN.

O Minerve sçavante ! ô guerriere Pallas.

LE SACRIFICE.

LE SACRIFICATEUR.

Neptune terrible,
Neptune inflexible,
Reçois le sang des mortels.
Malgré leurs crimes,
Ce seront des victimes,
Dignes de tes autels.

POLYPHEME.

Abandonnons désormais,
Cerfs & lions, à qui les aime,
Pour Polyphême,
Ce sont des mets
Trop secs ;
Vivent les Grecs.

CHŒUR.

Vivent les Grecs.

ARLEQUIN.

Vivent les Grecs. Et ils vont nous faire mourir ; il n'y a pas de sens à cela.

ACTE III.

Le Théatre représente la Caverne de Poliphême.

SCÉNE PREMIÉRE.

ARLEQUIN seul.

Hélas! où suis-je? que sont devenus mes chers compagnons? que vois-je! quels monstres! ils vont me dévorer. que je suis sot! ce sont les personnages de la tapisserie. Quel brasier! c'est apparemment le feu qui a fait cuire mes camarades, J'ai envie de m'y chauffer; la peur m'a glacé tous les sens. (*Il s'assied auprès du feu.*)

SCÉNE II.

EURILOQUE, POLITES, ARLEQUIN.

EURILOQUE ET POLITES.

Hélas! hélas!

ARLEQUIN.

Quel bruit entens-je? ah! c'est Euriloque & Polites.

TOUS TROIS.

Hélas! hélas!

ARLEQUIN.

Voila un beau trio.

EURILOQUE.

Est-ce toi? es-tu Arlequin?

ARLEQUIN.

Oui, comment êtes-vous encore en vie.

POLITES.

Nous n'irons pas loin.

ARLEQUIN.

Que sont devenus Ulisse & les autres?

EURILOQUE.

Nous en sommes aussi en peine que toi. Nous sortons d'une étable, & voyant que nous ne mangions pas de glands, on nous en a fait retirer.

ARLEQUIN.

On a tort, ce logement-là vous convenoit.

POLITES.

Et toi, d'où sors-tu ?

ARLEQUIN.

De la loge aux Chapons, où l'on m'empâtoit comme eux, parce qu'on me trouve trop maigre. Mais j'aime mieux mourir de faim, que d'engraisser pour un autre.

EURILOQUE.

De quoi cela te servira-t'il, si tu ne peux sortir d'ici ?

ARLEQUIN.

Oh que si fait. J'ai trouvé un petit trou entre deux rochers, où je passerai quand je serai un peu plus maigre.

POLITES.

Que deviendras-tu dans cette Isle, où tu ne connois personne ?

ARLEQUIN.

Je me cacherai tous les jours, & la nuit j'irai manger des huitres à l'écaille sur le bord de la mer. Mais quelqu'un vient. C'est Ulisse.

SCÉNE III.

ULISSE, LES ACTEURS PRÉCÉDENTS.

ARLEQUIN.

Ah, mon cher Maitre ! apprenez-nous des nouvelles de nos compagnons.

ULISSE.

Je crois que vous êtes les seuls qui me restez. Il s'apprêtoit à m'immoler lui-même, quand je lui ai versé du vin dans sa grande écuelle de bois. Il l'a avalé tout d'un trait ; il y a pris tant de goût, qu'il m'a assuré pour récompense de me garder pour le dernier.

ARLEQUIN.

Rien n'est plus honnête.

ULISSE.

Après avoir bû dix ou douze rasades, il s'est mis à chanter, puis à dormir & à ronfler de façon à faire trembler la terre,

ARLEQUIN.

Je ne m'étonne pas, si j'ai crû entendre tonner.

ULISSE.

Dans le moment que je cherchois à lui percer le cœur, Minerve m'est apparue, & m'a donné un conseil plus sensé & moins dangereux.

ARLEQUIN.

Vous êtes bien heureux d'avoir comme cela Minerve dans votre manche.

ULISSE.

Elle m'a donné d'une poudre avec laquelle elle endormit autrefois l'armée de Rhésus. J'en mettrai dans son vin, il perdra entiérement la raison, méconnoitra tout, ensuite s'endormira, & rien ne pourra le réveiller que le coup que je prétens lui porter. (*Il montre un mât de navire.*) Voilà l'instrument dont je me servirai. Aurez-vous bien le courage de seconder mon entreprise?

EURILOQUE.

Ulisse nous feroit tort d'en douter.

POLITES.

Il a été assez souvent témoin de nos exploits.

ARLEQUIN.

Belle bagatelle. Je veux entreprendre l'affaire à moi seul, donnez-moi ce pieux.

(*Il le laisse tomber sur les pieds de Polites.*)

POLITES.

Tu ne peux seulement pas le soûtenir.

ARLEQUIN.

C'est la fureur qui me transporte.

ULISSE.

Garde ton courage pour tantôt. Poliphême est allé prier les Ciclopes voisins à venir dîner demain avec lui.

EURILOQUE.

Mon camarade & moi feront les honneurs du repas.

ULISSE.

Avant ce tems-là notre affaire sera faite.

POLITES.

Mais après le coup, comment sortirons-nous de la caverne ?

ULISSE.

Minerve qui me conduit ne nous abandonnera pas.

ARLEQUIN.

Je ne m'y fie pas trop ; elle a laissé manger mes camarades : si je puis me sauver sans elle, je le ferai.

ULISSE.

Malheureux ! tu mériterois qu'elle punit ta défiance. Mais j'entens du bruit ; cachons-nous.

ARLEQUIN.

Ah, ciel ! c'est le Rotisseur qui me cherche. Il a un couteau à la main ; me voila fricassé.

ULISSE.

C'est peut-être une vengeance de Minerve.

ARLEQUIN.

Ah [grande Déesse, je vous demande pardon. Je révére votre pouvoir. Si j'en réchappe, je vous offrirai en sacrifice douze génisses indomptées & vingt taureaux blancs.

EURILOQUE.

Es-tu fou ? tu seras ruiné ; vingt taureaux !

ARLEQUIN.

Eh paix, paix ! si j'en reviens, elle n'en aura pas seulement la queue d'un.

SCÉNE IV.

Laridon et les Acteurs précédents.

LARIDON.

Que je suis malheureux ! j'ai laissé échapper de la cage le Grec que Polyphême vouloit manger à son goûter.

ARLEQUIN *joignant les mains.*

Oh ! Madame Minerve, point de rancune.

LARIDON.

Où diable le trouver ?

ARLEQUIN.

Voici ma derniere heure.

LARIDON.

Je crois l'entendre. Il ne faut pas l'effaroucher. Petit, petit, petit ; venez, on veut vous donner à manger.

ARLEQUIN.

Eh! oui, me donner à manger..... à Polyphême. (*Arlequin s'esquive & lui donne un coup de batte.*) à d'autres.

LARIDON.

Je crois qu'il m'a mordu.

ARLEQUIN.

Ce n'est qu'un coup de bec.

LARIDON *l'attrape.*

Oh! je le tiens à la fin.

ARLEQUIN.

Au guet, au guet !

LARIDON.

Maugrebieu de vous ! vous serez cause que je serai grondé ; il y a une heure que vous devriez être à la broche.

ARLEQUIN.

Persuadez-lui de ne point goûter, il n'en soupera que mieux.

LARIDON.

Allons, allons, dépêchons, il pourroit me manger à votre place ; il ne m'a épargné que parce que je fais la cuisine, & que je suis si chétif qu'il n'a sçu à quelle sauce me mettre. J'ai vû comme vous dévorer tous mes compagnons.

ARLEQUIN.

Que n'ai-je une figure aussi hétéroclite que la vôtre ! il faut que je paye l'intérêt de ma bonne mine, & que je perde la vie, parce qu'on me trouve joli à manger.

LARIDON *à Polites.*

Tenez-le, pendant que je vais aiguiser mon couteau.

(*Arlequin s'échappe.*)

Comment, vous l'avez laissé échapper. Il me prend envie de vous embrocher à sa place.

I iv

POLITES.

Tout beau, nous sommes retenus pour demain.

SCÉNE V.

POLYPHÊME, PLUSIEURS CICLOPES ET LES ACTEURS PRÉCÉDENTS.

LARIDON.

Monseigneur, excusez si votre goûter n'est pas prêt....

POLYPHEME.

Ce sera pour une autre fois. Je ne songe qu'à me remplir de cette liqueur charmante. Personne ?

ULISSE.

Monseigneur ?

POLIPHEME.

Verse-moi du meilleur.

ULISSE.

En voici du Ténédos.

POLYPHEME.

Diable, il vaut bien celui de Dimares. Tiens mon ami Croquamort, goûtes-y. Allons, je suis de bonne humeur, régalons nos hôtes d'un concert à notre maniere. Si nous vous régalons aujourd'hui, vous nous régalerez demain.

Divertissement des Ciclopes.

VAUDEVILLE.

Le vin rend Polyphême aimable,
A son exemple ennyvrons-nous.
Ou, ou, ou, ... gloux, gloux,
Le Tigre le plus redoutable,
Devant Bacchus perd son courroux,
Ou, ou, gloux, gloux.

De mon gosier jusqu'en mes veines,
Le bon vin coule à chaque coups,
Ou, ou, ou, gloux, gloux.
Toutes les eaux de nos fontaines
N'ont pas un murmure si doux,
Ou, ou, gloux, gloux.

Je sens que je perds la mémoire,
Je vois tout sans dessus dessous,
Ou, ou, ou, ... gloux, gloux,
Dans le vin, à force d'en boire,
Peut-être la trouverons-nous,
Ou, ou, gloux, gloux.

SCÉNE VI.

LARIDON ET LES ACTEURS PRÉCÉDENTS.

LARIDON, *l'habit d'Arlequin à la main.*

Oh! vraiment, vous chantez ici bien à votre aise ; j'ai de belles nouvelles à vous apprendre.

POLYPHEME.

Que seroit-ce ?

LARIDON.

Un de vos Grecs vient de s'échapper.

POLYPHEME.

Comment cela ?

LARIDON.

Il a passé par un trou si petit, qu'à peine mon bras pouvoit y entrer. Et voilà, (*montrant le juste-au-corps d'Arlequin,*) tout ce qu'il a laissé de sa personne.

POLYPHEME.

Ah tête ! ah ventre ! tous les autres en patiront. Je ne leur donne plus qu'un quart d'heure à vivre. Suivez-moi tous.

ACTE IV.

Le Théatre représente une montagne percée de tanieres.

SCÉNE PREMIÉRE.

GALATHÉE *sous la figure de Silvia.*

Pour éprouver dans ma jalousie Acis & Spinette, j'ai déguisé mes traits sous la ressemblance de la Bergere Silvia, que j'ai endormie sous le prochain feuillage. Cachons présentement mes habits de Nymphe, pour les retrouver quand j'en aurai besoin. Voici le creux d'un vieux arbre, qui sera bon pour cela. Allons maintenant trouver nos bergéres, & prenons le grand tour pour éviter les Ciclopes.

SCÉNE II.

ARLEQUIN *seul en chemise.*

Enfin me voila hors de la caverne, & Polyphême n'en croquera que d'une dent. Mais de quoi me servira d'avoir évité d'être mangé, si je ne puis manger moi-même ? grimpons sur cet arbre, il me paroit que c'est un arbre fruitier. Ah, ah ! voici un équipage de femme : mettons-le au plus vite. C'est sans doute Minerve qui me l'envoye du ciel, car il me semble fait à ma taille. J'entens du bruit. Que vois-je ? c'est une Ciclopine ; je suis perdu si elles sont aussi goulues que les hommes. Cachons-nous derriere cet arbre. S'il faut périr, j'aime mieux être gobé par ce petit animal là, que par Poliphême.

SCÉNE III.

SPINETTE, ARLEQUIN.

SPINETTE.

J'ai crû de loin voir Galathée, qu'est-elle devenue ?

ARLEQUIN.

Elle m'a pris pour Galathée. C'est quelque jolie personne, rassurons-nous.

SPINETTE.

Ah ! que vois-je ? c'est un singe.

ARLEQUIN.

Singe vous-même ; je suis la plus rare beauté d'Ethiopie.

SPINETTE.

Vous êtes de mon sexe ! je commence à me rassurer. Mais par quelle aventure êtes-vous dans cette Isle ?

ARLEQUIN.

Le Roi d'Ethiopie m'envoyant pour épouse au Roi de Magogicie, le vaisseau sur lequel j'étois étant prêt de périr, un Dauphin obligeant m'a conduite sur le bord du rivage. Voilà mon aventure. Je ne croyois pas que dans la mer il y eut des poissons si galans.

SPINETTE.

Il ne pouvoit mieux faire pour la fille d'un Roi ; mais ma Princesse, je vous plains ; vous êtes ici dans l'Isle des Ciclopes, gens qui n'ont aucun respect pour notre sexe.

ARLEQUIN.

Ah, vraiment, voila mon honneur en de beaux draps blancs !

SPINETTE.

Il ne faut pas vous effrayer, Madame, & votre honneur...

ARLEQUIN.

Eh, ma foi, je le compte flambé ; il n'arrivera jamais à bon port.

SPINETTE.

Eh, pourquoi Madame ? nous avons toûjours évité les embuches des Citlopes.

ARLEQUIN.

Vous verrez que je payerai pour toutes. Je vous donne mon honneur à garder, au moins.

SPINETTE.

Vous n'avez qu'à ne nous point quitter.

ARLEQUIN.

J'espére bien que nous ferons ordinaire ensemble. Je serai trop heureuse de me retirer dans votre taniere. Entrons-y au plûtôt.

SPINETTE.

Rien ne presse encore. Voici nos Bergers & nos Bergéres. Je vais vous présenter à la troupe.

SCÉNE IV.

ARLEQUIN, SPINETTE, BERGERS ET BERGÉRES.

SPINETTE.

Vous voulez bien, mes cheres compagnes, que je vous présente la Princesse d'Ethiopie, dont le vaisseau a péri dans le temps qu'elle alloit joindre le Prince de Magogicie son époux.

VIOLETTE, *Bergere.*

Grande Reine, permettez que nous ayons l'honneur de vous baiser la main.

ARLEQUIN.

Je ne baise les femmes qu'au visage, c'est la coûtume d'Ethiopie.... Oh, s'il vous plaît, en godinette. C'est encore une coûtume d'Ethiopie.

VIOLETTE.

Excusez notre ignorance.

ARLEQUIN.

Laissez faire, je vous apprendrai les autres coûtumes. N'avez-vous rien à croustiller ici, vous autres?

VIOLETTE.

Nous n'avons que du lait & du fromage.

ARLEQUIN.

Comment diable, du fromage! c'est le mets favori des Princesses d'Ethiopie. Et n'avez-vous pas du vin?

VIOLETTE.

Nous en avons le reste d'un outre, que nos Bergers ont enlevé à Polyphême endormi. Que vous êtes heureuse d'être tombée entre nos mains!

ARLEQUIN.

Apparemment que ce drôle-là auroit voulu d'abord en découdre avec moi.

VIOLETTE.

Vous auriez été la victime de ses desirs.

ARLEQUIN.

Voyez-vous le goulu! on lui donnera des pucelles d'Ethiopie à croquer.

SPINETTE.

Puisque le péril est passé, daignez, belle Princesse, prendre part à nos jeux.

ARLEQUIN.

J'y consens, & je mêlerai ma voix charmante à vos concerts.

Divertissement. AIR.

Qu'un moment de plaisirs a de charmes !
　Bornons-y nos desirs,
Bien souvent après mille allarmes
　Il ne faut pour tarir nos larmes,
　　Qu'un moment de plaisirs.

Vaudeville.

Lorsque l'on aime une cruelle,
Aussi farouche qu'elle est belle,
　La peine passe le plaisir.
Mais quand cessant d'être inhumaine,
　Elle comble notre desir,
　La plaisir passe la peine.

　Que le voyage de Cythere,
Avec un vieillard coûte à faire,
　La peine passe le plaisir.
Qu'avec un jeune on l'entreprenne,
　Quoique l'on ait à souffrir,
　Le plaisir passe la peine.

Dans les douceurs du mariage,
Et les embarras du ménage,
　La peine passe le plaisir.
Mais qu'un heureux veuvage vienne,
　S'il en coûte quelque soupir,
　Le plaisir passe la peine.

Si mon époux a des Maîtresses,
Que me font ses froides caresses ?
　La peine passe le plaisir.
Pourquoi faut-il que je me gêne,
　Lorsque j'ai de quoi l'en punir ?
　Le plaisir passe la peine.

Qui va trop tard dans nos prairies,
N'y trouve que des fleurs flétries,
　La peine passe le plaisir.
Qui du bon matin s'y proméne,
　Voit la rose s'épanouir,
　Le plaisir passe la peine.

SPINETTE.

Ah ! mes chéres compagnes, sauvons-nous ! voici les Ciclopes.

VIOLETTE.

Rentrons vite dans nos retraites.

ARLEQUIN, *en criant.*

Sauve l'honneur de la Princesse...... Comment ferai-je ? je ne sçais pas les chemins.

SPINETTE.

Suivez-nous.

(*On entend les Ciclopes.*)

ARLEQUIN, *ne pouvant entrer dans la taniere.*

Ah, morbleu ! j'aurai plûtôt fait de monter sur cet arbre.

(*Il monte sur un arbre.*)

SCÉNE V.

Trigueules, Grandent, Arlequin.

TRIGUEULES.

Les voila tous sauvés dans leurs tanieres.

GRANDENT.

Oh, oh ! voila un arbre qui porte un plaisant fruit.

TRIGUEULES.

C'est un oiseau. Je vais l'abattre à coups de pierre.

ARLEQUIN.

Arrêtez. Respectez Galathée.

GRANDENT.

Ah, l'heureuse aventure ! pourquoi belle Nymphe êtes-vous sur cet arbre ?

ARLEQUIN.

Je m'y étois perchée à cause des braconniers. Mais je vois bien que les Dieux s'intéressent pour Polyphême, puisque vous m'avez prise au nid. Ne me faites point de violence ; respectez une Nymphe de ma trempe.

TRIGUEULES.

Nous vous regardons comme notre Princesse.

ARLEQUIN *descend en faisant la cullebute.*

Sur ce pied, je me rends.

GRANDENT.

Quoi ! c'est-là cette beauté que Polyphême poursuit avec tant d'ardeur ?

TRIGUEULES.

Je n'ai jamais vû de Nymphe de la mer de cette couleur.

ARLEQUIN.

C'est que je suis Nymphe de la Mer noire. Polyphême me rendra justice.

GRANDENT.

Il est bien en état d'en juger dans l'yvresse où il est, il ne connoit personne.

ARLEQUIN *bas.*

Tant mieux pour moi.

GRANDENT.

Le voici.

ARLEQUIN *bas.*

Je tremble.

SCÉNE VI.

POLYPHÊME ET LES ACTEURS PRÉCÉDENTS.

TRIGUEULES.

A la fin, nous avons eû le bonheur de trouver Galathée, & la voila que nous vous présentons.

POLYPHEME.

Ah, que d'éclat ! que de charmes !

ARLEQUIN *à part.*

Il me croit Galathée ; & belle encore ; c'est la poudre de perlinpinpin de Minerve qui opére. Soûtenons la gageure.

POLYPHEME.

Ah ! belle Nymphe maritime, le mont Ethna ne brûle pas d'un feu si violent que ceux que vous allumez dans mon cœur.

ARLEQUIN.

Est-il possible qu'une Nymphe des eaux puisse allumer tant de feux ?

POLYPHEME.

En pouvez-vous douter ?

ARLEQUIN.

Je crois tout possible, quand je me sens bruler au milieu de mes ondes. Oui, Ciclope, vous êtes plus heureux qu'un enfant légitime.

POLYPHEME.

Vous m'aimez donc, Nymphe de mon ame?

ARLEQUIN.

Je vous aime à la rage.

POLYPHEME.

Vous me raviffez. Que l'on conduife la mariée en triomphe dans ma caverne.

ARLEQUIN.

Mon fils, la mariée voudroit bien aller prendre congé de fes compagnes, & les inviter à la nôce.

POLYPHEME.

Il est trop tard à préfent, il faut tout oublier pour votre époux.

ARLEQUIN *s'adreffant aux Loges.*

Parmi tant de filles qui veulent être mariées, n'y en a-t'il pas quelqu'une qui voulut prendre ma place ?

(*On l'emmène en chantant.*)

ACTE V.

SCÉNE PREMIÉRE.

GALATHÉE en *Bergére.*

Le bruit s'étant répandu depuis hier que j'étois au pouvoir de Polypheme, j'ai facilement compris par les regrets de Spinette & d'Acis qu'ils font touchés de ma perte, & je fuis guérie de mes foupçons. Retirons-les du défefpoir où je les ai plongés.

SCÉNE II.

GALATHÉE, ACIS, SPINETTE.

SPINETTE *fans voir Galathée.*

Ah, Galathée ! ô malheur ! ô perte irréparable !

ACIS *sans voir Galathée.*

Ah, Spinette ! que je vous plaindrois, si je n'étois pas moi-même plus à plaindre que vous. Employons nos efforts à tirer Galathée des mains du cruel Polyphême, & si nous périssons dans notre entreprise, que la liberté de Galathée soit le fruit de notre perte.

GALATHÉE.

Ah, c'en est trop, je rougis de mes indignes soupçons. Acis je suis contente de ta fidélité, tu en recevras le prix dans ce jour. Reconnoissez Galathée sous ce déguisement.

SPINETTE.

Vous, Galathée !

ACIS.

Ah, trop heureux Acis !

GALATHÉE.

J'avois pris les traits de Silvia pour éprouver l'amour & l'amitié. Mais quelle est la Nymphe que Polyphême tient renfermée dans sa caverne ?

SPINETTE.

Ce sera sans doute la malheureuse Princesse d'Ethiopie.

POLYPHEME *dans sa Caverne.*

Ah, canailles maudites ! vous n'échapperez pas à ma vengeance.

SPINETTE.

Qu'entens-je ?

GALATHÉE.

C'est le Ciclope. Que lui seroit-il arrivé ? Voici Siléne qui nous en apprendra des nouvelles.

SCÉNE III.

Siléne, et les Acteurs précédents.

SILÉNE.

Réjouissez-vous mes amis ; ces étrangers que Polyphême tenoit renfermés, viennent de lui crever son œil.

GALATHÉE.

Juste punition de ses forfaits.

SILÉNE.

Il m'a fait fortir pour lui aller chercher du fecours, mais je n'en ferai rien.

SPINETTE.

Et s'il venoit à fortir ?

SILÉNE.

N'importe, il ne voit goûte. Voici deux Ciclopes, cachons-nous.

POLYPHEME *dans fa Caverne.*

Au fecours ! à moi ! hola, quelqu'un, hola.

SCÊNE IV.

POLYPHÊME *dans fa Caverne*, TRIGUEULES, GRANDENT.

POLYPHEME.

Ciclopes ? où diable êtes-vous donc ?

TRIGUEULES.

Qu'avez-vous Polyphême ? & pourquoi tous ces cris ?

POLYPHEME.

Ah ! je fuis perdu. On m'a brulé l'œil.

GRANDENT.

Et qui ?

POLYPHEME.

Perfonne.

GRANDENT.

Perfonne ! ah ! ah !

POLYPHEME.

Je penfe que vous riez.

GRANDENT.

Vous rêvez. Si perfonne ne vous a aveuglé, vous ne l'êtes pas. C'eft le vin qui vous a tourné la tête. Une autre fois ne buvez pas tant.

POLYPHEME.

Que Neptune vous abime. Je crois que tout eft d'intelligence pour me défefpérer.

SCÉNE V.

SILÉNE, GALATHÉE, ACIS, SPINETTE.

SILÉNE.

Bon, les voila partis ; il ne s'agit plus que de tirer Ulisse du péril qui le menace. Je vais faire avancer son vaisseau, dansez & réjouissez vous.

SCÉNE VI.

POLYPHÊME, ULISSE, ARLEQUIN, POLITES, EURILOQUE, GALATHÉE, ACIS, SPINETTE.

POLYPHEME.

Quels sons injurieux frappent ici mon oreille ? qui ose m'insulter dans mon malheur ! faisons sortir nos béliers & nos brebis, j'en aurai plus de facilité à attraper les téméraires qui osent braver mon courroux.

(Ulisse & ses compagnons passent sous le ventre des animaux. Polyphême arrête Arlequin.)

Un, deux, trois, quatre, cinq, six...... Ah, te voila le plus chéri de mon troupeau.

ARLEQUIN *sous un Bélier.*

Bée, bée, bée.

POLYPHEME.

Hélas ! que je trouve ta voix changée !

ARLEQUIN.

Bée, bée, bée.

POLYPHEME.

Il semble qu'il pleure mon infortune, par ses bées lamentables. D'où vient que tu es si tardif à sortir ? est-ce mon malheur qui t'a rendu si paresseux ?

ARLEQUIN.

Bée.

POLYPHEME.

Il faut que je te baise mille fois. Il semble que tu te refuse à mes caresses; Polyphême est-il si défiguré, que tu ne le reconnoisse plus ?

ARLEQUIN s'échappant.

Oh, que si fait !

POLYPHEME.

Ah ! qu'ai-je entendu ! c'est un de mes Grecs qui s'est échappé. Refermons ma caverne, que les autres n'en fassent de même.

ULISSE.

Tu prens un soin inutile, barbare Ciclope, car nous le sommes tous. Adieu, tu te souviendras longtems d'Ulisse.

POLYPHEME.

Ulisse ! qu'entens-je ?

ULISSE *sur le vaisseau.*

Oui, je suis Ulisse.

POLYPHEME.

Et tu te nommois tout-à-l'heure Personne ! c'est donc un nom que tu te donne ?

ULISSE.

Non, c'est celui que Laerte mon pere m'a donné en naissant, & qui signifie dans notre langage autant que vengeance.

POLYPHEME.

Hélas ! voila l'Oracle accompli, qui m'avoit assuré que je serois aveuglé par Ulisse. Mais de longtemps tu ne seras de retour chez toi.

ARLEQUIN à *Galathée.*

Je ne veux donc plus m'embarquer. Je me mets une seconde fois sous votre protection.

POLYPHEME *jettant des pierres.*

Tout aveugle que je suis, je vous suivrai par toutes les mers, en vous accablant de rochers.

ULISSE.

Minerve ne m'abandonnera pas. Je fais voile vers Ithaque.

POLYPHEME.

Hélas ! mon pere même les favorise. Puisque Neptune

m'abandonne, Eole, mon cher Eole, montre contre eux quel est ton pouvoir.

TEMPESTE.
ARLEQUIN.

Quelle furieuse tempête ! ma foi ; j'ai eu bon nés de ne pas m'embarquer.

GALATHÉE.

Arrêtez, vents impétueux.

POLYPHEME.

Qui peut avoir ici assez de puissance pour arrêter les vents dans leurs fureurs ?

GALATHÉE.

Polyphème, apprens par la voix de Galathée les arrêts du destin. Il a résolu qu'Ulisse retourneroit dans son pays, & que j'épouserois Acis, que je préfére à toi, & à toutes nos Divinités marines.

POLYPHEME.

Ah ! je déteste ! j'enrage !

ARLEQUIN.

Adieu, épouventail de cheneviére, beau Ciclope éclopé.

POLYPHEME.

Ah, traitre, tu ne m'échapperas pas.

ARLEQUIN.

Tarare.

POLYPHEME.

Ah je te tiens !

ARLEQUIN.

A moi, mes amis, à moi. Ahy, ahy ! prenez garde, mais dame, vous m'allez démembrer.

POLYPHEME.

Ah ! je n'en puis plus.

ARLEQUIN.

Bon, le voila par terre.

POLYPHEME.

Laissons-là ces malheureux, ce sont des victimes indignes de ma colere. Allons par mes cris réveiller les Ciclopes de cette Isle, pour les animer à la vengeance. Entassons rochers fur rochers. Infultons les Dieux cruels jufques dans leur féjour. Si nous avons le fort des enfans de la terre, nous aurons du moins la gloire de périr comme eux d'un coup de foudre.

(Il fort.)

ARLEQUIN.

Adieu, chien marin, œil poché au beurre noir. Mais tandis qu'il va fe défefpérer, ne fongeons ici qu'à nous re-jouir, & moquons-nous du qu'en dira-t'on.

Divertiffement.

GALATHÉE.

Pour mon amant j'ai fait choix d'un Berger,
En vain les Dieux en voudroient murmurer,
 Ils ont la grandeur en partage ;
 Qu'ont-ils de plus à défirer ?
L'amour n'eft point leur appanage,
 Ils ne doivent que l'infpirer,
C'eft aux mortels à le mettre en ufage.

❄

Moquons-nous du qu'en dira-t-on,
Suivons le doux penchant que l'amour nous infpire,
 Tel qui des autres veut médire,
 Leur en fournit bientôt l'occafion :
Moquons-nous du qu'en dira-t-on.

Vaudeville.

Eft-ce votre vertu Bergéres,
Qui vous rend pour nous fi févéres,
 Et vous fait fouvent dire non ?
  Ah ! voyez donc.
 La beauté la plus inhumaine,
 Seroit plus douce qu'un mouton,
 Sans le fâcheux qu'en dira-t-on ?
 Ton, ton, ton, ton, ton, tenne,
  Qu'en dira-t-on ?

❄

Iris, comme une tourterelle,
Regrette fon Berger fidéle,
 Le pleure-t-elle tout de bon ?
  Ah ! voyez donc ?
Qu'un autre d'amour l'entretienne,
 Elle prendroit la balle au bond,
 Sans le fâcheux qu'en dira-t-on ?
 Ton, ton, ton, ton, ton, tenne,
  Qu'en dira-t-on ?

ARLEQUIN.

Est-ce le courage indomptable ?
Est-ce la valeur véritable,
Qui fait marcher à l'action ?
   Ah ! voyez donc !
Ulisse ce grand Capitaine,
Eut paru comme moi poltron,
S'il n'eut craint le qu'en dira-t-on,
Ton, ton, ton, ton, ton, tenne,
   Qu'en dira-t-on !

Pour fuir une bête inhumaine,
J'entrai dans la grotte prochaine,
  L'autre jour avec Coridon,
   Ah ! voyez donc !
On nous trouva tout hors d'haleine,
  On n'en sçavoit pas la raison,
Hélas ! bons dieux ! qu'en dira-t-on,
Ton, ton, ton, ton, ton, tenne,
   Qu'en dira-t-on ?

Que sur mon choix chacun me raille,
Nos Dieux marins n'ont que l'écaille,
  Valent-ils Acis, mon mignon ?
   Ah ! voyez donc !
Quoique née en l'humide plaine,
Préférant la chair au poisson,
  Je brave le qu'en dira-t-on,
Ton, ton, ton, ton, ton, tenne,
   Qu'en dira-t-on ?

Que le critique armé de haine,
Contre une piéce se déchaine,
L'ouvrage en sera-t-il moins bon ?
   Ah ! voyez donc !
Que le public toûjours y vienne :
  Avec son approbation,
Nous bravons le qu'en dira-t-on,
Ton, ton, ton, ton, ton, tenne,
   Qu'en dira-t-on ?

Extrait Manuscrit.

POLYXENE, Tragi-Comédie du Sieur Jean *Béhourt*, représentée à Rouen au Collége des Bons Enfans, le Dimanche 7 Septembre 1597. in-12. Rouen, Raphaël du Petirval, 1598. *Hist. du Th. Fr. année* 1597.

POLYXENE, Tragédie de M. *Billard de Courgenay*, représentée en 1607. in 8°. Paris, Langlois 1610. avec les autres Poëmes Dramatiques du même Auteur. *Hist. du Th. Franç. année* 1607.

POLYXENE, Tragédie de M. de *La Fosse*, représentée le Vendredi 3 Février 1696. imp. la même année in-12. Paris, Guillain, & dans le Recueil des Œuvres de l'Auteur. Cette Tragédie a été reprise depuis sa nouveauté : mais elle n'est pas restée au Théatre. *Histoire du Théatre Franç. année* 1696.

POLYXENE ET PYRRHUS, Tragédie lyrique en cinq actes avec un Prologue, de M. de *La Serre*, Musique de M. *Collasse*, représentée par l'Académie Royale de Musique, le Jeudi 21 Octobre 1706. in-4°. Paris, Ballard, & tome IX. du Recueil général des Opéra.

ACTEURS DU PROLOGUE.

La Nymphe de la Seine.	Mlle Journet.
La Gloire.	Mlle Du Jardin.
La Nymphe des Thuilleries.	Mlle Aubert.
La Nymphe de la Marne.	Mlle Loignon.

BALLET.

Habitans de la Seine.	Mlle Guyot.

Mlles Prevost & Le Febvre.
Les Sieurs F. Dumoulin, D. Dumoulin
& Dupré.

Dieux

P O

Dieux des Bois.   Le Sieur Dangeville L.
Les Sieurs La Vigne, Marcel L. & Javillier.
Mlles Le Comte, La Fargue & Dufresne.

ACTEURS DE LA TRAGÉDIE.

Polyxene.	Mlle Desmatins.
Pyrrhus.	Le Sieur Thévenard.
Ulysse.	Le Sieur Boutelou.
Eryxene.	Mlle Journet.
Céphise, Confidente d'Erixene.	Mlle Dupeyré.
Vénus.	Mlle Poussin.
Junon, une Thracienne, une Bergere.	Mlle Loignon.
Minerve.	Mlle Du Jardin.
Iris.	Mlle Dupeyré.
La Jalousie.	Le Sieur Mantienne.
Calebas.	Le Sieur Hardouin.
Une Thracienne.	Mlle Aubert.

ACTEURS DU BALLET.

ACTE I. Thraciens, Thraciennes. Mlle Guyot.
Le Sieur F. Dumoulin & Mlle Prevost.
Mlles Le Febvre, Le Comte, Dufresne
& La Fargue.

Grecs.   Les Sieurs Du Mirail,
P. Dumoulin, Marcel & Javillier.

ACTE II. *Les Graces.*   Mlles Prevost, Guyot
& Le Febvre.

Plaisirs.   Les Sieurs Germain,
Dumoulin L. Blondy & Ferrand.

Jeux.   Les Sieurs F. Dumoulin,
P. Dumoulin, D. Dumoulin & Dupré.

ACTE III. *Suite de Junon.*   Mlle Prevost.
Le Sieur Dumoulin L. & Mlle Le Febvre.
Les Sieurs Germain, Ferrand, Du Mirail,
P. Dumoulin & Pécourt.

Suivantes de Minerve. Mlles Le Comte, Carré,
Du Fresne, La Fargue & Mangot.

ACTE IV. *Suivans de la Jalousie.* Le Sieur Dumoulin.
Les Sieurs Germain, D. Dumoulin, Dangeville L. & C. Du Mirail & La Vigne.

Amans heureux.   Les Sieurs P. Dumoulin,
Pécourt, D. Dumoulin & Dupré.
Mlles Prevost, Guyot, Le Febvre & Dufresne.

ACTE V. *Héros.*   Le Sieur Dangeville L.
Les Sieurs Du Mirail, La Vigne, Javillier
& Marcel.

Tome IV.   K

Bergers, Bergères.
Les Sieurs Dumoulin, Pécourt & D. Dumoulin,
Mlles Le Febvre, Le Comte, Dufresne
& La Fargue.
Payſan, Payſannes. Mlles Guyot & Prevoſt,
Le Sieur F. Dumoulin,

Cet Opéra n'a jamais reparu au Théatre.

POLYXENE, Tragédie en un acte, formant le premier acte du Divertiſſement intitulé *Les Trois Spectacles*, de M. *d'Aiguebere*, repréſentée en 1729. Voyez *Spectacles*. (*les trois*)

POMONE, Paſtorale en cinq actes avec un Prologue, de M. l'Abbé *Perrin*, Muſique de M. *Cambert*, repréſentée par l'Académie Royale de Muſique, au Théatre de la rue Guénégaud, au mois de Mars 1671. in-4°. Paris, Ballard, & tome I. du Recueil général des Opéra. C'eſt le premier Opéra qui a paru à Paris.

Le role de *Pomone* étoit repréſenté par Mlle *De Cartilly*, ceux de *Vertumne* & de *Faune*, par les Sieurs *Beaumavielle* & *Roſſignol* Baſſetailles, & les autres par les Sieurs *Clediere* & *Tholet* Hautecontre, & *Miracle* Taille.

POMONE ET VERTUMNE, c'eſt le ſujet de la IIe Entrée du Ballet des *Saiſons*, de M. l'Abbé *Pic*, Muſique de M. *Collaſſe*, que l'Auteur a traité ſous le titre de l'*Eté*, ou l'*Amour conſtant & fidéle*. Voyez *Saiſons*. (*les*)

POMONE ET VERTUMNE, c'eſt encore le ſujet de la quatriéme Entrée du Ballet des *Elémens*, de M. *Roy*, Muſique de Meſſieurs *Lalande* & *Deſtouches*, que l'Auteur a traité ſous le titre de la *Terre*. Voyez *Elémens*. (*les*)

POMPÉE, (la Mort de) Tragédie de M. *Chaulmer*, repréſentée en 1638. imp. la même année, in-4°. Paris, Sommaville. *Hift. du Th. Fr. année* 1658.

POMPÉE, (la Mort de) Tragédie de M. *Corneille*, repréfentée au Théatre de l'Hôtel de Bourgogne en 1641. in 4°. Paris; Sommaville, 1644. & dans le Recueil des Œuvres Dramatiques de l'Auteur. *Hiftoire du Th. Fr. année* 1641.

PONTAU, (N........ Boiffard de) Auteur vivant, ancien Entrepreneur de l'Opéra Comique, a donné au Théatre François :

L'HEURE DU BERGER, Comédie en un acte & en profe, fuivie d'un divertiffement, 1737.

Au Théatre Italien.

ARLEQUIN ATYS, Parodie en un acte, profe & vaudevilles de la Tragédie lyrique d'*Atys*, 1726.

A l'Opéra Comique.

L'ESTAMINETTE FLAMANDE, Ballet pantomime, 1735.

L'ÉCOLE DE MARS ET LE TRIOMPHE DE VÉNUS, Ballet pantomime, 1736.

L'ART ET LA NATURE, Ballet pantomime 1737.

LE COMPLIMENT, Prologue non imprimé, 1738.

LE HAZARD, un acte, précédé d'un Prologue, non imp. 1739.

L'ŒIL DU MAÎTRE, Ballet pantomime, 1742.

K ij

En société avec Messieurs Fuzelier & Panard.

LA MÉPRISE DE L'AMOUR, *ou* PIERROT TANCRÉDE, Parodie en un acte de la Tragédie lyrique de *Tancréde*, 1729. non imp.

LE MALADE PAR COMPLAISANCE, trois actes, non imp. 1730.

Avec Messieurs Panard & Marignier.

ARGÉNIE, trois actes, non imp. 1729.

Avec M. Panard.

LES DEUX SUIVANTES, trois actes, non imp. 1730.

LE BOUQUET DU ROI, un acte, non imp. 1730.

LA COMÉDIE SANS HOMMES, un acte, non imp. 1732.

LES FÊTES GALANTES, Ballet pantomime, 1736.

LE RIEN, un acte, non imp. 1737.

Avec Messieurs Favart & Panard.

LE QU'EN DIRA-T-ON, un acte, non imp. 1740.

Avec Messieurs Panard & Fagan.

LE BADINAGE, Prologue, non imp. 1731.

ISABELLE ARLEQUIN, un acte, non imp. 1731.

Avec Messieurs Piron, Panard & Gallet.

LA RAMÉE ET DONDON, Parodie en un

acte de la Tragédie de *Didon*, non imprimée, 1734.

Avec Messieurs Panard & Parmentier.

ALZIRETTE, Parodie en un acte de la Tragédie d'*Alzire*, non imp. 1736.

Avec Messieurs Panard, Gallet & Laffichard.

MAROTE, Parodie en un acte de la Tragédie de *Mérope*, non imp. 1743.
PONTEUIL, (Nicolas-Etienne le Franc, Sieur de) Comédien François, débuta le Lundi 5 Septembre 1701. pour les roles de *Rois*, reçu le 25 Novembre suivant, mort à Dreux le Lundi 15 Août 1718. *Histoire du Théatre Franç.* année 1730.
PORCHÉ - FONTAINE, (les Avantures du Camp de) Comédie en un acte. Voyez *Avantures (les) du Camp de Porché Fontaine*, où le nom de l'Auteur a été oublié, mais nous avons découvert par nos recherches que cette piéce est de M. *Fuzelier*.
PORCIE, Tragédie de Robert *Garnier*, représentée en 1568. imp. dans le Recueil des Œuvres de l'Auteur. *Hist. du Th. Franç.* année 1568.
PORCIE (la) ROMAINE, Tragédie de M. l'Abbé *Boyer*, représentée en 1646: in-4°. la même année, Paris, Courbé. *Histoire du Th. Fr.* année 1646.
Voyez *Mort (la) de Brute & de Porcie*, ou *Vengeance (la) de la mort de César*.
PORT (le) DE MER, Comédie en un

K iij

acte & en profe, par Messieurs *La Motte* & *Boindin*, représentée le Jeudi 29 Mai 1704. précédée de la Tragédie d'*Ariane*, imp. la même année, in-12. Paris, Ribou, & dans le Théatre de M. *Boindin*. *Histoire du Théatre François*, année 1704.

PORTRAIT, (le) Comédie Françoise en profe & en un acte, au Théatre Italien, par M. de *Beauchamps*, représentée pour la premiére fois le Jeudi 9 Janvier 1727. Paris, Briasson. *Extrait, Mercure de France, Janvier* 1727. *p.* 148. *& suivantes.*

PORTRAIT (le) DU PEINTRE, *ou la* CONTRE-CRITIQUE DE L'ÉCOLE DES FEMMES, Comédie en vers & en un acte, de M. *Bourfault*, représentée sur le Théatre de l'Hôtel de Bourgogne en 1663. imp. la même année, Paris, Guignard, & dans le Recueil des Œuvres de l'Auteur. *Hist. du Th. Fr.* année 1663.

PORUS, *ou la* GÉNÉROSITÉ D'ALEXANDRE, Tragédie de M. l'Abbé *Boyer*, représentée au Théatre du Marais en 1647. in 4°. Paris, Quinet, 1648. & sous le titre du *Grand Alexandre*, ou *Porus Roi des Indes*, in-12. 1666. *Hist. du Th. Fr.* année 1647.

POT (le) AU NOIR, Opéra Comique. Voyez *Épreuve* (l') *dangéreuse*.

Pot (le) POURRI. Voyez *Arlequin mari sans femme*.

POUCHARD, (Mlle) Comédienne Françoise, a débuté le Mardi 13 Juin 1724. par le role de *Marton*, dans la Comédie de l'*Homme à bonne fortune*, & n'a point été reçue. *Hist. du Th. Franç.* année 1730.

POULLET (Pierrard) Auteur Dramatique a composé :

CLORINDE, Tragi-Comédie, 1598. *Histoire du Th. Fr. année 1598.*

POURCEAUGNAC, (Monsieur de) Comédie en trois actes & en prose de M. *Moliere*, représentée à Chambord devant le Roi, le Lundi 6 Octobre 1669. & à Paris au Théâtre du Palais Royal, le 15 Novembre suivant, imp. dans le Recueil des Œuvres de l'Auteur. *Hist. du Théatre Franç. année 1669.*

POUSSINS (les) DE LÉDA, Parodie des *Tindarides*, Tragédie de M. *Danchet*, par M. *Faroard*, représentée à la Foire Saint Laurent 1709, par la Troupe de Dolet & La Place, & jouée à la muette avec des écriteaux.

POUVOIR (le) DE L'AMOUR, Ballet en trois actes avec un Prologue, de M. *Le Febvre de Saint Marc*, Musique de M. *Royer*, représenté par l'Académie Royale de Musique, le Mardi 23 Avril 1743. in-4°. Paris, Ballard. *Extrait, Mercure de France, Mai 1743. p. 999.*

ACTEURS DU PROLOGUE.

Prométhée.   Le Sieur Chassé.
L'Imagination.   Mlle Fel.
L'Amour.   Mlle Coupée.

BALLET. Les *Passions*.

Les Sieurs Dupré, Dumay, Monfervin & Ghérardi.
Jeux & Plaisirs.   Mlle Le Breton.
Les Sieurs P. Dumoulin, Maltaire C. Dangeville & Levoir.
Mlles Courcelle, S. Germain, Dazenonçourt & Thierry.

I. Entre'e.

Une Fée.	Mlle Julie.
Zaïde, fille de la Fée.	Mlle Le Maure.
Emire, fils du Génie El-mafis.	Le Sieur Jélyotte.
Céphife, Chanteufe.	Mlle Fel.

BALLET.

Doris, Danfeufe.	Mlle Camargo.
Un Génie danfant.	Le Sieur Javillier L.

II. Entre'e.

Midas, Roi de Phrygie.	Le Sieur Le Page.
Herfilie, fille du Roi.	Mlle Julie.
Eumolpe, Grand Sacrificateur de Bacchus.	Le Sieur Chaffé.

BALLET.

Phrygiens & Phrygiennes. Le Sieur Dupré.
Les Sieurs Dumay, Monfervin, Dupré, Gherardi, P. Dumoulin & Maltaire C.
Mlles Carville, Rabon, Frémicourt, S. Germain Thierry & Courcelle.

Troupe d'Habitans du Pactole & Bacchantes.

Mlle Dallemand L.
Les Sieurs F. Dumoulin, Hamoche, Levoir & Feuillade.
Mlles Dazenoncourt, Minot, S. Huray & Dary.

III. Entre'e.

Le Dieu du Jour.	Le Sieur Jélyotte.
Le Roi des Sauvages.	Le Sieur Albert.
Marfife, fille du Roi.	Mlle Le Maure.
Un Sauvage.	Le Sieur Perfon.

BALLET.

Sauvages.	Le Sieur Lany.

Les Sieurs F. Dumoulin, Hamoche, Feuillade, Levoir & Maltaire C.
Mlle Carville.
Mlles Thierry, S. Germain, S. Huray, Courcelle & Minot.

Ce Ballet n'a point été repris.

POUVOIR (le) DE LA SYMPATHIE, Comédie en trois actes & en vers, de M. *Boiſſi*, repréſentée le Samedi 5 Juillet 1738. ſuivie des *Amans déguiſés*, imp. *Hiſtoire du Th. Fr.* année 1738.

PRADE, (Jean le Royer, Sieur de) né en 1624. a compoſé :

LA VICTIME L'ÉTAT, *ou* LA MORT DE PLAUTIUS SILVANUS, PRÉTEUR ROMAIN, Tragédie, 1649, non repréſentée.

ANNIBAL, Tragi Comédie, 1649. non repréſentée.

ARSACE, Tragédie, repréſentée en 1666. *Hiſt. du Th. Fr. année* 1666.

PRADON, (Nicolas) Poëte Dramatique né à Rouen, mort à Paris au mois de Janvier 1698. a compoſé pour la ſcéne Françoiſe :

PYRAME ET THISBÉ, Tragédie, 1674.

TAMERLAN, *ou* LA MORT DE BAJAZET, Tragédie, 1675.

PHÉDRE ET HIPPOLYTE, Tragédie, 1677.

ELECTRE, Tragédie, 1677. non imp.

LA TROADE, Tragédie, 1679.

STATIRA, Tragédie, 1679.

TARQUIN, Tragédie, 1682. non imp.

RÉGULUS, Tragédie, 1688.

GERMANICUS, Tragédie, 1694. non imp.

SCIPION, Tragédie, 1697.

Les Piéces de M. Pradon, après avoir été imprimées ſéparément, ont été recueillies en un volume in-12. Paris, Ribou, 1708. derniére édition in-12. 2 vol. Paris, par la Compagnie des Libraires, 1740. *Hiſt. du Th. Fr.* année 1688.

PRALARD, (N........) fils d'un riche Libraire du même nom, & frere de Pralard Libraire, mort vers 1750. fut destiné au sortir de ses études à la profession d'Avocat, qu'il n'éxerça point ; le bien qu'il reçut de la succession de son pere & de sa mere, lui parut suffisant pour suivre le penchant qui le portoit aux plaisirs. Le jeu fut sa passion dominante : enfin quelques années après s'être marié, il mourut d'une hydropisie de poitrine, au mois d'Août 1731. dans un âge peu avancé. Il est Auteur en société avec M. Séguineau de la Tragédie d'*Ægiste*, représentée au Théatre François en 1721.

PRÉCAUTION (la) INUTILE, Comédie. Voyez *Ecole (l') des Cocus*, ou *Précaution (la) inutile*.

PRÉCAUTION (la) INUTILE, Opéra Comique en un acte de M. *Gallet*, représenté le Mardi 28 Juin 1735. précédé d'un Prologue intitulé *Le Génie de l'Opéra Comique*, & suivi du *Droit du Seigneur*, Parodie en un acte de la Tragédie d'*Abensaïd*, non imp.

Le séxagénaire Chrysante est dans le dessein de se marier ; pour éviter les chagrins qu'il a éprouvé avec sa première femme, qui étoit jolie, mais un peu coquette, il veut faire choix d'une fille excessivement laide. Fourbin, valet de Valere, neveu du bon homme, se déguise en femme, & sous ce travestissement se présente à Chrisante. Sa figure comique prévient d'abord, & convient parfaitement à l'idée du vieillard : on conjecture aisément que les discours y répondent. Chrisante content souscrit une donation en faveur de son neveu, croyant signer son contrat de mariage. Fourbin revient ensuite sous son habit ordinaire; & découvre la supercherie. Chrisante se console, ratifie la donation, & consent au mariage de Valere & d'Angélique, qui s'aiment depuis longtems. La piéce finit à l'ordinaire par un divertissement, terminé par un vaudeville dont voici un couplet.

> Me voyant seule quelquefois,
> Après moi Nicaise accourt vite,
> Moi, de m'enfoncer dans le bois,
> Lui d'abandonner sa poursuite.
> Lorsqu'il me retrouve, aussi-tôt
> Il m'appelle ingrate & cruelle.
> Ne se plaint-il donc pas plûtôt
> Que la Mariée est trop belle ?

Extrait Manuscrit.

PRÉCIEUSES (les) RIDICULES, Comédie en un acte & en prose, de M. *Moliere*, représentée sur le Théatre du Petit Bourbon, le 18 Novembre 1659. in-12. Paris, de Luynes, Sercy & Barbin, 1660. & dans le Recueil des Œuvres de l'Auteur. *Histoire du Théatre Franç,* année 1659.

PRÉFLEURY, (N......) Comédien François, a débuté le Mardi 20 Janvier 1711. par le role d'*Oreste*, dans la Tragédie d'*Andromaque*. Second début, le Mardi 2 Août 1712. par *Agamemnon* dans *Iphigénie*; il n'a point été reçû. *Hist. du Th. Fr.* année 1637.

PRÉJUGÉ (le) A LA MODE, Piéce en cinq actes & en vers, de M. *De la Chauffée*, représentée le Jeudi 3 Février 1735. suivie de la *Sérénade*, imp. in 8°. la même année, Paris, & dans le Recueil des Œuvres de l'Auteur. *Hist. du Th. Franç.* année 1735.

PRÉJUGÉ (le) VAINCU, Comédie en un acte & en profe, de M. de *Marivaux*, repréfentée le Samedi 6 Août 1735. à la fuite de la Tragédie de *Pénélope*, imp. *Hiftoire du Th. Fr. année 1735.*

PREMIÉRE (la) REPRÉSENTATION, Opéra Comique. Voyez *Repréfentation.* (*la premiere*)

PRÉTÉ (le) RENDU, Opéra Comique. Voyez *Tour*, (*le double*) ou *Le Prété rendu.*

PREVOST, (Jean) de Dorat, ville dans la Baffe-Marche, Avocat & Poëte Dramatique, a compofé pour la fcéne Françoife :

ŒDIPE, Tragédie, 1614.
TURNE, Tragédie, idem.
HERCULE, Tragédie, idem.
CLOTILDE, Tragédie, idem.
Hiftoire du Théatre Franç. année 1614.

PREVOST, Acteur Forain, de Rouen. Son premier métier étoit celui de Déchireur de bateaux. Le hazard voulut qu'ayant quelque goût pour le Théatre, il fe mit dans la Troupe de Selles. En 1707. étant devenu amoureux de la Dlle Babron, il l'époufa vers le mois de Juillet de cette même année, & croyant que cet engagement rompoit celui que cette nouvelle époufe avoit contracté avec Dolet & La Place, il voulut la faire entrer avec lui chez de Selles. Dolet & La Place s'oppoférent à ce deffein, & le firent comparoître devant le Lieutenant général de Police ; ils préfenterent à ce Magiftrat l'engagement que la Dlle Babron avoit fait avec eux pour cette Foire S. Laurent & celle de Saint Germain fuivante, en le priant d'ordonner qu'elle le rempliroit, malgré son mariage avec Prevost. *Qu'as-tu à répondre à cela*, dit M. d'Argenson, en s'adressant à Prevost, & lui montrant l'acte qu'il avoit à la main. Monseigneur, lui répondit ce dernier, *mort & mariage rompt tout liage*, voilà tout ce que j'en sçai. Eh bien, reprit le Magistrat, j'ordonne, en dépit de ton proverbe, que ta femme remplira son engagement envers les nommés Dolet & La Place. Prevost obligé d'obéïr, prit son parti de bonne grace : il quitta Selles à la Foire S. Germain 1708. & entra dans la Troupe de Dolet & La Place, pour l'emploi des Paysans. En 1709. il passa en Province, où il remplit les roles de Rois. On ignore ce qu'il est devenu. *Mémoires sur les Spectacles de la Foire, tome I. p.* 60. *&c.*

PRIAM ROI DE TROYE, Tragédie de François *Bertrand*, représentée en 1600. imp. la même année in-12. & en 1611. in-12. Rouen, du Petitval. *Hist. du Th. Fr. année* 1600.

PRIN, Acteur Forain, de la Troupe de Maurice, où il remplit les roles d'Arlequin, après la mort de Renaud qui en étoit chargé. On dit que Prin s'acquitta parfaitement de ce role, & qu'il jouoit fort bien de la trompette marine. Il a suivi ce Spectacle pendant quelques années, & s'est retiré en 1704.

PRIN, (N......) Comédien François, fils du précédent, a débuté à Paris le Samedi 9 Septembre 1733. par le role de *Mithridate* dans la Tragédie de ce nom, & celui du *Marquis de Polinville*, du *François à Londres*, il n'a point été reçû. *Hist. du Th. Franç.* année 1733.

PRINCE (le) DE SALERNE, Canevas Italien en cinq actes, avec spectacle & divertissemens, représenté pour la première fois le Samedi 24 Septembre 1746.

ACTEURS.

Le Prince Octave, *Usurpateur de la Principauté de Salerne.*
Le Docteur, *Conseiller d'Octave.*
Mario, *Prince de Tarente & de Salerne.*
Célio, *ami de Mario.*
Flaminia, *Princesse de Salerne.*
Coraline, *Suivante de la Princesse.*
Arlequin, *mari de Coraline.*
Scapin, *frere de Coraline.*
Neptune.
Plusieurs Dieux marins.
Un Génie, *protecteur de Salerne.*
Nicolo.
Un Exempt.
Un Geolier.
Plusieurs troupes de Soldats.

La scéne se passe dans la Principauté de Salerne.

ARGUMENT.

Le Prince Octave usurpa la Principauté de Salerne à Mario, qui pour se dérober à ses poursuites, alla se réfugier à Tarente. Le Tyran veut contraindre Flaminia à l'épouser, mais cette Princesse destinée à Mario, ne veut point accepter sa main. Ses refus irritent le Tyran au point qu'il la fait conduire dans une Isle, où il la fait exposer sur les bords de la mer, pour y être dévorée par des monstres marins. Arlequin, mari de Coraline, suivante de Flaminia, touché du malheureux sort de cette Princesse, se rend secrettement à Tarente, apprend à Mario l'arrêt prononcé contre Flaminia. Mario s'embarque aussitôt avec Arlequin pour l'aller secourir, mais en chemin une horrible tempête brise leur navire, & les oblige à se jetter à la nâge. Heureusement Mario rencontre un Dauphin, qui le transporte dans l'Isle où se trouve Flaminia.

Acte I.

Le Théatre représente la mer, au bord de laquelle on voit des Rochers.

Flaminia raconte ses malheurs à Coraline, qui tâche de la consoler. Mario paroit sur un Dauphin, met pied à terre, reconnoît Flaminia, lui exprime sa passion, & lui jure de ne jamais l'abandonner. Célio, suivi de Scapin son valet, & de plusieurs Domestiques, vient assurer Flaminia que ne pouvant plus supporter la tyrannie d'Octave, il est venu dans le dessein de la délivrer. Mario & Célio se reconnoissent, se lient de la plus étroite amitié, & conviennent de faire tous leurs efforts pour secouer le joug du Tyran, Célio se retire. Coraline demande à Mario des nouvelles d'Arlequin son mari. Mario lui répond qu'il le croit noyé. Coraline est extrêmement sensible à la perte de son mari; Scapin son frere tâche de calmer son désespoir & sort. Un génie, monté sur un cheval marin, vient leur dire qu'instruit de leurs malheurs, il veut les aider de son secours. Il dit à Coraline qu'elle sera obligée de prendre la figure de la Princesse; elle fait d'abord quelques difficultés, mais le génie lui faisant entendre qu'elle ne peut qu'à ce prix revoir son époux, elle consent à se prêter à tout ce qu'on voudra. Le Génie les fait tous asseoir sur un rocher & transporter à la ville.

Arlequin, dans une tortue, arrive au bord de la mer; il en sort & conte ses avantures. Le Génie lui promet sa protection, lui donne un pouvoir magique, afin d'aller à Salerne combattre le Tyran, & remettre le Prince Mario sur le throne. Arlequin promet d'obéïr. Aussitôt Neptune avec des Dieux marins & des Tritons, viennent par leurs danses & par leurs chants encourager Arlequin à demeurer fidéle à son légitime Prince.

PROTÉE chante.

Du fidéle Arlequin les destins glorieux,
Aménent en ces lieux
La superbe Cour de Neptune;
Le nom de ce héros doit voler jusqu'aux cieux;
Tritons, célébrez par vos jeux,
Sa brillante fortune.
Un Prince malheureux, dans son adversité,
En toi cher Arlequin, trouve un sujet fidéle.
Qu'un illustre succès récompense ton zéle,
Les Dieux protégent l'équité.
Qu'une vertu si belle
Le place au rang des héros,
Et qu'une gloire immortelle
Couronne ses travaux.

Sa victoire éclatante
Doit assurer son bonheur;
De la fortune inconstante
Il dompte la rigueur.

& par des danses finit l'acte.

Acte II.

Appartement de Coraline.

Scapin apprend à Coraline, habillée en Princesse, qu'Arlequin est dans la ville; elle en témoigne sa joye. Scapin l'avertit de soutenir son personnage de Princesse, même en voyant son mari, sans quoi elle risque de perdre Mario & Flaminia. Coraline promet de ne se point découvrir. Arlequin vient chez Coraline, & n'y voit que la Princesse qui lui fait donner un siége, puis elle lui déclare son amour. Arlequin refuse d'y répondre; mais Coraline, soutenant toûjours la feinte, oblige Arlequin à sortir impatienté. Coraline en paroît chagrine & va se deshabiller, afin de calmer l'agitation qu'elle vient de causer à son mari.

Le Prince Octave, irrité contre Célio, ordonne au Docteur de le faire arrêter, ainsi que Flaminia. Scapin qui vient d'entendre l'ordre du Tyran, plaint le sort de son maître. Arlequin arrive charmé de revoir Scapin. Coraline en soubrette accourt à son mari; ils font une scéne où ils expriment la joye qu'ils ont de pouvoir se parler librement. Arlequin leur parle de son pouvoir magique, & leur dit qu'il va penser sérieusement à la perte du Tyran. Le Docteur qui vient d'écouter Arlequin, le fait arrêter & conduire en prison. Octave ayant appris du Docteur le dessein d'Arlequin, ordonne qu'on lui casse la tête. Il refuse sa grace à Coraline & à Scapin, qui la lui demandent à genoux. Coraline seulement obtient la permission de le voir une fois avant qu'il meure. (*Un bois.*) Des soldats conduisent Arlequin, le lient à un arbre, & lui tirent des coups de fusils, mais en présence du Tyran, par une métamorphose, Arlequin échappe à leur fureur.

Acte III

Une Ville.

Mario & Flaminia apprennent à Arlequin le déguisement de Coraline, Arlequin répond qu'il ne pouvoit pas la reconnoître, étant l'ouvrage d'une autre magie, qu'il s'en vengera à présent qu'il le sçait. Il donne ensuite une lettre à Mario pour se présenter à Octave, sans crainte d'être reconnu, cet expédient devant faciliter leur entreprise. Ils entendent du bruit & se retirent. Le Prince Octave & le Docteur sçachant Célio délivré de sa prison, voyent clairement qu'Arlequin possède un pouvoir surnaturel. Mario, sous le nom de Florindo, présente sa lettre à Octave. Le Prince voyant que ce Cavalier lui est recommandé par son pere, lui fait mille amitiés, le déclare son premier Ministre, & lui fait part de la crainte qu'il a de Mario & de Flaminia, & de la satisfaction qu'il auroit de les voir en son pouvoir. Mario promet de faire son possible pour le contenter. Octave ajoûte que la promesse que Flaminia lui a faite de l'époufer, l'a engagé à s'emparer de fa Principauté. Flaminia, qui écoutoit leur converfation, ne peut foutenir le menfonge affreux du Tyran: elle s'avance & lui reproche fon impudence & fa trahifon. Octave ordonne à Mario de la faire arrêter, afin que la punition fuive de près fa témérité. Mario, pour ne donner aucun foupçon à Octave qui fe retire, promet d'éxécuter fes ordres. Mario & Flaminia fe trouvent cependant fort embarraffés.

Arlequin feint d'être fâché de l'imprudence de Flaminia; mais Mario & Flaminia le priant de ne point les abandonner, il appelle deux Pages, à qui il commande de conduire Flaminia à une maifon de campagne, & renvoye Mario plus tranquille. Coraline en Princeffe, demande à Arlequin s'il fe réfout à l'aimer. Arlequin, qui cette fois la reconnoît, fait femblant de répondre à fa paffion. Coraline qui s'imagine qu'Arlequin la prend pour la Princeffe, en devient extrêmement jaloufe, lui dit que ce qu'elle a fait n'a été que pour éprouver fa fidélité, mais qu'il manque de refpect à une Princeffe, & qu'elle s'en plaindra à Octave. Octave furvient, qui prenant Coraline pour Flaminia, lui reproche fon infenfibilité pour lui. Coraline qui s'apperçoit qu'Arlequin les écoute, pour fe venger à fon tour, feint de changer de fentiment & d'écouter le Tyran. Arlequin ne peut tranquillement fupporter l'inconftance de fa femme, comme un furieux fait enlever Coraline, maltraite le Prince Octave, en lui difant qu'il va faire conduire Flaminia à un Château, & que s'il la fouhaite il aille l'y chercher. Mario qui feint de s'intéresser pour le Prince, se charge de ravoir Flaminia. Le Prince le quitte en lui témoignant sa reconnoissance. Célio & Scapin viennent, en lui disant qu'ils ont formé un gros parti. Mario les suit pour aller au secours de Flaminia. (*Bois avec un Château.*) Arlequin fait entrer Flaminia dans le Château, en l'assurant qu'il ne l'abandonnera pas un instant. Octave, suivi du Docteur & de ses soldats, tombent sur Arlequin, qui se défend. Mario, avec un grand nombre de gens, semble s'unir à eux; mais dans le fond, il ne pense qu'à secourir Flaminia. Arlequin, après plusieurs bravoures, finit l'acte par une transformation. Des Paysans viennent se réjouir de la victoire d'Arlequin, & forment des danses.

ACTE IV.

Arlequin pour découvrir si sa femme aime véritablement Octave, paroît sous les habits de Flaminia. Mario le croyant la Princesse, lui parle de ses feux. Arlequin refuse de l'écouter. Mario surpris & sensible le quitte pour s'aller plaindre à Arlequin; ce dernier rit de sa méprise. Scapin qui le prend aussi pour Flaminia, lui représente qu'elle est cause qu'Arlequin est infidéle à sa femme. Arlequin répond qu'il ne prétend pas recevoir de leçons, & pendant qu'ils contestent, Coraline, qui croit voir aussi Flaminia dans Arlequin, se jette à ses genoux, accuse son mari d'infidélité, en lui représentant que si elle continue à vouloir lui enlever le cœur de son époux, elle ne pourra pas s'empêcher de tout découvrir au Prince. Arlequin charmé de la tendresse de sa femme, se découvre, l'embrasse, & la tranquillise. Coraline satisfaite, promet de continuer la feinte & s'en va avec Scapin. Le Prince voyant Arlequin, paroît indigné du passé, & veut tirer son épée pour le punir, mais Arlequin l'enchante. Le Docteur vient pour parler au Prince, le touche & demeure enchanté. Octave reprend ses sens & se retire. Célio vient pour parler au Docteur son pere, le touche, demeure immobile, & délivre son pere. Scapin charmé de voir Célio son maître sorti de prison, va pour l'en féliciter, le touche & demeure à son tour enchanté. Célio se retire. Coraline qui apperçoit Scapin, lui parle & le touche, & prend sa place. Nicolo enfin prend celle de Coraline. Arlequin après plusieurs lazzis qu'il fait avec ce valet, le désenchante & le renvoye. Le Docteur accompagné de soldats, veut s'emparer d'Arlequin; mais au moment qu'ils croyent le tenir, Arlequin transporte en l'air le Docteur, & finit le quatriéme acte.

Acte V.
Ville & Prison

Coraline en Princesse, demande à Mario si elle sera obligée d'être encore longtemps à soûtenir cette feinte. Octave & le Docteur entendent que Mario promet à Coraline que tout va changer de face, & que bientôt le Tyran tombera sous leurs coups. Octave ironiquement remercie Mario. Coraline paroit toute tremblante. Mario pour regagner la confiance du Tyran, lui remet entre les mains la feinte Flaminia. Octave semble être satisfait, mais après avoir envoyé Coraline en prison, pour calmer ses soupçons, il fait arrêter Mario qui se découvre. Octave & le Docteur vont délibérer sur ce qu'ils feront des coupables. Scapin, préfent à ce qui vient de se passer, le raconte avec beaucoup d'agitation & de douleur à Arlequin, qui pour se réjouir de Scapin, l'écoute & lui répond avec un grand flegme. Après l'avoir bien impatienté il le rassure, & l'envoye avertir Célio son maître de se tenir prêt à le seconder. Il s'approche ensuite de la prison, appelle Mario, & lui dit que tout se prépare pour le délivrer tout à-fait d'Octave. Mario content se retire, ainsi qu'Arlequin qui entend quelqu'un. Le Docteur fait apporter par un soldat une soucoupe, & dessus un verre rempli d'une liqueur empoisonnée. Il fait venir Coraline, qui passe pour Flaminia, & veut l'obliger à prendre ce poison. Coraline ne sçachant comment sortir d'un pas si périlleux, pleure & se désespére; mais Arlequin fait enlever le verre que le soldat présente à Coraline, & chacun se disperse.

Octave au milieu de ses soldats, dit à Mario, qu'il a fait attacher sur un bucher, que sa vengeance enfin est prête d'éclater, avec une satisfaction sans égale; il ordonne qu'il meure: mais au moment qu'on se met en devoir de lui obéïr, Arlequin, par une métamorphose qui change tout le Théatre, (*) délivre Mario,

---

(*) Le bucher se change en un instant en une salle

fait avancer Célio & tous ceux de son parti, qui tiennent en respect les gens du Prince Octave. Ce Tyran se voyant au pouvoir de Mario lui demande grace. Mario ne se contente pas de la lui accorder, ce généreux vainqueur le traite en ami, & ne veut se venger qu'en l'accablant de bienfaits, puis il épouse Flaminia, promet de grandes récompenses au zéle de Célio & d'Arlequin. Le Peuple charmé de posséder son légitime Souverain, forme des danses, & la Comédie finit par un Ballet. *Programme imprimé.*

PRINCE (le) DE SURÊNES, Parodie en vers & en un acte de la Tragédie du *Duc de Surrey*, suivie d'un divertissement, au Théatre Italien, par M. *Riccoboni* le fils, représentée pour la premiére fois le Vendredi 10 Juin 1746. Paris, De Lormel.

« Le 10 Juin on a donné sur le Théatre Italien la premiére représentation du *Prince de Surênes*, parodie en un acte & en vers de M. Riccoboni le fils. C'est une critique ingénieuse du *Duc de Surrey*. Comédie en cinq actes, donnée sur le Théatre François. On ne donnera point un extrait de cette Parodie, qui est perpétuellement relative à la piéce Françoise, & dont les plaisanteries ne peuvent être goûtées que par les Lecteurs qui sçavent l'ouvrage parodié ».

Il y a à la suite de l'imprimé de cette piéce un *Discours sur la Parodie*, du même Auteur,

___

magnifique où est un thrône sur lequel se trouve assis Mario. Cette décoration est parfaite dans l'éxécution & dans le goût.

où brillent l'esprit & le jugement ; « la seule
» idée de critique, (dit cet Ecrivain senſé,)
» révolte un Auteur. C'eſt décourager les ta-
» lens, diſent quelques-uns, que de les expo-
» ſer à être baffoués par un mauvais plaiſant,
» & c'eſt mettre obſtacle au progrès de l'eſprit,
» que de ſouffrir que l'on ſéme des ridicules
» ſur des ouvrages reſpectables, qui font hon-
» neur à la nation.

« Je répondrai à cela premiérement que ja-
» mais Parodie n'a donné un ridicule à une Tra-
» gédie qui n'en avoit point par elle-même ; le
» Parodie ne crée point les ridicules, il les fait
» ſeulement appercevoir. La critique ne doit
» point décourager les talens, elle ſert au con-
» traire à les perfectionner, en les obligeant
» d'être ſur leurs gardes, lorſqu'ils veulent
» s'expoſer aux yeux du public, &c ».

Toute cette courte diſſertation eſt remplie
de penſées juſtes, & qui ne peuvent naître que
d'un eſprit lumineux, qui a examiné bien exactement la matiere qu'il traite. Cependant il
voudra bien qu'au ſujet de ce qu'il a établi comme démontré, ſur les Opéra & leurs Parodies,
je ne ſois pas abſolument de ſon avis, & que
je le renvoye à la Préface du Ballet du *Triomphe
de l'Harmonie*, qui ſe trouve preſque une réfu-
tation de ſes idées ſur la Poëſie lyrique. « L'O-
» péra, (dit il,) eſt une ſorte de compoſition
» qui ne ſouffre ni ne mérite la critique ; l'on
» eſt obligé de tout ſacrifier au plaiſir de la vûe
» & de l'ouie, on n'a preſque jamais occaſion
» d'y parler à l'eſprit, & les morceaux qui
» ſemblent parler au cœur, ſont privés de ce
» mérite

„ mérite dès qu'ils ne font pas rendus par une
„ voix touchante. La Parodie d'un Opéra est
„ dans le cas de l'original, ôtez-en la gaieté des
„ airs bouffons fur lesquels on chante, & la
„ plaisanterie d'un refrain amené grotesque-
„ ment, il ne reste plus rien à l'ouvrage ».

Il est surprenant que M. Riccoboni, qui montre tant de justesse dans le reste de son discours, ait avancé des propositions si peu soutenables ; sans répéter ici tout ce qui est si bien expliqué dans la Préface du Ballet du *Triomphe de l'Harmonie*, nous ne répondrons seulement qu'à cette phrase-ci : « Les morceaux qui sem-
» blent parler au cœur, sont privés de ce mé-
» rite dès qu'ils ne sont pas rendus par une
» voix touchante ». Que signifie *sembler parler au cœur, & sont privés de ce mérite de sembler uniquement pour parler au cœur* ? quoi ! des pensées tendres, cessent de l'être dès qu'elles ne sont pas chantées ? les belles scènes d'Atys & de Sangaride, d'Epaphus & de son amante, dans Phaëton, & cent morceaux où le sentiment est peint avec délicatesse, tant dans Quinault que dans quelques uns de ses émules, perdent tout leur mérite dès qu'ils ne sont plus chantés ? c'est comme si on avançoit que les vers sublimes de Corneille perdent leur éclat dès qu'ils ne sont plus dans la bouche pompeuse d'un Acteur François. La *Parodie d'un Opéra est dans le cas de l'original* ; cela est vrai ; une pensée critique & fine perd elle aussi son mérite, pour se trouver enchassée dans un vaudeville plaisant ? & celles qui tirent leur agrément d'un refrain *grotesquement amené*, sont-elles à

meprifer, parce que ce refrain eft auffi judicieufement que grotefquement amené ? La Mufique tant férieufe que bouffonne habilleroit en vain de certaines productions. Le Théatre lyrique fournit plus d'une preuve autentique contre le plus grand nombre de fes Poëtes, qui n'ont pû dérober leur défaut au public, quoique caché fous une modulation gracieufe & fçavante. *Mercure de France, mois de Juillet* 1746. *p.* 133-136.

PRINCE (le) DÉGUISÉ, Tragi-Comédie de M. de *Scudery*, repréfentée en 1635. imp. la même année in-8°. Paris, Courbé. *Hift. du Th. Fr. année* 1635.

PRINCE (le) FUGITIF, Poëme Dramatique du Sieur *Baro*, repréfenté en 1648. in-4°· Paris, Sommaville, 1649. *Hift. du Th. Franç. année* 1648.

PRINCE (le) JALOUX, Comédie. Voyez *Garcie* (*Dom*) *de Navarre.*

PRINCE (le) JALOUX, (*il principe Gelozo,*) Tragi-Comédie Italienne en cinq actes, du *Cicognini*, repréfentée pour la première fois le Dimanche 30 Mai 1717. Paris, Briaffon. La traduction Françoife à côté de l'original Italien. Au refte le *D. Garcie de Navarre*, de M. *Moliere* eft tiré de cette piéce Italienne.

PRINCE (le) MALADE. Voyez *Jeux* (*les*) *Olympiques.*

PRINCE (le) NOCTURNE, Opéra Comique. Voyez *Piéce* (*la*) *fans titre.*

PRINCE (le) RECONNU, Tragi-Comédie de M. *Puget de la Serre.* Voyez *Théfée*, ou le *Prince reconnu.*

PRINCE (le) RÉTABLI, Tragi-Comédie de M. *Guérin de Bouscal*, repréſentée en 1647. imp. la même année, in-4°. Paris, Courbé. *Hiſtoire du Théatre Fr. année* 1647.

PRINCE (le) TRAVESTI. Voyez *Illuſtre* (l') *Aventurier*.

PRINCES (les) RECONNUS, Tragi-Comédie. Voyez *Melize* (la) de *Du Rocher*.

PRINCESSE (la) DE CARISME, Opéra Comique en trois actes, de M. *Le Sage*, repréſenté à la Foire S. Laurent 1718. imp. tome III. du Théatre de la Foire. Cette piéce eut un très-grand ſuccès, il eſt aſſez extraordinaire qu'on n'ait point ſongé à la remettre au Théatre. Dans ſa nouveauté la célébre Mlle Sallé y parut pour la premiére fois ſur un Théatre de Paris.

PRINCESSE (la) DE LA CHINE, Opéra Comique de Meſſieurs *Le Sage* & *d'Orneval*, avec des divertiſſemens, repréſenté le Samedi 25 Juin 1729. jour de l'ouverture de la Foire S. Laurent. Cette piéce eut auſſi aſſez de réuſſite. Elle ſe trouve imprimée tome VII. du Théatre de la Foire.

PRINCESSE (la) DE CLÉVES, Tragédie de M. *Bourſault*, non imp. repréſentée au Théatre de Guénégaud, le Mardi 20 Décembre 1678. *Hiſt. du Th. Fr. année* 1678.

PRINCESSE (la) D'ÉLIDE, Comédie Ballet en cinq actes, précédée d'un Prologue, (le premier acte & la premiére ſcéne du ſecond en vers, le reſte en proſe,) par M. *Moliere*, repréſentée à Verſailles le 8 Mai 1664. & à Paris ſur le Théatre du Palais Royal, le 9

L ij

Novembre suivant, imp. dans le Recueil des Œuvres de l'Auteur. *Hist. du Th. Fr.* année 1664.

PRINCESSE (la) D'ÉLIDE, Ballet héroïque en trois actes, avec un Prologue, de M. l'Abbé *Pellegrin*, Musique de M. de *Villeneuve*, représenté par l'Académie Royale de Musique, le Mardi 20 Juillet 1728. in 4°. Ballard, & tome XIV. du Recueil général des Opéra. *Extrait, Mercure de France*, Août 1728. p. 1841. *& suivantes*.

ACTEURS DU PROLOGUE.

L'Amour.	Mlle Julie.
Vénus.	Mlle Eremans.
Polymnie.	Mlle Du Tillié.
Terpsichore.	Mlle Pélissier.

BALLET.

Eléves de Terpsichore. Mlle Camargo.
Les Sieurs Dangeville, Maltaire L. Bontems, Savar & Dumay.
Mlles La Martiniere, Binet, Du Rocher, Duval & Le Maire.
Graces, Suivantes de Vénus.
Mlles Petit, Sallé & Thibert.

ACTEURS DU BALLET.

Amaryllis, Princesse d'Elide.	Mlle Eremans.
Tersandre, Prince d'Argos.	Le Sieur Tribou.
Iphis, Prince de Corinthe.	Le Sieur Chassé.
Doris, Confidente d'Amaryllis.	Mlle Pélissier.
Arcas, Confident de Tersandre.	Le Sieur Dun.
La Grande Prêtresse de Vénus.	Mlle Julie.
Une Prêtresse de Vénus.	Mlle Du Tillié.

PR 245

BALLET.

ACTE I. *Bergers & Bergéres.* Mlles Prevoſt & Sallé,
Les Sieurs Dangeville, P. Dumoulin
& Maltaire L.
Mlles Du Rocher, Binet & Thibert.
Faunes & Nymphes. Le Sieur D. Dumoulin,
Les Sieurs Tabary, Savar & Dumay.
Mlles Verdun, Duval & Le Maire.

ACTE II. *Amans d'Amaryllis.* Le Sieur Laval.
Les Sieurs Dumoulin L. Savar,
Tabary & Dumay.
Mlles Verdun, Duval, Le Maire & Petit.
Prêtres & Prêtreſſes.
Les Sieurs Dangeville, P. Dumoulin,
Maltaire L. & Javillier.
Mlles Thibert, Du Rocher, La Martiniere
& Binet.

ACTE III. *Argiens & Argiennes.*
Une Bohémienne. Mlle Camargo.
Une Indienne. Mlle Sallé.
Indiens. Le Sieur Savar & Mlle De Liſle.
Afriquains. Le Sieur Bontems & Mlle Duval.
Egyptiens. Le Sieur Dangeville & Mlle Du
Rocher.
Arlequin. Le Sieur F. Dumoulin.
Argiens & Argiennes déguiſés.
Les Sieurs Laval & Maltaire C.
Le Sieur Pierret & Mlle Le Maire.
Le Sieur Camargo & Mlle Thibert.
Le Sieur Dumay & Mlle Petit.

Ce Ballet n'a point reparu au Théatre.

PRINCESSE (la) DE GOLCONDE, *ou l'*HEU-
REUSE RESSEMBLANCE, Opéra Comique en
un acte, de M. *Carolet,* repréſenté le Mardi
27 Août 1737. non imprimé.

Le Prince du Japon, & Pierrot ſon valet,
ont été jettés par une tempête aux pieds des
murs des Jardins du Sérail du Roi de Golconde.
Ils ont le bonheur d'y entrer, & après s'y être
promenés quelque temps, ils s'endorment. La
Princeſſe de Golconde & ſa ſuivante les apper-

L iij

çoivent & en deviennent subitement éprises. Elles les éveillent. Pendant que ces quatre personnes sont en conversation, le Roi arrive, & fait remarquer à sa fille que Pierrot ressemble beaucoup au Prince qui lui est destiné en mariage. Pierrot entendant ce discours, conçoit le dessein de se faire passer pour Prince, afin d'obtenir la main de la Princesse, & de la remettre à son Maître. Pour cet effet il sort, & reparoit un moment après, travesti en fille Indienne. Le Roi lui propose l'inspection du Sérail ; Pierrot l'accepte en assurant qu'il fera plus d'ouvrage que dix Eunuques ensemble.

Sous ce nouveau travestissement, Pierrot se fait voir en Prince, & c'est alors qu'il sollicite avec empressement son mariage avec la Princesse. Le Roi semble y consentir, & ce qui cause son erreur, c'est que le Courrier chargé du portrait du Prince du Japon, l'ayant perdu, a apporté à sa place celui de Pierrot. Dans le moment que cet hymen est prêt à être conclu, arrive un nouveau Courrier du Roi du Japon, Pierrot se découvre alors, & avoue que c'est lui qui a passé pour fille Indienne. Le Roi lui pardonne sa fourberie, & l'on ne songe plus qu'aux nôces du Prince & de la Princesse. Le Divertissement est éxécuté par les Nains du Roi.

Couplet du Vaudeville.
Qu'un barbon épouse une fille
Chez qui la tendresse pétille,
C'est un contraste affreux.
Mais qu'à vingt ans l'aimable Hortense,
Du jeune Hylas comble les vœux,
C'est une heureuse ressemblance.

Extrait Manuscrit.

PRINCESSE (la) DE NAVARRE, Comédie héroïque en 3 actes & en vers libres, avec un Prologue & des divertissemens, par M. de *Voltaire*, Musique de M. *Rameau*. Cette piéce composée pour le mariage de Monseigneur le Dauphin & de l'Infante d'Espagne, fut éxécutée par les Comédiens François de la Troupe du Roi, & les divertissemens par l'Académie Royale de Musique, à Versailles le Mardi 23 Février 1745. imp. in-8°. *Histoire du Théatre François*, année 1745.

PRINTEMS, (le) *ou l'*AMOUR COQUET, c'est le titre de la premiére Entrée du Ballet des *Saisons*, sous lequel M. l'Abbé *Pic* a traité le sujet de *Zéphyre & Flore*. Voyez *Saisons*. (*les*)

PRINTEMS, (le) deuxiéme Entrée du Ballet héroïque de M. *Roi*, intitulé l'*Année galante*, l'Auteur y a aussi traité le sujet de *Zéphyre & Flore*. Voyez *Année* (*l'*) *galante*.

PRISON (la) DÉSIRÉE. Voyez *Arlequin au désespoir de ne pas aller en prison*.

PRIX (le) DE L'ARQUEBUSE, Comédie en un acte & en prose, de M. *Dancourt*, imp. dans ses Œuvres, & représentée le Vendredi 1 Octobre 1717. précédée de la Tragédie de *Mithridate*. *Hist. du Th. Fr.* année 1717.

PRIX (le) DE CYTHERE, Opéra Comique en un acte, de M. *Favart*, in 12. Paris, Clément, 1742. représenté le Lundi 12 Février 1742.

Quoique cette piéce ait eû un très-grand succès, l'impression qui l'a fait passer dans les mains du public, nous dispense d'un Extrait, & l'on

L iv

souscrira aisément à l'idée du Prologue, qui nous fait entendre que cet ouvrage pour le fond auroit pû être transplanté sur un autre Théatre avec applaudissement.

PROCÉS (le) DES SENS, Comédie en un acte de M. *Fuzelier*, représentée à la suite de la Tragédie d'*Habis*, le Lundi 16 Juin 1732. imprimée la même année, Paris, Prault, in-12. *Hist. du Théatre François*, année 1732.

PROCÈS (le) DES THÉATRES, Comédie Françoise en prose, mêlée de vaudevilles & en un acte, suivie d'un divertissement au Théatre Italien, par M. *Dominique*, représentée le Dimanche 20 Novembre 1718. non imprimée.

« On feint que la Muse de la Comédie Fran-
» çoise, & celle de la Comédie Italienne, jus-
» tement irritée contre la Foire, vont porter
» leurs plaintes au Dieu du Pinde des maniè-
» res outrageantes que cette Muse prétendue
» a eue pour elles, & du dommage considéra-
» ble qu'elle a porté par sa licence aux deux prin-
» cipaux Théatres qu'Apollon ait sous son em-
» pire, que ces deux Comédies sont sur le
» point de tomber dans le mépris & dans l'ou-
» bli, si par son équité il ne punit cette inso-
» lente en la réduisant dans un état à ne pou-
» voir leur nuire, ni faire tort au bon goût.
» Apollon leur promet de leur rendre justice,
» & leur dit de se retirer pour un moment. Il
» appelle Momus pour lui ordonner d'aller
» chercher le Génie de la Foire. Momus part,
» & pendant ce temps-là, Apollon se fait ins-
» truire par Arlequin de l'origine & des raisons
» qui ont fait naître ce procès. Arlequin lui en

» rend compte d'une maniere fort embrouillée,
» & lui dit enfin qu'il peut juger quand il lui
» plaira, puisqu'on décide tous les jours des af-
» faires dont les Juges ne sont pas mieux ins-
» truits que lui. Momus revient avec la Foire.
» Apollon s'assit, & ordonne à Momus de faire
» entrer les deux Comédies ; elles viennent sui-
» vies l'une d'un Sganarelle & d'un Crispin, &
» l'autre d'un Arlequin & d'un Scaramouche.
» Apollon fait mettre la Foire sur la sellette,
» lui dit de répondre aux chefs d'accusation que
» l'on va proposer contre elle, & ordonne à la
» Muse Françoise de plaider : celle-ci entre au-
» tres raisons dit que son Theatre est le centre
» de la Majesté & de la Grandeur ; que c'est à
» elle seule qu'appartient de remuer les passions,
» & pour le prouver, elle déclame des vers de
» Racine ; la Foire répond à cela qu'elle émeut
» les passions aussi bien qu'elle ; que par exem-
» ple lorsqu'il faut inspirer de la compassion,
» elle n'a qu'à chanter, *Or écoutez petits &*
» *grands*, & que pour donner de la joye, il
» n'est rien tel qu'un *Flon, flon, flon, larira*
» *dondaine*. A ces mots la Comédie Françoise
» s'évanouit, & dit auparavant à Apollon que
» protéger la Foire, c'est lui donner la mort.
» La Muse de la Comédie Italienne prend en-
» suite la parole, & soutient qu'on doit l'inter-
» dire à l'accusée, puisqu'elle ne s'en sert que
» pour des traits grossiers & satyriques ; que
» c'est elle qui est seule en possession de chasser
» le chagrin & l'ennui, que d'ailleurs la Foire
» n'étant qu'une usurpation & une nouveauté
» sortie des ruines de l'ancienne Comédie Ita-

» tienne, elle ne doit pas avoir la témérité de
» paroître & de parler, mais plûtôt de garder
» un juste & parfait silence, enfin elle conclut
» à ce qu'elle soit réduite à sa premiére institu-
» tion, c'est à dire, condamnée aux sauts & à
» la corde.

» Apollon suffisamment instruit des raisons
» de l'une & de l'autre partie, & considérant
» l'équité qu'il y a de supprimer un spectacle
» dont les productions empêchent les deux
» autres Théatres, également vrais & raisonna-
» bles de se soutenir, prononce son arrêt, &
» condamne la Foire à un éternel silence, sans
» qu'il lui soit permis d'en appeller. Les deux
» Comédies triomphantes remercient Apollon,
» & sortent avec lui. La Foire s'étoit imaginée
» qu'un Juge aussi équitable & aussi éclairé que
» celui qui vient de la condamner, se laisseroit
» éblouir par quelque brillant que le hazard seul
» lui avoit fourni, mais se voyant désabusée, &
» sçachant d'ailleurs que tous les moyens de
» faire retracter ce Dieu sont interdits, elle
» reste seule confuse & désolée, mais passant
» bientôt du chagrin au dépit, & du dépit à la
» fureur, elle s'exhale en reproches & en inju-
» res contre l'ingratitude de son cousin l'*Opéra*,
» qui malgré tout le bien qu'elle lui a fait, &
» la société où ils ont été si longtemps, l'aban-
» donne dans le moment où son secours lui se-
» roit si nécessaire pour défendre ses droits, en
» conservant les siens propres. Son désespoir ne
» lui permet pas de rester plus longtemps, elle
» sort pour chercher son perfide cousin, & jure
» de le bien étriller, si elle le rencontre.

» L'Opéra qui avoit appris le sort de sa cou-
» sine, vient pour la chercher, & ne la trou-
» vant point, se plaint de son absence, & la
» demande selon sa coutume aux bois & aux
» échos d'alentour. Ses vœux sont exaucés, la
» Foire revient, & fait à son cousin tous les
» reproches imaginables : son désespoir la jette
» dans une espéce de frénésie qui lui cause des
» fureurs, puis revenant à elle, & sentant à sa
» foiblesse qu'elle est proche de sa fin, elle par-
» donne à son cousin tout le mal qu'il lui a fait,
» & le prie de se souvenir d'elle, mais les forces
» lui manquant, & voulant mourir sur le grand
» ton, elle récite héroïquement plusieurs vers,
» & finit par celui-ci, en se jettant dans les
» bras de l'Opéra.

Reçois mon cher cousin l'ame de ta cousine.

» Elle lui rend l'esprit, & l'Opéra par recon-
» noissance l'emporte avec lui. Dans le même
» moment les deux Comédies viennent avec
» leurs suites, qui apprennent la nouvelle de la
» mort de la Foire leur commune ennemie, &
» se jurent une amitié sincere; elles témoignent
» leur joie par des chants & des danses, où les
» deux suites, pour marquer leur union, s'em-
» brassent & se mêlent les unes avec les autres.
» Le divertissement est terminé par un vaude-
» ville dont voici les couplets.

UNE ACTRICE FRANÇOISE.

Nous n'avons plus de vœux à faire,
Chez nous Paris abondera,
Notre galere, lare lan laire, oh gué lon la,
Notre galere, sans vent contraire voguera.

UNE ACTRICE ITALIENNE.

La Foire est contrainte à se taire,
Notre Troupe triomphera,
Notre galere, &c.

LA COMÉDIE FRANÇOISE.

Longtemps de ma juste colere,
La Foire se ressentira,
Notre galere, &c.

LA COMÉDIE ITALIENNE.

Au public ne songeons qu'à plaire,
A bon port il nous conduira,
Notre galere, &c.

ARLEQUIN.

Notre Apollon est le parterre,
Quand pour nous il décidera,
Notre galere, &c.

PROCOPE (N......) COUTAUT, Médecin de la Faculté de Paris, Auteur vivant, a donné au Théatre François:

L'ASSEMBLÉE DES COMÉDIENS, Prologue en prose, 1724. non imp.

Au Théatre Italien, en société avec M. Romagnesi.

LES FÉES, Comédie Françoise en prose & en trois actes, suivie d'un divertissement, 1736.

PYGMALION, Comédie Françoise en prose & en trois actes, suivie d'un divertissement, 1741. non imp.

Au même Théatre avec M. De la Grange.

LA GAGEURE, Comédie Françoise en vers & en trois actes, 1741.

Même Théatre avec M. Guyot de Merville.

Les deux Basiles, *ou* Le Roman, Comédie Françoise en vers & en trois actes, suivie d'un divertissement 1743.

PROCRIS, *ou la* JALOUSIE INFORTUNÉE, Tragi Comédie d'Alexandre *Hardy*, représentée au Théatre de l'Hôtel de Bourgogne en 1605. imp. tome II. des Œuvres de ce Poëte, in 8°. Paris, Quesnel, 1624. *Hist. du Théatre François*, année 1605.

Voyez *Céphale & Procris*, Tragédie lyrique de M. *Duché*, Musique de Mlle *De la Guerre*.

PROCUREUR (le) ARBITRE, Comédie en un acte & en vers, de M. Philippe *Poisson*, représentée le Mercredi 25 Février 1728. précédée de la Tragédie d'*Inès de Castro*, imp. dans les Œuvres de cet Auteur. *Hist. du Th. Fr.* année 1728.

PROLOGUE DE LA FOIRE DES POËTES, de l'ISLE DU DIVORCE & de la SILPHIDE, trois piéces en prose, chacune en un acte, suivi d'un divertissement au Théatre Italien, par Messieurs *Dominique & Romagnesi*, représenté pour la premiére fois le Lundi 11 Septembre 1730.

Extrait du Prologue non imp.

« Un Acteur François & *Trivelin* de la Co-
» médie Italienne, se rencontrent par hazard &
» se demandent réciproquement comment ils
» ont pû pénétrer dans l'endroit où ils sont. Tri-
» velin lui dit qu'il n'a rien de caché pour lui, &

» qu'il veut bien satisfaire sa curiosité: *Vous sça-*
» *vez*, ajoûte t'il, *que nous avons très-mal agi*
» *avec Messieurs les Auteurs, qui piqués de nos*
» *airs, ont quitté Paris dans la résolution de ne*
» *nous plus donner de nouveautés, que depuis*
» *leur retraite nos Théatres languissent, &c.* &
» qu'il vient de la part de la Troupe ménager un
» raccommodement ; Apollon, continue t il,
» a recueilli les nourrissons des Muses, & leur
» a fait bâtir un Hôtel magnifique, dans lequel
» il les entretient & les nourrit, & tout ce
» qu'ils vendent est pour leurs menus plaisirs.
» Après une description comique, l'Acteur
» François dit qu'il a besoin d'une Tragédie, &
» prie Trivelin de lui prêter de l'argent pour
» faire cette emplette ; Trivelin s'excuse sur le
» besoin qu'il a de deux Comédies & d'un Pro-
» logue, & qu'il sera bienheureux s'il a de quoi
» payer une bonne scéne, n'ayant sur lui que
» quinze livres. Après cette scéne, Trivelin dit
» à l'Acteur de le suivre, & qu'il va le conduire
» à l'Hôtel des Poëtes, où ils tiennent une
» espéce de Foire ». *Mercure de France*, *Septembre* 1730. p. 2033. *& suivantes.*

PROMENADE (la) DE S. CLOUD, Voyez *Bourgeoise*, (*la*) Comédie de M. *Rayssiguier*.

PROSERPINE (le Ravissement de) PAR PLUTON, Tragi-Comédie d'*Alexandre Hardy*, représentée sur le Théatre de l'Hôtel de Bourgogne en 1611. imp. tome IV. des Œuvres de l'Auteur, in-8°. Paris, Quesnel, 1625. *Hist. du Th. Fr. année* 1611.

PROSERPINE, (le Ravissement de) Tragédie

de M. *Claveret*, représentée en 1639. au Théatre du Marais, imp. la même année, in 4°. Paris, Sommaville. *Histoire du Théatre François*, année 1639.

PROSERPINE, Tragédie lyrique en cinq actes, avec un Prologue, de M. *Quinault*, Musique de M. *Lully*, représentée par l'Académie Royale de Musique à S. Germain en Laye le 3 Février 1680. & à Paris le Vendredi 15 Novembre de la même année, in-4°. Ballard & tome II. du Recueil général des Opéra. *Extrait*, *Mercure de France*, *Janvier* 1727. p. 137. *& suivantes*, *& Février de la même année*, *page* 344. *&c.*

ACTEURS DU PROLOGUE.

La Paix.	Mlle Ferdinand C.
La Félicité.	Mlle Rebel.
L'Abondance.	Mlle Puvigné.
La Discorde.	Le Sieur Puvigné.
La Victoire.	Mlle Ferdinand L.

BALLET.

Jeux & Plaisirs.
Les Sieurs Favier L. & C. Lestang L. & C. Favre, Boutteville, Magny & Germain.
Suivans de la Discorde. Le Sieur Beauchamp.
Les Sieurs Boutteville, Joubert, Pecourt & Du Mirail.

ACTEURS DE LA TRAGÉDIE.

Cérès.	Mlle S. Christophle.
Cyané.	Mlle Bony.
Crinise.	Le Sieur Arnoux.
Mercure.	Le Sieur Langeais.
Aréthuse.	Mlle Ferdinand C.
Alphée	Le Sieur Clédiere.
Proserpine.	Mlle Ferdinand L.
Pluton.	Le Sieur Gaye.
Ascalaphe.	Le Sieur Morel.
Jupiter.	Le Sieur Godonesche.
Les Furies.	Les Sieurs Le Maire, Pulvigny & Desvoyes.

ACTEURS DU BALLET.

ACTE I. *Habitans de Sicile.* Le Sieur Favier L.
Les Sieurs Favre, Magny, Pecourt, Leftang C.
Germain & Du Mirail.

ACTE II. *Nymphes.* Les Sieurs Boutteville,
Magny, Noblet, Arnal, Favier C. Joubert,
Leftang C. & Du Mirail.
Divinités Infernales. Les Sieurs Bony,
Beaumont *pere*, Fernon L. Bernard, Le Cointre, La Forêt, Puvigné & Lavernet.

ACTE III. *Suivans de Cérès portant des flambeaux.*
Les Sieurs Chicanneau, Noblet, Mayeux,
Germain, Arnal, Favier C.
Du Mirail & Boutteville.
Habitans de Sicile. Les Sieurs Favre,
Favier L. Leftang L. & Pecourt.

ACTE IV. *Divinités Infernales.* Les Sieurs Favier L.
Pecourt, Leftang L, & Germain.
Ombres heureuses. Les Sieurs Magny,
Favre, Leftang C. & Boutteville.

ACTE V. *Divinités Infernales.* Le Sieur Beauchamp.
Les Sieurs Favier L. Leftang L. Pecourt,
Du Mirail, Magny, Favre,
Boutteville & Germain.

Diftribution des roles de *Proferpine*, repréfentée à Paris le Vendredi 15 Novembre 1680.

ACTEURS DU PROLOGUE.

La *Paix*.   Mlle Louifon Moreau.

ACTEURS DE LA TRAGÉDIE.

Cérès.   Mlle S. Chriftophle.
Aréthufe.   Mlle Rochois.
Alphée.   Le Sieur Du Mefny.
Proferpine.   Mlle Aubry.
Pluton.   Le Sieur Beaumavielle.
Afcalaphe.   Le Sieur Dun.

L'Opéra de *Proferpine* fut repris au mois de Novembre 1681. mêmes Acteurs que cidevant.

IIIe REPRISE de la Tragédie lyrique de

Proserpine, le Vendredi 31 Juillet 1699. 3ᵉ édition in-4°. Ballard.

ACTEURS DU PROLOGUE.

La Paix.	Mlle Gherardi.
La Félicité.	Mlle Heusé.
L'Abondance.	Mlle Cenet.
La Discorde.	Le Sieur Mantienne.

BALLET.

Jeux & Plaisirs.   Les Sieurs Du Mirail, Germain, Boutteville & Dumoulin.
Mlle Dufort.
Mlles Joly, Manon, Freville & Minette.
Suivans de la Discorde.
Le Sieur Blondy, *ou le* Sieur Dumoulin.
Les Sieurs De Rouan, Durand, Morel & Guyot.

ACTEURS DE LA TRAGÉDIE.

Cérès.	Mlle Maupin.
Cyané.	Mlle Clément.
Crinise.	Le Sieur Guyar.
Mercure.	Le Sieur Boutelou.
Arethuse.	Mlle Desmatins.
Alphée.	Le Sieur Du Mesny.
Proserpine.	Mlle Moreau.
Pluton.	Le Sieur Dun.
Ascalaphe.	Le Sieur Hardouin.
Jupiter.	Le Sieur Le Roy.
Les trois Furies.	Les Sieurs Desvoyes, Labbé & Prunier.

ACTEURS DU BALLET.

ACTE I. *Siciliens, Siciliennes.*   Le Sieur Du Mirail.
Les Sieurs Germain, Boutteville, Guyot & Morel.
Mlles Manon, Joly, Freville & Minette.

ACTE II. *Nymphes.*   Mlle Desplaces.
Mlles Dufort, Joly, Freville, Clément, Desmatins & Minette.
Divinités Infernales.   Les Sieurs Moreau, Buhot, Le Brun, Renard, Joannot & Labbé.

ACTE III. *Siciliens.*   Les Sieurs Boutteville, Germain, Du Mirail, Guyot, Morel & Dumoulin.

ACTE IV. *Divinités Infernales.*   Le Sieur Balon.
    Les Sieurs Boutteville, Germain, Dumoulin,
        Fauveau, Morel & Guyot.
    Ombres heureuses.   Mlle Subligny.
        Mlles Joly, Freville, Clément, Manon,
        Desplaces & Desmatins.
ACTE V. *Divinités Infernales.*   Le Sieur Lestang.
    Les Sieurs De Rouan, Durand, Dumoulin
        & Fauveau.
    Divinités de la Terre. Les Sieurs Ferrand,
        Blondy, Guyot & Morel.

IVe REPRISE de l'Opéra de *Proserpine*, le Jeudi 7 Mars 1715. 3e édition in-4°. Ribou.

ACTEURS DU PROLOGUE.

La Paix.	Mlle Poussin.
La Victoire.	Mlle Bourgoin.
La Félicité.	Mlle Pasquier.
L'Abondance.	Mlle Tettelette.
La Discorde.	Le Sieur Mantienne.

BALLET.

Suite de la Discorde. Les Sieurs Javillier,
    Pierret, Guyot, Dupré, Duval & Rameau.
Suite de la Paix. Les Sieurs P. Dumoulin,
    Dangeville, Javillier & Gaudrau.
    Mlles Guyot & Dupré.
Mlles La Ferriere, Haran, Le Maire, Dupré,
    Brunel & Chasteauvieux.

ACTEURS DE LA TRAGÉDIE.

Cérès.	Mlle Antier.
Cyané.	Mlle Milon.
Crinise.	Le Sieur Le Mire C.
Mercure.	Le Sieur Buseau.
Arethuse.	Mlle Journet.
Alphée.	Le Sieur Cochereau.
Proserpine.	Mlle Heusé.
Pluton.	Le Sieur Thévenard.
Ascalaphe.	Le Sieur Dun.
Les Furies.	Les Sieurs Buseau, Mantienne & Dun.
Jupiter.	Le Sieur Hardouin.

Acteurs du Ballet.

Acte I. *Habitans de Sicile.*   Le Sieur F. Dumoulin.
Les Sieurs Germain, Dumoulin L.
Marcel & Gaudrau.
Mlles Ifecq, Haran, La Ferriere & Dupré.
Acte II. *Nymphes.*   Mlle. Guyot.
Mlles Menès, Ifecq, La Ferriere, Haran,
Le Maire, Dupré, Mangot & Duval.
Acte III. *Incendiaires.*   Les Sieurs Germain,
Marcel, F. & D. Dumoulin, Guyot & Dupré.
Peuples de la Campagne.   Les Sieurs Gaudrau,
Pierret, P. Dumoulin, Dangeville,
Maltaire & Duval.
Acte IV. *Ombres heureuses.*   Mlle Prevoft.
Mlles Menès, Ifecq, La Ferriere, Haran.
Le Maire, Le Roy, Duval & Dupré.
Divinités Infernales.   Le Sieur D. Dumoulin.
Les Sieurs Blondy, Marcel, F. Dumoulin,
P. Dumoulin, Dumoulin L. Gaudrau,
Maltaire & Dupré.
Acte V.   *Suite de Pluton & de Proserpine.*
Le Sieur Blondy.
Les Sieurs Germain, Dumoulin L. Ferrand,
Marcel, Gaudrau & Pierret.
Mlles Mangot, Duval, Le Roy, Rameau,
Brunel & Chafteauvieux.

Ve Reprise de *Proserpine*, le Mardi 28 Janvier 1727. 4e. édition in-4°. Ribou.

Acteurs du Prologue.

La Paix.   Mlle Eremans.
La Discorde.   Le Sieur Dun.
La Victoire.   Mlle Lambert.

Ballet.

Suite de la Discorde.   Le Sieur Maltaire C.
Les Sieurs Javillier, Pierret, Savar, Tabary,
Javillier J. & Aubert.
Suite de la Paix.   Mlle De Lifle L.
Les Sieurs F. & P. Dumoulin, Dangeville
& Maltaire L.
Mlles Sophie, De Lifle C. Gohlain
& Du Rocher.

Suite de la Victoire.
Les Sieurs Dumoulin L. & Savar.
Mlles Le Maire & Verdun.

ACTEURS DE LA TRAGÉDIE.

Cérès.	Mlle Antier.
Ciané.	Mlle Minier.
Crinife.	Le Sieur Dun.
Mercure.	Le Sieur Grenet.
Aréthufe.	Mlle Péliffier.
Alphée.	Le Sieur Tribou.
Proferpine.	Mlle Le Maure.
Pluton.	Le Sieur Thévenard.
Afcalaphe.	Le Sieur Chaffé.
Les Furies.	Les Sieurs Bufeau, Cuvillier & Morand.
Jupiter.	Le Sieur Le Mire C.

ACTEURS DU BALLET.

ACTE I. *Peuples de Sicile.* Le Sieur Laval.
Les Sieurs Maltaire C. Savar, Pikuarz & Dumoulin L.
Mlles De Lifle C. Duval, Thibert & Sophie.

ACTE II. *Nymphes.* Mlle Menès.
Mlles Duval, Thibert, Sophie, La Martiniere, De Lifle C. & Goblain.

ACTE III. *Suivans de Cérès.* Les Sieurs F. Dumoulin, P. Dumoulin, Maltaire L. Laval, Maltaire C. & Dangeville.
Peuples de la Campagne.
Les Sieurs Savar, Pierret, Tabary, Pikuarz, Javillier F. & Malta re 3.

ACTE IV. *Ombres heureufes.* Mlle Prevoft.
Mlles De Lifle C. Duval, Thibert, Sophie, Verdun & Le Maire.
Divinités Infernales. Le Sieur D. Dumoulin.
Les Sieurs F. & P. Dumoulin, Dumoulin L. Savar, Pierret & Tabary.

ACTE V. *Divinités céleftes & terreftres.* Le Sieur Maltaire.
Les Sieurs Dangeville, Pikuarz, Savar & Tabary.
Mlles Thibert, Sophie, Du Rocher & Du Palais.

L'Académie Royale de Mufique ayant repris cet Opéra le Mardi 22 Avril de la même année

1727. Mlle *Pélissier* joua le role d'*Aréthuse*, qui lui étoit destiné, & que Mlle Eremans avoit rempli jusqu'alors. Mlle Prevost y dansa une Musette, & Mlle Camargo (Sophie) les caracteres de la danse.

VI.e REPRISE de la Tragédie de *Proserpine*, le Mardi 31 Janvier 1741, 4e édition in-4°. Ballard.

ACTEURS DU PROLOGUE.

La Paix.	Mlle Eremans.
La Discorde.	Le Sieur Albert.
La Victoire.	Mlle Fel.

BALLET.

Suite de la Discorde. Les Sieurs Javillier 2, Savar, La Croix & Matignon.
Suite de la Paix. Mlle Le Breton.
Les Sieurs P. Dumoulin, Dangeville, Hamoche & Teissier.
Mlles Courcelle, Dazenoncourt, Frémicourt & S. Germain.
Suite de la Victoire. Les Sieurs Dumay & Javillier 3. Mlles Erny & Carville.

ACTEURS DE LA TRAGÉDIE.

Cérès.	Mlle Antier.
Cyané.	Mlle Julie.
Crinise.	Le Sieur Albert.
Mercure.	Le Sieur Jélyotte.
Aréthuse.	Mlle Pélissier.
Alphée.	Le Sieur Tribou.
Proserpine.	Mlle Fel.
Pluton.	Le Sieur Le Page.
Ascalaphe.	Le Sieur Dun.
Les Furies.	Les Sieurs Cuvillier, Person & Bérard.
Jupiter.	Le Sieur Person.

ACTEURS DU BALLET.

ACTE I. Habitans de Sicile. Le Sieur Dupré.
Les Sieurs Dumay, Javillier 3. La Croix & Savar.
Mlles Le Duc, Frémicourt, Erny & Carville.

ACTE II. *Nymphes de la suite de Proserpine.*
Mlle Dallemand L.
Mlles Le Duc, S. Germain, Frémicourt, Le Breton, Courcelle & Dazenoncourt.

ACTE III. *Suite de Cérès.* Les Sieurs Matignon, Maltaire L. Javillier 2 & 3. Savar & La Croix.
Habitans de la Campagne.
Les Sieurs F. & P. Dumoulin, Maltaire L. Hamoche, Teffier & Labbé.

ACTE IV. *Ombres heureuses.* Mlle Mariette.
Mlles Dazenoncourt, Courcelle, S. Germain, Le Breton, Frémicourt & Labbé.
Divinités infernales. Le Sieur D. Dumoulin.
Les Sieurs Javilliers 2 & 3. La Croix, Dumay, F. Dumoulin & Boyer.

ACTE V. *Divinités Célestes.*
Les Sieurs Maltaire C. & Dupré.
Mlles Le Duc & Favier.
Divinités Terrestres. Le Sieur Javillier L.
Les Sieurs Dumay & La Croix.
Mlles Erny & Carville.

Proserpine a été reprife au Théatre le Mardi 14e Février 1741. Mlle *Le Maure* y joua le role de *Cérès*.

PROTÉE, (les Amours de) Ballet. Voyez *Amours (les) de Protée*.

PROVENÇALE, (la) Piéce lyrique en un acte de M. *De la Font*, Musique de M. *Mouret*, représentée par l'Académie Royale de Musique le Jeudi 17 Septembre 1722. à la suite des *Fêtes de Thalie*, in-4°. Ribou, Paris. Extrait, *Mercure de France*, Septembre 1722. page 175.

ACTEURS.

Chrisante, Tuteur de Florine.   Le Sieur Mantienne.
Florine, jeune Provençale.   Mlle Julie.
Nérine, surveillante de Florine.   Mlle Minier.

Léandre, amant de Florine. Le Sieur Tribou.
Un Matelot. Le Sieur Murayre.

BALLET.

Matelots & Matelottes.
Les Sieurs Marcel & Dupré.
Les Sieurs Mion, Dangeville, Pierret & Duval.
Mlles La Ferriere, De Lastre, Le Maire,
Duval, Thibert & Tury.

Le Jeudi 22 Février 1725. l'Académie Royale de Musique en continuant les représentations du Ballet de l'*Europe Galante*, supprima l'Entrée *Espagnole*, au lieu de laquelle elle substitua l'acte de la *Provençale*.

La *Provençale* remise au Théatre à la suite du Ballet des *Fêtes de Thalie*, le Jeudi 1 Décembre 1735. in-4°. Ballard.

ACTEURS.

Florine. Mlle Bourbonnois.
Nérine. Mlle Eremans.
Chrisante. Le Sieur Cuvillier.
Léandre. Le Sieur Jélyotte.
Un Matelot. Le même.

BALLET.

Provençaux & Provençales. Mlle Sallé.
Le Sieur Maltaire 3 & Mlle Mariette.
Les Sieurs Bontems, Matignon, Dumay,
Dupré, Savar & Dangeville.
Mlles Petit, Thibert, Frémicourt, Courcelle,
Centuray & Binet.

IVe REPRISE de la *Provençale*, le Mardi 10 Août 1745. à la suite du Ballet de *Zélindor Roi des Sylphes*, 3e édit. in-4°. Ballard.

ACTEURS.

Florine. Mlle Metz.
Nérine. Mlle Bourbonnois.

Chrisante.	Le Sieur Le Page.
Léandre.	Le Sieur Poitier.
Une Matelotte.	Mlle Jacquet.
Un Provençal.	Le Sieur Latour.

BALLET.

Provençaux & Provençales. Mlle Camargo.
Le Sieur Maltaire 3. & Mlle Dallemand.
Les Sieurs Maltaire C. F. Dumoulin, Caillez,
Levoir, La Feuillade & Hamoche.
Mlles Courcelle, S. Germain, Puvigné,
Thierry, Erny & Beaufort.

La *Provençale* a encore été reprise les Mercredi 7 & 14 Décembre 1746. précédée du Prologue des *Amours des Dieux*, & suivie de l'acte d'*Amphion*, du Ballet du *Triomphe de l'Harmonie*, & de *Zélindor Roi des Sylphes*, pour la Capitation des Acteurs.

Le Lundi 26 Décembre le Prologue des *Amours des Dieux*, la *Provençale*, la *Femme*, 3ᵉ Entrée des *Fêtes de Thalie*, & *Zélindor Roi des Sylphes*, pour la Capitation des Acteurs.

PROVENÇALE, (la) Comédie en un acte d'un Auteur *Anonyme*, représentée le Samedi 17 Octobre 1705, précédée de l'*Ecole des Femmes*, non imp. *Hist. du Théatre Franç.* année 1705.

PROVERBES, (la Comédie des) en trois actes en prose, avec un Prologue, de M. le Comte de *Cramail*, représentée en 1616. sur le Théatre de l'Hôtel de Bourgogne, imp. *Hist. du Th. Franç.* année 1616.

PROVOST, Comédien François, a débuté le Mardi 9 Mars 1694. & n'a point été reçû. *Histoire du Théatre Franç.* année 1695.

PRUDE (la) DU TEMS, Comédie de M. *Palaprat.*

M. *Palaprat.* Voyez *Saturnales*, (*les*) ou la *Prude du Tems.*

PSYCHÉ, Tragi-Comédie Ballet en cinq actes & en vers libres, précédée d'un Prologue, par Messieurs *Moliere*, *Corneille* l'ainé & *Quinault*, représentée sur le Théatre du Palais des Thuilleries, le 17 Janvier 1671. & sur celui du Palais Royal le 24 Juillet suivant, imp. dans le Recueil des Œuvres de M. Moliere. *Hist. du Th. Franç.* année 1671.

PSYCHÉ, Tragédie lyrique en cinq actes avec un Prologue, de M. *Corneille de Lisle*, Musique de M. *Lully*, représentée par l'Académie Royale de Musique, le 19 Avril 1678. jour de l'ouverture du Théatre, in 4°. Ballard.

IIe REPRISE de *Psyché*, le Vendredi 8 Juin 1703. 2e édition in-4°. Ballard.

ACTEURS DU PROLOGUE.

Vénus.   Mlle Maupin.
Flore.   Mlle Sallé.
Vertumne.   Le Sieur Le Bel.
Palemon.   Le Sieur Desvoyes.

BALLET.

Suite de Flore.   Mlle Subligny.
Mlles Dangeville, Rose, Guillet & La Ferriere.
Suite de Vertumne.   Le Sieur F. Dumoulin.
Les Sieurs Germain, Boutteville, Dumoulin L. & Du Mirail.
Suite de Palémon.   Les Sieurs Dangeville, Brinqueman, Javillier & Rose.

ACTEURS DE LA TRAGÉDIE.

Jupiter.   Le Sieur Hardouin.
Vénus.   Mlle Maupin.
L'Amour.   Le Sieur Cochereau.
Mercure.   Le Sieur Chopelet.
Le Roi pere de Psyché.   Le Sieur Thévenard.
Psyché   Mlle Desmatins.

Aglaure.	⎱ sœurs de	Mlle Loignon.
Cydippe.	⎰ Psyché.	Mlle Sallé.
Lichas.		Le Sieur Hardouin.
Le Dieu d'un Fleuve.		Le Sieur Drot.
Nymphes de l'Acheron.		Mlles Dupeyré & Loignon.
Les Furies.		Les Sieurs Desvoyes, Le Bel & Bertrand.

ACTEURS DU BALLET.

ACTE I. *Femme désolée.*   Mlle Maupin.
         Hommes affligés.   Les Sieurs Dun & Boutelou.
                 Hommes affligés.
    Les Sieurs Dangeville, Rose & Desmatins, Ferrand, Levêque & Du Mirail.

ACTE II. *Vulcain.*   Le Sieur Desvoyes.
         Forgerons.   Les Sieurs Germain, Boutteville, Dumoulin L. & C. Blondy, Ferrand, Du Mirail & Levêque.

ACTE III.   *Divertissement de l'Amour.*
       La Jeunesse.   Mlle Vincent.
       Compagnes de la Jeunesse.   Mlles Loignon & Bataille.
             Suite de la Jeunesse.
    Mlles La Ferriere, Guillet & Prevost.
       Amours.   Les Sieurs Dupré, Pierret, La Porte, Gillet & Saligny.
       Zéphyrs.   Les Sieurs Dangeville C. Brinqueman, La Vigne & Aubert.

ACTE IV. *Démons.*   Les Sieurs Boutteville, Germain, Ferrand, Dumoulin L. Dangeville L. Levêque, Fauveau & Dumay.

ACTE V. *Apollon.*   Le Sieur Boutelou.
       Muses.   Mlles Loignon & Bataille.
       Suite d'Apollon.   Les Sieurs Boutteville, Dumoulin L & Germain.
    Mlles Dangeville, Rose & Desmatins.
       Bacchus.   Le Sieur Labbé.
       Suite de Bacchus.   Les Sieurs Fauveau, Dangeville L. Brinqueman, Rose & Javillier.
    Mlles Prevost & Saligny.
       Momus.   Le Sieur Dun.
            Suite de Momus.
       Arléquins.   Le Sieur F. Dumoulin.
    Les Sieurs Dangeville & Aubert.

Polichinelles.   Les Sieurs Lavigne & Dumay.
Scaramouchettes. Mlle Subligny.
         Mlles La Ferriere & Guillet.
Mars.   Le Sieur Thévenard.
Suite de Mars.   Les Sieurs Blondy,
     Ferrand, Levêque & Dangeville.

IIIᵉ REPRISE de la Tragédie de *Psyché*, le Jeudi 22 Juin 1713. in-4°. Paris, Ballard.

ACTEURS DU PROLOGUE.

Vénus.	Mlle Heufé.
L'Amour.	Mlle Limbourg.
Flore.	Mlle Poussin.
Vertumne.	Le Sieur Buseau.
Polémon.	Le Sieur Le Bel.

BALLET.

Suite de Flore.
Les Sieurs P. Dumoulin, Guyot & Dangeville.
Mlles Haran, Mangot & Corbiere.
Suite de Vertumne: Faunes & Driades.
Les Sieurs Javillier & Pierret.
Mlles Le Maire & Le Roy.
Suite de Palémon: Fleuves & Nayades.
Le Sieur F. Dumoulin.
Les Sieurs Germain & Dumoulin L.
Mlles Menès & Isecq.

ACTEURS DE LA TRAGÉDIE.

Jupiter.	Le Sieur La Rosiere.
Vénus.	Mlle Heufé.
L'Amour.	Le Sieur Cochereau.
Mercure.	Le Sieur Chopelet.
Zéphyre.	Le Sieur Buseau.
Le Roi pere de Psyché.	Le Sieur Thévenard.
Psyché.	Mlle Journet.
Aglaure.	Mlle Milon.
Cydippe.	Mlle Anvier.
Lichas.	Le Sieur Hardouin.
Suivantes de la Jeunesse.	Mlles Limbourg & Boisé.
Nymphes de l'Acheron.	Mlles Milon & La Roche.
Les Furies.	Les Sieurs Dun, Desjardins & Deshayes.

ACTEURS DU BALLET.

Acte I. *Femme affligée.* Mlle Poussin,
Mlles Fleury, Nadal, Rameau & Mangot.
Hommes affligés. Les Sieurs Buseau & Le Mire,
Les Sieurs Dangeville, Rameau, Pierret
& Duval.

Acte II. *Vulcain.* Le Sieur Mantienne.
Forgerons. Les Sieurs Ferrand,
Blondy, Marcel, Gaudrau, F. P. & D. Dumoulin & Dangeville L.

Acte III. *Divertissement de l'Amour.*
La Jeunesse. Mlle Prevost.
Suite de la Jeunesse.
Le Sieur Dumoulin L. & Mlle Menès.
Les Sieurs Germain, Pierret, Marcel, Gaudrau, D. Dumoulin & Dangeville L.
Mlles Isecq, Haran, Le Maire, Le Roy,
Mangot & Corbiere.

Acte IV. *Démons.* Le Sieur Blondy.
Les Sieurs Germain, Marcel, Gaudrau, Javillier, P. F. & D. Dumoulin & Dangeville L.

Acte V. *Apollon.* Le Sieur Buseau.
Suite d'Apollon. Les Sieurs P. Dumoulin
& le Sieur Dangeville L. *alternativement.*
Les Sieurs Germain, Dumoulin L. & Gaudrau.
Mlles Isecq, Menès & Haran.
Bacchus. Le Sieur Le Mire.
Suite de Bacchus. Le Sieur D. Dumoulin.
Les Sieurs Javillier & Pierret.
Mlles Le Maire & Le Roy.
Momus. Le Sieur Dun.
Suite de Momus.
Arlequin Le Sieur F. Dumoulin.
Scaramouchette. Mlle Isecq.
Trivelins. Les Sieurs Duval,
Duflot & Rameau.
Arlequines. Mlles Haran, Dimanche
& Corbiere.
Mars. Le Sieur Hardouin.
Suite de Mars. Les Sieurs Blondy,
Ferrand, Germain, Marcel & Gaudrau.

PSYCHÉ, (l'Esclavage de) Opéra Comique en trois actes, avec des divertissemens, par Messieurs *Panard* & *Fagan*, représenté le Samedi 3 Février 1731. non imprimé.

L'Amour ouvre la scéne, & se plaint des maux causés par la curiosité de Psyché, & de ce qu'elle est soumise au pouvoir de Vénus. Il ignore le traitement qu'elle reçoit de cette Déesse; Æglé, confidente de cette derniere, vient apprendre à l'Amour que Vénus est fort irritée de son mariage clandestin, & qu'elle traite Psyché avec la derniére rigueur. L'Amour est pénétré de douleur à cette nouvelle, il proteste qu'il est prêt d'oublier tout ce qu'il doit à sa mere, & qu'elle verra bientôt que son fils est son maître. Æglé cherchant à secourir la pauvre Psyché, conseille à l'Amour de prendre le parti de la douceur.

Zéphyre en Pierrot, vient confirmer le récit d'Æglé. De quoi diable aussi vous avisez-vous, dit-il à l'Amour, de faire Vénus grand'mere.

ZÉPHYRE. (AIR. *Le Pâté qu'on apporte.*)

Une mere fringante
Est rarement contente
Qu'une jeune innocente
Efface ses appas.
Qu'elle ait certaine grace
Passe :
Mais qu'elle soit plus belle
Qu'elle
Entre femme, ce cas
Aisément ne se pardonne pas.

Æglé apprend encore à l'Amour que Vénus doit envoyer Psyché à la Fontaine de Jouvence pour lui en apporter de l'eau, mais comme cette Fontaine est gardée par un monstre horrible, elle ne lui a donné cette commission que pour la faire périr. L'Amour voyant le danger où sa chere Maîtresse va être exposée, prend le parti de se métamorphoser pour la garantir. Le Théatre change & représente la Fontaine de Jouvence.

Psyché paroit seule, plus touchée de se voir séparée de son époux, que du danger qu'elle va courir. Elle se met en devoir de s'acquitter de sa commission ; un chœur de Musiciens se fait entendre : on joue un Menuet italien, pendant lequel le monstre s'endort ; Zéphyre profite de ce moment pour remplir d'eau de la Fontaine le vase qu'il pose aux pieds de Psyché qui est évanouie. Cette belle revenue de sa foiblesse, est fort étonnée de voir les ordres de Vénus exécutés, sans sçavoir à qui elle est redevable de ce secours. Elle se retire.

Venus paroît au milieu de sa Cour dans une profonde rêverie. Les Graces tâchent en vain de la dissiper. On annonce le retour de Psyché, qui présente son vase rempli d'eau à Vénus. La Déesse très-surprise charge Psyché d'une commission qui n'est pas moins difficile. C'est de concilier une Troupe de Comédiens, & d'étouffer la discorde qui regne ordinairement dans leurs assemblées. Les Comédiens paroissent, disputent avec animosité sur une distribution de roles. Psyché tache vainement de les raccommoder ; lorsqu'elle s'est retiré, un petit Amour paroît en l'air, secoue son flambeau, & aussitôt la querelle des Comédiens cesse.

Zéphyre apprend à Æglé, au second acte, comment Psyché a été secourue par l'Amour sous la figure d'un Berger, contre la fureur des Béliers du Soleil, auxquels elle vient d'être nouvellement exposée par ordre de Vénus, sous prétexte d'avoir de leur toison, pour en faire une robe. Psyché reçoit ce présent par le moyen de son époux, & va le porter à la Déesse.

Venus irritée plus que jamais contre Psyché, l'expose à une nouvelle épreuve: elle lui ordonne d'engager à restitution un fameux usurier, qui au moyen d'un acte falsifié a ruiné une famille orpheline, & la menace d'une mort certaine si elle n'en vient pas à bout. Harpin. (c'est le nom de l'usurier,) se défend en chicanneur consommé, & explique à Psyché en termes de pratique, les moyens juridiques dont il s'est servi pour s'approprier un bien qui ne lui appartenoit pas. L'Amour & Zéphyre, déguisés en Avocats, entreprennent de convaincre Harpin, contre lequel ils produisent un titre de quinze ans : c'est une jeune fille de cet âge, dont l'aspect suffit pour le désarmer.

LA JEUNE FILLE.

AIR. (*Maris voulez-vous fuir l'affront.*)

On trouve en moi quelqu'agrément,
Plus d'un galant
M'en assure.
Mais on veut avec des appas,
Voir des ducats
Pour conclure.
De mari sans ce point
Point :
Beauté, jeunesse,
Sont charmes languissans
Sans
Un peu d'espéce.

Un coup d'œil achéve de vaincre Harpin : il consent à épouser la jeune fille, & en faveur

M iv

de ce mariage restituer à ses freres leur part des biens qu'il a usurpé.

Psyché dit à l'Amour, sans le connoître, qu'elle lui a trop d'obligation pour ne le pas prier à demeurer quelque temps avec elle: la conversation tombe sur les duretés de Vénus: cette Déesse entend qu'on parle d'elle assez désavantageusement, elle fait d'abord retirer Psyché, & prenant l'Amour & Zéphyre pour les Amans de cette Belle, elle les assure qu'ils ne seront plus en état de la servir, puisqu'elle va partir pour les Enfers.

L'Amour accablé de douleur, sçachant qu'il n'est pas permis aux Dieux de descendre au Royaume sombre, pour secourir Psyché autant qu'il est possible, ordonne à son Confident de rassembler les Zéphyrs, afin de transporter en un instant, & sans danger, sa belle sur la rive infernale. Zéphyre obéit à cet ordre, & l'Amour se retire après avoir fait une invocation aux Dieux.

Le Théatre représente le Palais de Pluton. Ascalaphe vient présenter à ce Dieu la liste des morts nouvellement reçus.

ASCALAPHE. AIR. (*Jocondc.*)
Cinquante filles de quinze ans,
Mortes d'impatience.
Trente Manceaux morts sur les bancs,
Aux côtes de Provence.
Vingt Chantres pour avoir trop bû,
Cent Gascons faméliques.
Dix Traitans morts de gras fondu,
Et six Auteurs étiques.

Dans le moment Psyché paroit, qui remet à Pluton une lettre de Vénus, par laquelle elle le prie de lui envoyer une boëte du fard, dont Proserpine fait usage. En attendant le retour d'Ascalaphe, qui va chercher la boëte, Pluton régale Psyché d'un petit divertissement, & promet grace aux ombres qui feront un aveu sincere de leurs crimes. Un Gascon menteur, un Musicien complaisant, une Coëffeuse commode, un Joueur trop adroit, & une fille du Magasin de l'Opéra, obtiennent leur pardon par leur franchise. On apporte enfin la boëte de fard à Pluton, qui la remettant à Psyché lui défend de l'ouvrir.

Au troisiéme acte le Théatre représente une forêt, & dans le fond l'entrée de l'antre d'Averne.

A peine Psyché est-elle sortie des Enfers qu'elle est tentée d'ouvrir la boëte : la défense de Pluton lui fait croire qu'elle renferme un fard précieux, capable de rétablir ses charmes altérés sans doute par la fatigue du voyage.

PSYCHÉ.

Car enfin abandonnée,
A mille maux condamnée,
Je vois chaque jour, hélas,
Ma beauté mourante.
Pour sauver un reste d'appas,
Est-il rien qu'on ne tente ?

Psyché se met à l'écart, crainte d'être apperçue. L'Amour & Zéphyre arrivent en habits de Chasseurs. Ils cherchent Psyché de tous côtés (& pendant qu'ils s'entretiennent d'elle, ils entendent une voix plaintive, qu'ils écoutent sans pouvoir la reconnoître. C'est cependant Psyché pâle & défigurée qui dit qu'en ouvrant la fatale boëte une vapeur lui a offusqué les yeux, que tout a disparu, & qu'elle n'y a trouvé que ce billet dont elle fait la lecture.

Pſyché, tu n'as plus de beauté,
Ta vaine curioſité
Vient de la faire diſparoitre.
Ton viſage eſt affreux, & telle eſt ta laideur,
Que ceux dont le ſecours ſoulageoit ta douleur,
Ne pourront plus te reconnoître.

Pſyché déplore ſon malheur, s'accuſe elle-même, & dit que les Dieux ne la traitent pas encore comme elle le mérite. L'Amour ſurpris d'entendre parler de Pſyché à une perſonne qu'il croit étrangere, l'aborde dans le deſſein d'apprendre de ſes nouvelles. Pſyché rappelle en peu de mots tous ſes malheurs, dont le plus grand eſt celui d'avoir ouvert une boëte qui lui a fait perdre tous ſes charmes. A ce portrait, dit-elle, & aux pleurs qui coulent de mes yeux, ne reconnoiſſez-vous pas cette malheureuſe Pſyché. L'Amour ſaiſi d'étonnement & de tendreſſe, ſe fait connoître, & dit à ſa chere Pſyché que c'eſt lui qui a cauſé tous ſes maux, mais qu'elle ne doit point s'allarmer, que ſa beauté lui ſera rendue, puiſqu'il va remonter aux Cieux. Pſyché veut l'en empêcher, & dit qu'il vaudroit mieux faire un dernier effort pour toucher Vénus. Zéphyre eſt d'avis d'implorer l'aſſiſtance de Cybéle pour fléchir Vénus. L'Amour prend ce parti, & ordonne à Zéphyre de conduire Pſyché à Cythere. En cet endroit le Théatre change, & repréſente les Jardins de Vénus.

Æglé & une autre Nymphe ſe plaignent de

la tristesse qui regne dans la Cour de Vénus depuis la division de la mere & du fils. Vénus arrive, & reçoit les mêmes plaintes d'une foule de mécontens. Cybéle survient & se joint à eux. L'Amour se jette aux pieds de Vénus, & tâche à la fléchir par des sentimens de soumission & de tendresse. Vénus lui répond sur l'air : *Quand on a prononcé ce malheureux oui.*

Vous avez pris plaisir à braver votre mere,
Et vous avez détruit tout ce que j'ai sçû faire :
Voyons à cette fois si vous l'emporterez,
Si contre mes desseins vous vous déclarerez.

Voilà, continue Vénus le supplice que j'ai réservé à votre Amante. Psyché paroit en même temps au fond du Théatre dans un lieu enchanté, environnée des Graces, des ris & des Jeux, qui forment le divertissement pour célébrer l'Hymen de l'Amour & de Psyché, après lequel Zéphyre qui a suivi Cybéle aux Cieux, arrive & apporte pour présent de nôce un brevet de Déesse, & la promesse des Dieux, que la Volupté naîtra de Psyché. La piéce finit par un Vaudeville, dont voici deux couplets.

On ne va guére à la fortune
Par le sentier de l'honneur :
Suis mon fils la route commune,
Disoit certain Procureur.
Affranchis-toi d'une crainte frivole,
Vole,
Sans mesure & sans fin.
N'épargne rien : sur-tout rogne & grapille,
Pille
La veuve & l'orphelin.

❁

L'Amour m'a rendu la maitresse
D'un Plumet rempli d'ardeur :
Avant de payer sa tendresse
Consulte-toi bien mon cœur.

Il eſt galant attentif à complaire ;
Plaire
Eſt ſon unique objet.
Mais rarement on voit un Mouſquetaire
Taire
Les faveurs qu'on lui fait.

Extrait Manuſcrit.

PSYCHÉ (la) DE VILLAGE, Comédie en un acte de M. *Guérin* le fils, non imp. repréſentée le Vendredi 29 Mai 1705. *Hiſt. du Th. Franç.* année 1705.

PSYCHÉ ET L'AMOUR, c'eſt le ſujet de la deuxiéme Entrée du Ballet de l'*Empire de l'Amour*, de M. de *Moncrif*, Muſique de M. le Marquis de *Braſſac*, que l'Auteur a traité ſous le titre de l'*Empire de l'Amour ſur les Dieux*. Voyez *Empire (l') de l'Amour*.

PUCELLE (Hiſtoire tragique de la) DE DOM REMY, Tragédie du R. P. *Fronton du Duc*, Jéſuite, repréſentée en 1580. in-4°. Nancy, 1581. *Hiſt. du Th. Franç.* année 1580.

PUCELLE (la) D'ORLÉANS, Tragédie en proſe de M. l'Abbé d'*Aubignac*, non repréſentée, in-12. Paris, Targa, 1642. *Hiſtoire du Théatre François*, année 1645. Voyez *Jeanne d'Arc*.

PUCELLES, (les deux) Tragi-Comédie de M. *Rotrou*, repréſentée en 1636. in-12. Paris, Quinet, Sommaville & Courbé, 1639. *Hiſt. du Th. Fr.* année 1636.

PUDEUR (la) A LA FOIRE, Prologue de Meſſieurs *Le Sage* & d'*Orneval*, repréſenté à la Foire S. Laurent 1724. par la Troupe de Dolet, ſuivi des *Vendanges de la Foire*, & de la *Matrone de Charenton*, piéces en un acte chacune, en vaudevilles & par écriteaux, des mêmes Auteurs, non imp.

Ce Prologue est une critique des piéces de l'Opéra Comique. Les Auteurs alors piqués contre l'Entrepreneur de ce Spectacle, avec qui ils n'avoient pû s'accommoder, s'en vengerent par cette Satyre.

La Pudeur personnifiée déclare à Dubois, Limonadier, qu'elle a été obligée d'abandonner l'Opéra de Thétis & Pelée, parce qu'elle y voit qu'on y encense l'Amour avec les mêmes cérémonies qu'on le peut faire à Cythere même. Elle ajoûte que la piéce des Trois Cousines lui a fait quitter la Comédie Françoise, & que ne sçachant plus où aller, elle veut se retirer chez Dolet, Dubois lui conseille plûtôt de visiter l'Opéra Comique.

DU BOIS. (AIR. *Nous autres bons Villageois.*)

Vous y verrez des couplets,
Qui dégradent du rang des Sages,
Messieurs les petits collets,
Pour les remplacer par des Pages.
Par un enfant vous verrez-là
Pincer finement l'Opéra.
Et qui plus est un Batelier,
Raisonner comme un Bachelier.

La Pudeur suit ce conseil, mais elle revient peu de temps après, très-offensée, décharger une partie de sa mauvaise humeur sur le dos du Limonadier. C'est ainsi que finit le Prologue.

Pour l'intelligence de ce petit morceau, il est nécessaire de recourir à l'Extrait de la piéce intitulée *Les Bains de Charenton*, qui est celle que les critiques avoient en vûe, & l'on y

trouvera la conversation de Pierrot Batelier, & de Lisette jeune fille de quinze ans, sur la Tragédie de *Thétis & Pelée*.
Extrait Manuscrit.

PUITS (le) ENCHANTÉ, Canevas Italien en un acte, d'un Auteur *Anonyme*, représenté pour la première & dernière fois le Lundi 28 Février 1746. *Sans Extrait.*

PULCHÉRIE, Comédie héroïque en cinq actes, de M. *Corneille*, représentée sur le Théâtre du Marais, le Vendredi 25 Novembre 1672. imp. dans le Recueil des Œuvres de M. Corneille. *Histoire du Théatre Franç. année 1672.*

PUPILLE, (la) Comédie en un acte & en prose, avec un divertissement, Musique de M. *Mouret*, par M. *Fagan*, représentée à la suite de la Tragédie de *Britannicus*, le Lundi 5 Juillet 1734. imp. *Histoire du Th. Fr. année 1734.*

PURE, (Michel de) de Lyon, fils d'un Prevôt des Marchands de cette ville, s'engagea dans l'Etat Ecclésiastique, & fut connu sous le nom de l'Abbé de Pure. Il mourut à la fin de Mars ou au commencement d'Avril 1680. Il a composé pour la scéne Françoise :

Ostorius, Tragédie, 1659.
Hist. du Th. Franç. année 1659.

PYGMALION. C'est le sujet de la cinquième & dernière Entrée du Ballet du *Triomphe des Arts*, de M. *De la Motte*, Musique de M. *De la Barre*, représenté en 1700. Voyez *Arts. (le Triomphe des)*

Cet acte, retouché par le Sieur *Ballot de*

Sovot, & nouvellement mis en Musique par M. *Rameau*, a été donné par l'Académie Royale de Musique, le Mardi 27 Août 1748. à la suite du *Carnaval & la Folie*, in 4°. Paris, De Lormel.

ACTEURS.

Pygmalion.	Le Sieur Jélyotte.
Céphise, amante de Pygmalion.	Mlle Romainville.
L'Amour.	Mlle Coupée.
La Statue animée.	Mlle Puvignée *fille*.

BALLET.

Les Graces.	Mlles Dallemand, S. Germain & Courcelle.
Jeux & Ris.	Les Sieurs Girault, Feuillade, Le Febvre & Bourgeois. Mlles Minot & Beaufort.
Peuples.	Les Sieurs Lorrent, Le Liévre, Laval & Caillés. Mlles Dazenoncourt, Briseval, Amedée & Puvignée *mere*.
Paysans grotesques.	Les Sieurs Lany & Sody.
Paysans simples.	Le Sieur Levoir & Mlle Lyonnois.
Un Tambourin.	Le Sieur Marchand.

L'acte ci-dessus a formé la troisiéme Entrée des *Fragmens*, représentés par l'Académie Royale de Musique, le Jeudi 26 Décembre de la même année 1748.

Et le Mardi 9 Mars 1751. ce même acte fut substitué à celui de *Titon & l'Aurore*, de M. *Roy*, 2ᵉ édition in-4°. De Lormel.

ACTEURS.

Pygmalion.	Le Sieur Jélyotte.
Céphise.	Mlle Romainville.
L'Amour.	Mlle Le Miere.
La Statue animée.	Mlle Puvignée *fille*.

BALLET.

Les Graces.	Mlles Labatte, Courcelle & Dazenoncourt.
Jeux & Ris.	Les Sieurs Le Liévre, Feuillade, Hamoche & Bourgeois. Mlles Ponchon & Desirée.
Peuples.	Les Sieurs Caillés, Gobert, Sevestre & Margery. Mlles Beaufort, Bellenot, Couvar & Coupé.
Paysans grotesques.	Les Sieurs Lany & Sody.
Paysans simples.	Le Sieur Beat & Mlle Lany.

IVe Reprise de l'acte ci-devant, le Jeudi 2 Décembre 1751. précédé de celui d'*Æglé*, & suivie de la *Vûe*, acte du Ballet des *Sens*, 3e édition in 4°. De Lormel.

ACTEURS.

Pygmalion.	Le Sieur Jélyotte.
Céphise.	Mlle Jacquet.
L'Amour.	Mlle Coupée.
La Statue animée.	Mlle Puvignée *fille*.

BALLET.

Les Graces.	Mlles Labatte, Courcelle & S. Germain.
Jeux & Ris.	Les Sieurs Desplaces, Feuillade, Hamoche & Bourgeois. Mlles Thierry & Deschamps.
Peuples.	Les Sieurs Caillés, Gobert, Le Lievre & Desplaces. Mlles Bellenot, Courar, Coupé & Puvignée *mere*.
Paysans grotesques.	Les Sieurs Lany & Laurent.
Paysans simples.	Le Sieur Beat & Mlle Ray.

Pygmalion, Comédie Françoise en prose & en trois actes, suivie d'un divertissement, au Théatre Italien, par Messieurs *Procope Coutaux* & *Romagnesi*, représentée pour la première fois le Jeudi 12 Janvier 1741. non imp. *Extrait, Mercure de France, Février* 1741. p. 365-370.

ACTEURS.

PYGMALION.
AGALMÉRIS, *où la Statue.*
TIMANDRE, *ami de Pygmalion.*
CLÉONIDE.
CLITOPHON.
MISIS, *suivante de Cléonide.*
ARLEQUIN, *valet de Pygmalion.* (*)

La scéne est chez Pygmalion.

« Pygmalion, célébre Sculpteur de l'Isle de Chypre, ayant conçu une aversion invincible pour tout le sexe, par la lubricité des Propétides, résolut de passer toute sa vie dans le célibat, il employa son heureux loisir à faire une Statue, qu'il rendit si parfaite, qu'il en devint amoureux. Sa passion pour l'ouvrage de sa main, s'augmentant à mesure qu'il jettoit les yeux dessus, devint si forte, qu'il pria Vénus de lui donner une femme douée d'autant de beauté, qu'il en avoit rassemblé dans sa chere Statue. Vénus l'exauça, & par son divin pouvoir elle anima l'yvoire, qui étoit l'objet de tous ses vœux.

» L'Auteur de la Comédie de Pygmalion donne à Vénus un motif bien différent, pour

___

(*) Dans l'Extrait du Mercure, au nombre des Acteurs est *Sosie*, esclave de Pygmalion...... Le Sieur *de Hesse*, & dans la copie manuscrite de la Piéce, on trouve *Arlequin*, & nous nous sommes conformés à la copie de la Comédie.

» animer la Statue, à qui on donne le nom
» d'Agalméris; ce n'eſt pas pour rendre heu-
» reux le Statuaire, qu'elle anime la Statue en
» queſtion, mais pour le punir de ſon averſion
» pour le Sexe.

Acte I.

» Pygmalion ouvre la ſcéne avec Timandre
» ſon plus cher ami. Timandre combat le deſ-
» ſein que Pygmalion a formé de vivre dans un
» célibat perpétuel; Pygmalion lui répond en
» ſoupirant que Vénus ne s'eſt que trop vengée
» du mépris qu'il a fait éclater pour ſon Em-
» pire. Timandre lui demande quelle eſt cette
» vengeance; Pygmalion ordonne à Arlequin
» ſon eſclave de ſe retirer, pour ne le rendre
» pas témoin d'un aveu ſi extravagant. Arle-
» quin s'étant retiré pour ſe tenir à l'écart, &
» tout entendre ſans être vû, Pygmalion tire un
» rideau qui couvre la Statue, (à qui il a donné
» le nom d'*Agalmeris.*) Timandre ne peut
» refuſer ſon admiration à cette belle image,
» mais il ne comprend rien dans ce que Pyg-
» malion vient de lui dire de la vengeance de
» Vénus; il n'eſt que trop éclairci, quand Pyg-
» malion lui dit qu'il eſt paſſionnément amou-
» reux du chef-d'œuvre de ſon ciſeau, & que
» c'eſt pour cette même Agalmeris qu'il refuſe
» la main de Cléonide, (jeune veuve très jolie,)
» dont il eſt très tendrement aimé. Timandre
» eſt ſi ſurpris de cette paſſion pour un objet
» inſenſible, & ſi irrité du refus que Pygmalion
» fait d'une Amante dont l'hymen pourroit le
» rendre heureux, qu'il veut briſer cette fatale

»Statue; Pygmalion l'empêche d'exécuter son
»dessein, & consent d'aller avec lui dans le
»Temple de Vénus, pour prier cette Déesse
»de calmer sa colere. Ils sortent tous deux
»dans cette intention. Arlequin, qui d'un lieu
»où il se tenoit caché, a tout entendu sans
»rien voir, reparoit aux yeux des Spectateurs;
»il ne peut s'empêcher de rire de la folie de
»son maitre; Misis, suivante de Cléonide,
»vient s'informer chez Pygmalion du sujet du
»refus qu'il a fait de la main de sa Maîtresse;
»elle tire adroitement ce secret de la bouche
»d'Arlequin, & s'en va le divulguer, pour ex-
»poser Pygmalion à la risée publique, & pour
»venger sa Maîtresse ».

SCÉNE IV.

ARLEQUIN.

Quelle est jolie! cela vaut ma foi mieux que tout le marbre des Isles de l'Archipel. Mais je suis curieux de voir ce bel objet, qui détraque la cervelle de mon pauvre Maître. (*Il tire le rideau.*) Eh bien, c'est donc vous, Madame, qui faites tout ce beau tapage? C'est pourtant dommage que cela ne soit point animé. Voilà une figure appétissante, à qui il ne manque que la parole. Terebleu si elle étoit en vie, la parole ne lui manqueroit pas. Voilà une bouche, quoique petite, qui promettoit un grand caquet: quels yeux frippons! ma foi, j'ai peur qu'elle ne me débauche aussi bien que mon Maître; quel bras mignon! (*la Statue fait un mouvement.*) Plaît-il? je crois qu'elle remue..... Bon, une Statue remuer! c'est moi qui l'aurai sans doute ébranlée; voyons si elle est ferme sur son pied-d'estal. (*Il porte la main à la Statue, qui fait un plus grand mouvement, & qui soupire.*) Ah, misérable! je ne puis plus douter, elle vient de soupirer. Quelle vision! je suis fou, & c'est sans doute un vent coulis. Je suis pourtant saisi d'une secrette frayeur. Je suis seul ici. Mais quel est l'objet de ma peur? approchons..... je crains.... Oh! le poltron, qui a peur d'une Statue.... Allons morbleu...... Je veux la regarder en face. (*Il l'envisage la Statue achève de s'animer, tourne ses regards sur Arlequin, qui reste immobile dans une attitude burlesque.*) Ah ! je suis perdu, elle me regarde. (*La Statue s'animant tout-à-fait, étend un bras, & s'appuye sur l'épaule d'Arlequin, qui n'ose bouger. Elle quitte son pied-d'estal, & s'avance vers les Spectateurs, toûjours penchée sur Arlequin, qui fait des lazzis de frayeurs.*)

SCÉNE V.

LA STATUE, ARLEQUIN.

LA STATUE.

Quelle est la puissance qui m'arrache du profond sommeil où j'étois ensevelie ? je ne me ressouviens point d'avoir jamais été éveillée. D'où viens-je ? où suis-je ? quels mouvemens m'agitent ? qui sont tous ces différens objets qui m'environnent ? que suis-je moi-même ? .... Mais j'apperçois à mes côtés une figure qui semble exprimer quelque chose par ses bizarres contorsions. Ah ! parles, si tu as comme moi le don de la parole.

ARLEQUIN.

La pe... peur.....m'é.... m'étouffe la voix.... Ah ! c'est quelque démon.

LA STATUE.

J'entens des sons articulés ; quelle joie ! je pourrai donc m'entretenir avec quelqu'un, & l'interroger à mon gré.

ARLEQUIN.

Quel instinct curieux & babillard ! c'est une femme sans contredit ; vous verrez que mon Maître aura obtenu sa demande.

LA STATUE.

Ah, répond moi, je t'en conjure ; mon ame brûle de se répandre, & ne sçauroit plus contenir ce torrent d'idées qui l'inonde de toutes parts.

ARLEQUIN.

Ils pourroient bien la suffoquer si on n'y met ordre. Parlez, demandez-moi ce qu'il vous plaira, me voilà prêt à satisfaire votre curiosité, s'il est possible.

LA STATUE.

Qu'est-ce que tout ce que je vois ? qu'est-ce que tout ce que je pense ? quelle est cette foule de desirs qui me domine, & que je ne puis t'exprimer ? quel est le motif qui les fait naître ? quel est le moyen de les satisfaire ? que suis-je enfin ? qui es-tu toi-même ?

ARLEQUIN.

Quelle rapidité ! ses questions sont embarrassantes. Donnez-moi s'il vous plaît le temps de vous répondre. D'abord vous êtes une femme.

LA STATUE.

Une femme ! & qu'est-ce donc que cela ?

ARLEQUIN.

Vous le sçaurez, quand je vous aurai dit ce que c'est que l'homme.

LA STATUE.

L'homme ! voila un nom assez plaisant ! l'homme !

ARLEQUIN.

Il est encore bien plus drole que son nom, ma foi.

LA STATUE.

Es-tu aussi une femme, toi qui me parle ?

ARLEQUIN.

J'en serois bien fâché, je les aime trop pour vouloir l'être.

LA STATUE.

Tu ne voudrois pas être ce que tu aime ! pourquoi donc ?

ARLEQUIN.

Par la raison que si j'étois ce que j'aime, j'aimerois ce que je suis, & ce que je suis n'est pas si joli que ce que j'aime ; mais cela vous passe : tenez nous souhaitons toûjours ce que nous n'avons pas, parce que nous naissons chacun en particulier avec des facultés & des talens qui ne sont propres que pour autrui.

LA STATUE.

Ces talens ne nous servent donc à rien ?

ARLEQUIN.

Pardonnez-moi, pardonnez-moi, ils ont cours dans le commerce, & nous en faisons un troc avec des personnes qui ne tireroient aucun avantage des leurs sans le secours des nôtres. Vous m'entendez ?

LA STATUE.

Non.

ARLEQUIN.

Ce n'est pas ma faute ; mais cela vous est pardonnable, vous ne faites que de naître, vous n'êtes pas obligée d'en sçavoir beaucoup.

LA STATUE.

Eh pourquoi en sais-tu plus que moi ? qui es-tu ?

ARLEQUIN.

Je suis un homme.

LA STATUE.

La femme est donc une ignorante ?

ARLEQUIN.

Oh que non : elle en fait quelquefois bien plus que nous.

LA STATUE.

Cela étant je devrois être mieux instruite.

ARLEQUIN.

Je ne sai comment lui expliquer tout cela. Vous ne savez encore rien, parce qu'il n'y a qu'un demi-quart d'heure que vous n'étiez rien. Regardez ces autres figures inanimées, vous étiez comme cela tout-à-l'heure.

LA STATUE.

Et qui m'a fait changer ?

ARLEQUIN.

Les Dieux. Mais vous n'entendez encore rien à cela.

LA STATUE.

Tu te trompe : en commençant à respirer, j'ai senti & reconnu une puissance qui s'est annoncée d'elle-même dans mon cœur.

ARLEQUIN.

Je n'ai plus rien à dire. Cette puissance a donc été employée par mon Maître Pygmalion, afin qu'elle vous donnât la vie. Car ne vous en déplaise, vous n'êtes pas née comme les autres femmes qui viennent au monde pas plus grandes que cela : Pygmalion vous épargne les infirmités & les foiblesses d'une enfance ennuyeuse, & vous voila dans l'état où il faut être pour goûter tous les plaisirs de la vie.

LA STATUE.

Et pourquoi Pygmalion a-t'il demandé que je visse le jour ?

ARLEQUIN.

Parce qu'il sent pour vous un amour inexprimable.

LA STATUE.

Amour ! qu'est-ce donc que l'amour ?

ARLEQUIN.

Oh, je ne vous pardonne pas celui-là d'en ignorer ; ma seule présence devroit vous mettre au fait. Etre amoureux, c'est souhaiter la possession d'un objet, faire mille folies pour lui plaire, ne pouvoir se passer de sa vûe, lui faire des caresses qui vont jusqu'au transport ; exiger qu'il ressente pour vous ce que vous sentez pour lui. Je ne vous détaille cela qu'en gros, mais l'expérience vous mettra au fait.

LA STATUE.

Et Pygmalion sentoit tout cela pour moi, qui ne pouvois l'entendre ni lui répondre ?

ARLEQUIN.

C'est pour que vous puissiez faire l'un & l'autre, qu'il a demandé aux Dieux votre métamorphose.

LA STATUE.

Quelle imagination ! n'y a-t'il pas d'autres femmes ?

ARLEQUIN.

Oui.

LA STATUE.

Que n'en prenoit-il une ?

ARLEQUIN.

Je vous dirai en confidence qu'il les hait toutes, parce qu'il prétend qu'elles sont remplies de défauts.

LA STATUE.

Qu'appelles-tu des défauts ?

ARLEQUIN.

Ce sont de petits revenans bons que la nature fournit aux femmes pour leurs menus plaisirs.

LA STATUE.

Mais encore ?

ARLEQUIN.

Nous appellons défauts en vous le trop grand desir de plaire, l'obstination, l'orgueil, la médisance, &c.

LA STATUE.

Je n'aurai donc aucun de ces défauts-là, moi ?

ARLEQUIN.

Non vraiment ; c'est une obligation que vous avez à mon Maître. Les Dieux qui vous ont formé exprès pour lui, vous ont rendu parfaite ; vous ne ressemblerez point aux autres femmes.

LA STATUE.

Et d'où vient veut-il que j'aye seule le privilége de m'ennuyer ? car tous les défauts que tu viens de me nommer me paroissent amusans.

ARLEQUIN.

Je vous en félicite.

LA STATUE.

Défaut, le trop grand desir de plaire ! je n'appelle point cela défaut en moi, c'est une chose toute naturelle. Mais dis-moi, l'homme ?

ARLEQUIN.

Je m'appelle Arlequin.

LA STATUE.

Arlequin soit ; qui de l'homme ou de la femme est la plus noble espéce ? qu'elle est celle qui commande à l'autre ?

ARLEQUIN.

L'homme soutient qu'il est le maître, mais la femme fait voir qu'elle est sa maîtresse.

LA STATUE.

Comment ?

ARLEQUIN.

Oui, l'homme prétend être le maître par la loi naturelle parce qu'il est le plus fort, mais la femme le régit par accident.

LA STATUE.

Vraiment j'aime mieux nos prérogatives que les vôtres mais si vous êtes plus forts, nous sommes plus fines & plus spirituelles, & cela étant, Messieurs nos maîtres, ce que vous appellez en nous des défauts, n'est autre chose que de petites humeurs que nous opposons à vos volontés.

ARLEQUIN

ARLEQUIN.

Vous y êtes.

LA STATUE.

Cela est fâcheux assurément, Arlequin.

ARLEQUIN.

Diantre ! vous avez une belle mémoire.

LA STATUE.

Pygmalion est-il fait comme toi ?

ARLEQUIN.

Mais non ; il y a entre nous quelque différence. Pourquoi me demandez-vous cela ?

LA STATUE.

C'est que s'il te ressembloit, & qu'il voulut que je l'aimasse, ce seroit un maître assez mal obéi.

ARLEQUIN.

Quoi, ma figure vous déplaît !

LA STATUE.

Sans doute.

ARLEQUIN.

Ce sera donc bien pis quand vous aurez vû la sienne. Pauvre Pygmalion ! que je vous plains mon cher maître !

LA STATUE.

A propos, tu es homme, & tu as aussi un maître, je ne comprends rien à cela.

ARLEQUIN.

Je ne le comprends que trop moi. Je suis né Esclave. Pygmalion m'a acheté, & je suis obligé de le servir toute ma vie.

LA STATUE.

Des esclaves parmi les hommes ! quelle injustice !

ARLEQUIN.

Ma foi, à vous parler naturellement, la plûpart de nous autres fripons méritent bien son sort, car nous ne valons pas grand chose, & si vous étiez un peu instruite, vous verriez qu'il faut qu'il y ait des malheureux, parce qu'il y a des méchans : d'ailleurs, nous ne sommes pas si fort à

Tome IV.   N

plaindre qu'on penfe, & nous maitrifons fouvent nos maîtres comme vous ; là, par accident.

LA STATUE.

Je ne te comprends pas.

ARLEQUIN.

Bon, bon, quand vous aurez des paffions, vous deviendrez vous-même foumife aux efclaves qui les ferviront.

» Cette fcéne eft interrompue par l'arrivée
» de Cléonide, de Clitophon & de Mifis. Cette
» derniére les a inftruits de tout ce qui vient
» de fe pafer chez Pygmalion, par la puiffance
» de Vénus. Ils demandent à Arlequin où eft
» cette Statue qui fait tant de bruit dans Cy-
» there ; Arlequin leur répond qu'elle eft de-
» vant leurs yeux. Cléonide eft jaloufe de fa
» beauté, & Clitophon en devient paffionné-
» ment amoureux ; quant à Agalméris, com-
» me elle trouve dans Clitophon plus de fujet
» de faire naître ce penchant qu'Arlequin n'en
» avoit fait voir à fes yeux, elle le regarde
» avec plus de complaifance ; cet effet d'un
» amour naiffant redouble celui que Clitophon
» a fenti pour elle dès la premiére vûe ; il lui
» parle d'amour, il n'en eft pas rebuté, elle
» lui donne même lieu de concevoir de favo-
» rables efpérances ; il forme le deffein de la
» fouftraire au pouvoir de fon rival. Cléonide
» a trop d'intérêt à cet enlévement, pour n'en
» pas devenir complice, & le penchant fecret
» d'Agalméris pour le premier objet qui s'eft
» préfenté à fes yeux fous une forme aimable,
» la fait confentir à fe laiffer conduire par-tout
» où on voudra.

Acte II.

„ Pygmalion revenu du Temple de Vénus,
„ apprend avec plaisir d'Arlequin, que la
„ Déesse a exaucé sa priere, mais ne trouvant
„ plus sa chere Agalméris chez lui, il court
„ après son ravisseur, & la raméne dans sa mai-
„ son. C'est-là qu'il commence à sentir que
„ Vénus ne l'a exaucé que pour se venger du
„ mépris qu'il a fait de l'empire amoureux. Il
„ trouve dans sa Statue animée, une coquette,
„ une ingrate, une orgueilleuse, en un mot
„ tous les défauts dont le sexe est susceptible.
„ Pygmalion reste frappé de cet événement
„ contraire à ses souhaits, survient son ami
„ Timandre.

SCÉNE XV.

Pygmalion, Timandre.

TIMANDRE à *Pygmalion*.

J'ai parlé au Marchand de bijoux, il vous a mis..... (*à part..*) Mais quel sombre accueil ! quelle tristesse !

PYGMALION.

Mon cher Timandre, vous voyez le plus infortuné des mortels.

TIMANDRE.

Que dites-vous ? la bonté de Vénus.

PYGMALION.

Ah, cruelle bonté ! elle est encore plus barbare que sa haine.

TIMANDRE.

Que manque-t'il à votre bonheur, n'a-t'elle pas comblé vos vœux.

PYGMALION.

Il est vrai, elle a animé ma Statue : que de graces elle a

verse sur elle ! ah, qu'elle paroit bien engendrée d'un souffle divin ! & toi, jalouse Vénus, toi qu'on irrite si facilement, comment as-tu pû la contempler sans envie ? mais ta colere t'aveugloit, sa beauté devoit servir à ta vengeance.

TIMANDRE.

Expliquez-vous.

PYGMALION.

Vous connoissez toute la force de ma passion, Timandre, c'en est assez pour connoitre toute mon infortune, puisque j'adore une coquette, qui me trahit, une furieuse, qu'un léger emportement a irrité contre moi sans retour.

TIMANDRE.

Et quel est donc le sujet de votre emportement ?

PYGMALION.

Le plus juste du monde ; vous connoissez Clitophon ?

TIMANDRE.

Le parent de Cléonide ? oui vraiment.

PYGMALION.

C'est mon rival.

TIMANDRE.

Votre rival !

PYGMALION.

Je l'ai trouvé avec Agalméris, il lui déclaroit impudemment son amour, & l'ingrate l'écoutoit avec plaisir.

TIMANDRE.

Je le crois, il est fort aimable homme.

PYGMALION.

Cruel ! vous venez ici pour me faire l'éloge de mon rival ! Oui, vous dis-je, elle l'écoutoit avec plaisir, & son accueil gracieux promettoit tout à l'audace du téméraire, si ma présence n'eut mis un frein à ses transports.

TIMANDRE.

J'avoue que pour un cœur tendre le coup est bien cruel ; c'est de quoi vous vous êtes plaint avec vigueur, du moins je me l'imagine.

PYGMALION.

Pouvois-je avoir un plus juste sujet ?

TIMANDRE.

Elle n'est pas si coupable que vous vous l'êtes figuré ;

dans les premiers mouvemens de votre jalousie ; les femmes naissent avec le desir de plaire, & c'est un sentiment qui leur est dicté par la nature, la raison leur ordonne la pudeur, mais la raison n'est qu'un sentiment étranger qu'elles ne peuvent acquérir que par l'expérience & l'éducation ; comment voulez-vous donc qu'elle se défendît des caresses de Clitophon, puisqu'elle n'en sçavoit pas les conséquences, & que la nature les lui faisoit recevoir avec plaisir ? c'étoit à vous à prévenir le danger.

PYGMALION.

Le mal étoit fait.

TIMANDRE.

Pensiez-vous y remédier par votre mauvaise humeur ? vous l'avez irritée au lieu de la guérir. Vous deviez faire servir votre jalousie même aux interêts de votre amour, ne faire que de tendres reproches, n'attribuer votre disgrace qu'à votre malheureuse étoile, verser des larmes ; elle auroit plaint votre désespoir ; mais en l'aigrissant vous avez étouffé la ressource de la pitié & de la douceur : ressource infaillible dont le germe se trouve toûjours dans le cœur des femmes, & que nous arrachons par nos fureurs ; quand nous pourrions l'y cultiver par notre complaisance.

PYGMALION.

Il n'est point de trésor qui puisse valoir un ami tel que vous. Vous m'ouvrez les yeux Timandre, je m'abandonne à vos conseils ; que dois-je faire ?

TIMANDRE.

Revoyez votre maîtresse ; venez réparer par de tendres empressemens le tort que vous a fait votre colere.

PYGMALION.

Elle me rebutera.

TIMANDRE.

Vous devez souhaiter que cela vous arrive, s'il ne vous en coûtoit pas quelque chose pour la ramener, je jugerois mal de sa délicatesse : de pareilles victoires ne nous flattent qu'autant que nous les achetons chérement.

ACTE III.

„ Pygmalion ouvre l'acte transporté de joye
„ d'avoir appaisé la colere d'Agalméris, sur-

» vient Arlequin qui éprouve un pareil senti-
» ment de joye, & qui est amoureux d'une
» Statue de l'attelier de son Maître.

PYGMALION.

Ah, mon cher Arlequin, ressens-toi de ma joye, je te donne la liberté.

ARLEQUIN.

Je n'en veux point ; je suis bien chez vous. Donnez-moi seulement la clef de votre attelier.

PYGMALION.

Un doux raccommodement succéde à notre brouillerie. Je viens de recevoir un regard que j'aurois acheté de ma vie.

ARLEQUIN.

La clef de votre attelier, vous dis-je.

PYGMALION.

Pourquoi faire ?

ARLEQUIN.

Vous renfermez dans ce réduit le trésor d'Arlequin. Oh, cher trésor de mon ame, je vous pesséderai !

PYGMALION.

Quels transports ! as-tu perdu l'esprit ?

ARLEQUIN.

Oui, mon cher maître, j'étois aussi fou que vous, mais l'événement nous justifie l'un & l'autre. A votre exemple j'ai fait une demande à Vénus, j'idolâtre une de vos Statues. Pardonnez si je chasse sur vos terres. Et cette bonne Déesse qui est en train de faire des graces, m'a accordé celle que je lui demandois ; nous allons être parens, car je crois que ma maîtresse est cousine de la vôtre. J'ai vû un air de famille dans les veines du marbre.

PYGMALION.

Je te félicite vraiment.

ARLEQUIN.

Oh, le meilleur de tout ceci c'est que j'ai fait mon marché ; ma maîtresse n'aimera jamais personne ; elle me suivra comme un barbet, & n'aura pas l'usage de la parole.

PYGMALION.

Elle ne pourra donc pas te dire qu'elle t'aime ?

ARLEQUIN.

N'importe, elle le pensera, & l'un vaut bien l'autre. Dépêchez-vous donc, la pauvre petite s'impatiente.

PYGMALION.

Tu la crois donc déja animée ?

ARLEQUIN.

Ah, ah ! j'ai trois paroles à prononcer pour lui donner la vie. Je ne sais pas si je m'en souviendrai.... Oui, je les tiens.

PYGMALION.

Trois paroles !

ARLEQUIN.

Oui, Vénus me distingue. A propos, je vous prie de tailler une robe à ma femme avant que je la mette au monde, car elle n'a pas un petit bout de draperie sur le corps, & la vôtre étoit toute habillée.

PYGMALION.

Et quelle est cette charmante Statue qui a sçû flatter ton goût ?

ARLEQUIN.

Ah, qu'elle est appétissante ! c'est la mine la plus égrillarde, la gorge la plus bondissante ! ....

PYGMALION.

En quel endroit est-elle placée ?

ARLEQUIN.

A main gauche en entrant, entre deux treteaux.

PYGMALION.

Ah, malheureux, qu'as-tu fait ! c'est un Sphinx.

ARLEQUIN.

Un Sphinx ! eh bien soit, un Sphinx est une jolie figure.

PYGMALION.

Oui, mais c'est aussi un monstre cruel, & l'effigie de celui qui dévoroit les passans près de Thébes.

ARLEQUIN.

Qui dévoroit les passans ! ah, je suis perdu.

G iv

PYGMALION.

N'as-tu point pris garde à ses griffes meurtrières, & à la queue de lion ?

ARLEQUIN.

Hélas ! je n'ai pris garde qu'à son joli minois & à sa belle gorge. Voilà comme on est la dupe du bel extérieur.

PYGMALION.

C'est avec de tels attraits qu'il attiroit de pauvres malheureux pour les déchirer.

ARLEQUIN.

Ah, que les physionomies sont trompeuses ! que deviendrai-je ? maudite frénésie ! c'est vous qui êtes la cause de mon malheur ; j'ai voulu vous imiter. Tout le monde va se moquer de moi, parce que je n'ai pas réussi, & l'on vous applaudit, parce que vous êtes plus heureux que sage. Mais je serai bien vengé, l'humeur de votre Statue vaudra bien les griffes de la mienne.

PYGMALION.

Ciel ! détourne un si horrible augure ! écoute Arlequin, il n'y a rien de désespéré, tu n'as qu'à ne point prononcer ces paroles qui doivent lui donner la vie.

ARLEQUIN.

Hélas, si je les prononce en dormant ?

PYGMALION.

Ne crains rien, je vais la mettre en piéces & la précipiter dans la mer. Si ma Statue me demande, dis-lui que je suis allé acheter les bijoux que je lui ai promis.

„ A peine Pygmalion est sorti, que Cléonide
„ vient qui par ses discours artificieux fait en-
„ tendre à Agalméris que Pygmalion la rendra
„ malheureuse, & que Clitophon qui l'aime
„ éperdûment veut l'épouser, & lui faire une
„ fortune considérable. Ce discours séduisant
„ fait l'effet que la malicieuse Cléonide en at-
„ tendoit. Agalméris se défend foiblement ; pour
„ achever de la séduire, survient Clitophon,

„ qui lui répéte toutes les promesses que lui a
„ faites pour lui Cléonide. Agalméris devient
„ encore plus incertaine; elle se sent entrainer
„ par Clitophon, mais elle se rappelle ce qu'elle
„ doit à Pygmalion, & la promesse qu'elle lui
„ a faite en se réconciliant avec lui. Dans le
„ moment Misis suivante de Cléonide sur-
„ vient ".

SCÉNE X.

AGALMÉRIS, CLÉONIDE, CLITOPHON, MISIS.

MISIS.

Pygmalion arrive. il va monter. Dérobez-vous à ses regards.

AGALMÉRIS.

Ah, Dieux !

CLÉONIDE à *Agalméris*.

Cachez Clitophon dans ce cabinet, ne vous allarmez point, & tâchez de vous défaire de votre importun, sous quelque prétexte ; nous vous attendons.

AGALMÉRIS.

Mais......

CLÉONIDE.

Laissez-vous conduire, & songez que j'ai à vous parler d'une chose de la derniére importance.

AGALMÉRIS *seule*.

Que vais-je devenir, quel parti prendre dans tous les mouvemens qui m'agitent ?

SCÉNE VII.

PYGMALION, AGALMÉRIS.

PYGMALION.

Qu'il me tardoit d'être de retour ! votre présence est le repos de mon cœur ; lorsque je ne vous vois pas, je crains que la fortune jalouse n'ait, pendant mon absence, donné quelque atteinte à l'excès de mon bonheur. Ah ! si les mortels les plus heureux doivent un tribut à ton inconstance, s'il faut payer tes faveurs de quelques disgraces, fortune épargne mon amour, je t'abandonne tout le reste.

AGALMÉRIS *à part.*

Je ne justifie que trop son pressentiment.

PYGMALION.

Mais vous détournez vos regards, vous paroissez insensible à mon impatience ; mon éloignement auroit-il refroidi votre tendresse, me retirez-vous ces sentimens si chers, que mon amour auroit obtenu du vôtre ?

AGALMÉRIS *à part.*

Que lui dirai-je ?

PYGMALION.

Venez au Temple ; tout y est préparé pour notre hymen: venez-y recevoir les fermens d'un amour éternel ; venez m'y assurer de votre constance, venez-y briller aux yeux d'une foule innombrable que le bruit de votre beauté y attire......

AGALMÉRIS.

Que me propose-tu ?

PYGMALION.

Qu'entens-je ! qui peut vous arrêter ?

AGALMÉRIS.

Différe cet hymen de quelques jours, & me laisse un moment seule.

PYGMALION.

Où courez-vous ? . ... quel trouble ! .....

AGALMÉRIS.

Ne me suis pas, te dis-je.

PYGMALION.

Je ne vous quitte point.

SCÉNE VIII.

ARLEQUIN *seul.*

Seigneur ; Seigneur, écoutez donc si vous voulez...... La

joye qu'il a l'empêche de m'entendre ; il s'agit pourtant d'une chose de conséquence ; c'est du festin, ah ! que nous allons nous réjouir...... Mais n'apperçois-je pas Clitophon qui sort du cabinet de mon Maître ?

SCÈNE IX.

Clitophon, Arlequin.

ARLEQUIN.

Eh que venez-vous donc faire ici ?

CLITOPHON.

Malgré l'accueil incivil que Pygmalion m'a fait, je viens lui rendre un service signalé. Arlequin, il faut l'avertir que Timandre l'attend chez lui : un péril pressant les menace tous deux, mais garde-toi bien de lui dire que c'est de moi que tu tiens cette nouvelle, ni que tu m'as vû ici : je lui serois suspect. C'est dans cette occasion qu'il faut que ton esprit & ton zéle agissent : trompe-le pour le mieux servir, il est perdu si tu tarde un moment.

ARLEQUIN.

Ah, mon pauvre maître !

CLITOPHON.

Prends cette bourse pour bien te ressouvenir de ce que je te recommande.

ARLEQUIN.

L'honnête homme ! je ne l'aurois pas crû. Il ne faut pas lui dire que c'est vous qui me l'avez dit.

CLITOPHON.

Tu gâterois tout, & je t'assommerois.

ARLEQUIN.

C'est vous qui gâteriez tout, en ce cas-là.

CLITOPHON.

Ne perds point de tems, dis-lui que c'est un des domestiques de Timandre qui t'es venu avertir.

ARLEQUIN.

Vous rentrez donc dans son cabinet ?

CLITOPHON.

Je suis avec Cléonide, nous consultons ensemble sur les moyens de le tirer d'affaire.

ARLEQUIN.

Je cours de ce pas...... ah, le voila.

SCÉNE X.

Pygmalion, Arlequin.

ARLEQUIN à *Pygmalion.*

Allez-vous-en vite chez Timandre.

PYGMALION *sans l'écouter.*

Je ne sçai que penser, je n'ai pû vaincre son silence obstiné.

ARLEQUIN.

Le feu est à la maison, il vous attend pour l'éteindre.

PYGMALION *sans l'écouter.*

Mais parmi quelques mots entrecoupés, elle a nommé Clitophon.

ARLEQUIN.

Si vous ne vous dépêchez, vous la trouverez en cendre.

PYGMALION *sans l'écouter.*

Ce nom a réveillé toute ma jalousie; dieux! Clitophon seroit-il la cause de ce désordre?

ARLEQUIN.

Lui! le pauvre homme n'en est pas capable. Tenez, car il ne faut rien cacher à son maître, c'est lui-même, qui par amitié pour vous m'a dit de vous envoyer chez Timandre.

PYGMALION.

Comment?

ARLEQUIN.

Je ne l'aurois pas nommé, mais puisque vous l'accusez, il est de mon honneur de le justifier dans votre esprit.

PYGMALION.

Qui?

ARLEQUIN.

Clitophon.

PYGMALION.

Le justifier ! ah, c'est lui qui sans doute est la cause de mon infortune.

ARLEQUIN.

Eh non ; c'est lui-même qui veut y apporter du reméde, puisque c'est de sa part que je vous dis d'aller chez Timandre.

PYGMALION.

Tu me dis de la part de Clitophon d'aller chez Timandre?

ARLEQUIN.

Oui. Vous devriez y être il y a une heure.

PYGMALION.

Où as-tu vû Clitophon ?

ARLEQUIN.

Ici.

PYGMALION.

Quand ?

ARLEQUIN.

A l'instant même : il est dans votre cabinet.

PYGMALION.

Dans mon cabinet ! courons lui percer le cœur.

ARLEQUIN *seul*.

Au secours, au voleur ! qu'allez-vous faire ? ah, le pauvre garçon va être bien récompensé de ses avis ! malheureux que je suis ! langue de serpent ! je me la couperois tout-à-l'heure si j'en avois le courage.

PYGMALION *revenant*.

Je ne l'ai point trouvé, il s'est dérobé à ma vengeance ; mais l'asile même des Dieux ne sçauroit l'y soustraire. Parle vil esclave, comment s'est-il introduit chez moi ?

ARLEQUIN.

Je n'en sçai rien, Seigneur, & je ne l'ai point vû. Ah, voici bien un autre malheur !

PYGMALION.

Tu étois d'intelligence avec lui, mais ton sang....

ARLEQUIN.

Haye, haye, haye !

PYGMALION.

Inſtruis-moi avant ta mort de tout ce qui s'eſt paſſé.

ARLEQUIN.

Avant ma mort ! je ferai donc cent ans à vous le dire.

PYGMALION.

Parle, ou.....

ARLEQUIN.

Hélas ! où trouverai-je des périphraſes pour allonger mon hiſtoire ?

PYGMALION.

La perfide ! c'eſt elle qui a ménagé ce coupable rendez-vous, & tandis que ſa bouche exprimoit tantôt la candeur & la tendreſſe, ſon cœur méditoit la trahiſon & l'infidélité. Eh bien ?

ARLEQUIN.

Je ſuis d'abord entré pour vous dire que le feſtin.....

PYGMALION.

Voilà, je n'en puis plus douter, voilà la cauſe de ſon trouble, je ſuis arrivé trop tôt. & j'étois pour elle un objet odieux dont elle n'a pû ſoûtenir la préſence. Après ?

ARLEQUIN.

Que le feſtin, les Danſeurs, les Muſiciens.....

PYGMALION.

Que pourras-tu me dire pour excuſer ta noirceur & ta trahiſon ? mais à quoi s'amuſe ma rage ? allons la répandre ſur l'infidelle. Elle ignore que je ſuis inſtruit de ſa perfidie ; allons l'accabler des reproches les plus ſanglans, & lui faire ſentir à quel point elle eſt mépriſable.

SCÉNE XI.

Pygmàlion, Timandre, Arlequin.

TIMANDRE.

Dans quel état, mon ami s'offre-t'il à mes yeux ? un poignard à la main, la fureur peinte ſur le viſage !

ARLEQUIN.

Ah Seigneur, remettez-lui l'eſprit.

PYGMALION.

Timandre, vous avez été témoin de notre raccommodement, vous avez versé des larmes de joye; l'indigne me trompoit, & se ménageoit une entrevûe avec mon rival.

TIMANDRE.

Je ne puis le croire.

ARLEQUIN.

Il ne sçait ce qu'il dit, Seigneur. Clitophon n'est venu ici que pour lui faire dire de s'en aller, & que vous l'attendiez chez vous.

TIMANDRE.

Que je l'attendois chez moi! je ne sçai ce que c'est.

ARLEQUIN *se donnant un soufflet.*

Ah le fourbe! ah la bête!

PYGMALION.

Qu'entens-je! tu ne m'avois pas dit cela.

ARLEQUIN.

Pardonnez-moi, vraiment, mais vous ne m'avez pas entendu.

PYGMALION.

Hé bien, en doutez-vous encore? ce téméraire a l'insolence de m'écarter de chez moi par de pareils stratagêmes.

TIMANDRE.

Jusqu'ici je ne vois qu'une démarche d'étourdi, dont votre Maitresse n'est pas coupable.

PYGMALION.

C'est de concert avec elle que le malheureux m'assassine; mais après tout, ne devois-je pas m'y attendre? est-il etonnant qu'une femme soit infidelle? non, ce qui l'étoit seulement, c'est que j'en aye pû douter; mais j'étois un frénétique, un furieux, qui couroit aveuglément à ma perte.

TIMANDRE.

Avez-vous trouvé ici ce jeune audacieux?

PYGMALION.

Non, il étoit sorti.

ARLEQUIN.

Vous vous trompez Seigneur, je le crois avec Agalméris,

car il s'eſt imaginé que vous iriez chez le Seigneur Timandre.

PYGMALION.

Avec elle, miſérable !

ARLEQUIN.

Eh, vraiment oui. Mais Cléonide y eſt auſſi : peſte il n'y a rien à craindre.

PYGMALION.

Ah !

TIMANDRE.

Suſpendez votre fureur & votre jugement : je ſuis perſuadé qu'on a fait agir ſourdement quelque artifice contre vous ; éclairciſſez ſans bruit l'aventure, & ſi votre Maîtreſſe eſt coupable, après ce que j'ai vû d'elle, je ſerai le premier à fortifier votre haine contre un perfide. S'ils ſont enſemble, tâchons de les ſurprendre dans leur entretien ſecret. Je n'exige de vous que ce peu de délai, & je vous le demande pour votre propre repos. J'entens quelqu'un, cachons-nous.

SCÉNE XII.

CLITOPHON, AGALMÉRIS, CLÉONIDE, ARLEQUIN.

CLITOPHON à *Arlequin*.

Eſt-il allé chez Timandre ?

ARLEQUIN *ſortant*.

Bon, il eſt prêt à revenir. (*à part.*) Tu vas me le payer.

AGALMÉRIS.

Puis-je me réſoudre à ce que vous me propoſez ? quoi, quitter Pygmalion, vous ſuivre pour recevoir votre main ? l'abandonner à ſon déſeſpoir.

CLITOPHON.

Ah ! que ne me laiſſiez-vous m'abandonner au mien ! c'eſt votre main qui vient d'empécher cette épée de m'arracher la vie ; n'avez-vous été touchée de ma douleur que pour la rendre éternelle ?

CLÉONIDE *bas*.

Je vais donc jouir enfin du plaiſir de la vengeance.

CLITOPHON.

Déterminez-vous adorable Agalméris, Pygmalion ne

sçauroit tarder, s'il me trouve en ces lieux il précipitera votre malheur & le mien ; vous dérobera pour jamais à ma vûe. Mais pourrai-je le souffrir ? sa mort ou la mienne doit m'épargner ce coup fatal.

CLÉONIDE.

Prévenez un accident terrible. Vous aimez Clitophon, donnez-lui la seule preuve qui puisse le convaincre de votre tendresse ; l'amour ne doit-il pas l'emporter sur tout autre intérêt dans votre cœur ?

AGALMÉRIS.

Eh bien, je me détermine. Oui, Clitophon je vous suis.

CLITOPHON.

Ah, quel bonheur ! il égale ma passion.

CLÉONIDE.

Que son amour vous doit de reconnoissance !

CLITOPHON.

Venez donc. Vous semblez résister ?

AGALMÉRIS.

Non, je ne puis m'y résoudre.

SCÉNE DERNIÉRE.

Les Acteurs précédens, Pygmalion, Timandre, Arlequin.

TIMANDRE à *Agalméris*.

Je ne vous retiens plus, perfide.

PYGMALION.

Que tardes-tu ? dérobe-toi à ma vûe ; ne dois-tu pas sentir combien elle m'est odieuse ! pars, & ne crains point mes reproches ; tu viens d'étouffer dans mon cœur ce malheureux amour que tes charmes y avoient fait naître. Il ne falloit pas moins qu'un pareil caractere pour l'en arracher. Le voilà enfin, mon cher Timandre, ce point de vûe d'où il faut examiner les femmes pour les bien connoître ; il falloit pour m'en guérir, que ma propre expérience appliquât le reméde. Adieu, tâche à l'avenir de faire un meilleur usage de la vie que je t'ai donnée ; tu ne dois pas m'en avoir obligation, & je rougis du présent que je t'ai fait.

CLÉONIDE *riant.*

C'est prendre son parti on ne peut pas mieux, dans une pareille aventure.

AGALMÉRIS.

Demeure Pygmalion, le voile est déchiré, voici le terme de tes malheurs & celui de mon infamie. Les Dieux ont voulu te punir de ton orgueil ; tu t'es distingué des autres hommes, tu as méprisé la nature, en cherchant ailleurs que dans son sein une épouse digne de toi. Tu condamnois par conséquent leur ouvrage : & tu mérite les coups dont ils t'ont frappé. Je ne leur reproche pas même de m'avoir fait servir d'instrument à leur vengeance, il falloit que tu fusse puni par l'endroit où tu les avois offensé ; mais ils sont trop justes pour ne pas me rendre à moi-même. Que leur avois-je fait pour être plus longtemps coupable ? Oui, Pygmalion, je sens aux mouvemens de mon cœur que je suis pour toi un présent digne de leur bonté. Compte de ce moment seul, d'avoir une épouse de la main du Ciel.

PYGMALION.

Ah, c'est encore un artifice, un faux repentir.

AGALMÉRIS.

Non, je n'aurois pas eu le secours du repentir, si mes crimes avoient été volontaires. Je te dirai bien plus, la bonté des Dieux me livroit aux remords dans le temps même que leur justice me forçoit à te trahir ; plains-moi, Pygmalion, de n'avoir point paru à tes yeux aussi pure que je l'étois. Clitophon, Cléonide, fuyez loin de moi ; je m'impose un exil volontaire, & que Pygmalion me pardonne où me punisse, je ne le quitte plus. [*Elle l'embrasse.*) Dussai-je n'occuper chez lui que la place de la derniére de ses esclaves.

PYGMALION.

Vous, mon esclave ! vous, la souveraine de mon cœur ! ô Vénus ! pouvois-je acheter assez cher les faveurs dont vous me comblez ?

TIMANDRE.

Eh bien, Pygmalion, que dites-vous ?

PYGMALION.

Que je suis le plus heureux des hommes. Célébrons sans plus tarder un hymen qui va me rendre presque égal aux Dieux qui l'ont ordonné.

« Un divertissement suit, qui est terminé par un vaudeville. »

PYGMALION, Ballet Pantomime exécuté au Théatre Italien après la Comédie du *Petit Maître amoureux*, représenté pour la première fois le Lundi 28 Juin 1734.

« Le 28 Juin les Comédiens Italiens don-
» nérent la première représentation d'une
» Comédie du Sieur Romagnési en vers & en
» trois actes, qui a pour titre le *Petit Maître
» amoureux*; elle a été reçue favorablement
» du public. Cette piéce fut suivie d'un nou-
» veau Ballet Pantomime représentant la Fable
» de *Pygmalion*, éxécuté avec applaudissement
» par la Demoiselle *Rolland* & par le Sieur
» *Riccoboni* fils, sur des airs de violons de la
» composition de M. *Mouret*, très bien carac-
» térisés. Le même sujet de Ballet a été dansé à
» Londres au mois d'Avril dernier, par la Dlle
» *Sallé* & par le Sieur *Maltaire* ». *Mercure de France*, Juillet 1734. p. 1617.

PYGMALION, Opéra Comique en un acte, par Messieurs *Panard* & *Laffichard*, représenté le Samedi 26 Mars 1735. précédé d'*Isabelle Arlequin*, & des *Effets du Hasard*, & terminé par le Ballet des *Veillées Hollandoises*. Cette piéce qui eut du succès, fut reprise le Mardi 6 Mars de l'année suivante 1736. remise en couplets & en vaudevilles sans prose, sous le titre de *Pygmalion*, ou la *Statue animée*, précédée d'un Prologue, & suivie des *Jardins de l'Hymen*, le Dimanche 28 Juin 1744. in-8°, Paris, De Lormel, 1744.

PYRAME ET THISBÉ, Tragédie de M. *Théophile*, représentée au Théatre de l'Hôtel de Bourgogne en 1617. imp. dans le Recueil des Œuvres de cet Auteur. *Hist. du Th. Fr.* année 1617.

PYRAME ET THISBÉ, Tragédie de M. *Pradon*, représentée au Théatre de l'Hôtel de Bourgogne, vers le 18 Janvier 1674. imp. la même année in 12. Paris, Loison, & dans le Recueil des Œuvres de l'Auteur. *Histoire du Théatre Franç.* année 1674.

PYRAME ET THISBÉ, Tragédie lyrique en cinq actes, avec un Prologue, de M. *De la Serre*, Musique de Messieurs *Rebel* & *Francœur*, représentée par l'Académie Royale de Musique, le Jeudi 17 Octobre 1726. in 4°. Paris, Ribou, & tome XIV. du Recueil général des Opéra. *Extrait, Mercure de France,* Octobre 1726. p. 2329. *& suivantes.*

ACTEURS DU PROLOGUE.

La Gloire.	Mlle Lambert.
Vénus.	Mlle Eremans.
Une Grace.	Mlle Souris L.

BALLET.

Suite de la Gloire.	Le Sieur Laval.

Les Sieurs Dumoulin L. Savar, P. Dumoulin, Picard, Pierret & Tabary.

Suite de Vénus.	Mlle Menès.

Mlles Duval, Petit, Thibert, Le Maire, Sophie & Carbon.

ACTEURS DE LA TRAGÉDIE.

Ninus.	Le Sieur Murayre.
Zoraïde, fille de Zoroastre.	Mlle Antier.
Pyrame.	Le Sieur Thévenard.
Thisbé.	Mlle Pélissier.

Zoroastre.	Le Sieur Chassé.
Une Assyrienne.	Mlle Eremans.
Afriquains.	Les Sieurs Dun & Cuvillier.
Une Moissonneuse.	Mlle Minier.

Acteurs du Ballet.

Acte I. *Assyriens, Assyriennes.* Le Sieur Maltaire C.
Les Sieurs Dumoulin L. Savar, Picard & Pierret.
Mlle De Lisle.
Mlles Duval, Thibert, Le Maire & Verdun.

Acte II. *Egyptiens.* Le Sieur Blondy.
Le Sieur D. Dumoulin & Mlle Prevost.
Les Sieurs Laval & Maltaire C.
Mlles De Lisle & Duval.
Orientaux.
Les Sieurs Dumoulin L. & Savar.
Mlles Petit & Thibert.
Mores.
Les Sieurs F. & P. Dumoulin.
Mlles Sophie & Carbon.

Acte III. *Bergers & Bergéres.*
Le Sieur D. Dumoulin & Mlle Prevost.
Les Sieurs Dumoulin L. Savar, Dangeville, Maltaire L. Pierret & Tabary.
Mlles De Lisle L. Duval, Petit, Thibert, De Lisle C. & Goblain.
Pastres. Les Sieurs F. & P. Dumoulin.

Acte IV. *Esprits Terrestres.*
Le Sieur Maltaire & Mlle Sophie.
Les Sieurs Javillier, Pierret & Tabary.
Mlles Duval, Le Maire & Verdun.
Esprits aëriens.
Les Sieurs Dangeville, Maltaire L. & Savar.
Mlles Petit, Thibert & Carbon.

Le Jeudi 16 Décembre 1726. Mlle Le Maure après une longue absence, reparut sur le Théatre de l'Opéra, dans le role de *Thisbé*, & les applaudissemens qu'elle reçût furent très-favorables à cette Tragédie.

Le Mardi 22 Janvier 1727. le Vendredi 24, & le Dimanche 26. Mlle Petitpas débuta par ce même rôle, & le public en parut très-satisfait.

IIe REPRISE de la Tragédie de *Pyrame & Thisbé*, le Mardi 26 Janvier 1740. 2e édition in 4º Ballard.

ACTEURS DU PROLOGUE.

La Gloire.	Mlle Julie.
Vénus.	Mlle Eremans.

BALLET.

Suite de la Gloire.
Les Sieurs Maltaire & Langlois.
Les Sieurs Javillier C. Savar, Dumay, Dupré, Bontems & Matignon.

Suite de Vénus.   Mlle Le Breton.
Mlles Petit, Du Rocher, Domitille, Le Duc, Thierri & Erny.

ACTEURS DE LA TRAGÉDIE.

Ninus.	Le Sieur Jélyotte.
Zoraïde.	Mlle Antier.
Pyrame.	Le Sieur Albert.
Thisbé.	Mlle Pelissier.
Zoroastre.	Le Sieur Le Page.
Une Assyrienne, une Bergere, une Afriquaine.	Mlle Fel.
Un Afriquain.	Le Sieur Dun.

ACTEURS DU BALLET.

ACTE I. *Assyriens, Assyriennes.* Le Sieur Javillier L.
Les Sieurs Javillier C, Dumay, Savar & Dupré.
Mlle Le Duc.
Mlles Petit Du Rocher, Thierry & Erny.

ACTE II. *Mores.*   Le Sieur Dupré
Les Sieurs F. Dumoulin & Maltaire L.
Mlles Courcelle & Domitille.

Orientaux.   Les Sieurs Dumay & Dupré.
Mlles Erny & Du Rocher.

Egyptiens
Le Sieur D. Dumoulin & Mlle Sallé.
Les Sieurs Maltaire C. & Matignon.
Mlles Petit & Frémicourt.

Acte III. *Bergers & Bergéres.*   Mlle Dallemand L.
Le Sieur Maltaire L. & Mlle Mariette.
Les Sieurs P. Dumoulin, Dangeville, Teffier,
Bontems, Hamoche & Maltaire.
Mlles S. Germain, Le Duc, Courcelle,
Domitille, Thierry & Erny.
Acte IV.   *Esprits terrestres.*
Le Sieur Maltaire L. & Mlle Le Breton.
Les Sieurs Javillier 3. La Croix & Dupré.
Mlles Petit, Du Rocher & Erny.
Esprits aëriens.   Mlle Barbarinne.
Les Sieurs Dangeville, Maltaire L.
& P. Dumoulin.
Mlles Courcelle, Thierry & S. Germain.

PYRAME ET THISBÉ, Parodie de la Tragédie lyrique du même nom, en profe & vaudevilles en un acte, au Théatre Italien, par Messieurs *Dominique*, *Riccoboni* le fils, & *Romagnéfi*, repréfentée pour la premiére fois le Vendredi 29 Novembre 1726. Paris. Briaffon. Extrait, *Mercure de France*, *Novembre 1726. p. 2553. & fuivantes.*

PYRAME ET THISBÉ, Parodie en un acte avec un Prologue de M. *Favart*, repréfentée le Jeudi 3 Mars 1740. fuivie de l'*Epreuve dangéreufe*, & du *Pédant amoureux*, Ballet pantomime, non imp.

Apollon voulant favorifer la Mufe lyrique, exhorte les Auteurs à travailler pour elle, & leur accorde fa protection entiere.

  APOLLON. (AIR. *O gué lon la.*)

   De la Mufe lyrique
   Suivez les loix,
   De baroque Mufique
   Faites un choix,
   Fabriquez-moi un Opéra,
   Car tel qu'il fera,
   On l'applaudira.

CHŒUR D'AUTEURS.

O gué lon la lon laire,
O gué lon la.

APOLLON ET LA MUSE LYRIQUE.
(AIR. *Laiſſons-nous charmer.*)

Quiconque voudra
Faire un Opéra,
Ne choiſiſſe à préſent
Qu'un titre impoſant ;
Les Auteurs adroits,
Placeront avec choix
Tous les lieux communs froids
Qu'on a dit cent fois.

APOLLON.

Qu'on s'exprime
Sur la rime :
Tous les Opéra nouveaux
Se bâtiſſent,
Réuſſiſſent
Avec trente mots
Mis à tous propos.

ENSEMBLE.

Quiconque voudra
Faire un Opéra,
Emprunte au noir Pluton
Son peuple démon ;
Qu'il tire des Cieux
Un couple de Dieux,
Qu'il y joigne un Héros
Tendre juſqu'aux os.

LA MUSE.

Lardez votre ſujet
D'un éternel Ballet ;
Amenez au milieu d'une fête,
Une bête
Que quelqu'un tuera
Dès qu'il la verra.

ENSEMBLE.

Quiconque voudra
Faire un Opéra,
Fuira de la raiſon
Le triſte poiſon,

Il fera chanter,
Concerter & fauter,
Et puis le reste ira,
Tout comme il pourra.

Une Musique bruyante annonce l'arrivée de la Parodie, & remplit d'épouvante la Muse lyrique & les Auteurs ses suivans. Ne craignez rien, dit Apollon, je vais faire bâillonner cette caustique, afin qu'elle ne puisse pas vous nuire. A présent, ajoûte-t'il, vous pouvez agir en liberté.

APOLLON. (AIR. *Turlurette.*)

Rimaillez impunément,
Auteurs pour remerciment,
Chantez une chansonnette.

AUTEURS.

Turlurette, la tanturlurette.

Les Auteurs s'endorment: Apollon paroît assoupi, & la Muse lyrique ne peut s'empêcher de bailler, ce qui l'oblige à supplier le Dieu du Parnasse de mettre la Parodie en liberté.

APOLLON. (AIR. *Du Confiteor.*)

Oui, mais fuyez un fol excès,
Que l'urbanité vous inspire.
N'empoisonnez jamais vos traits,
Du fiel amer de la Satyre.
Nous vous souffrirons à ce prix.

LA PARODIE.

Soit fait ainsi qu'il est requis.

Après ces deux scénes qui forment le Prologue, la Parodie maîtresse du champ de bataille, donne audience à Pyrame, qui se plaint d'abord que de simple Bourgeois de Babylone, on l'a travesti à l'Opéra en Prince: il ajoûte

Tome IV. O

plusieurs traits sur la conduite de la piéce parodiée, & pour faire connoître combien elle est contraire à son histoire, il la raconte à la réserve de la catastrophe qu'il va exécuter. Pour cet effet, la Parodie & Pyrame se retirent, Thisbé vient exactement au rendez-vous qu'elle a donné à son Amant. Ne le voyant point elle ressent la plus vive impatience : dans ce moment elle entend crier au loup.

THISBÉ. (AIR. *O Pierre, ô Pierre.*)
O Ciel ! je te reclame,
J'entens crier au loup.
L'effroi glace mon ame,
J'en vois un, sauvons-nous.
Pyrame, Pyrame,
Je suis morte sans vous.

Pyrame ne paroît que lorsque Thisbé s'est sauvée par la fuite : occupé du plaisir de la voir, & peu accoutumé au sang & au carnage, il ressent une frayeur extrême à l'approche d'un loup.

PYRAME. (AIR, *Ahi Jeannette,*)
Mais un gros loup vient à moi,
Mon destin change de face.
Où fuir, je tremble d'effroy,
Tirons mon couteau de chasse.
Ahi, ahi, &c.

Obligé de se défendre, il a le bonheur de tuer l'animal, ensuite il cherche sa chere Thisbé, & ne l'appercevant point, il céde à son impatience, & se perce le sein : il n'est dit-il rien de plus glorieux que de se tuer sur un doute. La réflexion suit le coup de près, mais il n'est plus temps : Thisbé survient peu après, elle croit que son Amant n'est qu'endormi,

THISBÉ. (AIR. *Mort t'en vas-tu sans boire.*)

Je frémis, je suis toute émue,
Pyrame ne me répond pas,
Que vois-je ! son épée est nue ?
Ah ! s'est-il donné le trépas ?
 Il est mort,
 O triste sort !
Hélas ! on m'a ravi l'objet que j'aime :
 Mort, mort, mort,
Quel ennemi m'a fait ce tort ?

PYRAME.

Ah ! Thisbé c'est moi-même.

Thisbé au désespoir, se frappe avec la même épée : l'Amour paroit, & comme c'est lui qui est la cause de la mort de ces Amans, il promet de les guérir en les pensant du secret. Suivez-moi, leur dit-il, je ferai accroire à vos parens que vous êtes morts, & vous transporterai sur le Théatre de l'Opéra, où vous paroîtrez si bien déguisés que personne ne pourra vous y reconnoître.

Extrait Manuscrit.

On peut ajoûter à ces Parodies celle qui a été donné au Spectacle des Marionnettes sous le titre du *Qui proquo*, ou *Polichinelle Pyrame*.

PYRAMIDE, (la) Feu d'artifice éxécuté au Théatre Italien, le Dimanche 25 Juillet 1745.

PYRANDRE ET LISIMÈNE, *ou l'*HEUREUSE TROMPERIE, Tragi Comédie de M. l'Abbé de *Boisrobert*, représentée en 1633. imp. la même année, in 4°. Paris, Quinet. *Histoire du Théatre Franç. année* 1633.

PYRRHE, Tragédie de Jean *Heudon*, représentée en 1598. imp la même année, in-12,

Rouen, du Petitval. *Hist. du Th. Franç. année* 1598.

PYRRHUS ROI D'ÉPIRE, Tragédie de M. *Corneille de Lisle*, représentée au Théatre de l'Hôtel de Bourgogne en 1661. in 12. Paris, Quinet, 1665. *Histoire du Th. Franç. année* 1661.

PYRRHUS, Tragédie de M. *Crébillon*, représentée le Lundi 29 Avril 1726. suivie de la Comédie d'*Attendez-moi sous l'Orme*, imp. la même année, in-8°. Paris, Coutelier. *Hist. du Th. Fr. année* 1726.

PYRRHUS, Tragédie lyrique en cinq actes, avec un Prologue, de M. de S........ X. sous le nom de feu M. *Fermelhuys*, Musique de M. *Royer*, représentée par l'Académie Royale de Musique, le Jeudi 26 Octobre 1730. in-4°. Ballard, & tome XIV. du Recueil général des Opéra. Extrait, *Mercure de France*, Novembre 1726. p. 2469. *& suiv.*

ACTEURS DU PROLOGUE.

Minerve.	Mlle Eremans.
Mars.	Le Sieur Dun.
Jupiter.	Le Sieur Goujet.

BALLET.

Jeux & Plaisirs.   Mlle Ferret.
Les Sieurs Matignon, Hamoche, Maltaire Dumay & Dupré.
Mlles Richalet, Thibert, Du Rocher, Duval & Petit.

ACTEURS DE LA TRAGÉDIE.

Pyrrhus.	Le Sieur Chassé.
Acamas, Prince du sang de *Pyrrhus.*	Le Sieur Tribou.
Polyxene.	Mlle Pélissier.
Ismène.	Mlle Petitpas.

Eriphile.	Mlle Antier.
L'Ombre d'Achille.	Le Sieur Dun.
Les Euménides.	Les Sieurs Le Mire, Cuvillier & Dumast.
Une Nymphe de Thétis.	Mlle Eremans.
Thétis.	Mlle Petitpas.
Le Grand-Prêtre.	Le Sieur Dun.
Un Soldat.	Le Sieur Goujet.

ACTEURS DU BALLET.

ACTE I. *Troyens.* Le Sieur Laval.
Le Sieur Maltaire C. & Mlle Richalet.
Les Sieurs Javillier, Dumay, Savar, Dangeville & Tabary.
Mlles Petit, Du Rocher, Thibert, Binet & La Martiniere.
Le Sieur Maltaire L. & Mlle Ferret.

ACTE II. *Grecs* Le Sieur D. Dumoulin & Mlle Camargo.
Les Sieurs P. & F. Dumoulin, Dangeville, Javillier, Dumay & Bontems.
Mlles Thibert, Ferret, Du Rocher, Richalet, Petit & La Martiniere.

ACTE III. *Démons.* Le Sieur Maltaire C.
Les Sieurs Bontems, Javillier & Matignon.
Les Sieurs Savar, Tabary, Dumay, Dangeville, P. Dumoulin & Dupré.

ACTE IV. *Nymphes de Thétis.* Mlle Camargo.
Mlles Thibert, Ferret, Richalet, Binet, Du Rocher, Petit & La Martiniere.

Cet Opéra n'a pas été repris.

Q.

Q U

QUADRILLE (le) DES THEATRES, Opéra Comique en un acte, par M. *Fuzelier*, représenté le Mardi 25 Juillet 1724. à la suite des *Nœuds*, & du *Déménagement du Théatre*, non imprimé & sans Extrait.

QUARTIER (le) D'HYVER, Comédie en un acte & en vers, avec un Divertissement, Musique de M. *Grandval*, par Messieurs *Vilaret*, *Panard* & *Bret*, représentée à la suite de la Tragédie de *Cinna*, le Vendredi 4 Novembre 1744. *Hist, du Th. Fr. année* 1744.

QUARTIER (le) D'HYVER, Opéra Comique en un acte, de M. *Carolet*, représenté le Mercredi 16 Février 1735. à la suite d'un Prologue, & de la *Ramée & Dondon*, Parodie en un acte, non imp.

Lisimon Capitaine de Dragons, a promis sa sœur Belise à M. Trébuchet, riche Banquier, mais Belise qui est amoureuse d'Eraste, jeune Officier, de concert avec son Amant, cherche les moyens d'éviter ce mariage, & ils y parviennent enfin ; Trébuchet croyant signer un contrat, signe un engagement dans la compagnie d'Eraste ; ce dernier muni de cette piéce, avoue sa supercherie, & ordonne fiérement à son Rival de se tenir prêt à partir dès le lendemain pour l'armée d'Allemagne. Trébuchet au désespoir, propose de renoncer à ses prétentions sur Belise, si l'on veut annuller son engagement : Eraste n'accepte cet offre qu'au moment que Lisimon consent qu'il épouse sa sœur : alors on rend l'acte au Banquier, qui en est quitte pour les frais du divertissement.

Couplet du Vaudeville.

Mon époux est un bon guerrier,
Au feu tous les jours le premier,
Il se montre indomptable.
Son cœur & son bras sont de fer,
Et jamais de quartier d'hyver,
Est-il rien de semblable ?

Extrait Manuscrit.

QUATRE (les) COINS, Ballet pantomime, éxécuté sur le Théatre du nouveau spectacle Pantomime à la Foire S. Laurent, au mois de Juillet 1746. *Affiches de Boudet.*

QUATRE (les) ARLEQUINS, (*li quatro Arlichino*,) Canevas Italien en trois actes, représenté pour la premiére fois le Dimanche 4 Octobre 1716.

Trois femmes aiment Arlequin, & veulent l'avoir pour époux. Les autres Amans de ces femmes s'en voyant méprisés, prennent l'habillement d'Arlequin, espérant de tromper leurs Maîtresses sous ce déguisement. Tout le mérite de la piéce est dans le jeu d'Arlequin. Cette piéce est très ancienne. Arlequin, (le Sieur Thomassin,) y faisoit des tours d'une force extraordinaire. Il faisoit en dehors le tour des premiéres, secondes & troisiémes loges. Le public qui s'intéressoit très-fort à la vie de cet Acteur, lui en fit retrancher le lazzi qui étoit trop périlleux. *Note manuscrite.*

QUATRE (les) MARIAMNES, Opéra Comique en un acte, de M. *Fuzelier*, représenté le Jeudi 7 Mars 1725. à la suite de la huitiéme représentation de *Pierrot Perrette*, piéce du même Auteur, in-12. Paris. *Sans Extrait.*

QUATRE (les) SEMBLABLES, Comédie Françoise en vers & en trois actes, au Théatre Italien, par M. *Dominique*, représentée pour la première fois le Jeudi 5 Mars 1733. Paris, Briasson. *Extrait, Mercure de France, Mars,* 1733. *pag.* 567-578.

« Le 5 Mars les Comédiens Italiens donne-
» rent la premiere représentation des *Quatre*
» *semblables*, ou *Les deux Lélio & les deux*
» *Arlequins*, ancienne piéce Italienne, jouée
» en 1716. & composée à l'imitation des *Mé-*
» *nechmes* de Plaute. Lélio y joue les deux
» Lélio, comme Arlequin y joue les deux Arle-
» quins, avec quelque sorte de différence dans
» les habits. Le Sieur Dominique vient de met-
» tre cette piéce en vers François, laquelle a été
» reçue très favorablement du public; il y a fait
» plusieurs changemens pour s'accommoder aux
» régles de ce Théatre, & pour conserver &
» mettre dans tout leur jour les situations pi-
» quantes de cette ingénieuse Comédie. On en
» jugera par l'Extrait que voici. (*)

(*) Nous employons cet Extrait, contre l'usage où nous sommes de citer seulement le Mercure où il se trouve ; mais

ACTEURS.

CHRISANTE.
HORTENSE, *fille de Chrisante.*
LISETTE, *suivante d'Hortense.*
FABRICE.
LES DEUX LÉLIO, *fils jumeaux de Fabrice.*
LÉONORE.
LÉANDRE, *frere de Léonore.*
LES DEUX ARLEQUINS, *valets jumeaux.*
SCAPIN, *Aubergiste.*

La scéne est à Naples.

« Chrisante, dont le caractere est simple & ingénu, ouvre la scéne avec Hortense sa fille, à qui il demande le sujet de sa mélancolie, & lui propose pour la réjouir, des livres nouveaux, des ajustemens, des bijoux, &c. Lisette qui s'impatiente de tous ces raisonnemens, qui ne vont point au fait, lui dit brusquement :

Comment, vous n'êtes pas encore assez habile,
Pour sçavoir ce que veut une fille nubile ?....

» Chrisante dit qu'il n'entend point ce que signifie ce terme, Lisette le lui explique, en disant que c'est un mari qu'il faut à sa fille.

---

nous avons crû que celui-ci pourroit trouver grace aux yeux du lecteur, attendu que cet Extrait donne en même temps le Canevas de la piéce Italienne. Au reste on peut passer l'article.

» Chrisante demande quel est l'objet de sa ten-
» dresse, & on lui apprend que c'est Lélio
» qu'elle aime. Chrisante dit que son pere est
» son ancien ami, on l'oblige d'en aller faire la
» demande, &c. Hortense remercie Lisette en
» ces termes.

<blockquote>
Je ne puis trop payer tes soins officieux,
Tu m'as fort bien instruite, & je m'en trouve mieux;
Avant qu'à tes leçons je me fusse prêtée,
D'une extrême langueur sans cesse tourmentée,
Je ne connoissois point ce trouble intérieur,
Qui souvent malgré moi s'élevoit dans mon cœur :
De mes fréquens soupirs la douce violence,
Ces pleurs qui m'échappoient, ces desirs, ce silence,
Cette mélancolie & ces chagrins secrets,
Ces jours longs écoulés, ces ennuis, ces regrets,
Enfin de tous les maux auxquels l'amour expose,
Sans toi, sans ton secours j'ignorerois la cause.....
</blockquote>

» Hortense rentre; Lisette apperçoit Arle-
» quin son Amant, & lui témoigne le plaisir
» que sa présence lui cause; Arlequin lui de-
» mande avec empressement quand arrivera le
» jour tant souhaité de leur mariage, & l'assure
» qu'elle sera fort heureuse avec lui, qu'il sera
» un mari fort commode, &c.

<blockquote>
Et pourvû qu'au logis je fasse bonne chere,
Que je ne manque pas sur-tout du nécessaire,
Qu'il me soit quelquefois permis de m'enyvrer;
Sans crainte à ton penchant tu pourras te livrer.
</blockquote>

» Lisette satisfaite se retire. Lélio arrive &
» dit à Arlequin qu'il devient bien rare; il ré-
» pond que c'est son amour pour Lisette qui
» en est cause, &c. Léonore paroît; Lélio lui
» fait les protestations les plus vives; Arlequin
» l'interrompt & dit bas à Léonore que son
» Maître ne pense pas sérieusement à tout ce

» qu'il lui dit, de quoi Léonore est fort allar-
» mée ; Lélio la rassure & lui témoigne son im-
» patience d'être uni avec elle, &c. Fabrice qui
» survient, arrête Arlequin qui veut l'éviter,
» & lui demande la raison pourquoi il ne voit
» presque plus son fils Lélio ; Arlequin répond
» que l'amour qu'il a pour Léonore en est
» cause ; Fabrice lui dit qu'il est fort content de
» cette alliance, &c. il parle ensuite de son
» autre fils Lélio, dont il ignore le sort depuis
» plus de vingt ans qu'il a quitté la maison pater-
» nelle ; ce souvenir lui arrache des larmes ; il
» ajoûte que cette perte fut cause qu'il quitta
» Venise sa patrie, pour venir s'établir à Na-
» ples. Arlequin se rappelle en même temps le
» départ de son frere qui avoit suivi Lélio ;
» Fabrice ne doute point qu'ils ne soyent morts
» tous deux. Il expose le sujet de la piéce en
» ces termes :

> Tous deux le même jour reçurent la naissance ;
> Ils avoient mêmes traits & même ressemblance ;
> Ta mere qui chez moi servoit fidélement,
> Mit au monde deux fils dans le même moment,
> Ton pere en ressentit une allégresse extrème,
> Et suivant mon exemple il les nomma de même ;
> Ton frere s'appelloit Arlequin comme toi,......

» Fabrice ajoûte qu'il veut aussi reprendre
» une femme, puisque son fils Lélio épouse
» Léonore. Il nomme Hortense, fille de son
» ami Chrisante, qu'il trouve fort à son gré.
» Lélio étranger arrive à Naples avec son
» valet Arlequin, aussi étranger, chargé d'une
» valise ; il témoigne la joye qu'il ressent d'être
» heureusement débarqué, après vingt ans

» d'absence ; il se livre tout entier à l'espoir de
» revoir bientôt Venise sa patrie, & son pere
» & son frere qu'il y a laissés, & ne veut, dit-
» il rester que deux jours à Naples. Scapin qui
» les reçoit dans son hôtellerie, les appelle
» d'abord par leurs noms, croyant parler à
» Lélio & à Arlequin qui sont à Naples, &
» qu'il connoit depuis longtemps, leur fait des
» offres de services, &c. Lélio est fort étonné
» de se voir déja connu à Naples, Arlequin ne
» l'est pas moins, de voir que son hôte l'appelle
» mon cher ami, &c. ils arrêtent un apparte-
» ment, Arlequin y porte la valise, & ils y
» commandent à dîner.

» Lélio étranger reste sur la scéne : Léonore
» le prenant pour son amant, vient lui deman-
» der avec empressement s'il a vû son pere, &
» l'assure que son frere Léandre souhaite avec
» ardeur leur union. Lélio étonné prend Léo-
» nore pour une aventuriere, & lui répond
» dans des termes peu gracieux. Léonore irri-
» tée se repent d'avoir été trop crédule, &
» de n'avoir pas profité des avis d'Arlequin, &
» se retire. Léandre, frere de Léonore, paroît
» ensuite, & court embrasser Lélio en l'appel-
» lant son beau-frere futur ; Lélio le désabuse
» sur le champ, en l'assurant qu'il ne sera ja-
» mais son parent, ne le connoissant pas non
» plus que sa sœur, & se retire avec Arlequin.
» Scapin vient avertir Lélio & Arlequin que le
» dîné est prêt, mais il ne trouve personne ;
» un moment après, Arlequin citadin arrive &
» court embrasser son ami Scapin, qui lui an-
» nonce un très-bon dîné, & qu'il n'a pas oublié

» les macarons; Arlequin est charmé de cette
» agréable nouvelle, d'autant mieux qu'il ne
» s'y attendoit nullement. Scapin lui apporte le
» dîné dans un panier couvert qu'Arlequin em-
» porte. Lélio & Arlequin étrangers arrivent;
» Lélio ne parle que de l'aimable personne qu'il
» a vûe à la promenade, & dont les appas ont
» touché son cœur; Scapin vient un moment
» après, & demande à Arlequin si les macarons
» étoient bons; Lélio dit à Scapin de ne pas
» plaisanter & de le servir à dîner, &c. Cette
» dispute devient très-vive, & finit le premier
» acte par des coups de bâton dont Arlequin
» regale Scapin.

» Au second acte, Fabrice confie à son ami
» Chrisante, la passion qu'il a pour Hortense sa
» fille, & le dessein qu'il a de l'épouser; Chri-
» sante est fort surpris de cette proposition,
» d'autant plus que sa fille, dit-il, aime Lélio
» ton fils; je venois ajoûte-t'il, vous proposer
» cette alliance; Fabrice la rejette, d'autant
» plus que Lélio est sur le point d'épouser
» Lenore; & enfin Chrisante lui dit qu'il
» y donnera son consentement, pourvû que
» sa fille Hortense y donne le sien. Fabrice
» écrit à Hortense pour lui déclarer son amour;
» il ne sçait comment faire pour lui faire rendre
» sa lettre; il apperçoit Arlequin citadin qui
» s'en charge, & promet de la rendre, moyen-
» nant quatre ducats que Fabrice lui donne.
» Arlequin va pour rendre la lettre à Hortense,
» qui est d'abord charmée de voir Arlequin, ne
» doutant nullement qu'il ne vienne de la part
» de Lélio. Mais elle est bien surprise après

» avoir lû la lettre, de voir qu'elle vient de la
» part de l'amoureux Fabrice. La maniére dont
» cette lettre eſt rendue & lûe, & la fineſſe
» avec laquelle cette ſcéne eſt jouée par la
» Demoiſelle *Silvia* & par le Sieur *Thomaſſin*,
» fait un extrême plaiſir. Hortenſe régale le
» porteur de coups de bâton, & lui ordonne
» de porter cette réponſe à Fabrice, lequel arri-
» vant dans le moment, demande avec empreſ-
» ſement des nouvelles de ſa lettre. Arlequin
» l'aſſure qu'Hortenſe l'a reçue avec de grands
» tranſports de joye, & ajoûte :

. . . . . . Que mon ſort eſt heureux !
J'ai pû, m'a-t'elle dit, faire naître ſes feux !
A ma félicité, non, rien n'eſt comparable. . . . .

» Fabrice perſuadé que c'eſt de lui qu'Hor-
» tenſe a parlé, eſt au comble de ſa joye, il
» récompenſe largement Arlequin, mais il eſt
» bien ſurpris en apprenant qu'Hortenſe a
» changé de viſage en liſant la fin de la lettre, &
» qu'elle a reconnu qu'elle étoit de lui ; mais en-
» fin a-t'elle fait réponſe, dit Fabrice ? oui, très-
» exactement, répond Arlequin; en même temps
» il rend à ce vieillard les coups de bâton dont
» il a été lui même régalé. Fabrice tranſporté
» de colere contre ce valet, jure de s'en ven-
» ger ; il trouve un moment après Arlequin
» étranger, qu'il charge de mille coups, abuſé
» par la reſſemblance, & dit en s'en allant.

. . . . Faquin, apprend à me connoître,
On ne maltraite pas impunément ſon Maître.

» Arlequin étranger eſt fort étourdi de ſe
» voir maltraiter ſans rime ni raiſon ; ſon Maître

» à qui il s'en plaint, n'y peut rien compren-
» dre, &c. Lélio dit ensuite qu'il ne veut plus
» rester dans l'auberge de Scapin, à qui il or-
» donne de remettre sa valise à son valet Arle-
» quin, &c. Léandre outré du procédé de Lélio
» avec sa sœur, vient dans le dessein de s'en
» venger; il voit Arlequin étranger, qu'il prend
» pour le citadin; instruit des mauvais discours
» qu'il a tenus, le maltraite. Arlequin étranger
» prend la fuite; Lélio citadin surpris de voir
» courir Arlequin avec tant de vitesse, veut
» l'arrêter, & un instant après Arlequin cita-
» din arrive; Lélio lui demande par quelle
» raison il couroit si vite il n'y a qu'un moment;
» Arlequin ne sçait ce qu'il veut dire, &c.
» Léonore vient faire des reproches à Lélio
» citadin sur la maniere dont il l'a reçu; Lélio
» veut enfin se justifier, & ne sçait à quoi attri-
» buer un si prompt changement; Léonore le
» quitte avec indignation. Scapin sort de son
» auberge, & rend à Lélio & à Arlequin cita-
» dins la valise qui lui a été remise par l'autre
» Lélio, &c. Ils ne comprennent pas pourquoi
» Scapin leur remet cette valise, qu'Arlequin
» emporte, en disant qu'il en sera quitte pour
» la rendre. Lélio citadin reste; plus il s'exa-
» mine & moins il peut comprendre ce qui
» peut lui avoir attiré les reproches de Léonore.
» Chrisante appercevant Lélio veut lui parler
» & lui proposer sa fille; il ne fait nulle atten-
» tion aux discours de Chrisante, tant il est
» accablé de chagrin d'avoir pû déplaire à sa
» Maîtresse; il se plaint ensuite à Léandre du
» retardement de son bonheur, lui témoigne

» l'impatience qu'il a d'être uni avec sa sœur,
» & le prie de le présenter à elle pour la désa-
» buser de ses soupçons injustes. Léandre entre
» avec Lélio chez Léonore, & Arlequin cita-
» din reste. Lélio étranger paroît ; Arlequin lui
» demande pourquoi il quitte sitôt Léonore.
» Lélio croit qu'il veut parler de l'inconnue
» qu'il a rencontrée à la promenade, & dont
» il est si éperduement amoureux ; Arlequin
» lui dit qu'il parle de Léonore, ce qui irrite
» fort Lélio ; il lui ordonne de ne lui en parler
» jamais, & s'en va, Arlequin reste. Lélio cita-
» din sort de la maison de Léonore, & vient
» apprendre à Arlequin qu'elle est appaisée, &
» qu'elle ne doute plus de sa fidélité ; Arlequin
» demande ensuite à son Maître des nouvelles
» de l'inconnue ; Lélio ne comprend rien à
» cette demande, & lui dit qu'il n'est occupé
» que de Léonore, & il rentre dans sa maison,
» & Arlequin reste. Lélio étranger survient &
» trouve Arlequin qui lui parle encore de Léo-
» nore, de Scapin, &c. à tous ces discours
» Lélio croit que son valet est devenu fou, &
» celui-ci croit la même chose de son Maître,
» &c. Le lecteur comprend aisément que toutes
» ces situations sont très-comiques & fort pro-
» pres à faire rire le Spectateur de l'erreur dans
» laquelle sont tous les Acteurs. Fabrice pour
» se venger des coups de bâton qu'Arlequin
» citadin lui a donné au commencement de
» l'acte, fait arrêter Arlequin étranger par des
» archers qui le mènent en prison.

» Au troisiéme acte Hortense à qui son pere
» vient d'apprendre que Lélio épouse Léonore,

»témoigne la douleur qu'elle en ressent, &
» voyant paroître Lélio étranger, veut se reti-
» rer, mais elle ne sçauroit s'y résoudre à la
» vûe de son amant ; celui ci la reconnoît pour
» la personne qu'il a rencontrée à la prome-
» nade ; il l'aborde poliment & lui fait un com-
» pliment des plus gracieux. Hortense surprise
» de cette politesse, lui déclare qu'elle a appris
» qu'il va bientôt épouser Léonore. Lélio la
» désabuse, & lui déclare en même temps la
» passion qu'elle lui a inspirée ; cet aveu char-
» me Hortense. Lélio lui demande son nom &
» sa demeure, & ajoûte.

Belle Hortense, l'amour me soumet à ses loix,
Je n'avois pas encore éprouvé sa puissance,
Et mes premiers soupirs vous doivent leur naissance.

» Hortense étonnée lui dit que ce n'est que
» par l'hymen qu'il peut obtenir son cœur & sa
» main. Lélio promet de la demander à son
» pere, &c.

» Lélio est fort surpris en rentrant de voir
» Arlequin en prison ; il croit que Scapin l'y a
» fait mettre, par rapport à toutes les discus-
» sions qu'ils ont eû ensemble, & promet de
» l'en retirer. Chrisante & Fabrice arrivent ;
» ce dernier s'applaudit d'avoir fait mettre Ar-
» lequin en prison, pour les coups de bâton
» qu'il a reçus ; Arlequin l'accable d'injures à
» travers sa grille. Un moment après Arlequin
» citadin arrive, & demande ses gages à Fabri-
» ce ; ils sont fort surpris de le voir en liberté,
» l'ayant vû un instant auparavant dans la pri-
» son ; il se retire, & l'étranger reparoit en

» prison ; ce qui étonne si fort ces deux vieil-
» lards, qu'ils croyent que c'est un enchante-
» ment, & ils sont bien plus étonnés lorsqu'ils
» le revoyent un moment hors de prison. Lélio
» citadin vient prier son pere de hâter son bon-
» heur en l'unissant à Léonore. Fabrice lui don-
» ne avec plaisir son consentement. Lélio ap-
» prend en même temps à Léonore qui survient,
» cette agréable nouvelle, & rentre avec elle
» dans sa maison. Lélio étranger arrive presque
» aussitôt, & Fabrice lui reproche son impo-
» litesse d'avoir quitté sitôt Léonore, le même
» Lélio ne comprend rien à ce raisonnement.
» Il frappe en même temps chez Hortense, &
» dit :

 Pour vous prouver l'excès de l'ardeur qui me presse,
 Hortense, je suis prêt à remplir ma promesse ;
 Acceptez-vous ma main ?

» Hortense répond qu'elle en fait tout son
» bonheur ; Lélio la quitte pour dire aux deux
» vieillards :

 Allez dire à présent à votre Léonore,
 Que la charmante Hortense est celle que j'adore,
 Et que de notre hymen vous êtes les témoins ;
 Croyez-moi, désormais employez mieux vos soins.

» Chrisante & Fabrice restent interdits, tan-
» dis que Lélio citadin sortant de la maison de
» Léonore, prie son pere avec instance d'en-
» voyer chercher le Notaire pour dresser le
» contrat ; Fabrice y consent, mais il demande
» en même temps à son fils si c'est pour Hor-
» tense qu'il parle, ou pour Léonore ; Lélio
» assure que c'est pour Léonore, & que son

» pere même ne doit pas l'ignorer. Fabrice dit
» qu'il ne comprend plus rien à tant de contra-
» riétés, & que la tête commence à lui tourner.

» Lélio étranger fortant de la maifon d'Hor-
» tenfe pour procurer la liberté à fon valet, a
» dit aux deux vieillards qu'il va revenir dans
» l'inftant auprès de fa chere Hortenfe; il revient
» en effet auffi tôt avec Arlequin qu'il a fait for-
» tir de prifon; Arlequin voyant Scapin & les
» deux vieillards, s'emporte encore contre eux,
» & dit à fon Maître (montrant Fabrice) que
» c'eft lui qui l'a fait emprifonner. Lélio de-
» mande quel droit il a fur fon valet, & Fa-
» brice lui demande à fon tour quel eft le
» motif qui l'engage à époufer deux femmes
» dans un même jour : il ajoûte

> Je fuis las à la fin d'éprouver ton caprice :
> Pour un homme d'honneur on reconnoît Fabrice.

» A ce nom de Fabrice, Lélio étonné lui dit :

Fabrice eft votre nom ! ah vous êtes mon pere.

FABRICE.
Vraiment oui je le fuis, à ce que dit ta mere.

LÉLIO.
Vous voyez Lélio.

FABRICE.
La grande nouveauté !

LÉLIO.
> Oui, je fuis Lélio, ce fils fi regretté,
> Qu'a toujours pourfuivi la fortune cruelle,
> Depuis qu'il a quitté la maifon paternelle.

» Cette reconnoiffance arrache des larmes à
» Fabrice, qui embraffe tendrement fon fils,
» en difant à fon ami Chrifante.

>Du plus parfait bonheur le ciel m'a donc comblé !
>Le voilà ce cher fils dont je vous ai parlé,
>Dont la trop longue abfence a caufé mes allarmes,
>Et qui tarit enfin la caufe de mes larmes.

» Lélio demande à fon pere des nouvelles de
» fon frere ; Arlequin fait la même chofe, ils
» apprennent qu'ils font vivans, & courent l'un
» & l'autre pour les embraffer. Ils reviennent
» & témoignent à Fabrice combien ils ont été
» fenfibles à cette entrevûe. Enfin Lélio fup-
» plie fon pere de confentir à fon bonheur,
» en lui permettant d'époufer fa chere Hor-
» tenfe, puifque fon frere doit époufer Léo-
» nore; le plaifir qu'a Fabrice d'avoir retrouvé
» fon fils, le fait confentir à tout ; Arlequin
» veut auffi, dit il, célébrer ce grand jour, en
» époufant fon aimable Lifette. Ils entrent tous
» chez Hortenfe, par ou la piéce finit ».

QU'EN DIRA-T'ON, (le) Opéra Comique en un acte, par Meffieurs *Panard*, *Favart* & *Pontau*, repréfenté le Samedi 22 Juillet 1741. à la fuite du *Génie de l'Opéra Comique*, & de la *Fauffe ridicule*, non imprimé.

Le Qu'en dira t'on perfonnifié ouvre la fcéne avec Madame Trompette fa fidelle Sectatrice; c'eft une médifante à l'excès, mais fi l'on veut l'en croire, ce n'eft que le zéle & une bonté d'ame qui la font agir. Carite fe préfente enfuite : cette jeune perfonne aime Léandre, elle eft prête à céder aux inftances de fon amant, mais à la vûe du Qu'en-dira-t'on elle prend la fuite. Une prude & une coquette paroiffent : cette derniere avoue franchement fa foibleffe, l'autre affure qu'elle ne permet l'entrée de fa maison aux galans, qu'afin d'en choisir un pour époux de sa fille. Le Qu'en dira t'on n'est pas la dupe de cette affectation.

LE QU'EN DIRA-T'ON.
(Air. *Voila la différence.*)

Je vois que les amoureux,
Sont du goût de toutes deux,
Voilà la ressemblance.
L'une par la qualité,
L'autre par la quantité,
Voilà la différence.

LA COQUETTE. (Air. *Pierre Bagnolet.*)

Votre décision m'enchante,
Que ce trait est bien ajusté ?

LA PRUDE.

Votre expression est charmante,
Le coup est ma foi bien porté.

LA COQUETTE.

La qualité ?

LA PRUDE.

La quantité ?

ENSEMBLE.

La Coquette. { Votre décision m'enchante,
Que ce trait est bien ajusté.

La Prude. { Votre expression est charmante,
Le coup est ma foi bien porté.

LE QU'EN DIRA-T'ON.

« Peut-être n'avez-vous pas tort ni l'une ni l'autre,
» (*à la Prude*) Cependant mariez au plûtôt votre fille,
» (*à la Coquette.*) Et vous mariez-vous vous-même.

(Air. *Tu croyois en aimant Colette.*)

Faites chez vous une réforme,
Le siécle en malice est fécond.
Vous ne manquez que dans la forme :
Mais la forme emporte le fond.

LA PRUDE.

» Ma fille est jeune, elle a le temps d'attendre.

LA COQUETTE.

» Si je me mariois j'y perdrois trop.

Elles s'en vont toutes deux en chantant.

Votre décision m'enchante, &c.
Votre expression est charmante, &c.

Suit une scéne de Roger Bontems, qui nargue la critique du Qu'en dira-t'on.

ROGER BONTEMS.

(AIR. *Je vais mon train.*)

Jamais je ne caquette
Ni du tiers ni du quart :
Fort peu je m'inquiéte
Qu'on me lance un brocard.
Mon ame est satisfaite,
Lorsque j'ai de bon vin,
Et ma Catin,
Je vais toûjours mon droit chemin.

LE QU'EN DIRA-T'ON.

(AIR. *Non je ne ferai pas.*)

Je le crois à l'abri des traits de la satyre.

ROGER BONTEMS.

Non, mais fort prudement je la laisserai dire,
Car on prendroit plûtôt la lune avec les dents,
Que de rendre à la fois tous les hommes contens.

(AIR. *Du nouveau monde.*)

Ce n'est point pour être loué,
Ni pour être d'eux avoué,
Que je tâche à faire mon thême,
Et je m'arrête au principal,
Je fuis le mal parce qu'il est mal,
Je fais le bien pour le bien même.

Roger Bontems chante un vaudeville sur l'indifférence avec laquelle il regarde les actions des autres. En voici un couplet.

Qu'un Seigneur fort libéral
S'endette pour Angélique,
Tandis qu'il a pour rival
Son faquin de domestique,
Qu'il soit le tiers ou l'unique,
Cela m'est égal.

Le Qu'en dira t'on toûjours curieux, demande à Roger Bontems quel sujet l'améne.

ROGER BONTEMS.

» Le plaisir. Je suis depuis huit jours d'une noce où je ne
» connois personne. Les Mariés viennent vous apprendre qu'on
» ne jasera plus sur leur compte, les voici : donnez-moi le bras,
» je vous choisis pour compagne.

LE QU'EN DIRA-T'ON.

» De bon cœur.

Couplets du Vaudeville.

Je suis dans un grand embarras,
Le beau Tircis en est la cause,
Je voudrois, je ne voudrois pas,
Mon cœur me presse, mais je n'ose,
Que faire, hélas ! sans ce garçon ?
Si je l'aime, qu'en dira-t'on.

Mon cœur chérit la bonne foi,
Je hais l'erreur & le caprice,
Mais, hélas ! par malheur pour moi ;
Je suis fille, & de plus Actrice,
Si j'obéis à la raison,
Dans le monde qu'en dira-t'on ?

Extrait Manuscrit.

QUERELLE (la) DES THÉATRES, Prologue de Messieurs *Le Sage* & *Lafont*, représenté au Théatre de l'Opéra Comique au mois de Juillet 1718, suivi du *Jugement de Paris*, & de la *Princesse de Carisme*, & ensuite sur le Théatre de l'Académie Royale de Musique, par ordre de feue S. A. R. Madame, au mois d'Octobre de la même année, imprimé tome III. du Théatre de la Foire, Paris, Ganeau, 1721.

QUERELLE (la) DU TRAGIQUE ET DU COMIQUE, Parodie en vers & en un acte, au Théatre Italien, de *Mahomet second*, Tragedie de M. *De la Noue*, par Messieurs *Riccoboni* fils & *Romagnési*, représentée pour la premiére fois le Mercredi 22 Avril 1739. non imp.

Quoique cette Parodie n'ait pas eu de succès, elle a dû coûter aux Auteurs. L'allégorie qu'il a fallu soutenir de la querelle du tragique & du comique avec la critique de la Tragédie de Mahomet second, demandoit une trop grande attention de la part des Spectateurs. Nous allons en extraire quelques endroits pour que le Lecteur en puisse juger par lui-même.

ACTEURS.

MAHOMET.
LE VISIR.
ACHMET.
CASSANDRE.
AGNÈS.
GEORGETTE.
LE MUPHTI.
TUDIP.
L'AGA.
NASSI.
GARDES ET PEUPLES.

SCÉNE

SCÉNE PREMIÉRE.

LE VISIR, ACHMET.

LE VISIR.

Confident inutile, & qui ne vient ici,
Que pour ouïr des faits dont tu n'as nul souci,
Qui répond rarement, & que rien n'intéresse,
Je veux te raconter le sujet de la piéce.
Le merveilleux tragique en tous lieux respecté,
Voyoit depuis longtems, contre lui révolté
Ce rival méprisable, & que pourtant on aime,
Qui dans le ridicule a mis son bien suprême,
Le *Comique*, en un mot, des Héros abhorré,
Qui lorsqu'on rit de lui, se croit fort honoré;
Sur nous, plus d'une fois il obtint la victoire,
Le tragique effrayé craignit tout pour sa gloire,
Sous les habits romains presque toujours battus,
Nos héros les plus fiers ressembloient à Médus.
Mais bientôt notre orgueil, que rien ne décourage,
Prit pour se relever un moyen noble & sage;
L'habit des Musulmans rempli de majesté,
Vint décorer nos cris d'un air de nouveauté,
Et tous les spectateurs qu'un nouveau genre attache,
Furent anéantis en voyant ma moustache.

ACHMET.

Jusqu'ici tout va bien.

LE VISIR.

Attens, ce n'est pas tout,
Pour que l'on soit au fait, écoute jusqu'au bout.
Celui qui parmi nous sur les autres l'emporte,
Qu'une auguste fureur incessamment transporte,
Que ses gestes charmans font sans cesse admirer,
Du nom de Mahomet vient de se décorer.
Il m'a fait son Visir, mais sa lâche foiblesse
Dans le genre comique à pris une maîtresse,
Il chérit un objet, pour nous trop odieux,
Qui tout charmant qu'il est, ne peut plaire à nos yeux;
Des tragiques beautés il rebute les flammes,
Pour épouser Agnès de l'école des femmes.
S'il peut jusqu'à ce point avilir son orgueil,
Je sçaurai, cher Achmet, lui creuser un cercueil.

Tome IV.

ACHMET.

C'est creuser un tombeau, Seigneur, qu'il faudroit dire.
LE VISIR.

Ah, l'on peut se tromper quand la fureur inspire.
ACHMET.

Mais pourquoi contre lui vous emporter si fort ?
Seigneur, soyez tranquille, & souffrez qu'il ait tort.
LE VISIR.

Les oppositions toûjours sûres de plaire,
Veulent dans chaque piéce un méchant caractere,
Les faits placés ou non, réveillent les esprits,
Et depuis quelque tems la mode en a repris.

ACHMET.

Ainsi de notre Roi le caractere aimable,
Va faire avec le vôtre un contraste admirable.
LE VISIR.

Apprens à quel degré l'art s'éléve aujourd'hui :
Le portrait du Sultan ne ressemble qu'à lui,
Le vice & la vertu guident ce personnage ;
Foible comme une femme, & rempli de courage.
Méchant, mais très-humain, fort poli, mais brutal,
Faisant sans y songer tantôt bien, tantôt mal.
Monstre de cruauté, prodige de clémence,
Héros dans ses bienfaits, tyran dans sa vengeance,
Employant pour briller, le merveilleux moyen
D'un caractere vague, & qui n'engage à rien.

ACHMET.

Que ce trait est prudent !
LE VISIR.

     Pour hâter sa ruine,
Je fais de Mahomet haïr la discipline,
De tous les confidents j'ai corrompu les cœurs,
Je forme une cabale où trempent les Auteurs.....

. . . .

ACHMET.

Eh bien, il faut gagner le bon homme Cassandre,
Ce vieux role à manteau pourroit tout entreprendre,
Il a quelque crédit, & son lugubre aspect......

LE VISIR.

Ami, je le connois, ce n'est pas un grand Grec,
Mais de la jeune Agnès, ce vieillard est le pere,
Pour un heureux succès, c'est en lui que j'espére.

. . . .

SCÉNE II.

LE VISIR, CASSANDRE.

LE VISIR.

Approche mon ami. Ciel, quel injuste loi,
Fait gémir dans l'opprobre un homme tel que toi !

CASSANDRE.

Ah ! je ne suis plus drole, & ce maudit tragique,
Qui pour me décrier m'a rendu patétique,
A nous mieux accabler s'apprête chaque jour ;
Je ne reconnois plus cet aimable séjour,
Dont Sganarelle & moi faisions tous les délices,
Cet heureux tems n'est plus ; & nos jeunes Actrices
Qu'un aimable enjouement décoroit autrefois,
Ne parlent aujourd'hui qu'en étouffant leur voix.
Moi, qui dans tous les cœurs répandois l'allégresse
En dépit du bon sens on veut que j'intéresse,
Et l'on me fait jouer, pour comble de tourmens,
Des situations prises dans les romans.

LE VISIR.

Ah ! loin de t'affliger, ranime ton audace,
Et ton sort aujourd'hui pourra changer de face.

CASSANDRE.

Ce seroit un grand coup, mais comment l'espérer,
Quand pour se réjouir le public veut pleurer ;
L'on proscrit le comique, & s'il faut tout vous dire,
Il n'est plus du bon air de s'amuser à rire.

LE VISIR.

Avant la fin du jour tu seras éclairci,
D'un secret important que je te cache ici :
Mais non, je vais le dire ; ainsi ce préambule,
Pourroit en ce moment passer pour ridicule,
Poursuivons. Mahomet arrive dans ces lieux,
Et doit plus que jamais te paroître odieux ;

Ta jeune fille Agnès qui jouoit en campagne,
Fut prise par nos gens à Rennes en Bretagne,
Et depuis présentée au Sultan, qui je crois
De l'hospitalité respecte peu les loix.

CASSANDRE.

Qu'entens-je ! j'ignorois que les Turcs l'eussent prise ;
Mais n'en recevant point de nouvelle précise,
Je croyois bonnement ma fille en sûreté.

LE VISIR.

Mahomet la retient dans la captivité ;
C'est elle qu'il améne en pompeux équipage,
Car Mahomet toujours avec arme & bagage :
Pour toi qui fut tué, tu revis maintenant,
Et tu sors d'esclavage assez heureusement.

. . . .
. . . .

SCÈNE III.

MAHOMET, LE VISIR, LE MUPHTHI, PEUPLES.

MAHOMET.

Dans ces murs où ma voix retentit & décide,
Que du Cothurne altier la majesté réside,
Puissent mes descendans, à mon exemple un jour,
A des vers mal construits donner un heureux tour.
Le Comique est vaincu, c'est assez pour ma gloire,
Et je dois en héros user de ma victoire.
Mes peres, (car ayant parlé des descendans,
Je dois aussi parler un peu des précédens,)
Mes peres donc jaloux du brodequin folâtre,
Au seul genre tragique ont livré le théatre ;
Les Auteurs secondant de si tristes projets,
Du plus grand pathétique ont enflé leurs sujets,
Et comme au vrai comique, à ses graces naïves,
Très-peu sont parvenus malgré leurs tentatives ;
Ils ont abandonné pour se livrer aux pleurs,
Caracteres, conduite & critique de mœurs ;
Leur but est d'attendrir, ils n'ont plus d'autres armes ;
Et tout, jusqu'à Crispin, fait répandre des larmes.
Moi, je veux relever un rival terrassé ;
Que le Comique ici soit comme au tems passé,

Qu'il reprenne le ton, le geste & la maniere,
Dont nous l'offrit jadis le célébre Moliere.
Mahomet, dans Bisance, eut raison autrefois,
Lorsque des Grecs vaincus il fit de bons Bourgéois ;
Gardes & confidens ; ombres de ma puissance,
Aux comiques Acteurs annoncez ma clémence,
Et même flattez-les que pour combler leurs vœux,
Je pourrai me résoudre à jouer avec eux.
Répandez un bonheur ou tout Paris aspire,
Et dites au public qu'on lui permet de rire.
Ce début à peu près est dans Maximilien,
Mais un Sultan prend tout, l'Univers est son bien.

A propos j'oubliois le meilleur de l'affaire ;
Agnès, la jeune Agnès, à mes yeux à sçu plaire,
Je l'épouse, & prétends en lui donnant ma foi,
Ne me point abaisser, mais l'élever à moi.
Elle n'a point d'état, mais elle est très-jolie,
Et c'est le principal pour une Tragédie ;
Je méprise d'ailleurs ces cœurs intéressez,
Beauté, talens, mémoire, ah ! pour moi c'est assez.

LE VISIR.

Mais Seigneur vous sçavez que notre compagnie,
A droit de s'opposer à la cérémonie,
Et que tout doit passer par le nombre des voix ?

MAHOMET.

Convoque l'assemblée, instruits-là de mon choix ;
Et si quelqu'un s'oppose à ce que je demande,
Que dans le même instant il soit mis à l'amende.

LE MUPHTI.

Signor, mi star Muphti ; par conséquent je doi
Représentir à ti, che ti far mal.

MAHOMET.

Tais-toi.

SCÉNE IV.

LE VISIR, LE MUPHTI.

LE MUPHTI.

Eh bien, que ferons-nous Visir pour détourner
Cet hymen, où sans doute il voudra s'obstiner ?

LE VISIR.

Et qui peut mieux que toi soutenir notre gloire ?

Ta dignité te donne un pouvoir absolu,
Tous les avis au tien s'accordent & s'unissent ;
Hé bien, que sous le joug tes confreres gémissent,
Pour moi je me dérobe à ce pesant fardeau :
Des caprices du chef tu seras le bardeau,
Je vais contre l'abus protester à voix haute,
Et je dirai par-tout que ce n'est pas ma faute.

LE MUPHTI.

Ne te fâche donc point, j'entre dans ton parti,
Et s'il faut en avoir le fatal démenti,
Ce ne sera qu'après avoir transmis sa honte,
A la postérité, dans nos livres de compte.
On ne me verra plus, mon role finit là ;
Houlaba, balachou, balachou, balada.

SCÉNE V.

Agnès, Georgette.

GEORGETTE.

Madame, en cet endroit quel motif nous amene ?

AGNE'S.

C'est que vous me suivez & que je me proméne.

GEORGETTE.

Comment le pur hazard en ces lieux nous conduit ?
Et de cet entretien quel sera donc le fruit ?

AGNE'S.

Mais il faut qu'à son tour tout le monde paroisse,
Je sçai bien que jadis une jeune Princésse,
Avoit pour se montrer quelque bonne raison ;
Aujourd'hui que les faits marchent sans liaison,
Les Acteurs affranchis d'une régle maussade,
Viennent l'un après l'autre & disent leur tirade.

GEORGETTE.

La vôtre assurément sera d'un ton joyeux,
Car pour vos intérêts tout se dispose au mieux,

AGNES

Il est vrai que j'ai lieu d'être gaye & contente,
Je suis prête à jouir d'une gloire éclatante,
Mahomet, à mes vœux ne peut rien refuser,
Nous étions dans les fers, il vient de les briser,
Je partage les feux dont son ame est blessée,
Rien de triste, en un mot, ne s'offre à ma pensée.
Mais la scéne tragique exige que mes pleurs
Dès le premier abord attendrissent les cœurs.
Je vais donc me forger des sujets de tristesse,
Rappeller les chagrins que j'eus dans ma jeunesse

. . . .

Aux noirs pressentimens je vais avoir recours ;
Je vais des lieux communs épuiser le secours ;
Pourquoi dans la douleur où mon ame se plonge
Pour finir vivement, n'ai-je pas fait un songe ?
Mais que nous veut Tadil ?

SCÉNE VI.

AGNÈS, GEORGETTE, TADIL.

TADIL.

Les comiques en pleurs,
Viennent se réjouir de vos nouveaux honneurs,
Vous allez tous les voir. L'ardeur qui les enflamme
Veut,......   .   .   .   .

AGNES.
Sont-ils en grand nombre ?
TADIL.
Ils ne sont qu'un, Madame.

« Cassandre paroit, qui fait une scéne de
» reconnoissance avec Agnès, qui est sa fille.
» Survient Mahomet, qui réitére à Agnès la
» promesse qu'il lui a faite de l'épouser. Nous
» passons beaucoup de scénes qui sont toutes
» critiques à la Tragédie, & toujours allégori-
» ques à la dispute du Tragique & du Comique,
» pour venir à la scéne suivante ».

P iv

SCÉNE XXVI.
Mahomet, Agnès.

AGNÈS.

Mon abord vous surprend, & vous avez raison,
Je vais faire une scéne assez hors de saison.
En suivant la vertu, qu'à chaque instant j'abhorre,
Pour quitter mon amant dois-je le voir encore ?
Non, je dois l'éviter, mais pour un dénouement,
On ne raisonne pas toujours conséquemment.
Cher Sultan, voyez-vous quelle ardeur est la mienne ?
Quand je dis que je pars, c'est pour qu'on me retienne ;
Une fille aime à feindre, & l'on voit qu'en effet
Si j'avois voulu fuir, tantôt je l'aurois fait.

MAHOMET.

Ah ! j'avois bien prévû de si tendres allarmes,
Je vais, pour m'égarer, commencer par des larmes ;
Vous montrer mon amour, ensuite vous verrez ;
Fuyez, fuyez Agnès, ou si vous demeurez,
Craignez que la noirceur ne souille enfin mon ame ;
Vous ne connoissez pas ma ridicule flamme,
Aux plus fougueux héros je puis faire la loi ;
Hérode, Hérode même, est plus sensé que moi.
Tiens, vois de ce poignard la pointe chancelante,
Que léve lentement ma main foible & tremblante ;
Vois, j'ignore pourquoi l'on me retient le bras,
Afin que dans ton sein je ne le plonge pas ;
Vois ce qu'un tendre amour est sur le point de faire.

AGNÈS.

Hélas ! vous le pouvez, si cela peut vous plaire ;
Mon amour innocent de bon cœur le permet.
Mais, Seigneur, finissons ; on sçait que Mahomet
Jamais aux yeux de tous ne frappera personne,
Et que pour achever il a l'ame trop bonne.

MAHOMET.

Ah ! je suis attendri ; ces aimables discours,
Bientôt de ma fureur interrompra le cours ;
Je ne sçai quel démon m'a fait naître l'envie,
Dans un moment si doux d'attenter à ta vie ;
Quoi ! ce fer inhumain à pû te menacer ?
Dans mon perfide sein je le veux enfoncer.

Retenez-moi donc vite : ah ! fort bien. Quelle grace !
Va, par mon repentir tout mon crime s'efface.
Oui, sur tous mes sujets je te ferai regner,
Aux yeux de ces mutins je veux te couronner ;
Demeure : non, va-t'en, ou bien je me retire ;
Car après les grands coups on n'a plus rien à dire.

AGNÈS.

Oui, Seigneur, je conçois un projet glorieux,
Que vient de m'inspirer votre amour furieux :
Nous ne nous verrons plus, ou du moins je l'espere.

SCÈNE XXVII.

MAHOMET *seul*.

Tu la laisse partir malgré tout ton amour !
Que de fautes je fais en ce malheureux jour !
Quel bruit entens-je encore ?

SCÈNE XXVIII.

MAHOMET, CASSANDRE.

CASSANDRE.

Ah ! venez au plus vite,
Prendre encore une fois tous les mutins au gîte ;
Du foyer, ce matin, vous fûtes les chasser,
Mais à chaque moment, c'est à recommencer.
Pour moi, toujours porteur de mauvaises nouvelles,
Je viens de succomber sous les coups des rebelles ;
Ils n'ont pas eu grand-peine : allez défendre Agnès,
Quant à moi, je suis mort, ou du moins à peu près.

MAHOMET.

Ah ! courons soutenir la suprême puissance,
Et par un trait nouveau signaler ma vengeance.
(*Il sort.*)

CASSANDRE *seul*.

Sortons, allons mourir loin de ces lieux maudits.
Mais non, je dois rester pour ouïr les récits.

SCÉNE XXIX.

CASSANDRE, GEORGETTE.

GEORGETTE.

Quel insigne bonheur ! on ne pourra le croire,
Agnès en se montrant vient d'assurer sa gloire.

CASSANDRE.

Tout de bon ?

GEORGETTE.

Oui, Seigneur, je vais tout vous conter,
Si vous vivez encore assez pour m'écouter ?
Nos ennemis par-tout étendoient leur ravage,
Lorsqu'Agnès a paru : son aimable visage,
Eblouissant les yeux & subjuguant les cœurs,
Elle a dit quelques mots, & versé quelques pleurs,
Et quoique fort commun, son discours patétique,
A produit un effet unique & magnifique :
Car tous ceux qui venoient pour lui donner la mort,
Se jettant à ses pieds, ont dit qu'ils avoient tort.

CASSANDRE.

Le sort a donc sauvé cet enfant que j'adore.

SCÉNE XXX.

CASSANDRE, NASSI.

NASSI.

Seigneur, êtes-vous mort ?

CASSANDRE.

Non mon fils, pas encore.

NASSI.

Tant pis, vous allez donc être bien affligé.

CASSANDRE.

Quoi lorsque tout va bien ?

NASSI.

Hélas ! tout est changé,
Pour frapper d'intérêt quoique l'on puisse faire,
Tout ce brouillamini ne sçauroit jamais plaire ;
Et ce nouveau récit......

CASSANDRE.

Encor?

SCÉNE DERNIÉRE.

CASSANDRE, GEORGETTE, NASSI.

GEORGETTE.

Hélas!

NASSI.

Quel fort!

CASSANDRE.

Agnès.......

NASSI.

Elle n'eſt plus!

GEORGETTE.

Ah! voyez!

CASSANDRE.

Je ſuis mort.

NASSI.

Oh coup inattendu! votre fille charmante,
Contemploit à ſes pieds la troupe obéïſſante;
La modeſte pudeur, la piquante beauté,
La majeſté tranquille & la douce fierté,
Produiſoient ſur ſon front un éclat admirable.

CASSANDRE.

Ah, mon ami finis; ce long récit m'accable :
Je l'ai dans Mariamne entendu mille fois.

NASSI.

Agnès ſoumettoit tout à ſes aimables loix,
Quand Mahomet s'avance : à ſa mine hautaine,
Tout demeure en ſilence; il rêve, il ſe proméne;
Que ferai-je, dit-il, pour punir mes ſujets?
Si je reprens Agnès, j'approuve leurs projets;
Si je la laiſſe aller, cela n'a rien qui pique :
Allons, animons-nous d'une fureur tragique;
La mort d'Agnès peut ſeule éterniſer un fou,
Frappons : & de ſon ſabre il lui coupe le cou.

CASSANDRE.

Ainſi, tout eſt fini.

P vj

NASSI.
>Point du tout. Le parterre,
Sur un trait si cruel est maintenant en guerre :
L'un dit qu'il a bien fait ; l'autre dit qu'il a tort.
Dans l'histoire, dit-on, il mit Iréne à mort.
Messieurs, c'est le sujet, & pouvoit-il mieux faire
Que de peindre ce Turc cruel & sanguinaire ?
Il a fait le galand, dit l'autre, & cette fois
On pouvoit l'appeller *Mamamouchi* François ;
Nous venons de le voir charmé de sa maitresse,
D'où nait cette fureur au fort de sa tendresse ?
Un troisiéme parti dit qu'on y songera,
Et qu'à l'impression il se corrigera.

Extrait Manuscrit.

QUEUE (la) DE VÉRITÉ, Piéce d'un acte en prose, mêlée de jargon, par M. d'*Orneval*, représentée à la Foire S. Germain 1720. par la Troupe de Francisque, précédée du *Diable d'argent*, & d'*Arlequin Roi des Ogres*, imp. tome IV. du Théatre de la Foire, Paris, Ganeau, 1724.

QUICHOTTE (Dom) DE LA MANCHE, premiére partie, Comédie en cinq actes & en vers de M. *Guérin de Bouscal*, représentée en 1638. in-4°. Paris, Quinet, 1640. *Hist. du Th. Franç. année* 1638.

QUICHOTTE (Dom) DE LA MANCHE, seconde partie, Comedie en cinq actes & en vers, de M. *Guérin de Bouscal*, représentée en 1639. in-4°. Paris, Sommaville, 1640. *Hist. du Th. Fr. année* 1640.

QUICHOTTE (Dom) CHEZ LA DUCHESSE. Ballet comique en trois actes, de M. *Favart*, Musique de M. *Boismortier*, représenté par l'Académie Royale de Musique, le Mardi 12 Février 1743. suivi du Ballet comique des

Amours de Ragonde, in-4°. Paris, Ballard.

ACTEURS.

Dom Quichotte.	Le Sieur Bérard.
Sancho.	Le Sieur Cuvillier.
Altisidore.	Mlle Fel.
Une Paysanne.	Mlle Bourbonnois.

Domestiques de la Duchesse représentans

Merlin.	Le Sieur Person.
Montesinos.	Le Sieur Albert.
Amantes enchantées.	Mlles Clairon & Gondré.
Un Japonnois.	Le Sieur Person.
Une Japonnoise.	Mlle Fel.

ACTEURS DU BALLET.

ACTE I. *Pastres.* Mlle Camargo.
Les Sieurs F. Dumoulin, P. Dumoulin & Levoir.
Mlles Camargo C. Saint Hurai & Bouquet.

ACTE II. *Amans & amantes enchantées.*
Mlle Dallemand L.
Les Sieurs Dumay, Dupré, Monservin & Ghérardi.
Mlles Rabon, Petit, Frémicourt & Erny.
Démons.
Les Sieurs Dangeville, Hamoche, Maltaire L. Levoir, Maltaire C. & Ghérardi.

ACTE III. *Japonnois & Japonnoises.*
Les Sieurs Dumay, Dupré, Monservin & Ghérardi.
Mlles Rabon, Petit, Thierri & Le Breton.
Pagodes.
Le Sieur Lany & Mlle Lany.

QUICHOTTE (Dom) CHEZ LA DUCHESSE, Ballet pantomime de l'idée de M. *Panard*, exécuté le Vendredi 9 Juillet 1734. précédé de la *Mere embarrassée*, & de l'*Absence*.

Ce Ballet étoit annoncé par une espéce de Prologue que voici : la Duchesse déclare à Léonore & à Béatrix, que D. Quichotte va être reconnu Soudan de l'Empire des *Cartes*, &

que plusieurs Gentilhommes & Dames du voisinage informés de ce trait de folie, avoient fait partie de se déguiser pour célébrer cette burlesque cérémonie.

LÉONORE. (AIR. *En revenant de S. Denis.*)

Depuis un mois qu'il est ici,
Nous avons tant ri.

BÉATRIX.

Chaque jour on est réjoui,
Des traits qu'il fait éclore.

LÉONORE.

Nous en avons tant ri,

BÉATRIX.

Nous rirons bien encore.

La Duchesse avoue qu'elle s'apperçoit avec peine, que tout ce qu'elle fait pour guérir la cervelle de D. Quichotte, ne sert au contraire qu'à augmenter sa folie, & qu'il est actuellement plus infatué que jamais de sa dignité imaginaire de Roi des Cartes. Dans le moment Pedrillo domestique de la Duchesse, vient avertir que tout est prêt. Avant que l'on commence, la Duchesse croit qu'il est à propos de prévenir le Spectateur, & de lui demander son indulgence pour le Ballet bizarre qu'on va risquer.

(AIR. *Comme un coucou.*)

Si nous n'avons pas vos suffrages,
Messieurs du moins excusez-nous.
Souvent on amuse les sages,
Avec les objets les plus fous.

Extrait Manuscrit.

Le Ballet étoit exécuté par des Acteurs &

Actrices habillés comme sont peints les Rois, les Dames & les Valets des quatre couleurs d'un jeu de Cartes, qui dansoient autour de Dom Quichotte. On vouloit représenter par des danses figurées les différentes folies de ce Chevalier errant chez la Duchesse, pendant le séjour qu'il y fit. Ce Ballet étoit fort ingénieux, & fut très-goûté.

QUI DORT DINE, Opéra Comique en trois actes, de Vaudevilles mêlés de prose, p r M. *Charpentier*, représenté au Jeu du Sieur *Peclavé*, sur la fin de la Foire S. Laurent 1718. non imprimé.

Léandre est amoureux d'Isabelle, niéce de Scaramouche. On ignore les raisons qui peuvent empêcher l'union de ces Amans, & l'opposition de Scaramouche n'est point fondée : c'est un homme que l'on représente toujours assoupi, & à qui le sommeil tient lieu d'occupation. Arlequin son valet joue le principal role, il devroit nécessairement conduire l'intrigue, s'il y en avoit une, mais il ne cherche qu'à se divertir aux dépens de son maître & des mœurs, ce qu'il fait encore très-maussadement, & dans le goût le plus trivial. Dans le premier acte, une Meuniere vient apporter de l'argent à Scaramouche, mais ne voyant qu'Arlequin, & fatiguée de ses mauvaises plaisanteries, elle sort en disant qu'elle envoyera faire le payement par son garde-moulin. Arrive Pierrot valet d'Agathe, amie d'Isabelle, & ensuite Colombine, suivante de cette derniere ; on peut aisément imaginer quelle doit être la conversation d'Arlequin avec cette soubrette : elle est interrompue par l'arrivée de Scaramouche, qui aussitôt demande qu'on lui serve son diné.

Le Théatre s'ouvre, & représente un buffet magnifique. Scaramouche mange un peu de soupe & s'endort.

Arlequin l'entendant ronfler, se met hardiment à table, où il mange avec un grand appétit.

ARLEQUIN. (AIR. *Des folies d'Espagne.*)

Je vais manger, c'est assez me contraindre :
Ah ! que j'ai faim, mon ventre est un gourmand,
Buvons, mangeons, profitons sans rien craindre,
D'un bien si doux qui nous vient en dormant.

(AIR. *Tu croyois en aimant Colette.*).

C'est assez branler la machoire,
J'en ai le palais tout collé :
A ce dormeur donnons à boire,
Je sens fort bien qu'il dort salé.

« Mais parbleu j'en pourrois bien crever : il est bien temps » de l'éveiller. Oh, oh ! Monsieur l'insatiable, ne voulez-» vous donc pas finir ? avez-vous envie de manger la table » & les treteaux ?

SCARAMOUCHE *se réveillant.*

» Ah, oui, comment ! quoi ? ai-je diné ?

ARLEQUIN.

» Si vous avez diné ? la demande est nouvelle & plai-» sante. Regardez s'il vous plait votre assiette, tous les té-» moins s'y trouvent assez bien rangés.

SCARAMOUCHE.

» Allons, que l'on ôte tout cela.

ARLEQUIN.

» Vite, desservez promptement. Ah ! fy, que vous man-» gez mal-proprement ! Torchez donc votre barbe sale.

(Sur l'Air, *Lanturlu.*)

Peut-on à des noces,
Manger plus son saoul.
Voyez que de sauces,
Il en a par tout

Jusques dans ses chausses,
Il faut être bien goulu,
Lanturlu, lanturlu, lanturlu.

SCARAMOUCHE.

(AIR. *Tu croyois en aimant Colette.*)

Le cas me paroît fort étrange,
Tout ceci passe mon esprit.
Aujourd'hui plus je bois, je mange,
Et plus je me sens d'appétit.

Ce premier acte est terminé par un divertissement d'un Magicien & des diablotins de sa suite.

Le second ouvre par un dialogue gaillard entre Arlequin & Colombine. Pierrot vient faire une scéne de jalousie. A la suite de ces scénes, Gringalet le garde-moulin de Colette apporte cent livres de sa part à Scaramouche, & prenant Arlequin pour lui, il lui remet cet argent. Arlequin passant encore pour son Maître reçoit des coups de bâton d'un Fermier. Enfin Scaramouche vient & la belle Agathe jeune Demoiselle amie d'Isabelle, & aimée de Scaramouche. Ce dernier ne manque pas de vouloir faire le galant, mais il s'endort bien vîte. Agathe le quitte alors, & dit à Arlequin de prendre sa place. Scaramouche se réveille, croit parler à Agathe, & continue ses tendres propos. Arlequin le tire d'erreur, & lui fait accroire qu'il n'a vû Agathe qu'en rêve.

Le Dieu Morphée accompagné des Songes, fait le divertissement de ce second acte.

ACTE III.

Nouvelle scéne de jalousie entre Pierrot &

Colombine; Isabelle & Agathe arrivent, & Scaramouche les suit. Les deux demoiselles jouent aux cartes, pendant que Scaramouche s'assoupit: Arlequin emporte la lumiere, dans le moment les Demoiselles réveillent l'endormi, pour le prier de décider d'un coup. Scaramouche se trouvant dans l'obscurité, croit avoir subitement perdu la vûe, il est inconsolable; Mézétin valet de Léandre accourt à ses cris, & promet de le guérir, s'il veut consentir au mariage de son maître avec Isabelle. Scaramouche obligé de se soumettre à cette condition, recouvre la lumiere, après une cérémonie des plus ridicule, & l'on ne songe plus qu'à célébrer les noces de Léandre & d'Isabelle, & celles de Scaramouche, que la belle Agathe veut bien épouser.

ARLEQUIN. (Air. *Adieu paniers.*)

Bon, bon, nous avons double noce,
Que de vin sera répandu,
L'Amour est un enfant perdu,
Qui ne demande que playe & bosse.

« Le Théatre s'ouvre & représente une cheminée, un four & un fourneau, qui forment une marche agréable ». C'est ce divertissement auquel Arlequin joint ses lazzis, qui terminent la piéce.

Extrait Manuscrit.

QUINAULT, (Philippe) Poëte dramatique & lyrique, naquit à Paris en 1635. reçû à l'Académie Françoise en 1670. Auditeur des Comptes en 1671. mort à Paris le Vendredi 26 Novembre 1688. âgé de 53 ans. Il a composé pour le Théatre François:

Les Rivales, Comédie en cinq actes & en vers, 1653.

La Généreuse Ingratitude, Tragi-Comédie Pastorale, 1654.

L'Amant indiscret, ou Le Maître étourdi, Comédie en cinq actes & en vers, 1654.

La Comédie sans Comédie, cinq actes en vers, 1655.

Les coups de l'Amour et de la Fortune, Tragi-Comédie, 1656.

La Mort de Cyrus, Tragédie, 1656.

Amalasonte, Tragédie, 1657.

Le Mariage de Cambyse, Tragi-Comédie, 1657.

Le feint Alcibiade, Tragi-Comédie, 1658.

Le Fantôme amoureux, Tragi-Comédie, 1659.

Stratonice, Tragi-Comédie, 1660.

Les Amours de Lysis et d'Hespérie, Pastorale héroïque, non imprimée, 1660.

Agrippa Roi d'Albe, ou Le faux Tibérinus, Tragédie, 1661.

Astrate, Tragédie, 1663.

La Mere coquette, ou Les Amans brouillés, Comédie en cinq actes & en vers, 1665.

Pausanias, Tragédie, 1668.
Bellerophon, Tragédie, 1670.
Histoire du Th. Fr. année 1653.

M. Quinault a aussi composé pour le Théatre de l'Académie Royale de Musique.

Cadmus et Hermione, Tragédie en cinq

actes avec un Prologue, Musique de M. *Lully*, 1673.

ALCESTE, *ou* LE TRIOMPHE D'ALCIDE, Tragédie en cinq actes, avec un Prologue, Musique du même, 1674.

THÉSÉE, Tragédie en cinq actes, avec un Prologue, Musique du même, 1675.

ATYS, Tragédie en cinq actes, avec un Prologue, Musique du même, 1676.

ISIS, Tragédie en cinq actes, avec un Prologue, Musique du même, 1677.

PROSERPINE, Tragédie en cinq actes, avec un Prologue, Musique du même, 1680.

LE TRIOMPHE DE L'AMOUR, Ballet en 20 Entrées, Musique du même, 1681.

PERSÉE, Tragédie en cinq actes, avec un Prologue, Musique du même, 1682.

PHAËTON, Tragédie en cinq actes avec un Prologue, Musique du même, 1683.

AMADIS, Tragédie en cinq actes, avec un Prologue, Musique du même, 1684.

ROLAND, Tragédie en cinq actes, avec un Prologue, Musique du même, 1685.

L'ÉGLOGUE DE VERSAILLES, un acte, Musique du même, 1685.

LE TEMPLE DE LA PAIX, en 6 Entrées, Musique du même, 1685.

ARMIDE, Tragédie en cinq actes, avec un Prologue, Musique du même, 1686.

Il a retouché & mis en état de paroître sur ce même Théatre.

LES FÊTES DE L'AMOUR ET DE BACCHUS, Pastorale en trois actes, avec un Prologue, Musique de M. *Lully*, 1672.

Le Carnaval Mascarade, à neuf Entrées, Musique du même, 1675.

Les Œuvres de M. Quinault après avoir été imprimées séparément, ont été recueillies en cinq volumes in 12. Paris, Ribou, 1715. dernière édition in 12. 5 vol. Paris, par la Compagnie des Libraires, 1739.

QUINAULT, (N......) Comédien François, pere des Acteurs & Actrices dont on va parler, débuta à Paris le Samedi 6 Mars 1694. par le role d'*Harpagon* dans l'*Avare*, & n'a point été reçû. *Hift. du Th. Fr. année* 1695.

QUINAULT, (Françoise) épouse du Sieur Hugues de Nesle, fille de l'Acteur précédent, & Comédienne Françoise, a débuté le Mardi 24 Janvier 1708. par le role de *Monime* dans la Tragédie de *Mithridate*, reçue dans la Troupe par ordre de Monseigneur le Dauphin, à compter du 22 Septembre 1707. morte le 22 Décembre 1713. âgée de 25 ans. *Hist. du Th. Fr. année*

QUINAULT, (Jean-Baptiste Maurice) fils de l'Acteur précédent, & frere de la Demoiselle Quinault de Nesle, Comédien François, a débuté le Vendredi 6 Mai 1712. par le role d'*Hippolyte* dans la Tragédie de *Phédre* de M. Racine, reçu le 27 Juin suivant. A quitté le Théatre le Dimanche 22 Mars 1733. avec la pension ordinaire de 1000 livres, reparut au Théatre le Mardi 2 Mars 1734. mais il y renonça entiérement, le Samedi 10 Avril de la même année. Mort à Gien le.......... 1745. *Histoire du Théatre Fr. année* 1734.

QUINAULT, (Abraham-Alexis) DU FRESNE

trere du précédent, Comédien François, a débuté le Vendredi 7 Octobre 1712. par le role d'*Oreste* dans la Tragédie d'*Electre*. Reçû le Jeudi 22 Décembre suivant : a rempli avec tous les applaudissemens imaginables les premiers roles tant dans le Tragique que dans le haut Comique, jusqu'au Dimanche 19 Mars 1741. qu'il s'est retiré du Théatre avec la pension ordinaire de 1000 livres, aujourd'hui vivant. *Hist. du Th. Fr. année* 1741.

QUINAULT DU FRESNE, (Jeanne-Marie Dupré, épouse d'Abraham-Alexis) & connue avant son mariage (Mai 1727.) sous le nom de Mlle de Seyne, Comédienne Françoise, a débuté à Fontainebleau le Mardi 7 Novembre 1724. par le role d'*Hermione* dans la Tragédie d'*Andromaque*, & à Paris dans ce même role, le Vendredi 5 Janvier 1725. reçue le Vendredi 17 Novembre 1724. pour remplir les premiers roles tragiques & comiques ; quitta le Théatre le Mercredi 24 Décembre 1732. rentra le Lundi 11 Mai 1733. retirée entiérement au mois de Mars 1736. aujourd'hui vivante, pensionnaire de la Troupe. *Hist. du Th. Franç. année* 1736.

QUINAULT, (Marie Anne) fille du Sieur Quinault, & sœur des Sieurs & Demoiselles Quinault dont on vient de parler, Comédienne Françoise, reçue le premier Janvier 1714. a quitté le Théatre le Lundi 1 Février 1723. avec la pension ordinaire de 1000 liv. aujourd'hui vivante. *Hist. du Th. Fr. année* 1730.

QUINAULT, (Jeanne-Françoise) sœur de la précédente, Comédienne Françoise, a débuté le Mardi 14 Juin 1718. par le role de *Phédre* dans la Tragédie de ce nom, reçue pour les roles de Soubrettes, de Ridicules, & autres de caracteres, qu'elle a rempli supérieurement : retirée du Théatre avec la pension ordinaire de 1000 livres, le Dimanche 19 Mars 1741. aujourd'hui vivante. *Hist. du Th. Fr. année* 1741.

QUI PRO QUO, (le) Comédie en trois actes & en vers, de M. *Morandet*, représentée le Mardi 1 Octobre 1743. suivie de la Comédie des *Plaideurs*. *Histoire du Théatre François, année* 1743.

Qui pro quo, (le) Piéce en trois actes, du Sieur *Dominique*, représentée au Jeu tenu sous le nom de l'Auteur, par les Sieur & Dame de S. Edme, à la Foire S. Laurent 1716. imp. Cette piéce n'avoit d'autre mérite que celui du Jeu & de la réputation de l'Auteur.

Qui pro quo, (le) *ou* Polichinelle Pyrame, Parodie de l'Opéra de *Pyrame & Thisbé*, en un acte, par un Auteur *Anonyme*, représentée au Jeu des Marionnettes de Bienfait, à la Foire S. Germain 1740. non imp.

Cette piéce ne mérite aucun extrait. L'Auteur badinant sur l'erreur qui causa le désastre des deux Amans, & qu'il traite de Qui pro quo, en a fait le titre de sa Parodie : elle est terminée heureusement par une fête & un vaudeville dont voici deux couplets.

> On n'achette point la naissance,
> L'honneur, la vertu, la science,
> L'Esprit, la gloire & les talens.
> En vain, dans un degré suprême,
> On montre des dehors brillans,
> On est toûjours le même.

Dans ses dépenses le prodigue,
Ne sçachant point mettre de digue,
Se voit bientôt réduit à rien.
Que dans son indigence extrême,
Il retrouve encor plus de bien,
Il est toujours le même.

Note manuscrite.

QUI PRO QUO, (les) *où* LE VALET ÉTOURDI, Comédie en trois actes & en vers, de M. *Rosimont*, représentée au Théatre du Marais en 1671. in-12. Paris, Bienfait, 1673. *Hist. du Th. Fr.* année 1671.

QUI PRO QUO, (les) Opéra Comique en un acte, de M. *Carolet*, représenté le Lundi 27 Février 1736. suivi du *Magasin des modernes*, & d'*Alzirette*, non imp.

Angélique amante de Cléon, Capitaine de Cavalerie, n'a pas plûtôt reçû la nouvelle de la mort de son Amant, que pour éviter la poursuite des soupirans, dont elle ne doute pas qu'elle va être excédée, elle prend la bisarre résolution de troquer d'habit avec Olivette sa suivante.

OLIVETTE.

« J'enrage de bon cœur, de ce que vous n'avez pas épousé Cléon avant la campagne.

(AIR. *Lon la*.)

En femme sage, d'abord
Vous auriez pleuré sa mort,
Mais deux jours après,
Adieu les regrets ;
Nous avons mille preuves
Que l'amour a de promts secrets,
Pour consoler les veuves,
Lon la,
Pour consoler les veuves.

Pierrot

Pierrot valet d'un Officier qui a été tué depuis environ deux mois dans un combat, s'est emparé des effets de son maitre, & sous ses habits, espére jouer le personnage d'un camarade du défunt, & par ce moyen trouver quelque bonne fortune. Il apperçoit Olivette, qu'il prend pour Angélique.

OLIVETTE *à part.*

« Voilà un Officier qui me lorgne : il a l'air un peu maté-
» riel ; c'est sans doute un Allemand. Soutenons la dignité
» de notre habit.

Pierrot lui fait à sa façon un compliment galant, Olivette charmée de cette conquête, s'en félicite secrettement, & laisse ce nouvel amant dans une espérance assez flatteuse. Le bonheur de Pierrot est troublé par l'arrivée d'un rival : c'est un Procureur qui aime Angélique seulement sur la réputation qu'elle a d'être très-constante, & qui ayant appris la mort de Cléon, vient offrir ses services.

PIERROT.

» Je suis bien aise, Monsieur, que vous sçachiez que je
» viens de lui en offrir autant, & que j'ai été pris au mot.

LE PROCUREUR. (AIR. *Par bonheur.*)

Sçachez Monsieur l'Officier,
Avec votre air estaffier,
Que tout homme de ma sorte,
Doit avoir le pas sur vous,
Sur les armes je l'emporte,
Je vous ferai filer doux.

PIERROT *à part.*

» Quel diable de Procureur est-ce-là ? il faut qu'il ait été
» Maître clerc de quelque Houssard, & qu'il ait appris la
» chicane dans quelque garnison...... Ne perdons point
» courage, & voyons jusqu'au bout.

Tome IV. Q

LE PROCUREUR.

» S'il ne s'agit que de vous produire mon mérite, le voici
» par extrait.

(AIR. *On n'aime point dans nos forêts*)

Je suis Procureur le matin,
Et le soir j'arbore l'épée.

PIERROT *à part*.

Ouf je tremble, il a l'air mutin.

LE PROCUREUR.

En moi Cicéron & Pompée,
Brillent tous deux avec éclat.

PIERROT *à part*.

Le drole écrit comme il se bat.

» (*haut.*) Ne vous avisez pas d'être aujourd'hui Pompée,
» ma valeur n'iroit pas-là. Et m'ais, Monsieur le Procureur,
» n'y auroit-il pas moyen de s'accommoder à l'amiable.
» Vous connoissez sans doute Angélique?

LE PROCUREUR.

» Non, je ne l'aime que sur sa réputation, & je l'épouse
» sur l'étiquette du sac.

PIERROT.

» Vous jouez gros jeu, ce n'est pas Cicéron qui vous con-
» seille celà.

LE PROCUREUR.

» Comment vous osez soupçonner la vertu d'Angélique,
» & former opposition à la démarche que je fais! Par la
» mort.

PIERROT.

» Doucement s'il vous plaît, n'allez pas prendre conseil
» de Pompée. Quel homme!

LE PROCUREUR.

» Monsieur l'Officier, vous ne m'avez pas l'air d'être de
» la bonne trempe, & je vois à votre habit que vous n'êtes
» Officier que par bénéfice d'inventaire.

PIERROT.

» Ecoutez: deux rivaux ne s'accordent jamais bien....
» Cédez-moi la place, (*bas,*) sinon je vous la céderai.

LE PROCUREUR.

„ Nous nous reverrons, mon faux brave, & je vous ferai
„ connoître avant qu'il soit peu que je sçais batailler de tou-
„ tes les façons, je ne vous donnerai main levée qu'à bon-
„ nes enseignes.

Pierrot allarmé par cette conversation, se rassure à la vûe d'Angélique & d'Olivette, & quoiqu'il continue à faire la cour à cette derniére, qu'il croit la Maîtresse, il jette des œillades sur la prétendue soubrette, dont la figure lui paroit fort aimable. Olivette s'en apperçoit, fait des reproches, & craignant de perdre cette occasion favorable, elle consent à terminer au plûtôt.

PIERROT. (AIR. *Laire lan la.*)

Ne différons point d'être heureux,
Pour mettre le comble à nos vœux
Allons chez le premier Notaire.

TOUS DEUX.

Laire la, laire lan laire, &c.

Angélique reste & reçoit la visite de M. de la Chamade. C'est un Gascon présomptueux, qui s'imagine pouvoir aisément prendre la place de Cléon dans le cœur d'Angélique ; comme il croit parler à sa suivante, il la prie d'agir pour lui, sous la promesse d'une bonne récompense ; Angélique débarrassée de cet importun, se retire dans son appartement, pour ne s'occuper que de sa tristesse. Olivette & Pierrot arrivent sur la scéne. Après une courte & galante conversation, la premiére sort pour hâter le moment qui doit fixer leur bonheur. Pierrot reste seul, & appercevant Cléon qu'il a crû mort, il veut s'enfuir.

CLÉON.

» Approche mon cher Pierrot, ne crains rien : le bruit de
» ma mort en effet a couru dans le camp : mon courage m'a-
» voit emporté trop loin, j'ai été fait prisonnier, mais je
» me suis racheté, & me voilà sain & sauf.

PIERROT.

» Ah ! Monsieur, je suis perdu, vous vivez, & je suis le
» plus malheureux de tous les hommes.

CLÉON.

» Je n'y comprends rien : le pauvre diable a le cerveau
» troublé. Pourquoi porte-tu mes habits ?

PIERROT.

» Hélas ! Monsieur je vous croyois mort.

(AIR. *Ton himeur est Cateraine.*)

Lorsque j'eus plié bagage,
Sur le bruit de votre mort,
Je vins dans cet équipage,
Pleurer ici votre sort.
Par un effet sympatique,
Qui m'est commun avec vous,
J'ai sçu charmer Angélique,
Elle m'a fait son époux.

CLÉON.

» Qu'entens-je ? Quoi Angélique auroit eu l'ame assez
» basse pour se laisser éblouir par l'éclat emprunté d'un mi-
» sérable valet !

PIERROT.

» Tenez, la voici elle-même, elle vous confirmera la
» chose ».

Olivette surprise du retour inopiné de Cléon, l'est encore davantage, apprenant qu'elle n'a épousé que son valet. Angélique à son tour, revenue de son premier étonnement, se livre à l'excès de sa joye : en faveur de cet heureux événement, Cléon pardonne à Pierrot, & lui fait don de sa garde-robbe, & le divertissement qu'il avoit fait préparer pour son mariage, sert aussi pour celui de Pierrot & d'Olivette, qui n'a été fait que par un qui pro quo.

Couplet du premier Vaudeville.
Choisir un homme sincere,
Dont vous connoissez le bon cœur,
Qui vous serve avec ardeur,
C'est bien votre affaire ;
Mais donner dans le paneau,
D'un faux ami qui nous opprime,
Et le croire digne d'estime,
C'est un qui pro quo.

Couplets du second Vaudeville.
La veille qu'on se marie,
La belle qu'on s'est choisie
Inspire les plus beaux feux.
Le jour du brouet tout change,
Avec l'hymen, chose étrange,
Promettre & tenir sont deux.

Pour établir une fille,
Aux yeux d'un galant tout brille,
Et tout augmente ses feux.
Le papa promet l'espéce,
Et la fille la sagesse ;
Promettre & tenir sont deux.

Extrait Manuscrit.

QUIXAIRE, (la) Tragi-Comédie de M. *Gillet de la Tessonnerie*, représentée au Théatre du Marais en 1639. in-4°. Paris, Quinet, 1640. *Histoire du Théatre Fr. année* 1639.

R.
R A

ACAN, (Honorat de Bueil, Marquis de) né en 1589. à la Roche-Racan en Touraine, de l'Académie Françoise, mort en 1670. a composé pour la scéne Françoise :

Les Bergeries, *ou* Artenice, Pastorale en cinq actes & en vers, représentée en 1618. *Hist. du Th. Fr. année* 1618.

RACINE, (Jean) fils de Jean Racine & de Marie des Moulins, naquit à la Ferté Milon, le 21 Décembre 1639. reçû à l'Académie Françoise le 12 Janvier 1673. marié en 1677. avec Catherine Romanet, acquit vers le même temps la charge de Trésorier de France dans la Généralité de Moulins, à laquelle il ajoûta depuis celle de Sécretaire du Roi, & de Gentilhomme ordinaire de sa Chambre : mort à Paris le 21 Avril 1699. agé de 59 ans : a composé pour la scéne Françoise.

La Thébaïde, *ou* Les Freres ennemis, Tragédie, 1664.

Aléxandre le Grand, Tragédie, 1665.

Andromaque, Tragédie, 1667.

Les Plaideurs, Comédie en trois actes & en vers, 1668.

R A

Britannicus, Tragédie, 1669.
Bérénice, Tragédie, 1670.
Bajazet, Tragédie, 1672.
Mithridate, Tragédie, 1673.
Iphigénie, Tragédie, 1674.
Phédre et Hippolyte, Tragédie, 1677.
Esther, Tragédie Sainte, à Saint Cyr en 1688. à Paris en 1721.
Athalie, Tragédie Sainte, à S. Cyr en 1690. à Paris en 1716.

Les piéces de M. Racine après avoir été imprimées féparément dans le temps de leur nouveauté, ont été recueillies en 2 volumes. On ne citera que les meilleures éditions.

Paris, 1702. in-12. 2 volumes, par la Compagnie des Libraires.

Amfterdam, 1722. in-12. 2. vol.

Londres, 1727. 2. vol in-4°. Tonfon.
Hift. du Th. Fr. année 1667.

M. Racine a compofé auffi pour le Théatre de l'Académie Royale de Mufique.

L'Idylle de Sceaux sur la Paix, mis en Mufique par M. *Lully*, & repréfenté en 1685.

RACOLEUR, (le) Parodie de la Tragédie lyrique d'*Achille & Déïdamie*, au Théatre de l'Opéra Comique. Voyez *Samfonet & Belamie*.

RADEGONDE DUCHESSE DE BOURGOGNE, Tragédie du Sieur *Du Souhait*, 1596. imp. avec les autres Œuvres en vers du même, 1599. *Hiftoire du Théatre François*, année 1596.

RAGE (la) D'AMOUR, Opéra Comique. Voyez *Enragés. (les)*

Q iv

RAGONDE. Voyez *Amours (les) de Ragonde.*

RAGOTIN, *ou* LE ROMAN COMIQUE, Comédie en cinq actes & en vers de M. de *La Fontaine*, représentée le Vendredi 12 Avril 1684. imp. dans le Recueil des Œuvres de M. de La Fontaine. *Hist. du Th. Fr. année* 1684.

RAGUENET, (Jean-Baptiste) fils de Raguenet, Maître Chandelier à Paris, qui fournissoit la Comédie Françoise avant le Sieur Pochet, après avoir fait ses études, quitta la maison paternelle, & fut voyager en Italie. De retour à Paris, le goût de la Comédie le saisit au point qu'il retourna en Province dans une Troupe, avec laquelle il demeura deux ans. L'envie de revoir encore Paris, le rappella dans cette ville, où il offrit ses services à Dolet & à Bertrand, qui les acceptérent au moyen d'une piéce qu'il leur donna, intitulée *Les Avantures comiques d'Arlequin*, ou le *Triomphe de Bacchus & de Vénus*, qui fut jouée le 3 Février 1711. L'année suivante Raguenet passa dans la Troupe d'Octave, où il parut avec succès, & remplit les deux Foires de l'année 1713. Ce fut lui qui joua d'original le role de *D. Juan*, dans le *Festin de Pierre*, en 1712. & dans lequel il fut très-applaudi. Il parcourut successivement les Troupes Foraines jusqu'en 1730. qu'il quitta le Théatre & le commerce des Tableaux, dans lequel il étoit connoisseur. C'est lui qui fut forcé de jouer une scéne dans la piéce intitulée l'*Antre de Laverna*, comme on a déja dit à l'article de cette piéce. *Mémoires sur les Spectacles de la Foire*, Paris, Briasson, 1743. *Tome I.* p. 126, 127 & 154.

RAJEUNISSEMENT (le) INUTILE, Comédie allégorique en trois actes & en vers libres, avec trois divertissemens, Musique de M. *Brulart*, par M. de *La Grange*, représentée le Samedi 27 Septembre 1738. imp. *Hist. du Th. Fr. année* 1738.

RAILLEUR, (le) *ou* LA SATYRE DU TEMS, Comédie en cinq actes & en vers, de M. *Maréchal*, représentée au Théatre de l'Hôtel de Bourgogne en 1636. in-4°. Paris, Quinet, 1638. *Hist. du Th. Franç. année* 1636.

RAISIN, (Jacques) Comédien François, né à Troyes en Champagne, fut dans sa jeunesse de la Troupe de Monseigneur le Dauphin, joua ensuite dans celles de Province, jusqu'en 1684. qu'il vint débuter à Paris, où il remplit avec applaudissement les seconds & troisiémes roles tragiques, & les *Amoureux* dans le comique, jusqu'au 31 Octobre 1694. qu'il se retira du Théatre avec une pension de 1000 livres, mort vers 1700. Le Sieur Raisin est Auteur des piéces suivantes, qui ont été représentées sur la scéne Françoise, mais qui n'ont jamais paru imprimées.

LE NIAIS DE SOLOGNE, Comédie en un acte, 1686.

LE PETIT HOMME DE LA FOIRE, Comédie en un acte, 1687.

LE FAUX GASCON, Comédie en un acte, 1688.

MERLIN GASCON, Comédie en un acte, 1690. *Hist. du Th. Franç. année* 1693.

Q v

RAISIN, (Jean-Baptiste) frere cadet de l'Acteur précédent, & Comédien François, naquit à Troyes en Champagne en 1656. joua avec son frere dans la Troupe de Monseigneur le Dauphin, & passa en 1666 en Province. Revint à Paris & y débuta au mois d'Avril 1679. conservé à la réunion en 1680. joua supérieurement les roles à manteau, ceux de valets brillans, de Petits Maîtres, d'Yvrognes, & autres de caracteres. Il mourut à Paris le Samedi 5 Septembre 1693. âgé de 37 à 38 ans. *Histoire du Théatre François, année 1693.*

RAISIN, (Françoise Pitel de Longchamp, femme de Jean Baptiste) Comédienne Françoise, née en 1662. débuta au Théatre de l'Hôtel de Bourgogne au mois d'Avril 1679. conservée à la réunion en 1680. remplit avec applaudissement les Amoureuses comiques & les Princesses en second. Retirée du Théatre à Pâques 1701. avec la pension ordinaire de 1000 livres, morte à la Davoisiere près Falaise, au mois de Septembre 1721. âgé de 59 ans. *Histoire du Théatre Franç. année 1708.*

RAMEAU, (Jean-Baptiste) Musicien, né à Dijon le 25 Septembre 1683. aujourd'hui vivant, a composé la Musique des Opéra suivans.

HIPPOLYTE ET ARICIE, Tragédie en cinq actes, avec un Prologue, paroles de M. l'Abbé *Pellegrin*, 1733.

LES INDES GALANTES, Ballet héroïque en trois actes, avec un Prologue, paroles de M. *Fuzelier*, 1736.

LES SAUVAGES, Entrée ajoûtée au Ballet

des *Indes Galantes*, paroles de M. *Fuzelier*, 1736.

Castor et Pollux, Tragédie en cinq actes avec un Prologue, paroles de M. *Bernard*, 1737.

Les Fêtes d'Hébé, *ou* Les Talens lyriques, Ballet en trois actes, avec un Prologue, 1739.

Dardanus, Tragédie en cinq actes, avec un Prologue, paroles de M. *La Bruere*, 1739.

Les Fêtes de Polymnie, Ballet héroïque en trois actes, avec un Prologue, paroles de M. *Cahufac*, 1745.

Le Temple de la Gloire, Ballet en trois actes, avec un Prologue, paroles de M. de *Voltaire*, 1745.

Zaïs, Ballet héroïque en quatre actes, avec un Prologue, paroles de M. *Cahufac*, 1748.

Pygmalion, acte de Ballet, paroles de M. de *La Motte*, retouchées par M. *Ballot de Sovot*, 1748.

Les Fêtes de l'Hymen et de l'Amour, *ou* Les Dieux d'Égypte, Ballet héroïque en trois actes, avec un Prologue, paroles de M. *Cahufac*, 1748.

Platée, Ballet bouffon, en trois actes avec un Prologue, paroles de M. *Autreau*, 1749.

Naïs, Opéra pour la paix, en trois actes avec un Prologue, paroles de M. *Cahufac*, 1749.

Zoroastre, Tragédie en cinq actes, paroles de M. *Cahufac*, 1749.

La Guirlande, *ou* Les Fleurs enchantées, acte de Ballet, paroles de M. *Marmontel*, 1751.

Acante et Céphise, *ou* La Sympathie, Pastorale héroïque en trois actes, paroles de M. *Marmontel*, 1751.

M. Rameau a fait encore la Musique des divertissemens de

La Princesse de Navarre, Comédie-Ballet en trois actes, avec un Prologue en vers libres, de M. de *Voltaire*, 1745.

Ramée (la) et Dondon, Parodie en un acte de la Tragédie d'*Enée & Didon*, par Messieurs *Panard*, *Pontau*, *Gallet* & *Piron*, ce dernier en a donné le plan, représentée au Théatre de l'Opéra Comique, le Jeudi 22 Juillet 1734. non imprimée.

Belle barbe, Suisse de nation, & Maître d'un gros Cabaret, est amoureux de Madame Dondon Cabaretiere. Il a mis dans ses intérêts Chopinel, premier garçon de Madame Dondon.

CHOPINEL.

« Vous ignorez que mon pouvoir est bien diminué depuis
» l'arrivée d'un certain Champenois nommé La Ramée, qui
» est sorti de Troye le bâton blanc à la main.

BELLE BARBE.

» C'est donc sti La Ramée qui traversir moi dans mon
» amour.

CHOPINEL. (Air. *Bouchez Nayades.*)

Ma Maîtresse en ces lieux s'avance,
Tâchez d'avoir la préférence,
Parlez, je vous épaulerai.

BELLE BARBE.

Moi payer toi de sti service.

CHOPINEL.

Gratis moi je vous servirai,
Ce n'est point agir à la Suisse.

Après les premiers complimens, Belle barbe s'exhale en reproches, & prend à témoins Chopinel & Nanette sœur de Madame Dondon, des services qu'il a rendu à cette derniére, qui lui doit son établissement.

BELLE BARBE. (AIR. *Nous autres bons Villageois.*)

 Entendir vos intérêts,
 Vous faire par cette alliance
 Plus de gain & moins de frais ;
Quel plaisir pour vous, quand j'y pense.
 Nous avre tous deux des effets,
 Unissons nos deux cabarets,
 En joignant votre vin au mien,
Nous n'aurons qu'un cœur & qu'un bien.

CHOPINEL. (AIR. *Sois complaisant.*)

 Il a raison, un pareil avantage
  Est bel & bon.

DONDON.

  J'en sens tout l'avantage
   Mais,
 N'y pensez pas davantage,
 Et ne m'en parlez jamais.

Belle barbe sort fort en colere, & jurant qu'il fera parler de lui. Madame Dondon peu attentive à ses menaces, fait confidence à Nanette de l'amour qu'elle sent pour La Ramée ; Je l'avouerai même : ajoûte-t'elle, que c'est une affaire fort avancée.

NANETTE.

» Ah ! je m'en fie bien à vous.

DONDON. (AIR. *Marche Françoise.*)

 J'ai pris engagement
 Avec ce militaire,
 J'ai pris engagement,
 Nous avons fait serment.
 S'il n'est pas opulent,
 Il a de quoi me plaire ;
 Je veux me satisfaire :
 Ce n'est pas de l'argent,
 Qui rend le cœur content.

Je ne crains dit-elle qu'une chose, c'est un certain l'Espérance, soldat de sa compagnie, qui le mène par le nez, & lui conseille de s'éloigner de moi, mais j'espère réussir malgré lui dans mon dessein. Elle se retire pour faire place à La Ramée, que l'Espérance ne tarde pas à venir trouver, pour le presser d'abandonner le Village.

LA RAMÉE. (Air. *Quand le péril.*)

Quitter une Hôtesse charmante,
Qui me régale chaque jour,
Qui m'a donné de son amour
Une preuve parlante.

Une raison aussi forte n'est point capable de faire changer l'Espérance de sentiment : ce n'est pas aux gens de notre métier, dit il, à se piquer de constance & de fidélité. D'ailleurs, vous sçavez que le destin vous appelle en certain canton.

L'ESPÉRANCE. Air. *Oui je t'aime.*)

Et j'ajoute,
Que sans doute,
Dans ce fortuné canton,
Quelque fille,
Bien gentille,
Remplacera ta Dondon.

LA RAMÉE.

» Oh Dame ! vous m'en direz tant qu'à la fin....

L'Espérance se retire prudemment à l'arrivée de Madame Dondon. La Ramée touché des pleurs de la belle Cabaretiere, lui jure une fidélité éternelle, & sort pour congédier ses soldats. C'est dans ce moment où Dondon croit se livrer à la joye, qu'elle voit entrer Belle Barbe en fureur. Holà, garçons, s'écrie-t'elle, qu'on saisisse ce furieux, & qu'on l'enferme dans le cellier. A peine cet ordre est-il éxécuté, qu'on voit rentrer La Ramée. A son air interdit, Dondon devine aisément qu'il a changé de résolution.

DONDON. (AIR. *Bannissons ici l'humeur noire.*)
 A votre sotte contenance,
 Il est aisé de remarquer,
 Que votre éloquent l'Espérance,
 Vient encore de vous haranguer.

Il faut avouer, ajoûte-t'elle, que vous êtes un pauvre garçon. Vous êtes toûjours du sentiment de celui qui vous parle le dernier. La Ramée assure que ce n'est point l'Espérance qui l'a fait changer, mais qu'il n'a pû résister aux avis des Bohémiennes qu'il vient de voir.

DONDON. (AIR. *Des Trembleurs.*)
 Enfin tu te fais connoître
 Pour un fripon, pour un traître,
 Ah ! que j'étois folle d'être,
 Tant éprise d'un ingrat.
 Qu'il me paroit haïssable :
 A présent : va misérable,
 Il n'est plus ici de table
 Pour un perfide soldat.

LA RAMÉE.
» Ah ! Dondon, pourquoi pleurez-vous ?

(AIR. *Ma commere quand je danse.*)
 Que mon ame est incertaine,
 Qu'est-ce donc que je ferai ?
 Je resterai, je partirai,
 Je partirai, resterai, partirai :
 Mon devoir enfin m'entraîne,
 C'est est fait je partirai.

Chopinel boitant & moulu de coups, accourt annoncer que les amis & les garçons de Belle Barbe, sont entrés de force pour le délivrer.

Doucement, s'écrie La Ramée, ceci me regarde. Je suis la première cause de cette querelle, & c'est à moi à la soutenir. Il sort malgré les pleurs de Dondon, & pendant que cette dernière s'entretient avec sa sœur Nanette, on entend un grand bruit : Chopinel vient annoncer la victoire de la Ramée. Ne va-t'il pas revenir ici, dit Dondon, m'en faire un pompeux détail. Il n'a garde, répond Chopinel, car comme il craint d'avoir tué quelqu'un, & qu'il connoit la vivacité de la Justice, il a promptement gagné au pied, en me chargeant de vous faire ses complimens. Madame Dondon se désespére à cette nouvelle, & dans le premier transport veut se pendre. Nanette la détourne de ce dessein furieux, & lui conseille plûtôt de se venger de son perfide, en épousant M. de Belle Barbe.

DONDON *après avoir rêvé.*

(AIR. *Comme un coucou.*)

De mon soldat abandonnée,
Je prens le Suisse prudement :
J'aime encor mieux cet hymenée,
Que de me tuer sottement.

On fait revenir Belle Barbe.

DONDON, (AIR. *Vous avez bien de la bonté.*)

D'un téméraire emportement,
Vous me voyez confuse,
Mais de ce mauvais traitement,
Je vous fais bien excuse.

BELLE BARBE.

Vous ne m'avez point maltraité,
Fort volontiers je vous pardonne,
Pour ma personne,
Madame, en vérité,
Vous avez bien de la bonté.

J'ai trouvé Monsieur, dit Chopinel, à faire la belle conversation avec une feuillette de vin d'Avalon.

DONDON.

» Je vous aime de cette humeur, & ne regrette pas mon » vin.

BELLE BARBE.

» Allez, allez, Madame Dondon, si vous prendre mon » personne pour mari ».

Moi de ce que j'ai bû payera bien l'intérêt.

DONDON.

Je vous offre ma main.

BELLE BARBE.

Belle barbe est tout prêt.

Extrait Manuscrit.

RAMIRE (Don) ET ZAÏDE, Tragédie de M. *Boissi*, représentée le Samedi 24 Janvier 1728. suivie de la Comédie des *Vacances*, non imprimée. *Histoire du Théatre François, année* 1728.

RAMONEURS (les) Comédie en cinq actes & en prose, d'un Auteur *Anonyme*, représentée au Théatre de l'Hôtel de Bourgogne en 1620. non imp. *Hist. du Th. Fr. année* 1620.

RAMONEURS, (les) Comédie en un acte & en vers, de M. de *Villiers*, représentée au Théatre de l'Hôtel de Bourgogne en 1662. imp. la même année, in-12. Paris, de Sercy. *Hist. du Th. Franç. année* 1662.

RAMPALE, (N......) Auteur Dramatique a composé

LA BELINDE, Tragi-Comédie, 1630.

DOROTHÉE, *ou* LA VICTORIEUSE MARTYRE

DE L'AMOUR, Tragédie, 1658. non repréſentée. *Hiſt. du Th. Fr. année* 1630.

RAPINIERE, (la) *ou l'*INTÉRESSÉ, Comédie en cinq actes & en vers, de M. *Robbe*, ſous le nom emprunté de *Barquebois*, repréſentée le Vendredi 4 Décembre 1682. in-12. Paris, Lucas, 1683. *Hiſtoire du Théatre François, année* 1682.

RAPPEL (le) DE LA FOIRE A LA VIE, Opéra Comique en un acte, de Meſſieurs *Le Sage*, *Fuzelier* & *d'Orneval*, repréſentée le Lundi 1 Septembre 1721. accompagné des *Funérailles de la Foire*, & du *Régiment de la Calotte*, par la Troupe de Franciſque. Cette piéce fut remiſe au Théatre le Mardi 25 Septembre 1725. Elle eſt imprimée tome III. du Théatre de la Foire, Paris, Ganeau.

RATON ET ROSETTE, *ou* LA VENGEANCE INUTILE, Parodie en vaudevilles & en un acte du Ballet lyrique de *Titon & l'Aurore*, au Théatre Italien, par M. *Favart*, repréſentée pour la premiére fois le Mercredi 28 Mars 1753. in 8°. Paris, de Lormel.

RAVISSEMENT, (le) Tragédie ſacrée de *Nancel*. Voyez *Dina*, ou le *Raviſſement*.

RAVISSEMENT (le) DE FLORISE, *ou l'*HEUREUX ÉVÉNEMENT DES ORACLES, Tragi-Comédie de M. *Cormeil*, repréſentée en 1632. imp. la même année in-8°. Paris, Quinet. *Hiſt. du Th. Fr. année* 1632.

RAVISSEMENT (le) D'HÉLÉNE, LE SIÉGE ET L'EMBRÂSEMENT DE TROYE, grande piéce qui ſera repréſentée avec tous ſes agrémens, au Jeu des Victoires, par les Marionnettes du

Sieur Alexandre Bertrand, dans le Préau de la Foire S. Germain 1705. par M. *Fuzelier*, in-12. Paris, Chrétien, 1705.

Comme les exemplaires de cette piéce sont assez rares, & par conséquent peu connus, nous croyons devoir joindre ici une idée de la marche de l'ouvrage, en considération de la célébrité de l'Auteur.

L'Interméde, ou espéce de Prologue où se trouve l'exposition de la piéce, est une conversation entre Francœur soldat de la suite de Paris, & Madame La Ramée vivandiere. Francœur raconte en peu de mots de quelle maniere son Maître a enlevé la belle Héléne, épouse de Ménélas : il ajoûte en politique, que cet événement aura de grandes suites, mais comme il est fort pressé, il entre pour se rafraichir.

Au premier acte, le Théatre représente le Palais des Rois de Troye : Paris & Héléne y reçoivent les complimens du Gouverneur de la Ville ; la scéne change, on voit Ménélas au milieu du camp des Grecs : Achille & Ulysse viennent seconder ses intentions. On ouvre la tranchée à la mode Françoise ; on attache le Mineur, on monte à l'assaut, Troïlas est tué par Achille ; Hector tue Patrocle ; Achille tue Hector ; Paris tue Achille ; Pyrrhus tue Paris. Ulysse entre dans la ville, & enléve le Palladium.

Les Troyens proposent la paix, ils offrent vingt mille piéces d'or, à condition que l'Armée Grecque décampera dans une heure au plus tard. Ulysse conseille d'accepter la capitulation, qui est éxécutée pleinement de la part des Troyens.

Sinon ouvre le second acte par un monologue, semé de réfléxions.

SINON.

« Diable ! qu'il y faisoit chaud ! je n'ai jamais tant sué.
» Que feu M. Achille étoit un brave homme ! Vertubleu
» comme il y alloit ! Nous avons pourtant perdu dans la
» mêlée une des meilleures piéces de notre sac. Ce qui nous
» console c'est que Pyrrhus, cette jeune barbe, a fait la bar-
» be à Paris. Il l'a si bien ébarbé que jamais Barbier ne
» l'ébarbera, si ce n'est quelque Frater du barbon de Pro-
» serpine, qui a du poil comme un barbet.

Ulysse vient trouver Sinon, & lui propose le stratagême du cheval de Troye. Sinon accepte avec joie la commission, espérant la conduire à un heureux succès. Il frappe aux portes de Troye, se disant déserteur de l'armée Grecque. Il est reçû par le Gouverneur, à qui il conseille de faire transporter dans sa ville le cheval construit par les Grecs, pour appaiser, dit-il, la Déesse Minerve, dont ils ont enlevé le Palladium. Les Troyens suivent ce pernicieux avis, & célébrent l'entrée du cheval par des fêtes de réjouissance. Lorsqu'ils sont tous yvres, Sinon tire de sa poche une clef, & ouvre la porte du cheval de bois. Les Grecs qui y sont renfermés sortent & massacrent tous les Troyens. Andromaque trouve un asyle entre les bras de Pyrrhus ; Enée se sauve avec Anchise & Ascanius. Ménélas retrouve sa chere Héléne.

MÉNÉLAS.

» Je suis vainqueur, je vous posséde ; Madame.

HÉLÉNE.

» Sans l'espoir de vous revoir, les Dieux me sont témoins
» que le fer eut terminé mes jours. Ne croyez pas Seigneur,
» que Paris ait pû ébranler ma constance : les caresses, les
» honneurs que je recevois, ne servoient qu'à m'affliger
» davantage, j'avois perdu Ménélas.

MÉNÉLAS.

» Je n'ai jamais douté de vous, Madame, & je suis per-
» suadé que vous n'avez jamais douté de moi. Allons ren-
» dre graces aux Divinités qui nous ont été propices. Fai-
» sons une fête en l'honneur de Pallas & de Junon ».

Cette fête à laquelle les deux Divinités veulent bien être présentes, forme le troisiéme acte, qui ne compose qu'un divertissement.

RAVISSEUR (le) DE SA FEMME, piéce en un acte, de M. *Fuzelier*, représentée au Théatre de l'Opéra comique, au mois de Mars 1725. non imp. & sans Extrait.

RAVISSEUR (le) POLI, piéce de Messieurs *Le Sage*, *Fuzelier* & d'*Orneval*, aux Marionnettes. Voyez *Pierrot Romulus*.

RAUZINI, (Jacomo) originaire de Naples, étoit un intrus dans la nouvelle Troupe; ce n'étoit pas lui qui devoit venir en France, mais cinquante ou cent pistoles, qu'il donna à Naples à celui qui étoit chargé d'envoyer un bon *Scaramouche*, lui firent obtenir la préférence. Il n'étoit pas bon Comédien, mais il ne déplaisoit pas; cet Acteur avoit été Huissier de la Vicairerie de Naples. Comme la recette des nouveaux Comédiens Italiens fut considérable, les deux premiéres années de leur établissement à Paris, Rauzini prit carosse & fit beaucoup de dépenses; ajoutez qu'il avoit la passion du jeu, & qu'il y fut très-malheureux.

Il s'endetta, & le nombre de ses créanciers augmentant journellement, M. Riccoboni le pere, pour rendre service à Rauzini, obtint un ordre de la Cour, qui arrêtant les poursuites des Créanciers, leur déléguoit une partie de la part de cet Acteur, ce qui fut éxécuté jusqu'à sa mort, qui fut causée par une goute remontée, il renonça au Théatre, & mourut le 24 Octobre 1731. *Note manuscrite.* Voici ce que le Mercure rapporte au sujet de cet Acteur.

« Le 25 (24) Octobre le Signor *Giocomo Rauzini*, originaire de Naples, l'un des Comédiens Italiens ordinaires du Roi, connu sous le nom du *Capitan Scaramouche*, mourut âgé d'environ soixante ans, après une trèscourte maladie, causée par une attaque d'apoplexie ; cet Acteur ne jouoit ordinairement que dans les piéces Italiennes, ayant eu beaucoup de peine à se familiariser avec la langue Françoise. Il a été inhumé le lendemain à Saint Eustache sa paroisse, après avoir reçu ses Sacremens ». *Mercure de France*, Octobre 1731. pag. 2426.

RAYSSIGUIER, (N........) Auteur dramatique, a composé pour la scéne Françoise

TRAGI-COMÉDIE PASTORALE, où les Amours d'Astrée & de Céladon sont mêlées à celles de Diane, de Silvandre, avec les inconstances d'Hylas, en cinq actes & en vers, 1630.

L'AMINTE DU TASSE, Tragi-Comédie Pastorale, 1631.

LA BOURGEOISE, *ou* LA PROMENADE DE S. CLOUD, Tragi-Comédie, 1633.

LES THUILLERIES, Tragi-Comédie, 1635.

R E

Palinice, Cireinice et Florise, Tragi-Comédie, non représentée, 1634.

La Célidée, Tragi-Comédie, non représentée, 1635.

Histoire du Th. Fr. année 1630.

REBEL, (Jean Ferry) ordinaire de la Musique du Roi, a composé la Musique

D'Ulysse, Tragédie lyrique en cinq actes, avec un Prologue, paroles de M. *Guichard*, 1703.

Rebel, (François) Surintendant de la Musique du Roi, Auteur vivant, a composé en société avec le Sieur Françœur, la Musique des Opéra suivans.

Pyrame et Thisbé, Tragédie en cinq actes avec un Prologue, paroles de M. *De la Serre*, 1726.

Tarsis et Zélie, Tragédie en cinq actes, avec un Prologue, paroles du même, 1728.

Pastorale héroïque en un acte, de la fête des Ambassadeurs Plénipotentiaires d'Espagne, à l'occasion de la Naissance de Monseigneur le Dauphin, du même, 1730.

Scanderberg, Tragédie en cinq actes, avec un Prologue, paroles de M. *De la Motte*, 1735.

Le Ballet de la Paix, en trois actes avec un Prologue, paroles de M. *Roy*, 1738.

La Fuite de l'Amour, acte ajoûté au Ballet précédent, paroles du même, 1738.

Nirée, acte ajoûté au Ballet de la Paix, paroles du même, 1738.

Les Augustales, Divertissement en un acte, paroles du même, 1744.

ZÉLINDOR ROI DES SYLPHES, Ballet en un acte, avec un Prologue, paroles de M. de Moncrif, 1745.

ISMÈNE, Pastorale héroïque en un acte, paroles du même, 1750.

LES GÉNIES TUTELAIRES, Divertissement à l'occasion de la naissance de Monseigneur le Duc de Bourgogne, paroles du même, 1751.

REBUT POUR REBUT, (*Ritrosia per ritrosia*,) Canevas Italien en cinq actes, représenté pour la première fois le Mercredi 23 Juin 1717. C'est une piéce très-ancienne, tirée d'une autre d'*Augustin Moreto*, Poëte Espagnol, intitulée *Desdein con el desdein*. C'est de cette derniére piéce que Moliere a pris l'idée de la *Princesse d'Elide*.

ACTEURS.

FLAMINIA.
LÉLIO.
PANTALON. } *Amans de Flaminia.*
MARIO.
VIOLETTA, *Suivante de Flaminia.*
ARLEQUIN, *Amant de Violetta.*
SCARAMOUCHE, *autre Amant de Violetta.*
SCAPIN, *ancien domestique de Lélio.*

« Lélio qui est passionnément amoureux de
» Flaminia, s'entretient avec Scapin, son ancien
» domestique, au sujet de l'indifférence de sa
» Maîtresse, ne sçachant plus comment faire
» pour s'en faire aimer. Scapin lui fait entendre
» qu'il ne faut pas se rebuter, & que pourvû
» qu'il veuille faire tout ce qu'il lui conseillera,
» il

R E

„ il se fait fort de lui faire obtenir sa Maîtresse,
„ préférablement à Pantalon & à Mario, qui
„ sont aussi amoureux de Flaminia.

„ Flaminia se fait apporter par Violetta sa
„ suivante, tous les billets doux qu'elle a reçus
„ de ces trois amans, & les relit pour s'en di-
„ vertir & pour s'en moquer; elle commence
„ par une lettre de Pantalon : qui contient tout
„ ce que l'amour a pû lui inspirer de plus ten-
„ dre. Pantalon entre dans ce moment, & ap-
„ percevant Flaminia qui lit tout haut sa lettre,
„ il en écoute la lecture, sans être apperçu,
„ & il ne doute pas qu'il ne soit l'Amant aimé,
„ mais il est bientôt convaincu du contraire,
„ quand Flaminia brule sa lettre, après qu'elle
„ a achevé de lire. Flaminia lit ensuite les let-
„ tres de Mario & de Lélio, qui surviennent
„ peu de temps après; ils ne sont pas mieux
„ traités que Pantalon, puisque Flaminia brule
„ leurs lettres en leur présence ; elle témoigne
„ pourtant que si elle avoit pû aimer quelqu'un,
„ elle auroit donné la préférence à Lélio.

„ Violetta fait le même sacrifice des lettres
„ que Scaramouche & Arlequin ses amoureux
„ lui écrivoient, & les brule devant eux, ce
„ qui fournit un jeu de Théatre assez plaisant,
„ par les raisonnemens & les reproches d'Arle-
„ quin & de Scaramouche.

„ Cependant Lélio & Scapin ne sçavent
„ presque plus quel parti prendre, pour fléchir
„ Flaminia, quand ce dernier s'avise d'une ruse
„ qui lui réussit parfaitement. Scapin trouve
„ Flaminia, qui s'entretient avec Violetta, il
„ feint d'être fort pressé par rapport à une com-

Tome IV.   R

» miffion que fon Maître vient de lui donner;
» Flaminia le retient pour fçavoir ce que c'eft;
» Scapin lui répond que fon maître lui a dé-
» fendu de le dire, & la prie de ne pas l'arrêter
» plus longtemps; ce refus excite encore plus
» la curiofité de Flaminia, qui veut fçavoir
» abfolument le fujet de cette commiffion, qui
» eft fi preffée, & qui regarde Lélio; enfin Sca-
» pin après s'être bien fait preffer, lui dit que
» fon maître va fe marier bientôt avec Silvia,
» & qu'il va lui porter de fa part un très-beau
» diamant, & ordonner enfuite tous les pré-
» paratifs de la nôce, &c.

» Flaminia paffe dès ce moment de l'indiffé-
» rence qu'elle avoit pour Lélio à l'amour le
» plus violent; elle a grand foin pourtant de
» le cacher à Scapin, elle lui dit feulement
» qu'elle ne croit pas que Silvia convienne à
» Lélio, parce qu'ils ne fe font pas connus
» affez de tems pour fe marier enfemble; qu'au
» refte, ce n'eft qu'un confeil, dit-elle, qu'elle
» donne à Lélio, & prie même Scapin de le
» lui dire de fa part; celui-ci ne veut pas dit-il,
» fe charger de cette commiffion, parce qu'il
» eft bien perfuadé que fon Maître le maltrai-
» teroit, s'il vouloit le détourner de fon ma-
» riage projetté avec Silvia. Toutes ces diffi-
» cultés, & le feint mariage de Lélio avec Sil-
» via ne font qu'augmenter l'amour de Flami-
» nia pour Lélio. Scapin confeille à Flaminia
» d'écrire elle-même à Lélio, & de lui envoyer
» fa lettre par Violetta, car lui Scapin ne vou-
» droit pas, dit-il, s'expofer à rendre lui même
» la lettre à fon Maître. Enfin Flaminia eft

„ dans un extrême embarras ; elle écrit cepen-
„ dant à Lélio, & Violetta porte la lettre à
„ Lélio. A peine est-elle entrée chez Lélio,
„ accompagnée de Scapin qui l'introduit, que
„ celui-ci dit tout bas à Lélio de lui donner
„ quelques coups de bâton. Lélio ne comprend
„ rien à cette ruse, mais Scapin a soin de l'en
„ instruire tout bas, & Lélio dit après tout haut
„ en présence de Violetta, *Je t'apprendrai ma-*
„ *raut, à introduire chez moi une suivante de*
„ *Flaminia, pour m'apporter une lettre de sa*
„ *part.* Cependant Lélio est transporté de joye
„ d'apprendre de Scapin que Flaminia lui écrit
„ pour l'empêcher d'épouser Silvia, & peu s'en
„ faut qu'il ne témoigne en présence de Violet-
„ ta, tout le plaisir qu'il en a ; mais Scapin
„ l'en empêche, & l'oblige de renvoyer la lettre
„ à Flaminia. Violette est fort étonnée de la
„ maniere qu'on l'a reçue, & du peu de cas
„ qu'on fait de la lettre de sa Maîtresse, à qui
„ elle vient faire le récit de tout ce qui s'est
„ passé, & des coups de baton donnés à Sca-
„ pin, pour l'avoir introduite ; Flaminia ne
„ sçait plus comment faire pour fléchir Lélio :
„ elle découvre enfin à Scapin qu'elle aime son
„ Maître. Scapin qui a conduit toute cette four-
„ berie au point qu'il la souhaitoit, & ayant
„ instruit son Maître de tout, conduit Flaminia
„ chez Lélio, ou après quelques reproches
„ obligeans de part & d'autre, Lélio lui décou-
„ vre l'amour qu'il avoit toujours eu pour elle ;
„ Flaminia lui dit à peu près la même chose,
„ & l'hymen achéve de les réunir ».

Extrait manuscrit.

RECONCILIATION (la) DES SENS, Opéra Comique en un acte, d'un Auteur *Anonyme*, représenté le Lundi 28 Juillet 1732. suivi des *Intérêts de Village*, non imp.

Nous avons déja parlé de cette piéce sous le titre de *l'Instinct & la Nature*, ces deux personnages ouvrent la scéne : la Nature prenant très à cœur la réconciliation des Sens, ordonne à l'Instinct, qui paroit sous la figure d'un Paysan, de les faire venir.

L'INSTINCT.

» Par la ventredienne, que vous feriais bian d'étouffer
» comme un sarpant ce maudit procès-là. Y ruine quantité
» d'honnêtes gens qui ne l'approuviont pas.

L'arrivée de l'Opinion fait fuir l'Instinct :

LA NATURE *à part*.

» Je me propose de ne pas écouter longtemps le stile de
» Madame l'Opinion.

(Air. *Le tems se barbouille.*)

Elle se croit fort gentille,
Avec le jargon qu'elle a.
Par le clinquant elle brille,
Cette précieuse-là.
Son discours tortille tille tille,
Et toujours tortillera.

Ma bonne femme, dit l'Opinion, je viens vous remercier de la paix que vous vous efforcez de rendre aux Sens, qui sont nos sujets communs, car vous n'ignorez pas que je suis la souveraine des goûts & des modes qui subjuguent les quatre parties du monde. La Nature piquée de ce début, & ne pouvant supporter le langage affecté de l'Opinion, la prie de se retirer. *Dès que l'Opinion s'en va, l'Instinct rentre*, dit ce dernier. La Nature lui demande s'il s'est acquité de sa commission. Avons-nous des Poëtes, dit-elle ?

L'INSTINCT.

» J'en ons reluqué de fort loin un ou deux qui s'effor-
» ciant d'arriver, mais y faisant souvent des faux pas.

LA NATURE.

» Je ne m'en étonne point, les Poëtes d'aujourd'hui
» n'attrapent pas aisément la Nature.

L'INSTINCT. (Air. *O reguingué.*)

J'avons vû des Musiciens,
Mais par saint peu.

LA NATURE.

S'ils sont des miens,
Ils ne sont pas Italiens.

L'INSTINCT.

Et queuques faiseux de peintures.

LA NATURE.

Oh ceux-ci suivent la Nature.

» Les Peintres me cherchent tous ; il y en à qui ne me
» trouvent pas, mais il faut leur tenir compte de leurs bon-
» nes intentions.

Scaramouche commis de l'Instinct, annonce l'arrivée des Sens.

LA NATURE.

» Allez, & que ces Dames ne paroissent devant moi que
» dans l'ordre où elles ont paru à l'Académie Royale de Musi-
» que. Je veux suivre son cérémonial, quoique depuis peu le
» bon sens l'ait accusée de ne le consulter jamais.

Leucothoé se présente la premiére.

LA NATURE. (Air. *Quand la Mer rouge.*)

Quelle est votre qualité,
Nommez-vous ma mie.

LEUCOTHOÉ.

Vous voyez Leucothoé
La sœur de Clytie.

Nous fortons d'un noble fang,
Filles d'Orchame le grand,
Roi de Ba, ba, ba,
Roi de Bi, bi, bi,
Roi de lo, lo, lo,
Roi de Ba, Roi de bi, Roi de lo,
Roi de Babylone,

LA NATURE.

Combien en vaut l'aune ?

» Je n'ai jamais vû de nom si pretintaillé.

LEUCOTHOÉ. (AIR. *Comme vla qu'eſt fait.*)

Le brillant Dieu de la lumiere,
Qui dit-on voit tout ici bas,
De ma sœur duement rancuniere,
Puiſqu'il a trahi ſes appas,
Ne voit pas la rage inquiéte.
Apollon ce devin parfait,
Mon apothéoſe projette
Tandis que je meurs en effet.

LA NATURE.

L'habile Dieu, comme vla qu'eſt fait !

LEUCOTHOÉ.

» On a siflé ma mort : la Critique m'a rendu la vie avec
» uſure. A préſent je ſuis Déeſſe de par Apollon.

LA NATURE. (AIR. *La jeune Iſabelle.*)

Vous êtes Déeſſe
De par Apollon :
Il vous fait Princeſſe,
Un très-rare don :
Apollon, ma chere,
Très-décrédité,
Ne donne plus guère
L'immortalité.

(AIR. *L'Horloge du Berger.*)

Vous n'avez pas
Etréné ſur la terre,
De vos appas
Au ſéjour du tonnerre
Portez l'air ennuyeux,
Allez, allez, allez faites bailler les Cieux,

La triste & désolée Laodamie succéde à Leucothoé.

LA NATURE. (Air. *Des pendus.*)

Quelle est cette pleureuse cy ?

LAODAMIE.

Hélas !

LA NATURE.

J'en ai le cœur transi.

LAODAMIE.

Hélas ! je suis Laodamie,
Célébre par ma prudhommie
Ci-devant veuve, hélas ! hélas !
Du pauvre Roi Protesilas.

LA NATURE.

» La douleur vous trouble l'esprit, je ne comprends point
» votre ci-devant veuve.

LAODAMIE.

» Écoutez, & vous le comprendrez.

(Air. *Ton himeur est Cateraine.*)

Protésilas devant Troye
Étoit mort criblé de coups.
L'Enfer bientôt me renvoye
Cet illustre & cher époux,

LA NATURE.

Et c'est lui qui de votre ame
Fait la désolation :
Mais vous ne pleurez, Madame,
Que sa résurrection.

» Ceci est naturel.

LAODAMIE.

» Hélas ! mon petit homme est revenu des bords du Styx
» en si piétre état, qu'il a fait grande pitié à tout le monde.

Nous vous bannissons de la fête, dit la Nature, on n'y veut point de lamentations.

LAODAMIE. (Air. *Je suis la fleur.*)

Dieux ! quel affront ! que faites-vous, barbare ?

R iv

LA NATURE.

Ce que Paris approuvera.

LAODAMIE.

Quoi vous chaffez la Reine de Mégare ?

LA NATURE.

Je me moule sur l'Opéra.

Après un court monologue, la Nature voit paroître Iris, d'un air fort résolu, ce qui l'engage à rabattre cette vanité par quelques traits de critique.

LA NATURE.

» Et quoi belle Iris, suffit-il à l'Amour d'ôter son bandeau
» pour ressembler à Zéphyre ? Et votre méprise n'est-elle pas
» bien fondée, sur ce que tous les deux portent des ailes ?
» c'est comme si on se trompoit entre deux Pages, à cause
» qu'ils auroient chacun un nœud d'épaule, la physionomie
» du souverain des cœurs peut-elle être confondue avec un
» autre ; & vous de Junon l'aimable confidente.

(AIR. *Est-ce que ç'a se demande ?*)

Vous voyez souvent Cupidon,
Son séjour est le vôtre
Parce qu'il n'a pas son brandon
Le prendre pour un autre ?
Avouez-nous,
Que c'est chez vous
Une erreur de commande ?

IRIS.

Allez mon cœur,
C'est à l'Auteur
Que tout çà se demande.

Malgré cela, la Nature l'admet à la fête en faveur de l'Amour chantant, & donne audience à la Reine des Sirénes ; qui essuye des reproches assez vifs sur son étourderie.

LA NATURE. (AIR. *L'autre nuit j'apperçus en songe.*)

Que devient l'adresse d'Ulysse
Ses procédés sont indiscrets.
Vous semblez tous les deux exprès
Vous jetter dans le précipice.

LA SIRÉNE.

Trop heureux qui sçait bien choisir
Les chemins qui vont au plaisir.

LA NATURE.

» Voilà une maxime de Sirene...... allez achever votre role
» à l'Opéra. & vous précipiter dans la mer, c'est ce que
» vous faites de plus sensé, & vous le faites avec grace......
» mais je songe que nous avons besoin d'une bonne chanteu-
» se dans la fête : restez ici, aussi bien vous jetter dans la
» mer, c'est tout de même que si l'on jettoit une carpe dans
» la riviere.

La Nature apperçoit ensuite le premier Amour à qui elle demande lequel doit être préféré, celui qui paroît à l'Opéra, ou celui de la Comédie Françoise :

PREMIER AMOUR.

(AIR. *Deux beaux yeux n'ont qu'à parler.*)

Pour moi j'entens tous les jours
Cent discours
Sur ces deux aimables amours :
Sans me sembler fort téméraire,
Sur leur mérite on ne peut rien régler :
Car l'un n'a qu'à chanter pour plaire,
Et l'autre n'a qu'à parler.

Soit que j'aille au Fauxbourg S. Germain, ajoûte-t'il, soit que j'aille au Palais Royal, j'entens chanter sur les deux routes.

Suivons, suivons l'amour, laissons-nous enchanter.

Mais, dit la Nature, je n'apperçois pas l'Amante du Dieu du vin.

LA NATURE. (Air. *Il faut que je file.*)

Erigone reste en ville:

PREMIER AMOUR.

N'attendez pas son départ:
Cette Princesse tranquille
Ne se montrera que tard;
Car l'Opéra file, file
File sa corde avec art.

Les Sens paroissent ensemble avec leur suite; l'*Odorat* en Bouquetiere, l'*Ouie* avec une trompette parlante, la *Vûe* en Astrologue, le *Goût* en Cuisinier, & le *Toucher* en Arlequin. Ils forment un Divertissement, qui est suivi d'un vaudeville, dont voici un couplet.

Que de biens nous offrent les Sens!
Contr'eux ne prenez point les armes;
Mortels, de vos besoins pressans,
Ils font naître les plus doux charmes.
Que de biens nous offrent les sens!

Extrait Manuscrit.

RECONCILIATION (la) NORMANDE, Comédie en cinq actes & en vers, de M. *Du Fresny*, représentée le Mardi 7 Mars 1719. in 12. Paris, Le Breton & Ribou, & dans le Recueil des Œuvres de l'Auteur. *Hist. du Th. Fr.* année 1719.

RECONCILIATIONS (les) PAR LA PAIX, Pantomime représentée par la Troupe des grands & petits Pantomimes, à la Foire S. Germain, au mois de Mars 1749. *Affiches de Boudet.*

RECONNOISSANCE, (la) c'est le titre d'une Entrée du Ballet des *Amours déguisés*, ajoutée en 1714. à la reprise de cet Opéra, & dans laquelle M. *Fuzelier*, Auteur des paroles, (Musique de M. *Bourgeois*,) avoit traité le sujet d'*Hypsipile* & de *Jason*. Voyez *Amours (les) déguisés*, Ballet.

RECONNUE, (la) Comédie en cinq actes & en vers de huit syllabes, de *Remy Belleau*, représentée en 1564. in-12. Paris, Mamert Patisson, avec les Œuvres de l'Auteur. *Hist. du Th. Fr.* année 1564.

RECRUES (les) DE L'OPÉRA COMIQUE, Prologue de M. *Favart*, représenté le Vendredi 1 Juillet 1740. suivi des *Epoux*, & des *Jeunes Mariés*, piéces en un acte chacune, non imp.

L'Opéra Comique persuadé qu'il doit attribuer le peu de succès de son Spectacle pendant le cours de la Foire S. Germain précédente, au défaut d'Acteurs, fait son possible pour en acquérir. On lui presente d'abord Mlle Emilie, Actrice qui a déja paru au Théatre, & qui a brillé par la beauté de sa voix. Sur la question qu'on lui fait si elle l'a bien conservée, elle chante une chanson, & s'attire de nouveaux applaudissements. Paroit ensuite un amoureux, qui demande à débuter : & enfin les deux Demoiselles Vérité. La cadette craignant de ne pas plaire, veut empêcher sa sœur d'entrer à l'Opéra Comique. M. Grifonnet, Poëte travaillant pour ce Théatre, employe ici son éloquence, & parvient enfin à engager les deux sœurs. L'aînée accepte l'emploi des Soubrettes. Suit un petit divertissement & un vaudeville, où la Dlle Destouches, Actrice de l'Opéra Comique fait un compliment au Public, & lui demande son indulgence, en repréſentant la difficulté de le ſatisfaire.

Couplets du Vaudeville.

Un petit rien
De deux Amans fait l'entretien :
Une fillette
S'amuſe d'une chanſonnette,
Il faut pour plaire en amourette
Un petit rien.

D'un petit rien
L'Amour prépare ſon lien,
Ce petit drôle
D'un rien nous flatte, nous enjolle,
Et le cœur pris, l'honneur s'envole
D'un petit rien.

D'un petit rien
On peut tirer beaucoup de bien,
Dans la Finance,
Commis, un zéro vous avance,
D'où naît votre promte opulence ?
D'un petit rien.

Extrait Manuſcrit.

RÉFORME (la) DU RÉGIMENT DE LA CALOTE, Opéra Comique en un acte de M. de *La Font*, non imp. repréſenté le Mardi 16 Septembre 1721. à la ſuite de la *Décadence de l'Opéra Comique l'ainé*, & du *Jugement de Pan & d'Apollon par Midas*. Ces trois piéces, peu dignes de leur Auteur, contenoient une critique aſſez ennuyeuſe de la Troupe de Franciſque, & des piéces qu'elle repréſentoit. Elles ſont les dernieres que donna Lalauze & ſa Troupe, & elles diſparurent après la troiſiéme repréſentation. *Sans Extrait.*

RÉGIMENT (le) DE LA CALOTE, Opéra Comique d'un acte, de Messieurs *Le Sage*, *Fuzelier* & *d'Orneval*, représenté par la Troupe de Francisque, à la suite des *Funérailles de la Foire*, & de son *Rappel à la vie*, le Lundi 1 Septembre 1721. imp. tome V. du Théatre de la Foire, Paris, Ganeau. Ces piéces eurent un grand succès. On ajoute le petit avertissement que les Auteurs ont joint à l'impression.

« Pour mettre au fait du Régiment de la
» Calote ceux qui n'y sont pas, ils sçauront
» que c'est un Régiment métaphysique inventé
» par quelques esprits badins, qui s'en sont faits
» eux mêmes les principaux Officiers. Ils y en-
» rollent tous les particuliers nobles & roturiers
» qui se distinguent par quelque folie marquée,
» ou quelque trait ridicule. Cet enrollement se
» fait par des brevets en prose ou en vers, qu'on
» a soin de distribuer dans le monde : mais la
» plûpart de ces brevets sont l'ouvrage des Poë-
» tes téméraires, qui de leur propre autorité
» font des levées de gens qui deshonnoreroient
» le corps par leur mérite & leur sagesse, si le
» Commissaire ne les cassoit point aux revûes ».

REGISTRE (le) INUTILE, Opéra Comique en un acte, avec un Prologue, de M. *Panard*, représenté le Mercredi 28 Juin 1741. suivi de la reprise de la *Chercheuse d'Esprit*, non imp.

PROLOGUE.

L'Opéra Comique très-satisfait des applaudissements qu'il a reçus du Public à la Foire derniere, craint que la préfente ne lui foit point auſſi favorable.

  Si l'on m'a bien arrofé,
  C'eſt qu'un Auteur a puiſé
  Dans la bonne *fontaine*.

Ce trait fait allufion à la chercheufe d'Efprit, piéce repréfentée à la Foire S. Germain précédente, & dont le fuccès n'a point été douteux.

Mlles Raymond & Vérité flattent l'Opéra Comique que le public continuera à lui faire vifite. Il me paroit dit la premiére que vous vous trouvez dans des circonſtances heureufes. Effectivement, ajoûte Mlle Vérité, les Comédiens François femblent vous favorifer.

  (AIR. *Du branle de Metz*.)
  Un point qui contr'eux décide,
  C'eſt que depuis quelques mois
   De trois Acteurs (*) à la fois,
  Chez eux il fe trouve un vuide;
  Ils ont (pour vous quel bonheur !)
  Perdu leur appui folide :
  Ils ont (pour nous quel malheur !)
  Perdu le frere & la fœur.

L'Opéra Comique fe prépare à donner pour nouveauté une piéce intitulée le *Regiſtre inutile* : mais ajoûte-t-il, il me manque un Prologue. Quelqu'un vous en fournira, répond Mlle Vérité. Dans le moment le Sieur Rebours arrive avec Mlles Cheret & d'Arimath. L'Opéra Comique reconnoit d'abord la premiere, Ah! c'eſt vous ma bonne amie la petite Tante. L'autre eſt une Actrice qui n'ayant pû fe fixer

---

(*) La retraite des Sieurs Dufrefne & Duchemin & de Mlle Quinault.

au Théatre François vient se réfugier à l'Opera Comique. Pour donner une idée de ses talens, elle chante avec ses deux camarades un vaudeville dont chaque couplet contient une épigramme sur les défauts les plus communs. En voici quelques-uns.

Que nos amans ont d'éloquence,
De jolis mots quelle abondance
Quand ils nous content des douceurs,
Et qu'ils nous vantent leurs ardeurs.
Mais ce que leur bouche répéte,
Du cœur n'est jamais l'interpréte,
Et l'on voit en les éprouvant,
Qu'ils sont tous comme la trompette
Bruyans, légers, & pleins de vent.

Amour, que ta force est extrême,
Tu parles, & dans l'instant même,
Pour une Actrice de quinze ans,
Voilà toute la ville aux champs.
Contre toi la valeur est nulle,
Un Mars, un Achille, un Hercule,
Sitôt que tu te l'es mis-là,
N'est qu'un papillon qui se brule
Aux lumieres de l'Opéra.

O ! que de choses inutiles !
Que d'ornemens, que d'ustensiles
L'homme recherche avidement,
Pour s'en servir très-rarement.
Combien dites-moi je vous prie,
Ont quantité d'argenterie,
De bons écus, de bons louis,
Beaux bijoux, & femme jolie,
Qui sont toûjours *à remous*.

Lorsqu'un soupirant à lunette,
Ose faire la sotte emplette,
D'une fillette de quinze ans,
O ! que l'on rit à ses dépens,

Tout épouseur séxagenaire,
Est regardé dans sa chimere,
Comme un sourd qui court au concert,
Ou comme un manchot qui veut faire,
L'emplette d'un manchon très-cher.

O le plaisant trait de folie,
Et le beau plan de Comédie,
Que nous fournit dans un Caffé
Plus d'un babillard échauffé.
Tandis qu'un Procureur le pille,
Qu'un galant cajolle sa fille,
Et que sa femme est au brelan :
Jusqu'à la nuit il s'égosille,
Sur les exploits de Kouli-kan.

Un Gascon, un Médecin & un Procureur viennent voir l'Opéra Comique : ces scénes épisodiques paroissant suffire pour la durée d'un Prologue, il n'est question que de le terminer par un divertissement. On appelle pour cet effet les jeux badins, qui caractérisés par leurs différens attributs, forment une marche, après laquelle ils exécutent des danses, & le tout est terminé par un second vaudeville, chanté par le Sieur Le Fevre & Mlle Cheret.

Couplets du Vaudeville.

Le Jeu de Cartes.

Un joueur adroit au quadrille
Jamais ne cause & ne babille,
Il cache ses cartes si bien
Que son ennemi n'y voit rien.
Mesdames, c'est sur ce modéle
Qu'il faut prendre un amant fidelle,
Pour nous ce choix est important,
Car c'est du Roi que l'on appelle
Que le succès du Jeu dépend.

Après le *Jeu de l'Oye*, le *Trou Madame* chante.

> Le proverbe est bien véritable,
> Qui dit qu'il n'est rien de durable,
> Le jeu que l'on voit dans ma main,
> Vous en offre un garant certain.
> Je sens dans le fond de mon ame
> Un dépit secret qui m'enflame,
> O ! que j'en veux à nos Français
> De négliger le Trou Madame,
> Qui jadis eut tant de succès.

Viennent ensuite le *Solitaire*, le *Billard* & la *Raquette de Paume*, dont voici le couplet.

> Un jour la noire fourberie
> Dit aux Sergens de Normandie,
> Si vous voulez avoir de quoi,
> Enfans n'ayez ni foi ni loi :
> Soyez durs, sans miséricorde,
> Qu'aucune grace ne s'accorde,
> Un Joueur de Paume excellent
> Pour gagner sçait friser la corde :
> Sergens, c'est-là votre talent.

Le *Petit Palet*, le *Damier* qui chante.

> Que nos plumets seroient aimables
> Si leurs feux étoient plus durables,
> Mais à de nouvelles amours
> Ils nous immolent tous les jours.
> Pour excuser leurs vaines flammes,
> Ils nous disent, ces bonnes ames,
> Que sur l'Echiquier quelquefois,
> On immole jusqu'à trois Dames,
> Quand on peut en attraper trois.

Le Jeu de Boule.

> Vous dont l'ambition maudite,
> Contre un Rival toûjours médite
> Quelque trait noir & clandestin,
> Voulez-vous voir votre destin.
> Certain jeu que la Boule on nomme
> Vous l'apprend, & vous fait voir comme
> Souvent un Joueur très-expert,
> En voulant débusquer son homme,
> Dans le rayon tombe & se perd.

Le Jeu de Quilles est le dernier.

Le Regiſtre inutile.

Le ſujet de cette piéce eſt tiré d'un conte de M. de La Fontaine, intitulé, *On ne s'aviſe jamais de tout.*

M. Orgon, Tuteur & Amant de Julie, la tient renfermée aſſez ſoigneuſement, & pour ſe défendre des ſtratagêmes de ſes Rivaux, il a raſſemblé autant qu'il lui a été poſſible le récit de tous les tours qu'on a joué aux Maris & aux Tuteurs. Il eſt déja à la fin du ſixiéme volume de ce recueil, qu'il envoye à ſon Imprimeur pour le relier. Pendant qu'il eſt ſorti pour faire éxécuter ſes ordres, Valere Amant de Julie, s'eſt introduit dans la maiſon par le moyen de Frontin ſon valet, qui paſſe pour Maître de Muſique de cette Belle. La converſation de ces deux Amans commence à l'ordinaire par des reproches.

JULIE. (AIR. *Que j'eſtime mon cher voiſin.*)
Qu'un Amant plaintif eſt fâcheux !
Quand on lui fait connoître
Que l'on voudroit le rendre heureux,
Ne devroit-il pas l'être ?

Les proteſtations de Julie ne peuvent raſſurer cet Amant, il craint qu'elle ne ſoit obligée de céder aux violences de ſon Tuteur. Pour le contenter, Liſette Suivante de Julie propoſe à Valere de jouer un moment le perſonnage de M. Orgon, & de voir comment ſa Maîtreſſe va lui répondre. Cela s'éxécute : Julie traite le prétendu Tuteur avec tout le mépris & l'averſion poſſible. Orgon ignorant cette feinte, loin de croire que ce discours s'adresse à lui, entend ce dialogue avec des transports de joye : Valere de son côté fort fort content, sçachant de quelle façon Julie pense sur son Tuteur. Dans ce temps Frontin lui apporte une lettre de Chrisante pere de Julie, qui approuve la recherche de ce Cavalier. Il veut instruire Julie de cette heureuse nouvelle, mais la difficulté est de lui faire rendre une lettre. Frontin s'en charge, & de la lui faire lire en présence même d'Orgon. Pour cet effet il se travestit en femme, & passant pour une Couturiere, sœur du Maître à danser, il vient apporter une Robe de chambre à Orgon : en faisant semblant de lui arranger le collet, il attache sur le dos du Tuteur une lettre de Valere très tendre & pressante ; Julie la lit tout haut. Orgon croit que c'est sa pupille qui lui parle : pénétré de son affection, il ne se sent pas de joye. On entend crier dans la rue : *Histoire nouvelle & récréative d'un vieillard amoureux, attrapé par une jeune fille. Histoire nouvelle & divertissante.*

C'est un nouveau tour de Frontin. Orgon court l'acheter, pour la faire transcrire sur son Registre. Pendant ce temps-là Valere vient & se cache sous une table.

SCÉNE XV.

ORGON, JULIE, LISETTE,
VALERE, *caché sous la table.*

ORGON.

« Voilà du nanan, mes enfans, voilà du nanan : donnez-
» nous des chaises, assis-toi Julie : mets-toi ici, Lisette.

(*Il lit.*)

» Hem, hem, de l'attention s'il vous plaît...... Un Officier
» amoureux d'une jeune personne, qui étoit sous la direc-
» tion d'un vieillard, résolu de lui déclarer ses sentimens en
» présence même de son gardien, écrivit à cette belle, &
» ce qu'il y a de plaisant.

(Air. *Attendez-moi sous l'orme.*)

Une femme intrigante
Fort habile en son art,
Mit la lettre galante
Sur le dos du vieillard,
De sorte qu'à son aise
La fillette la lut,
Derriere ce Nicaise,
Sans qu'il s'en apperçut.

» Après cet exploit le jeune galant trouva le moyen de se
» glisser dans la maison de sa Maîtresse, & se cacha sous la
» table. Le bon homme arrive, il s'assied auprès de cette
» table entre la Demoiselle & sa suivante.

(Air. *Que je suis à plaindre.*)

Je vais du tableau vous faire une ébauche:
L'homme étoit dans cet endroit-là;
La Maîtresse à droite, & la fille à gauche,
Dans l'ordre à peu près où nous voilà.

JULIE.

» Cela est plaisant.

LISETTE.

» Ensuite.

ORGON. (Air. *Du bois de Boulogne.*)

Notre Officier dans ce moment,
Leve le tapis doucement,
Pour n'être vû que de sa belle,
Il se met à genoux près d'elle.

LISETTE ET JULIE.

» Ah! ah! ah!

ORGON.

» Qu'avez-vous à rire?

JULIE. (Air. *Non je ne ferai pas.*)

Je ris du soupirant caché sous cette table;

LISETTE.

Moi je ris du Barbon.

ORGON.

Le trait est admirable,
Qu'un Peintre avec plaisir eut peint ce portrait-ci,
Il me semble les voir.

LISETTE.

Moi je les vois aussi.

Orgon achevant de lire l'historiette, raconte ce que le Spectateur voit réellement sur le Théatre, les caresses de l'Amant & de sa Maîtresse, qui se laisse enfin persuader à le suivre. Le tour me paroit drole, dit Julie : mais je ne comprens pas comment le Cavalier n'a point été apperçu du vieillard. Cela est aisé à concevoir, répond Orgon.

ORGON. (AIR. *Jeanneton l'amour lui-même.*)

Supposons qu'une personne
Soit ici pour vos appas,
Faites semblant ma mignone,
De l'entretenir tout bas
De cette place :
Non ma foi, je ne vois pas
Ce qui se passe.

Frontin en Maître de Musique arrive fort à propos pour amuser Orgon, & donner le temps à son Maître de s'esquiver. Pendant qu'il donne une leçon à Julie, Mathurine cuisiniere du Tuteur, vient lui demander de l'argent pour la dépense, Orgon se met en colere, & sort un moment pour régler ses comptes : continuez, dit il au Musicien, je vous entendrai de mon cabinet. Valere profite de cet instant d'absence pour emmener Julie ; Frontin contrefaisant la voix de cette derniere, paroit lui donner sa leçon. Orgon de retour le voyant seul, demande où est sa pupille : elle est, Monsieur, répond Frontin, dans un endroit où je serai dans un moment. Lisette & Mathurine lui font une réponse à peu près semblable. Griffardin son Sécretaire achéve de le déconcerter, en lui apportant son regiltre : écrivez Monsieur, l'histoire est mémorable & digne du grand jour. Orgon au désespoir, veut avoir raison du tour qu'on lui joue, mais une troupe de Masques l'empêche de sortir, & forme un divertissement qui est terminé par un Vaudeville.

Auprès d'une jeune personne
Rubans, bijoux, cadeaux & cætera,
Sont une recette très-bonne,
Mettez-les sur votre agenda.
Vous qui croyez qu'à vos fleurettes
Fillette gratis se rendra,
Rayez cela
De vos tablettes.

Extrait Manuscrit.

REGNARD, (Jean-François) né à Paris en 1656. mort à sa terre de Grillon, située près de Dourdan, le Jeudi 5 Septembre 1710. âgé de 54 ans, fort regretté de ses amis, des gens de lettres, & particuliérement des Amateurs de la scène Françoise, qui lui sont redevables des piéces suivantes.

Ordre chronologique des Comédies de M. Regnard au Théatre François.

LA SERÉNADE, Comédie en prose & en un acte, suivie d'un divertissement, 1694.

ATTENDEZ-MOI SOUS L'ORME, Comédie en un acte & en profe, fuivie d'un divertiffement, 1694. (Quoique cette piéce foit comprife dans les Œuvres de Théatre de M. Regnard, on croit avoir des preuves qu'elle eft de M. du Frefny.)

LE BOURGEOIS DE FALAISE, *ou* LE BAL, Comédie en un acte & en vers, fuivie d'un divertiffement, 1696.

LE JOUEUR, Comédie en cinq actes & en vers, 1696.

LE DISTRAIT, Comédie en cinq actes & en vers, 1697.

DÉMOCRITE, Comédie en cinq actes & en vers, 1700.

LE RETOUR IMPRÉVÛ, Comédie en un acte & en profe, 1700.

LES FOLIES AMOUREUSES, Comédie en trois actes & en vers, précédée d'un prologue en vers libres, & fuivie du *Mariage de la Folie*, divertiffement en un acte & en vers libres, 1704.

LES MENECHMES, Comédie en cinq actes en vers, précédée d'un Prologue en vers libres, 1705.

LE LÉGATAIRE UNIVERSEL, Comédie en cinq actes & en vers, 1708.

LA CRITIQUE DU LÉGATAIRE, Comédie en un acte en profe, 1708.

Hift. du Th. Franç. année 1705.

REGNAULT, Auteur dramatique a donné au Théatre François.

MARIE STUARD REINE D'ÉCOSSE, Tragédie, 1639.

BLANCHE DE BOURBON REINE D'ESPAGNE, Tragédie, 1641.
Hist. du Th. Fr. année 1641.

RÉGULUS, Tragédie de *Jean de Beaubrueil*, in-8°. Limoges, Barbou, 1582. *Hist. du Théatre François, année 1582.*

RÉGULUS, Tragédie de M. *Pradon*, représentée le Dimanche 4 Janvier 1688. in 12. Paris, Ribou, 1700. & dans le Recueil des Œuvres de l'Auteur. *Histoire du Théatre Fr. année* 1688.

REINE (la) DES PÉRIS, Comédie Persane en cinq actes, avec un Prologue, par M. *Fuzelier*, Musique de M. *Aubert*, représentée par l'Académie Royale de Musique, le Mardi 10 Avril 1725. in-4°. Paris, Ribou, & tome XIII. du Recueil général des Opéra. *Extrait, Mercure de France, Avril* 1725. pages 787 *& suivantes.*

ACTEURS DU PROLOGUE.

Amphitrite.	Mlle Lambert.
L'Euphrate.	Le Sieur Tribou.
La Seine.	Mlle Dun.
Une Fontaine.	Mlle Souris L.

BALLET.

Suite de *Neptune*.	Le Sieur Laval.

Les Sieurs Dangeville, La Motte, Pierret & Tabary.
Mlle Menès.
Mlles Duval, Rey, Le Maire & Thibert.

ACTEURS DE LA COMÉDIE.

La Reine des Péris.	Mlle Antier.
Sélina Peri confidente.	Mlle Eremans.
Fatime, Princesse de Syrie.	Mlle Lambert.
Nouredin, Caliphe d'Egypte.	Le Sieur Thévenard.

Aly,

Aly, Prince Arabe. Le Sieur Murayre.
Le Chef des Matelots. Le Sieur Dun.
Une Matelotte, une
 Chaffeuse. Mlle Minier.
Une Bergére. La même.
Une Peri. Mlle Dun.

ACTEURS DU BALLET.

ACTE I. *Fête Marine.* Les Sieurs F. & P. Dumoulin, Laval & Maltaire C.
Mlle Prevoft.
Mlles La Ferriere, Thibert, De Lifle C. & Binet.
ACTE II. *Chaffeurs Indiens.* Le Sieur D. Dumoulin.
Les Sieurs Dumoulin L. F. Dumoulin, Myon, P. Dumoulin, Dangeville & Maltaire.
ACTE III. *Bergers & Bergéres.* Les Sieurs Dumoulin L.
Pierret, Dangeville, Duval, La Motte & Maltaire L.
Les Sieurs F. & P. Dumoulin.
Mlles Menès & De Lifle L.
Mlles Duval, Le Maire, La Ferriere, Petit, Thibert & Binet.
ACTE IV. *L'Inconftance.* Mlle Prevoft.
Zéphyre. Le Sieur D. Dumoulin.
Les Sieurs Laval, Myon & Maltaire C.
Mlles Rey, Petit & Binet.
ACTE V. *Suite de la Reine des Peris.*
Mlles De Lifle L. Rey, La Ferriere, De Lifle C. Petit & Binet.
Arabes. Le Sieur Blondy.
Les Sieurs Dumoulin L. Myon, Maltaire L. Duval, Javillier & Pierret.
Les Sieurs Laval & Maltaire C.

Cet Opéra n'a pas été repris.

REINE (la) DU BAROSTAN, Opéra Comique en un acte, de Meffieurs *Le Sage* & d'*Orneval*, repréfenté le Vendredi 18 Février 1729. accompagné des *Couplets en procés*, reprife à la Foire S. Laurent 1734. & depuis.

Cette piéce a eu affez de fuccès : elle eft imprimée tome VII. du Théatre de la Foire.

REINE (la) DU MONOMOTAPA, Piéce en un acte de M. *Fuzelier*, repréfentée au Théatre de l'Opéra Comique de la Dame de Baune, vers la fin de Février 1718. précédée des *Animaux raifonnables*, non imp. & fans Extrait.

« Le Spectacle de la Dame de Baune fut en-
» tiérement renouvellé par deux piéces d'un
» acte chacune, intitulées *La Reine du Mono-*
» *motapa*, & *Les Animaux raifonnables*, tou-
» tes deux également nouvelles, mais d'un goût
» & d'un ftyle tout différent, car l'un étoit auffi
» vif, auffi léger & auffi délicat que l'autre étoit
» froid, pefant & groffier. *La Reine du Mono-*
» *motapa* n'étoit, à proprement parler, qu'une
» farce digne de la parade, & remplie de ter-
» mes de marine, employés fans goût, fans
» choix & à contre tems, &c. » *Lettre I. fur les Foires de S. Germain & S. Laurent dermé- res*, 1718. par M. de Charny.

RÉJOUISSANCES (les) DE LA PAIX, *ou l'*HOMMAGE DÛ, Ballet héroï-comique, exécuté par les grands & petits Comédiens pantomimes, à la Foire S. Germain, le Dimanche 9 Février 1749. *Affiches de Boudet*.

RÉJOUISSANCES (les) PUBLIQUES, *ou* LE GRATIS, Comédie Françoife en un acte & en profe, avec un divertiffement, non imp. repréfentée le Dimanche 18 Septembre 1729. précédée du *Légataire*, *Hiftoire du Th. Franç*. année 1729.

RÉJOUISSANCES (les) PUBLIQUES, Ambigu comique en un acte, de M. *Favart*, repréfenté au Théatre de l'Opéra Comique, fuivi du Ballet Pantomime d'*Arlequin Peintre &*

Musicien, le Samedi 19 Septembre 1739. non imp.

Ce divertissement fut composé à l'occasion du Mariage de Madame Elisabeth de France, avec l'Infant d'Espagne Dom Philippe.

Le fond du sujet ressemble beaucoup au Pourceaugnac de M. Moliere, mais on va juger que les détails en sont bien différens.

Arlequin fils d'un Marchand Anglois, a pris en débarquant en France le nom de Milord Breloque. Il vient épouser Angélique, niéce d'Araminte, & pupille de M. Cacarelle Apotiquaire. Clitandre amant aimé d'Angélique, engage Frontin & l'Eveillé ses deux valets, à rompre cette union. Pour cet effet, l'Eveillé contrefait le Normand, & se disant nouvellement arrivé de Falaise, & filleul de Cacarelle, il sçait si bien gagner sa confiance, que profitant d'une étincelle d'amour qu'il voit que ce Tuteur a pour sa pupille, il lui conseille de l'enlever, & s'offre à lui en fournir de surs moyens. Araminte de son côté occupée des fêtes publiques, prend le prétexte de les faire voir à sa niéce. On attend Milord Breloque, qui arrive enfin. Frontin en habit étranger, & affectant un jargon à peu près Italien, se trouve à la rencontre de la Compagnie. Il fait porter avec lui une paire de grandes balances, pour peser les personnes qui veulent avoir cette satisfaction. Araminte & le Milord souhaitent d'en faire l'essai : tandis qu'ils sont élevés en l'air, Clitandre fait son possible pour déterminer Angélique à le suivre, mais inutilement : Araminte s'apperçoit de la fourberie, & Arlequin

S ij

sautant en bas, poursuit Frontin qui s'enfuit. La compagnie veut passer l'eau: deux Bateliers se présentent, ce sont Clitandre & Léveillé déguisés. Ce dernier fait semblant de connoître le Milord.

L'ÉVEILLÉ à *Clitandre.*

« Ote-toi de là, drole de chien. Monsieur est not prati-
» que. (*L'Eveillé pousse Clitandre qui s'approche d'Angélique*
& cause avec elle.) » Vous vla not Bourgeois, vous vou-
» lais bian que j'ayons la valiscence de vous saluyer. Je vous
» connoissons bian sur vot respect.

(AIR. *Ce sont les filles de la Chapelle.*)

A Charenton ne vous déplaise,
Je vous menis le mois dernier,
Pour prendre le vin à vot aise
Avec la femme d'un Greffier.

ARAMINTE.

» Que veut-il dire, Monsieur?

ARLEQUIN.

» Ce coquin-là se trompe, Madame.

L'ÉVEILLÉ.

» Oh que nenny. N'êtes-vous pas Monsieur Milord Birlo-
» que; c'est encore nous qui avons eu l'honneur & la com-
» pétence de vous mener pourmener l'autre jour pendant la
» nuit sur l'iau dans nos Bachots couverts, avec Mlle Stila,
» que vous appellez comme çà Mlle Sautrillet, qui danse
» dans les cœurs de l'Opéra. C'est une dessalée bien réjouis-
» sante, n'est-il pas vrai not Bourgeois.

ARAMINTE.

» Voilà de jolies nouvelles !

ARLEQUIN.

Pendart si tu me fais mettre après toi.

L'ÉVEILLÉ.

» Ne craignais rian, je sommes discrets.

(AIR. *Mon bel ami s'en est allé.*)

Je n'ons garde de vous fâcher,
Rassurez-vous sur ma prudence :
Un Marinier comme un Cocher,
Est fait pour garder le silence.

Araminte trouvant Clitandre plus poli & plus raisonnable, entre dans son bateau : l'Eveillé feint de vouloir battre Clitandre, Arlequin veut les séparer, & reçoit les coups : il veut frapper l'Eveillé, qui le jette dans l'eau. Clitandre s'éloigne avec son bateau, & l'Eveillé fuit avec le sien.

Arlequin sortant de l'eau après ses lazzis, ne voit plus qu'un yvrogne : c'est Frontin qui joue ce role, & qui engage Arlequin à boire à la santé du Roi, de la Reine, de Monseigneur le Dauphin & de toute la Famille Royale. Le Milord à moitié yvre, va heurter un Danseur qui passe & se laisse tomber : Ouf, dit-il en se relevant, tu es bien heureux de ce que je n'ai pas le temps de te rosser. Dans le moment il se voit environné du feu d'une fusée qui tombe à côté de lui. Au feu, au feu, s'écrie-t il. L'Eveillé en Harangere accourt au bruit.

L'ÉVEILLÉ *éloignant le feu.*

» Ah ! bon Dieu, le pauvre cher homme, le vla tout en
» feu. Pardi je venons-là comme Mar en Carême.

ARLEQUIN.

» Ces coquins d'Artificiers m'ont pris pour un pétard,
» ma pauvre Madame..... Sans vous j'aurois été grillé com-
» me un boudin. Que je vous ai d'obligation, je voudrois
» la reconnoître.

L'ÉVEILLÉ.

» Pis que vous avez ste bonne volonté-là, je vous pre-
» nons pour mon Chevalier, votre philomie me revient. Je

» fommes Madame Barbillon, la put ancienne des Députés
» de la Halle des harangues t'a Versailles. Vous serez mon
» meneux, on vous recevra bien, vantez vous-en. Et la
» darniere fois que j'y allât, un garçon limonier m'apporta
» une bouteille d'iau des barbares, avec une bouteille de vin
» de rigueur, que je buvis tout d'une retraite à la fanté du
» Roi. Dame, pour rescompondre à tout çà, je fons les
» premieres t'a donner des fignifiances de not amiquié, al-
» lons donc, çà que je vous boute la cocarde.

Sur la réfiftance d'Arlequin, la prétendue Harangere fe met en colere.

L'ÉVEILLÉ.

» Comment jour de Dieu ! refufer Madame Barbillon !
Elle le frappe.

ARLEQUIN.

» Comment, comment donc...... la carogne, je fuis tout
» moulu. Allons malgré cela reprendre nos Dames pour les
» conduire au Bal.

Frontin fous les habits d'une vieille, entre en faifant des cris douloureux : Qu'avez vous ma bonne, lui dit Arlequin.

FRONTIN.

» Ha ! fripon de Cacarelle.

ARLEQUIN.

» Cacarelle ! Monfieur Cacarelle l'Apotiquaire ?

FRONTIN.

» C'est mon perfide..... apprenez la mauvaife foi de ce
» petit mievre : il me recherche en mariage depuis long-
» temps..... & me quitte pour fa pupille.

ARLEQUIN.

» Pour fa pupille !

FRONTIN.

» La petite fille s'entend avec lui pour tromper un certain
» Milord..... Tantôt au Bal Cacarelle doit enlever Angéli-
» que...... Elle fera déguifée en Amour, avec la perruque &

» le rabat de fon Tuteur. C'eft le déguifement dont ils font
» convenus.

ARLEQUIN.

» Quelle trahifon ! c'eft moi qui fuis le Milord.

FRONTIN.

» Eft-il poffible ? l'heureufe rencontre ! croyez-moi mon
» fils, uniffons-nous, prévenez votre Rival : enlevez vous-
» même Angélique.

Arlequin reçoit avec joye la propofition & part avec Frontin pour fe déguifer. Pendant qu'il va fe traveftir, l'Eveillé rend compte à Clitandre qu'il a perfuadé le Tuteur de fe traveftir en Amour pour enlever Angélique, Clitandre fe retire : auffitôt paroiffent Cacarelle en Amour, & Arlequin couvert d'un Domino, avec un mafque différent du fien. Le premier eft accompagné de l'Eveillé, qui continue fon perfonnage de Normand, & l'autre de Frontin en vieille. Après le fignal convenu, Cacarelle & Arlequin font plufieurs geftes comiques, & fans ofer fe parler, ils fe donnent la main, fortans miftérieufement & fort à propos, car Araminte revient avec Angélique. Une troupe de mafques la prient de danfer: cela ne fe refufe pas, dit-elle : ils forment tous une danfe, & tandis qu'Araminte a le dos tourné du côté d'Angélique, Frontin & l'Eveillé font prendre un nouveau Domino & un Mafque différent à cette derniere. Araminte inquiéte de ne la plus voir, demande où eft fa niéce. Frontin lui dit qu'un Mafque grotefquement habillé en amour l'emméne d'un tel côté ; Araminte court après. A peine a-t-elle quitté la fcéne, que Clitandre & Angélique s'efquivent. Cacarelle & Arlequin

S iv

travestis, se tenant toujours par la main, & chacun d'eux croyant parler à Angélique, se viennent sur le Théatre. Cacarelle rompt le silence le premier, & contrefaisant sa voix; Vous ne dites mot, mon petit cœur, dit-il.

ARLEQUIN *contrefaisant aussi sa voix.*

» Ni vous non plus, mon petit poulet.

CACARELLE.

» Donnez-moi cette main charmante, que je la baise,
» mon petit chaton.

ARLEQUIN.

» Donnez-moi la vôtre, mon petit raton. Ah quel plaisir
» (*bas.*) la Masque.

CACARELLE.

» Ah ! quelle volupté ? (*bas*) l'effrontée. (*haut.*) Qu'un
» baiser soit le sceau de notre union, petit bijou.

ARLEQUIN.

» De tout mon cœur, petit Loulou.

Ils s'embrassent comiquement.

ARAMINTE.

» Ah ? fripon de ravisseur, je te tiens, où est Angélique,
» réponds que je ne t'étrangle.

CACARELLE.

» Doucement...... la voilà, j'aime mieux la rendre que
» d'être étranglé ».

Arlequin & Cacarelle se démasquent : les deux valets, loin de cacher la fourberie, s'en avouent les Auteurs : mais comme la chose est faite, on veut bien tout oublier, pour ne pas troubler ce jour de réjouissances.

Extrait Manuscrit.

RÉJOUISSANCES (les) PUBLIQUES, ou LE RETOUR DE LA PAIX, piéce en vaudevilles, représentée par les Comédiens praticiens, (Marionnettes de *Le Vasseur*,) à la Foire Saint Germain, le Mardi 18 Février 1749. *Affiches de Boudet.*

RÉMOULEUR (le) D'AMOUR, Piéce en un acte de Messieurs *Le Sage*, *Fuzelier* & *d'Orneval*, représentée au Jeu des Marionnettes de La Place, au mois de Février 1723. précédée de l'*Ombre du Cocher Poëte*, Prologue, & suivie de *Pierrot Romulus*, Parodie en un acte de la Tragédie de *Romulus*. Ces trois piéces, dont la derniére sur-tout eut un succès prodigieux, sont imp. tome V. du Théatre de la Foire.

REMY, (N.......) Greffier à l'Hôtel de ville de Paris, camarade & intime ami du Sieur Chaillot, a composé avec lui plusieurs ouvrages pour le Théatre de la Foire ; ces piéces n'ont jamais été imprimées, & l'on en ignore même les noms, à la réserve d'*Arlequin Empereur dans la Lune*, représenté en 1712.

RENAUD, Acteur Pantomime, joua chez Maurice en 1698. & fut chargé du role d'Arlequin dans les piéces tirées de l'ancien Théatre Italien. Il n'a paru que pendant le cours de deux Foires. Etant allé en Province avec une troupe de Comédiens, une nuit il se leva de son lit, & tout endormi qu'il étoit, il ouvrit une fenêtre, & se précipita dans la rue où il se tua. *Mémoires sur les Spectacles de la Foire*, Paris, Briasson, 1743. Tome I. p. 12.

RENAUD DE MONTAUBAN, ou LE

S v

SUJET FIDELLE, ou (*l'Honnorata pauverta*,) Canevas Italien en trois actes, représenté une seule fois le Mardi 6 Avril 1717. Cette piéce est tirée de la Tragi comédie Espagnole de *Lopés de Véga*, intitulée *Las probeças de Reynaldos*.

ACTEURS.

CHARLEMAGNE, *Empereur d'Occident.*
ROLAND *son neveu, un des douze Paladins.*
GANELON, *Duc de Mayence, autre Paladin.*
FLORANTE, *frere de Ganelon.*
RENAUD, *Seigneur de Montauban, Paladin.*
CLARICE, *sa femme.*
DÉLIO, *son fils.*
MAUGIS, *cousin de Renaud.*
ARLEQUIN, *valet de Renaud.*
PANTALON, *Marchand étranger.*
LE ROI DE MAROC.
ARMELINDE, *fille du Roi de Maroc.*
UN AMBASSADEUR SARRASIN.

La scéne est en Aquitaine, aux environs du Château de Montauban.

« Cette piéce de Théatre n'a aucun fondement historique ; le sujet est tiré de l'ancien Roman des faits & gestes de Charlemagne & des douze Pairs de France, qui a confondu ce Prince avec Charles Martel son grandpere. C'est dans cette source que le Boyard & l'Arioste ont puisé la matiere des Poëmes Italiens de l'*Orlando innamorato*, & de l'*Orlando furioso*. On suppose donc ici, après le

„ Roman, que Charles, Prince foible & soup-
„ çonneux, ayant donné sa confiance à *Gane*
„ ou *Ganelon*, Duc de Mayence, celui-ci qui
„ haïssoit mortellement Renaud, Seigneur de
„ Montauban, proche parent de l'Empereur,
„ & l'un des plus braves Paladins, trouva moyen
„ de perdre son ennemi dans l'esprit de Charles,
„ par les calomnies qu'il inventa contre lui.
„ Renaud fut contraint d'abandonner la cour,
„ pour se retirer dans ses terres. L'Empereur
„ poussé par les conseils du traître Ganelon, y
„ fut porter la guerre, & réduisit bientôt Re-
„ naud au Château de Montauban, dans lequel
„ il le bloqua; cette place étant très forte & trop
„ bien défendue pour entreprendre de la forcer,
„ comme le Roman a été écrit dans un temps
„ où le Droit féodal permettoit aux Seigneurs
„ particuliers de se défendre à main armée, &
„ même d'attaquer leur Souverain, lorsqu'il
„ refusoit de leur rendre justice, l'Auteur a sup-
„ posé que ce droit étoit suivi dès le temps de
„ Charlemagne, & que par consequent Re-
„ naud avoit pû faire la guerre à ce Prince sans
„ manquer à la fidélité qu'il avoit jurée. Cette
„ guerre duroit depuis plusieurs années ; mais
„ enfin Renaud ayant perdu tous ses soldats
„ dans différentes sorties, n'avoit plus avec lui
„ que Clarice sa femme, son fils Délio, Mau-
„ gis l'enchanteur son cousin, & Arlequin valet
„ fidèle, que les malheurs de son maître n'a-
„ voient pû porter à l'abandonner. Les vivres
„ manquoient absolument dans Montauban, &
„ Renaud s'étoit vû réduit à l'extrémité de tuer
„ son cheval Bayard, ce coursier si fameux dans

» les Romans, pour se nourrir & prolonger la
» vie des personnes qui étoient enfermées avec
» lui. Cependant le Roi de Maroc étant venu
» en France avec une armée formidable, s'avan-
» çoit à grandes journées vers le camp de Char-
» les, qui étoit occupé au blocus de Montauban.

» C'est dans ce temps que commence l'action
» de la piéce. Armelinde Princesse de Maroc,
» tombe par un accident entre les mains de Re-
» naud, qui la garde pour la rendre au Roi son
» pere. Charles marche au-devant des Maures
» pour les combattre. Florante frere cadet de
» Ganelon, abandonne la banniere Royale que
» Charles lui avoit confiée, & prend honteu-
» sement la fuite. Sa lâcheté met le désordre
» dans l'armée Chrétienne, qui fuit devant les
» Sarrasins. Renaud qui rencontre Florante,
» lui ôte la banniere Royale, le dépouille des
» marques de sa dignité, & s'en revêtant lui-
» même, il se jette au milieu de l'armée Fran-
» çoise, rallie les Troupes qui fuyoient, leur
» fait tourner tête, les raméne au combat, &
» cause ainsi lui seul le gain de la bataille. Il
» fait le Roi de Maroc prisonnier, & ne se
» croyant pas dégagé de ce qu'il doit à sa patrie
» par l'injustice de son Souverain, il exige du
» Roi des Maures, pour prix de la liberté qu'il
» lui rend, ainsi qu'à la Princesse sa fille, qu'il
» sortira de France avec ses troupes, & qu'il
» fera une tréve de dix années avec Charlema-
» gne. Il exige aussi de lui qu'il ne le découvrira
» pas à ce Prince, parce qu'il n'a eu que la vûe
» de servir sa patrie, & point du tout celle
» d'appaiser son injuste courroux.

R E

» Cependant l'Empereur ne doute pas que
» Florante ne soit le Cavalier dont la valeur a
» procuré la victoire aux Chrétiens. Ganelon
» trouve le moyen de lui persuader que Renaud
» est d'intelligence avec les Maures, & qu'il
» les a appellés en France ; ainsi il se détermine
» à le dégrader du rang de Paladin, & à confé-
» rer cette dignité à Florante. Les Ambassadeurs
» du Roi de Maroc arrivent pendant cette céré-
» monie, pour demander à Charles une entre-
» vûe avec le Roi leur Maître. La Princesse
» Armelinde qui est venue déguisée avec l'Am-
» bassadeur, pour chercher l'occasion de rendre
» service à Renaud, dont la vertu l'a charmée,
» ne peut, sans s'émouvoir, entendre traiter ce
» Paladin de traître & de lâche. Elle prend son
» parti contre Florante, ce qui sert à persuader
» encore davantage l'Empereur que Renaud en-
» tretient des liaisons criminelles avec les Sar-
» rasins, ainsi il donne ordre à Ganelon d'aller
» se saisir de lui, avant qu'il ait eû le loisir de
» fortifier son Château par le secours des infi-
» delles. Après le départ de Ganelon, Renaud
» entre déguisé dans le Camp, & même dans la
» tente de Charles : il le surprend endormi, &
» se trouve en état de lui ôter la vie, mais il
» se contente d'emporter une chaîne qu'il a au
» col. Lorsque le Paladin retourne à Montau-
» ban, il rencontre Ganelon, qui s'étant rendu
» Maître du Château, emméne Clarice & Délio
» prisonniers. Il l'attaque ; le lâche Ganelon
» prend la fuite, & Renaud délivre sa femme
» & son fils. Mais le Duc de Mayence ayant
» recours à la trahison, plus conforme à son

» caractere que la violence ouverte, se rend
» bientôt après Maître de la personne de Re-
» naud, & le conduit à Charles. Ce Prince
» n'écoutant que son emportement & les con-
» seils du perfide Ganelon, veut faire périr
» Renaud dans un supplice honteux, avant
» même que son procès ait été instruit. Mais
» Maugis tire par adresse son cousin de prison,
» & l'armée Françoise instruite de la résolution
» de Charles, se mutine, & demande que Re-
» naud soit jugé par les autres Paladins, en
» présence des Seigneurs & de toute l'armée,
» ainsi que l'ordonnent les Loix de la Nation
» Françoise. Charles est contraint de céder à ces
» instances, & de promettre qu'il ne donnera
» point d'atteinte aux loix. Comme il est per-
» suadé que Renaud est coupable, & qu'il sera
» trouvé tel par ses Juges, il ordonne pour
» augmenter sa confusion, que son procès soit
» instruit en présence du Roi de Maroc, qui
» doit venir dans le Camp des François, pour
» jurer la tréve avec Charles. Dans le moment
» que ce Prince est arrivé, Renaud vient se re-
» mettre volontairement entre les mains de
» l'Empereur. Ses accusateurs destitués de preu-
» ves sont confondus, leurs calomnies se décou-
» vrent, & les efforts qu'ils ont fait pour noir-
» cir sa vertu, ne servent qu'à la mettre dans
» un plus grand jour. Charlemagne reconnois-
» sant enfin son injustice & l'innocence de
» Renaud, lui rend ses emplois & ses dignités,
» & bannit ses accusateurs ». *Sujet imprimé.*

RENAUD ET ARMIDE, Comédie en un acte
& en prose, de *M. Dancourt*, représentée à

la suite de la Tragédie de *Mithridate*, le Mercredi 31 Juillet 1686. in-12. Paris, Guillain, 1697. & dans le Recueil des Œuvres de M. Dancourt. *Hist. du Th. Fr. année 1686.*

RENAUD, Tragédie lyrique en cinq actes avec un Prologue, de M. l'Abbé *Pellegrin*, sous le nom du Chevalier son frere, Musique de M. *Desmarets*, représentée par l'Académie Royale de Musique, le Jeudi 5 Mars 1722. in-4°. Paris, Ribou, & tome XIII. du Recueil général des Opéra. *Extrait, Mercure de France, Mars 1722.* pag. 98. *& suivantes.*

ACTEURS DU PROLOGUE.

Minerve.	Mlle Eremans.
Vénus.	Mlle Tulou.
Jupiter.	Le Sieur Le Mire C.
Une Guerriere.	Mlle Antier C.
Une Suivante de Vénus.	Mlle Person.

BALLET. Graces.

Mlles Dupré, De Lisle & Antier.
Plaisirs.   Le Sieur Dupré.
Le Sieur Marcel L. & Mlle Menès.
Les Sieurs Pierret & Myon.
Mlles Le Maire & Le Roy.
Jeux.   Les Sieurs Dangeville & Guyot.
Mlles Mangot & Roland.

ACTEURS DE LA TRAGE'DIE.

Armide, Princesse de Damas.	Mlle Antier.
Adraste, Roi des Indiens.	Le Sieur Thévenard.
Renaud, Prince croisé.	Le Sieur Tribou.
Hidraot, Roi de Damas.	Le Sieur Dubourg.
Mélisse, confidente d'Armide	Mlle Le Maure.
Idas, confident de Renaud.	Le Sieur Dun.
Un Roi tributaire.	Le Sieur Le Mire.
Autre Roi tributaire.	Le Sieur Chassé.

Arcas, confident d'Adraste.	Le Sieur Grenet.
Une Bergere.	Mlle Eremans.
Un habitant d'Ascalon.	Le Sieur Dautrep.
Une Matelotte.	Mlle Minier.
Un Berger.	Le Sieur Dun.

ACTEURS DU BALLET.

ACTE I.   Bergers & Bergéres.
Le Sieur Dumoulin & Mlle Prevost.
Les Sieurs Deshayes, Javillier,
Maltaire & Guyot.
Mlles Le Maire, Le Roy, Mangot & Haran.
Pastres & Pastourelles. Le Sieur F. Dumoulin.
Les Sieurs P. Dumoulin, Dangeville & Laval.
Mlles La Ferriere, Duval & Antier.

ACTE II. Matelots & Matelottes.   Mlle Prevost.
Les Sieurs P. Dumoulin, Maltaire,
Deshayes & Myon.
Mlles Le Maire, Duval, Antier & De Lisle.

ACTE III. Peuples d'Ascalon.   Le Sieur D. Dumoulin.
Les Sieurs Dumoulin L. Myon,
Deshayes & Pierret.
Mlles Dupré, Duval, Antier & De Lisle.
Sarrasins.
Les Sieurs Blondy, Marcel L. & Dupré.

ACTE IV. Démons.   Le Sieur Dupré.
Les Sieurs P. Dumoulin, Myon, Laval,
Deshayes, Dangeville, Duval,
Javillier & Marcel.

ACTE V. Génies transformés.   Le Sieur Blondy.
Les Sieurs Dumoulin L. Myon, Pierret,
Deshayes & Maltaire.
Mlle Guyot.
Mlles La Ferriere, Dupré, Duval,
Antier & De Lisle.

Cet Opéra n'a pas été remis au Théatre.

RENCONTRE, (la) Comédie d'Etienne Jodelle. Voyez *Eugéne*.

RENCONTRE (la) IMPRÉVÛE, Comédie en trois actes & en prose de M. *Laffichard*, représentée le Vendredi 14. Octobre 1735. suivie de l'*Amant Comédien*, ou les *Déplacés*, piece du même Auteur. *Hiſtoire du Théatre Franç.* année 1735.

RENDEZ-VOUS, (le) Comédie en un acte d'un Auteur *Anonyme*, non imp. repréſentée à la ſuite de la Tragédie d'*Othon*, le Vendredi 7 Mai 1683. *Hiſt. du Th. Franç.* année 1683.

RENDEZ-VOUS (le) Comédie en un acte & en vers, de M. *Fagan*, repréſentée à la ſuite de la Tragédie d'*Horace*, le Mercredi 27 Mai 1733. imp. la même année, Paris, Chaubert, in 8°. *Hiſtoire du Théatre François*, année 1733.

RENDEZ-VOUS (le) DES THUILLERIES, ou LE COQUET TROMPÉ, Comédie en trois actes & en proſe, avec un Prologue auſſi en proſe, de M. *Baron*, repréſentée le Samedi 3 Mars 1685. in 12 Paris, Guillain, 1686. & dans le Recueil des Œuvres de l'Auteur. *Hiſt. du Th. Fr.* année 1685.

RENDEZ VOUS (le) CHAMPÊTRE, Ballet Pantomime donné au Théatre de l'Opéra Comique, à l'ouverture de la Foire S. Germain, le Mercredi 3 Février 1740. à la ſuite du *Fleuve Scamandre*, & de la premiére repréſentation des *Fols volontaires*. Boudet, qui avoit compoſé les pas de ce Ballet, y danſa avec ſon épouſe & ſon fils, avec beaucoup d'applaudiſſement.

RENDEZ VOUS (les) NOCTURNES, Ballet Pantomime de la compoſition de M. *Riccoboni* le fils, éxécuté ſur le Théatre Italien le Samedi 28 Mai 1740. Ce Ballet fut précédé des *Ombres parlantes*, Comédie en un acte, de M. *Romagneſi.* Voyez *Ombres* (les) parlantes.

REPAS (le) ALLÉGORIQUE, ou LA GAUDRIOLLE, Opéra Comique en un acte, avec un Prologue, de M. *Panard*, repréſenté le Mardi 30 Juin 1739. remis au Théatre le Samedi 3 Février 1742. non imp.

PROLOGUE.

Deux Auteurs ont préſenté un Prologue pour le Spectacle de l'Opéra Comique. Chacun d'eux veut obliger Mlle De Liſle qui parle au nom de ſa Troupe, de jouer ſa piéce par préférence : ſur les difficultés que l'Actrice leur fait de pouvoir jouer deux Prologues le même jour, ils reprennent leur ouvrage. Dans le moment qu'ils ſont prêts à ſortir, un Acteur vient avertir Mlle De Liſle que l'Auteur de la piéce qu'on alloit repréſenter l'a retirée : Mlle De Liſle ne trouve pas de meilleur expédient pour ſuppléer à ce défaut, que de rappeller les Auteurs des deux Prologues : elle reprend leurs ouvrages, en les aſſurant qu'ils feront ſatisfaits, puiſqu'ils vont être joués tous les deux dès ce ſoir même, elle ajoûte qu'elle eſpere que cette ſingularité ne déplaira pas.

Le Repas allégorique.

L'Opéra Comique dit à la Joie qu'il ſe prépare à donner le ſoir un repas au Public.

L'OPÉRA COMIQUE.
(Air. *Nouveau Joconde.*)

Ce que je donne en ce repas
Est un mets du Parnasse :
L'estomach ne le reçoit pas,
C'est ici qu'est sa place (*)
Non, non : dans un pareil festin,
Les dents n'ont point d'ouvrage,
De tout ce qu'on y sert enfin,
L'oreille est le partage.

La Joie approuve fort le dessein, & fort en assurant l'Opéra Comique qu'elle joindra à ce repas un plat de sa façon.

Le Public paroît, l'Opéra Comique lui demande son sentiment sur les mets que les autres Spectacles lui ont présenté.

L'OPÉRA COMIQUE.

« Dans la rue Mauconseil on vous a servi du neuf ?

LE PUBLIC.

» Oui, du solide.

(Air. *Il faut l'envoyer à l'Ecole.*)

De l'*Ecole de la Raison*,
Je suis content, mais la morale
Qu'elle étale,
N'eut pas un succès assez bon.
Je sortois, ce qui me désole
D'un pareil repas. . . . . . .

L'OPÉRA COMIQUE.

En effet,
On vous fait
Aller bien souvent à l'Ecole.

» C'est votre tour aujourd'hui, dit le Public, voyons
» comment vous vous en tirerez.

L'OPÉRA COMIQUE.

» Je suis fort embarrassé. Vous êtes bien plus difficile qu'il
» y a vingt ans.

(*) *Mettant la main au front.*

(Air. *L'autre nuit j'apperçus en songe.*)

Nous n'avions alors que des rofes,
Sans répugnance & fans dégoût,
Je vous faifois avaler tout ;
Aujourd'hui vous goûtez les chofes :
Autrefois vous étiez gourmand,
Vous êtes gourmet à préfent.

L'Opéra Comique appelle Gaudriole fa cui-
finiere, & lui ordonne de rendre compte au
public des mets qu'elle va lui fervir.

LE PUBLIC.

» Que me donneras-tu aujourd'hui ?

GAUDRIOLE.

» La fortune du pot, & quelque petit faupiquet : nous
» verrons.

LE PUBLIC. (Air. *Le Démon malicieux & fin.*)

Avez-vous ici des Pigeonneaux ?

GAUDRIOLE.

Tous les jours il en vient de nouveaux.

LE PUBLIC.

Avez-vous de la volaille fine ?

GAUDRIOLE.

Pas tant Monfieur que nous en demandons.

LE PUBLIC.

Du gibier ?

GAUDRIOLE.

C'eft ce qui domine,
Nous en avons plus que nous en voulons.

LE PUBLIC.

» Qu'avez-vous encore ?

GAUDRIOLE. (Air. *De notre Cabale.*)

Des poules graffettes
Sont à notre croc,
Mais elles couteroient trop,
Ce font des poulettes,
Qui grugent le cocq.

» Si vous voulez par hasard tâter d'un petit ambigu épi-
» sodique ?

LE PUBLIC.

» Pourquoi non ?

GAUDRIOLE.

» Nous vous donnerons un Gascon au caramel : un Petit
» Maître à la bergamote : un Abbé au bain marie : un Pro-
» cureur à la Tartare : un Jaloux en compote : un Finan-
» cier au gros sel : un Espagnol à la ciboulette : un Proven-
» çal aux oignons : un François à la fleur d'orange, une
» Agnès aux truffes : une Prude au vin de Champagne, une
» Veuve à la braise : un Peintre à l'esprit de vin : un Robin
» aux concombres, un Sergent au feu d'enfer, le tout avec
» un peu de farce, & un coulis d'épigrammes. La sauce
» vaut mieux que le poisson.

LE PUBLIC.

» Et en maigre ?

GAUDRIOLE.

» En maigre, nous avons

(AIR. *De tous les Capucins du monde.*)

Quelques truites saumonées,
Et très-bien conditionnées,
Des merluches, force goujons,
Des tanches, des perches très-belles,
Des escargots, des esturgeons,
Mais nous n'avons point de pucelles.

LE PUBLIC.

» La saison en est passée. Des légumes ?

GAUDRIOLE.

» Nous n'en manquons pas, mais nous n'avons plus de
» racine.

LE PUBLIC.

» Tant pis, j'ai toujours aimé cela, j'ai vû même qu'au-
» trefois.

(AIR. *Bouchez Nayades vos fontaines.*)

Les Officiers de Melpoméne,
Trois ou quatre fois la semaine,
M'en présentoient dans tous les plats,
Tout abondoit dans leur cuisine,
Jamais ils n'ont été si gras
Que lorsqu'ils vivoient de racine.

GAUDRIOLE.

» C'est ce que j'ai ouï dire.

LE PUBLIC.

» Pour salade, qu'avez-vous ?

GAUDRIOLE.

» Quelques laitues pommées, beaucoup de triple Mada-
» me, un peu de corne de cerf.

LE PUBLIC.

» Pour le dessert ?

GAUDRIOLE.

» De la crême fouettée, c'est ici le magasin. Il y a quel-
» ques poires d'angoisse, mais c'est pour les Auteurs.

LE PUBLIC.

» Vous me promettez bien des choses : me tiendrez-vous
» parole ?

(AIR. *Perrette étant dessus l'herbette.*)

Tous les jours dans votre langage,
Vous nous faites un étalage,
De becquefigues & de guignards,
Et vous n'avez pour tout potage,
Le plus souvent que des canards.

L'Opéra Comique revient accompagné de son Maître d'Hôtel, & d'une troupe d'Acteurs, d'Actrices, de Danseurs & de Danseuses.

L'OPÉRA COMIQUE

» Place, place, la provision arrive.

LE PUBLIC.

» La quantité me paroît suffisante : il ne s'agit plus que de
» la qualité. Qu'est-ce que c'est que cela ?

L'OPÉRA COMIQUE.

» Deux cannetons de Rouen. (*Le Sieur Michel & sa sœur.*)

LE PUBLIC.

» Et cela ?

L'OPÉRA COMIQUE.

» Ceci est une sardine. (*Mlle Caron.*)

LE PUBLIC.

„ C'eſt une denrée qui échauffe trop.

GAUDRIOLE.

„ Oh ! celle-ci eſt deſſalée, je vous en réponds. Et cette
„ accollade de viande noire. (*Mlles Teiſſier & Minot.*) Cela
„ ſent un peu le ſauvageon ?

LE PUBLIC.

„ Il n'importe.

L'OPÉRA COMIQUE.

„ Nous avons-là une Dinde graſſe. (*Mlle Jeanneton Deſ-*
„ *touches.*)

GAUDRIOLE.

„ Farcie de malice : en voulez-vous ?

LE PUBLIC. (Air. *Réveillez-vous belle endormie.*)

Oui vraiment.... mais.... non je m'abuſe....

GAUDRIOLE.

Qui vous arrête ?

LE PUBLIC.

Une raiſon.
Lorſqu'à ces dindes l'on s'amuſe,
Souvent on en eſt le dindon.

GAUDRIOLE.

„ Tenez, tenez, aux derniers les beaux.
(Air. *La beſogne.*)
Cette caille eſt dans ſa ſaiſon. (*Mlle Fremy.*)

LE PUBLIC.

Je crois le morceau bel & bon,
Mais de tout cela, pour bien faire,
Je crois qu'il n'en faut manger guère.

Le Public reproche à Gaudriole de mettre un peu trop de ſel dans ſes ſauces : elle ſoutient qu'elle doit en uſer ainſi, & que ne voulant point changer d'uſage, c'eſt aux autres à s'accommoder à ſes ragoûts. La diſpute s'échauffe, Gaudriole bat le public, qui oblige l'Opéra

Comique à renvoyer cette obstinée. Pour consoler le Public, la Joye revient avec les Acteurs du divertissement : après la danse, on chante plusieurs couplets sur des airs connus, en voici quelques-uns.

(AIR. *L'autre nuit j'apperçus en songe.*)

Sortant d'une table très-mince,
Un Gascon dit publiquement,
Qu'il a fait un repas charmant,
Et qu'il a vécu comme un Prince.
Sur cet exemple réglez vous,
Messieurs, soyez Gascons pour nous.

(AIR. *Tout est dit.*)

Pour tous ici la nape est mise,
Les mets ne sont point différens,
Et chaque personne est admise,
Les petits ainsi que les grands.
Quiconque y vient, il faut qu'il se cotise,
Et nous avons écrit pour le public
  Cette devise
   Hic
  Pic, nic.

(AIR. *Le cabaret est mon réduit.*)

Nous vous attendons chaque soir,
Venez tous, & je vous proteste
Que plus vous nous viendrez voir
Plus nous en aurons de reste,
Plus nous en aurons (3 fois) de reste.

(AIR. *Du Prevôt des Marchands.*)

Je vous invite à ce repas,
Pour notre honneur n'y manquez pas,
Messieurs, c'est pour nous une fête,
De voir tous les sièges remplis :
A cinq heures la table est prête,
Et l'on sert entre cinq & six.

Extrait Manuscrit.

RÉPÉTITION, (la) Comédie en un acte & en prose, de M. *Baron*, non imp. représentée le Dimanche 10 Juillet 1689. précédée de de la Comédie de l'*Homme à bonne fortune*. *Hist. du Th. Franç*. année 1689.

RÉPÉTITION (la) INTERROMPUE, Opéra Comique en un acte, avec un Prologue, par Messieurs *Panard & Favart*, représenté le Samedi 6 Août 1735. à la suite de l'*Enlévement précipité*, & terminé par le Ballet pantomime de l'*Estaminette Flamande*, repris le Jeudi 1 Mars 1736. accompagné du *Magasin des Modernes*, non imp.

PROLOGUE.

Le Répétiteur chargé par l'Auteur du soin de faire éxécuter sa piéce, rassemble les Acteurs & Actrices qui doivent y jouer. On veut représenter que la distribution des roles n'est pas bien faite, le Répétiteur répond que le Poëte l'a décidé ainsi. Trois heures sonnent : il fait commencer le Prologue qui va assez bien. Il se passe entre Thalie & Melpoméne ; on suppose que la premiere protége ouvertement le Théatre Forain. La seconde à son ordinaire fait de sanglans reproche à la Muse comique.

MELPOMÉNE.

Par amitié pour vous, je viens ici me rendre ;
Mais quels sont vos projets ? daignez me les apprendre ;
A ces frivoles jeux vous livrant aujourd'hui,
Prêtez-vous aux Forains un criminel appui ?
Abandonneriez-vous cet illustre comique
Qui produit les effets du sublime tragique ?
Qui flatte en attristant, réjouit par des pleurs,
Et par la pitié seule intéresse les cœurs ?
Concevez des desseins dignes de votre gloire,
Tandis que d'un héros je chante la victoire,
Que d'un tyran jaloux je peins l'ambition,
Que je conduis les Grecs aux rives d'Ilion,

Tome IV.   T.

Vous, qui fuyez l'horreur, plus douce & plus tranquille,
Critiquez noblement les défauts de la ville :
Corrigez ces Abbés pétris d'ambre & de musc,
Dont la main téméraire affronte un coup de busc.
Frondez ces jeunes gens vains fardeaux de la terre,
Braves pendant la paix, poltrons pendant la guerre,
Ces esprits entraînés par la prévention,
Qui décident de tout sur leur opinion.
Ces politiques vains, ces graves inutiles,
Qui donnent des combats sans sortir de leurs villes,
Qui sans cesse courans de Parme à Bozolo,
Vont avec leur raison se noyer dans le Pô.
Tracez-moi les portraits de ces maris infâmes,
Qui se montrent jaloux pour renchérir leurs femmes;
De ceux dont les larcins enflent les revenus,
Aux dépens de l'honneur, aux honneurs parvenus.
Peignez ces esprits forts, ces femmes de courage,
Qui d'un procès perdu soutiennent le dommage ;
Qui perdent leur Epoux avec un front serain,
Mais qui donnent des pleurs à la mort d'un serin.

Melpoméne voyant que ses conseils ne peuvent guérir Thalie de son entêtement pour les Forains, sort en souhaitant à ces derniers tous les malheurs possibles, & sur-tout ceux que la discorde fait naître. L'accomplissement de ces souhaits fait le sujet de la piéce suivante.

La Répétition interrompue.

Madame Argante a promis Lucile sa fille en mariage à Dorante, fils de M. Oronte. Ces noces doivent être célébrées le soir même, & pour cet effet elle a fait venir un Musicien & un Maître à danser. Lucile qui est amoureuse d'un Cavalier qu'elle n'a vû qu'une seule fois, n'osant déclarer sa passion, se contente de témoigner une grande répugnance pour le mariage. Mlle *Lombard*, dit en cet endroit le Répétiteur, à l'Actrice qui fait l'amoureuse, *l'air dont vous vous exprimez ne montre pas assez d'opposition au mariage. Il est bien difficile,* répond l'Actrice, *de marquer ce que l'on ne sent pas.*

Le Répétiteur apostrophe aussi Mlle Catin, qui joue le role de Lisette, jeune sœur de Lucille, & la reprend de ce qu'elle ne met pas assez de simplicité dans ce personnage. *Aussi,* replique-t'elle, *pourquoi me donne-t'on toûjours des roles de petite fille, cela ne me convient plus.* On continue la répétition, Crispin valet de Dorante arrive ; l'Acteur qui est chargé de ce role feint d'hésiter, & s'emporte contre la souffleuse, qui éléve trop la voix. Enfin Dorante paroit. Il est dans le même cas que Lucile, amant d'une belle inconnue. Crispin lui représente inutilement qu'il doit se rendre aux volontés de son pere. C'est dans cet endroit qu'Oronte doit venir. Le Sieur Desjardins, choisi pour ce role, manque d'abord son Entrée. Il paroît au bout de quelque temps, yvre, tout débraillé, le nez barbouillé de tabac, ayant un bas d'une couleur, & l'autre d'une autre, il joue tout de travers : le Répétiteur lassé de le reprendre, croit imposer en disant que l'Auteur sera fâché. Desjardins répond qu'il s'embarrasse fort peu de l'Auteur. Le Sieur Lombard qui représente ce dernier, s'éléve du milieu des Spectateurs, où il est censé vouloir garder l'incognito, & s'avance sur le Théatre, pour avoir raison de cette insolence. On l'arrête, Desjardins déchire son role, & le jette au visage de l'Auteur. Ils prennent querelle, on les sépare encore, & enfin après plusieurs lazzis, le prétendu Auteur dit qu'il va achever le role d'Oronte, & continue sa scéne avec Madame Argante, qui l'emméne chez le Notaire pour terminer.

La scéne suivante est entre Dorante & Lucile. Ces deux personnes, qui s'aiment sans le sçavoir, se reconnoissent & se jurent une tendresse éternelle: on suppose que la Dlle Lombard & le Sieur Drouin qui jouent ces roles, ont l'un pour l'autre une aversion naturelle. Cette antipathie éclate ici fort mal à propos: ils critiquent mutuellement leur jeu & leur ton, & la querelle finit par un soufflet que l'Actrice donne à Dorante.

DORANTE *portant son mouchoir à son nez, comme s'il saignoit.*

« Un soufflet ! vous méririez.....

LUCILE.

» Jour de Dieu ! ne m'approchez pas.

L'AUTEUR.

» Comment, comment, qu'est-ce qu'il y a ?

DORANTE *remettant son role à l'Auteur.*

» Tenez Monsieur l'Auteur, voilà mon role, cherchez un
» Acteur qui joue avec cette impertinente.

LUCILE *faisant de même.*

» Voici le mien, cherchez une Actrice qui joue avec ce
» faquin. Oh ! le laid.

DORANTE.

» Oh ! la laide !

LUCILE.

» L'éxécrable !

DORANTE.

» L'abominable !

TOUS DEUX *en se faisant des grimaces, & s'en allant par des côtés opposés.*

» Hou, hou.

L'AUTEUR *déchirant ses roles.*

« Que le diable emporte la Foire, le Théatre, les Ac-
» teurs, la Souffleuse, que l'on fasse de ma piéce tout ce que
» l'on voudra, je ne m'en mêle plus.

Le Répétiteur ne désespérant pas de pouvoir réconcilier l'Auteur avec les Acteurs, dit qu'il faut toûjours répéter le Ballet. M. Chevrotin Musicien, & M. Gambillard Maître de danse s'avancent, & terminent la piéce par une dispute très-vive.

GAMBILLARD *au Répétiteur.*

» Laissez-moi, je veux faire un double entrechat sur la
» poitrine à ce maudit Musicien.

CHEVROTIN.

» Vien, vien, mon petit Maître à danser, je vais te faire
» faire la gargouillade.

LE RÉPÉTITEUR.

» Eh! Messieurs.

*Gambillard & Chevrotin se battent,
& s'arrachent leurs perruques.*

GAMBILLARD *en s'enfuyant.*

» Mon épée, mon épée.

CHEVROTIN *au Répétiteur.*

» Monsieur, Monsieur..... Je le reverrai, je le reverrai.
» *Il s'enfuit d'un autre côté.*

LE RÉPÉTITEUR.

» Voilà deux hommes bien coëffés.

Extrait Manuscrit.

RESSEMBLANCE, (la) Tragi-Comédie. Voyez *Lygdamon & Lydias.*

RESSOURCE, (la) Opéra Comique en un acte, de M. *Carolet*, représenté le Samedi 1º Mars 1738. non imp.

Cette piéce est un assemblage de scénes épisodiques. La Ressource personnifiée donne ses audiences : Mercure se présente : comme on ne sçait pas ce qu'il vient faire, on peut croire que l'Auteur a composé cette scéne pour en augmenter le nombre. Un Procureur & sa femme viennent ensuite. Cette derniere remercie la Ressource, qui lui procure par le Jeu qu'elle tient chez elle, le moyen de soutenir son ménage.

LA RESSOURCE.

« Le soutien n'est pas mauvais : c'est un des meilleurs
» conseils que je puisse donner aux ménages délabrés.

LE PROCUREUR. (Air. *Des fraises.*)

De ce conseil imprudent
Croyez-vous qu'on vous loue.

LA FEMME.

L'insupportable Pédant !
Va, va par-tout à présent,
On joue, on joue, on joue.

Dans la scéne suivante, une jeune Danseuse vient implorer les bontés de la Ressource. Il y a déja six mois, dit elle, qu'elle est au magasin. Son dessein est de faire paroître ses talens au Théatre de l'Opéra Comique, pour les perfectionner ensuite à l'Opéra.

LA RESSOURCE. (Air. *Du haut en bas.*)

A l'Opéra,
La Ressource ne manque guere
A l'Opéra,
Sans cesse l'on me trouvera.
Sçachez être à propos sévere,
Et pour vous je sçaurai tout faire,
A l'Opéra.

LA DANSEUSE.

» Oh ! laissez faire la petite Fanchon.

La scéne du Gascon n'a rien de neuf : il est si rempli de lui-même, qu'on croiroit que c'est la curiosité & non la reconnoissance qui l'améne dans le Palais de la Ressource.

LE GASCON. (Air. *Je suis un Précepteur d'Amour.*)

Lorsque chacun veut me prêter,
J'aurois grand tort de ne pas prendre :
Quand je cesserai d'emprunter,
Alors il sera temps de rendre.

Une jeune femme, épouse d'un vieillard, âgé de soixante & dix ans, fait son compliment avec plus de sincérité.

LA JEUNE FEMME.

(Air. *Un petit moment plus tard.*)

Ce n'est point un époux rigri
Qui jaloux & sombre,
Croit toûjours voir un favori,
En voyant son ombre.
C'est un mari sage & doux
Qui sçait plaire à ma vûe ;
Enfin je suis, graces à vous,
Des mieux pourvûe.

Le dernier est un Jardinier appellé Jeannot, qui depuis quelques jours est au service d'un Seigneur, qui a bien des bontés pour lui.

JEANNOT.

» C'est un bon Seigneur, il est familier avec notre fem-
» me, comme avec la sienne.

(Air. *Ah mon mal ne vient que d'aimer.*)

Quand je travaille à son jardin,
Il vient me voir du grand matin,
Il est affable, il est humain,
Et dans notre ménage,
Volontiers, quand il est en train,
Il feroit mon ouvrage.

LA RESSOURCE.

» Le bon Maitre !

JEANNOT.

» Oh! c'est l'homme du monde le moins façonnier..

(AIR. *O reguingué.*)

Il nous aime, il est généreux ;
L'autre jour en trinquant nous deux,
Il me disoit, Jeannot, je veux,
Que les enfans que tu vas faire,
Me regardent comme leur pere.

» Oh! Dame, je fus sur le champ dire çà à notre femme,
» alle me demandit si je l'avois bien remercié de l'honneur
» qu'il nous faisoit, & alle me dit, en me sautant au cou,

(AIR. *Je suis la fleur des Garçons.*)

Mon cher Jeannot, pour nous quel avantage !
Par ton discours tu me ravis,
On ne doit point craindre un nombreux lignage,
Quand on a de pareils amis.

LA RESSOURCE.

» Va, va, tes enfans ne manqueront jamais, ils auront
» un bon pere ».

Le divertissement est composé par les Favoris de la Ressource, qui par leurs danses viennent lui marquer leur reconnoissance.

Couplets du Vaudeville.

Chez la jeune Araminte on joue,
A l'enrichir on se dévoue,
Chez elle on voit l'argent pleuvoir..
Doit-elle au jeu seul tant d'aisance ?
Motus, de peur de médisance,
C'est ce qui vous reste à sçavoir.

L'Epoux de l'aimable Climene.
Est employé dans le domaine,
Dans sa place il a tout pouvoir.
Doit-il son poste à sa science ?
Motus, de peur de médisance,
C'est ce qui vous reste à sçavoir.

Extrait Manuscrit.

RESSOURCE (la) ET LE CAPRICE, Prologue de M. l'Abbé *Mascrier*, représenté le Mercredi 1 Octobre 1732. à la reprise de la *Sœur ridicule*, Comédie de M. *Montfleury*. *Histoire du Th. Franç.* année 1732 Prault fils.

RETOUR (le) DE L'AMOUR, quatriéme Entrée du Ballet des *Voyages de l'Amour*, de M. de *La Bruere*, Musique de M. *Boismortier*, représenté en 1736. Voyez *Voyages* (les) *de l'Amour*.

RETOUR (le) D'ARLEQUIN A LA FOIRE, Divertissement à la muette, in-12. Paris, Valleire, 1712.

C'est un espéce de Prologue représenté à la Foire S. Germain de cette année : il rouloit sur la défense que les Comédiens François avoient obtenu contre les Forains : Thalie protectrice de ces derniers, implore en leur faveur le secours d'Apollon.

THALIE. (AIR. *Des Pélerins*)
Avec raison mon cœur soupire,
Grand Apollon.
Il ne m'est plus permis de rire
Dans ce vallon.
Les Romains ont juré ma mort,
Si je babille.
Pour le coup c'est fait de mon sort,
J'étouffe, je suis fille.

Mercure annonce un Arlequin de la vieille roche, qui malgré le silence qu'il gardera, ne laissera pas d'exciter la curiosité du public. Un Acteur Romain paroit, & se moque de l'arrivée d'Arlequin.

MOMUS. (AIR. *Réveillez-vous belle endormie.*)
Il mérite la préférence,
Chez vous tel qu'on entend parler,
Garderoit souvent le silence,
S'il étoit permis de parler.

T v

LE ROMAIN. (Air. *t'avance.*)

> Quoi donc ce fade poliſſon
> Oſe attaquer Agamemnon.
> Arcas, courons à la vengeance.

ARLEQUIN.

> Avance, avance, avance,
> Avec ton ſceptre de fayance.

Arlequin & Pierrot ſe battent comiquement avec le Romain & ſon Confident, & les chaſſent. Thalie aſſure les Forains que quoiqu'ils ſoient privés de la faculté de parler, ils plairont par leur Jeu Italien; on améne Pégaſe, Arlequin avant de le monter dit à Thalie, ſur l'air *J'entens déja le bruit des armes*.

> Sans parler faire un perſonnage,
> Je ſuis novice en ce métier.
> Mais à vous plaire tout m'engage;
> Muſe, pour me fortifier,
> Avant de faire le voyage,
> Buvons le vin de l'étrier.

Ici on apporte une bouteille de vin, dont Arlequin boit pluſieurs raſades.

Ce Prologue étoit ſuivi d'*Arlequin Baron Allemand*, ou le *Triomphe de la Folie*.

RETOUR (le) DE FONTAINEBLEAU, Comédie Françoiſe en proſe & en un acte, ſuivie d'un divertiſſement, au Théatre Italien, par M. *Dominique*, repréſentée pour la premiére fois le Samedi 2 Décembre 1724. non imp. & ſans Extrait.

RETOUR (le) DE LA CHASSE DU CERF, Parodie de la *Chaſſe du Cerf*, Comédie de M. *Le Grand*, au Théatre François,) par M. P*** repréſentée par la Troupe de l'Opéra

Comique, sur le Théatre du Palais Royal, le Mardi 22 Octobre 1726. non imp.

Monsieur Crottin, Auteur du Triomphe de la Folie, du Roi de Cocagne, de Cartouche, & en dernier lieu de la Chasse du Cerf, se retire dans une taverne avec des pipes, du tabac, des plumes, de l'encre & sa piéce, pour la réformer au goût du public, qui vient de la siffler. Il défend qu'on laisse entrer qui que ce soit. Le garçon à qui il donne cet ordre, lui répond en aigot : Crottin lui demande pourquoi il employe cette façon de parler. Le Garçon lui répond sur l'air : *Dame Commode.*

> En ce langage
> Nous autres compagnons
> D'escamotage
> Nous nous entretenons :
> Et sçachant qu'aujourd'hui de trois cent fois six francs
> Vous avez fait pillage,
> Je vous parlois céans
> En ce langage.

Un Savoyard, qui a fait le role de Chien dans la piéce, lorsqu'Actéon changé en cerf par Diane, vient expirer sur le Théatre, vient dire à Crottin qu'il est entré par la cheminée, ne pouvant entrer par la porte, pour lui demander le payement de son role. Crottin veut le renvoyer. Le Savoyard pousse sa pointe, & dit sur l'air *Attendez-moi sous l'orme.*

LE SAVOYARD.

Mais, Monsieur, mon espéce ?

CROTTIN.

Demain on rejouera.

LE SAVOYARD *avec un air de mépris,*

Quoi, Monsieur, votre piéce ?

CROTTIN.

Oui, ton role y fera,
J'entreprends fa réforme,
Toute la ville ira.

LE SAVOYARD.

Attendez-là fous l'orme,
Peut-être elle y viendra.

Il continue, fur l'air, *Ramonez-ci, ramonez-là.*

Pour nos femmes, pour nos filles,
Il faut pointes bien gentilles
Votre piéce n'en a pas,
Ramonez-cy, ramonez-là, la la la,
Ramonez-là du haut en bas.

Le Maître du combat du Taureau à mort, vient enfuite conter à Crottin de quelle façon il s'eft fait jour jufqu'en ce lieu, par le moyen des animaux fauvages qui l'accompagnent. Il propofe à Crottin de lui vendre un certain monftre qui n'eft ni finge ni homme, & qui a bleffé toute l'affemblée dans fa piéce, que c'eft le meilleur de fes animaux dont il croit qu'il veut fe défaire, parce que, dit il, le public ne veut plus voir de combat à mort fur la fcéne Françoife. Crottin dit qu'il n'a point d'animaux à vendre. Après quelques plaifanteries du même goût, le Maître du combat à mort fort avec fes animaux. Arlequin en Petit Maître, & Colombine en femme de qualité, viennent trouver Crottin, & difent qu'ils fe font fait jour l'épée à la main dans ce réduit. Arlequin veut que Crottin lui faffe raifon de l'injure qu'il a fait au public, en lui donnant une pareille farce. Crottin fe met en défenfe. Colombine les sépare, en disant sur l'air *L'autre jour Dame Claudine.*

Ah ! Monsieur, qu'allez-vous faire ?

ARLEQUIN.

Je punis un téméraire,
Laissez agir ma colere.

COLOMBINE.

Calmez ce courroux ardent,
Par une noble victoire,
Signalez votre mémoire,
Mais quel honneur ! quelle gloire
A frapper un innocent.

Pour moi, dit elle, je me suis fort divertie à la piéce. Le Parterre parodioit à merveille tous les beaux endroits. Le Poëte demande conseil à Arlequin, pour porter sa piéce à l'Opéra Comique. Arlequin lui dit de s'en bien garder. Colombine ajoûte sur l'air *Sois complaisant.*

On vit jadis cet Opéra folâtre,
Des bas dictums se montrer idolâtre,
Mais,
Ils sont sur votre théatre,
Et n'en sortiront jamais.

Ils entrent dans le détail, Arlequin prouve que la piéce est indigne de l'Opéra Comique. Crottin prend son parti, & projette de continuer à la raccommoder pour la scéne Françoise. Il chante sur l'air *Lampons.*

On l'y verra dès demain (*bis.*)
Et si le public mutin (*bis.*)
A résister se hasarde,
On redoublera la garde,
Lampons, lampons, camarades lampons.

Crottin abandonne la place. Colombine & Arlequin forment le dessein de redoubler leurs soins pour détruire les mauvaises impressions que de pareils Auteurs jettent dans le public. *Mémoire Manuscrit.*

Retour (le) de la Paix, Comédie Françoise en vers libres & en un acte, suivie d'un divertissement, au Théatre Italien, par M. de *Boissi*, représentée pour la premiére fois le Samedi 22 Février 1749. Paris, Duchesne.

Retour (le) de la Paix au Temple de Janus, Pantomime représentée par la Troupe du Spectacle pantomime, sur le Théatre de l'Opéra Comique, à la Foire S. Laurent au mois de Juin 1748. *Affiches de Boudet.*

Retour (le) de la Paix, Piéce en vaudevilles, représentée par les Marionnettes de Le Vasseur. Voyez *Rejouissances* (les) *publiques.*

Retour (le) de la Tragédie, Comédie Françoise en prose & en un acte, suivie d'un divertissement, au Théatre Italien, par M. *Romagnesi*, représentée pour la premiére fois le Samedi 5 Janvier 1726. non imp.

« Nous renvoyons le Lecteur au précédent
» Mercure, (*) pour apprendre ce qui a donné
» lieu à cette petite Comédie. Il y est parlé de
» la piéce du Sieur *Le Grand*, intitulée l'*Im-*
» *promptu de la Folie*, & donnée pendant le
» voyage de Fontainebleau. Les Comédiens Ita-
» liens voyant que les Comédiens François
» avoient introduit un Arlequin, un Pantalon

_____

(*) Mercure de Décembre 1725. 2 vol. page 3125. où se trouve l'extrait de l'*Italienne Françoise.* Voyez cet article dans ce Dictionnaire.

» & une Violette fur leur Théatre, en voulu-
» rent avoir raifon ; ils donnérent d'abord une
» piéce qui avoit pour titre, *l'Italienne Fran-*
» *çoife*, pour l'oppofer à l'une des deux piéces
» de *l'Impromptu de la Folie*, qui étoit la *Fran-*
» *çoife Italienne*. Cette premiére piéce des Co-
» médiens Italiens n'ayant pas réuffi, le Sieur
» Romagnefi, reçu depuis Pâques dans la Trou-
» pe, en fit une feconde, dont le fuccès a dé-
» dommagé fes camarades de la chute de la
» précédente. C'eft de cette derniére piéce que
» nous allons parler fous le titre du *Retour de*
» *la Tragédie*.

» Le Théatre repréfente Montmartre, & la
» fcéne eft fur le Théatre même des Comé-
» diens François. La Troupe qui étoit allée à
» Fontainebleau, y eft perfonnifiée fous le nom
» de la Tragédie; elle eft fort furprife de trou-
» ver fur fon Théatre une décoration auffi nou-
» velle à fes yeux que celle de Montmartre ;
» elle en demande la raifon à Pafquin, qui lui
» dit que le pitoyable état où fa fœur la Comé-
» die s'étoit trouvée réduite par le départ de fes
» principaux Acteurs, l'avoit obligée à donner
» quelque chofe qui put rappeller le public chez
» elle. La Tragédie apprend avec colere les
» baffeffes que fa fœur a faites ; mais elle eft
» bien plus irritée, quand elle voit approcher
» fa fœur fous l'habit d'Arlequin. Sanglans re-
» proches d'un côté, juftifications plaifantes de
» l'autre. Cette fcène eft interrompue par l'ar-
» rivée du Baron de Trinquembeg, qui eft dans
» une colere épouventable. Le fujet de ce grand
» courroux, c'eft que M. l'Opéra veut faire affi-

» gner la Comédie Françoife, pour avoir joué
» fur fon Théatre une piéce dévolue de plein
» droit à fon frere l'Opéra Comique, ce qui
» donne lieu à la Tragédie à évaporer encore
» fa bile contre une fœur par qui elle prétend
» avoir été deshonorée pendant fon abfence.
» Elle lui dit, qu'outre ce procès qu'elle lui fait
» de la part de l'Opéra, elle a porté les Comé-
» diens Italiens à faire une piéce nouvelle, où
» leur vengeance éclatera. Le Baron prétend la
» raffurer de ce côté là, en lui difant que cette
» piéce ne vaut rien, & qu'il vient d'en voir
» le Prologue, qui a été très-mal reçu du Par-
» terre. La raifon qu'il en donne, c'eft qu'on
» n'y a fait que rire depuis le commencement
» jufqu'à la fin. La Tragédie ne prend pas le
» change comme le Baron, elle ne voit que trop
» que ce Prologue où l'on n'a fait que rire a
» réuffi, ce qui lui eft confirmé fur le champ
» par un de fes amis, qui lui prouve par fes
» larmes combien le public a ri au Prologue en
» queftion. La Tragédie le prie d'aller voir fi la
» piéce aura le même fuccès, & de renvoyer
» lui en rendre un compte fidéle.

» Arlequin, en Marquis Gafcon arrive. Il
» pefte contre les Comédiens Italiens, & les
» trouve bien plaifans de l'avoir fait rire dans le
» Prologue, pour l'en faire repentir dès la pre-
» miére fcéne du premier acte. Il dit qu'il n'y
» a pû tenir, ni en voir davantage. Une femme
» furvient, qui dit qu'elle a vû toute la piéce,
» mais qu'elle n'y a rien compris, & qu'on y a
» fait un fi grand bruit, qu'il lui a été impoffible
» de juger fi elle eft bonne ou mauvaife. La

» Tragédie brule d'impatience d'être mieux
» instruite du succès d'une piéce qui lui tient si
» fort au cœur. Pasquin vient enfin la tirer
» d'une incertitude qu'elle ne peut plus soute-
» nir. Le récit qu'il lui fait du mauvais succès,
» est parodié, partie de la conjuration de *Cinna*,
» partie du *Cid*. Nous avons crû qu'on ne seroit
» pas fâché de la voir ici toute entiere.

PASQUIN.

Mes Dames, vous sçaurez qu'en ce danger pressant,
Qui jette dans nos cœurs un effroi si puissant,
Une troupe d'Auteurs chez *Procope* assemblée,
Sollicita mon ame encor toute troublée ;
Mais je ne voulus point entrer dans le projet,
Et sans rien hazarder j'en attendis l'effet.
Jamais contre une piéce, entreprise conçue
Ne permit d'espérer une plus belle issue ;
Jamais de tant d'ardeur on n'en proscrit le fort,
Et Poëtes jamais ne furent mieux d'accord.
Ils partent, & l'on voit leurs caustiques cohortes,
De l'Hôtel de Bourgogne environner les portes.
Ils entrent au parterre, y prennent leurs quartiers,
Aiguisent leurs sifflets ; dérouillent leurs gosiers,
Animent leurs amis, entrés sous leurs auspices,
Et d'un tumulte affreux annoncent les prémices.
Le Prologue commence, où malgré leur ardeur,
Les Conjurés surpris sont frappés de terreur ;
En ce triste moment la cabale troublée
Semble s'être sans fruit au parterre assemblée :
Amis, dit l'un des chefs, je ne vous connois plus,
Est-ce pour écouter que vous êtes venus ?
Rompez, rompez enfin un si lâche silence.
Chacun reprend courage, & la piéce commence :
On l'écoute d'abord assez tranquillement,
Attendant de siffler, le bienheureux moment.
Il arrive bientôt, & la seconde scéne,
Pronostique à la piéce une chute prochaine.
Ils agissent alors, & tous en même tems
Poussent jusques au ciel mille cris éclatans.
Leurs amis à ces cris d'un autre coin répondent ;
On les entend siffler ; les Acteurs se confondent ;
Ils ne peuvent parler, leurs esprits sont glacés ;
La cabale leur crie : annoncez, annoncez.

Le second acte enfin n'a pas meilleure chance ;
Un Crispin y paroît, on lui donne audience ;
Pendant quelques momens on suspend le fracas ;
Il est même applaudi : cela ne dure pas ;
Et contraint de céder au destin de la piéce,
Il ne peut au public redonner l'allégresse :
On n'écoute plus rien, & la confusion,
Augmente à chaque instant, & malgré Pantalon,
Qui vient en bagnolette, on siffle, on éternue :
Le divertissement paye sa bien venue ;
Le milieu du parterre, & ses coins & recoins,
Sont des champs de carnage où triomphent leurs soins.

» Ce récit porte la joye dans le cœur de la
» Tragédie & de la Comédie sa sœur. Cette
» derniere dit qu'elle avoit si bien prévû cette
» catastrophe, qu'elle avoit déja fait faire une
» piéce à ce sujet. Elle en fait répéter le diver-
» tissement. Les Acteurs François entrent gaye-
» ment d'un côté, & les Acteurs Italiens triste-
» ment de l'autre. Un Comédien François dit
» à Arlequin qu'il prend une véritable part à
» son infortune, & lui conseille de dire que
» c'est la cabale qui a causé la chute de sa piéce.
» Arlequin lui répond par ce couplet.

D'une cruelle raillerie,
J'éprouve tous les traits piquants :
Il faut agir selon le tems :
Et je céde à sa tirannie ;
Mais songez que je vous attens
A la premiére Tragédie.

» La prétendue raillerie du Comédien Fran-
» çois à Arlequin a eu son effet ; le conseil a été
» ponctuellement suivi, ou plûtôt il avoit été
» prévenu, & le public a bien senti que cette
» derniére piéce étoit l'apologie de la premiére,
» dont on a voulu imputer la chute à la cabale.
» C'est à ce même public à juger si l'on a eu

RE 451

» raifon ». *Mercure de France*, Janvier 1726. p. 165-172.

RETOUR (le) DE L'OPÉRA COMIQUE AU FAUXBOURG S. GERMAIN , Piéce en un acte, servant de Prologue, par M. *Carolet*, repréſentée le Samedi 27 Février 1734. ſuivie du *Palais enchanté*, & de l'*Heureux déguiſement*, piéces en un acte ; ces trois piéces firent l'ouverture de l'Opéra Comique, qui n'avoit pas tenu ſon Spectacle l'année précédente, & qui ne commença celle ci que fort tard, c'eſt ce qui fait le ſujet du Prologue. On le trouve imprimé dans le Théatre de M. Carolet, qui porte le titre de Théatre de la Foire, tome IX. Paris, Prault fils 1734.

RETOUR (le) DE MARS, Comédie en vers libres & en un acte, ſuivie d'un divertiſſement, au Théatre Italien, par M. *De la Noue*, repréſentée pour la premiére fois le Mardi 20 Décembre 1735. Paris, Prault fils. *Extrait*, *Mercure de France*, Janvier 1736. p. 143 & *ſuivantes*.

RETOUR (le) DE TENDRESSE, *ou* LA FEINTE VÉRITABLE, Comédie Françoiſe en proſe & en un acte, au Théatre Italien, par M. *Fuzillier*, repréſentée pour la premiére fois le Lundi 31 Mai 1728. Paris, Briaſſon. *Extrait*, *Mercure de France*, Juin premier volume.

RETOUR (le) IMPRÉVÛ, Comédie en un acte & en proſe de M. *Regnard*, repréſentée à la ſuite de la Comédie de *Démocrite*, du même Auteur, le Jeudi 11 Février 1700. imp. la même année, in-12. Paris, Ribou, & dans le Recueil des Œuvres de M. Regnard. *Hiſt. du Th. Fr.* année 1700.

RÊVE, (le) Opéra Comique en un acte, de M. *Panard*, représenté le Samedi 15 Février 1738. remis au Théatre le Lundi 2 Mars 1739. non imp.

Chrisante époux de Julie, & oncle d'Angélique, est d'une humeur si jalouse, que craignant que cette derniere ne serve de prétexte aux amans de sa femme, il la fait mettre dans un Couvent, malgré les représentations de Florette suivante de Julie, & les conseils d'Anselme son ancien ami. Les caresses & les prévenances de Julie ne servent qu'à augmenter sa frénésie ; mais ce qui achéve de lui faire tourner la cervelle, c'est la conversation de Julie & de Florette, qu'il entend sans être apperçû.

FLORETTE.

« Il faut avouer, Madame, que vous avez un mari bien » singulier.

JULIE.

» Je ne sçais plus que faire.

FLORETTE.

» Ne seroit-ce point Clitandre (*amant d'Angélique*) il » vous a vû l'autre jour avec lui, je parierois qu'il en a con- » çu de l'ombrage ?

JULIE.

» Je l'ai déja pensé comme toi..... Ah ! ah ! ah !

FLORETTE. (Air. *Ta la le rire.*)

Vous riez, qu'avez-vous Madame ?
Daignez m'apprendre quel plaisir,
Dans ce moment touche votre ame ?

JULIE.

Je me rappelle un souvenir,
Il faut que je te fasse rire,
Ta la le rire, &c.

(Air. *L'autre nuit j'apperçus en songe.*)

Cette nuit j'ai crû voir en songe
D'Angélique le jeune Amant.
Je ne puis deviner comment
L'esprit se forme un tel mensonge.
Mais jamais jusques à ce jour,
On ne m'a tant marqué d'amour.

Elle ajoûte que suivant son rêve, Clitandre lui avoit dit qu'il étoit entré dans la maison de Chrisante, pendant que le portier étoit yvre, que la Cuisiniere n'avoit fait aucune difficulté de lui ouvrir la porte, & qu'il avoit appaisé Florette en lui mettant deux louis dans la main, & que dans le moment que cet amant paroissoit le plus empressé, elle avoit crû entendre la voix de son jaloux, ce qui avoit obligé Clitandre à se cacher dans la bibliothéque.

FLORETTE.
» Et Monsieur Chrisante entra-t'il ?
JULIE.
» Non, au lieu de mon époux que je m'attendois de
» voir, il est entré un monstre furieux.

(Air. *Des fraises.*)
Il avoit les yeux ardens,
Une fureur sans bornes.
Il avoit de longues dents,
Et sur sa tête.......

FLORETTE.
J'entens,
Des cornes, des cornes, des cornes.

Julie & Florette redoublent alors leurs ris, mais Chrisante qui prend tout ce discours pour une réalité, sort désespéré du coin où il est caché : les deux femmes s'enfuyent, & le jaloux décharge sa premiere fureur sur la bibliothéque, qu'il croit avoir servi d'asile à son rival.

Ce vacarme attire les Domestiques: Chrisante dit au Portier qu'il s'enivre, à la Cuisiniere Nicole, qu'elle introduit des étrangers dans sa maison, & veut rabattre à Florette sur ses gages, les deux louis qu'il croit qu'elle a reçue de Clitandre. Nicole soutient qu'elle n'est point coupable de ce dont on l'accuse; Chrisante s'emporte & lui donne un soufflet, que la cuisiniere lui rend avec usure. Clitandre survient & l'empêche de continuer, Chrisante le remercie, mais ce Cavalier ne s'est pas plûtôt nommé, que le jaloux le fait sortir très impoliment. Anselme & Julie concertent ensemble un stratagême pour guérir cet époux extravagant. Florette feignant de prendre ses intérêts, l'avertit que sa femme a un rendez-vous chez Anselme avec Clitandre, où ils doivent se trouver masqués. Elle conseille à Chrisante de prévenir l'heure, en prenant la place de Clitandre. Pendant que sous les habits de ce dernier, le jaloux parle à Florette, qu'il croit Julie, Scapin valet d'Anselme, déguisé en Prevôt, & suivi d'une bande d'archers, vient arrêter le prétendu Clitandre. Chrisante se fait connoître, mais inutilement.

SCAPIN.

» Que vois-je, c'est M. Chrisante en partie fine.... vraiment il en sera fait un exemple sur ma parole.... Un Docteur ès-loix, un homme en charge, un ancien Syndic, Marguillier & Doyen de sa Communauté! le cas est trop grave ».

Julie se présente pour tâcher de fléchir le Prevôt, mais elle n'obtient sa grace, qu'en lui faisant présent du diamant qu'elle a au doigt.

L'arrivée de Clitandre fait ouvrir les yeux à Chrisante, il s'apperçoit enfin qu'on le joue, consent au mariage de Clitandre & d'Angélique, & se réconciliant avec Julie, promet de n'être plus jaloux. Suit un divertissement & trois vaudevilles, dont voici quelques couplets.

Couplet du premier Vaudeville.

Faut-il être ardent, matinal,
Pour un amoureux tête à tête,
A l'Officier, rien n'est égal :
Sa vive ardeur est toûjours prête.
Tromper un jaloux, un brutal,
Pour lui c'est un charmant régal,
  C'est une fête,
 C'est un Carnaval.

Couplet du second Vaudeville.

Si vous croyez jeunes fillettes,
Que ceux qui vous content fleurettes
Seront constans, discrets & réservés,
Hélas ! dans quelle erreur vous êtes,
Vous rêvez, ma foi vous rêvez.

Couplet du troisiéme Vaudeville.

En vain contre un amant aimé,
L'honneur d'une belle est armé,
Le galant après quelqu'amorce
Perd le respect, elle la force :
La nuit survient, la pudeur fuit :
O ! qu'aisément on la réduit !

Extrait Manuscrit.

RÊVE (le) DE L'AMOUR, Piéce du Spectacle des Marionnettes. Voyez *Songe (le) agréable.*

RÉVEIL (le) D'ÉPIMÉNIDE, Comédie en trois actes & en vers, avec un Prologue, de M. *Philippe Poisson*, représentée le Lundi 7 Janvier 1735. suivi de l'*Avocat Patelin*, imp. la même année, & dans les Œuvres de l'Auteur. *Hist. du Th. Fr.* année 1735.

Réveil (le) de l'Opéra Comique, Prologue de M. *Carolet*, représenté le Mercredi 13 Août 1732. suivi de la *Lanterne véridique*, piéce en un acte du même Auteur, imp. tome IX. du Théatre de la Foire, contenant les piéces de M. Carolet, in-12. Paris, Prault fils.

Réveil (le) des Vaudevilles, Pantomime représentée par la Troupe pantomime sur le Théatre de l'Opéra Comique, à la Foire S. Laurent au mois de Juin 1748. *Affiches de Boudet.*

REVEILLON (le) DES DIEUX, Prologue de M. *Fuzelier*, représenté le Jeudi 3 Février 1718. au Théatre de l'Opéra Comique, suivi du *Pharaon* & de la *Gageure de Pierrot*, piéces en un acte du même Auteur, non imprimé.

» L'Opéra Comique commença fort mal la
» Foire. Je veux dire que la premiere piéce fut
» trouvée fort mauvaise, aussi étoit-elle d'un
» Auteur qui ne promettoit rien de bon : mais
» celles qui la suivirent partant d'un homme
» d'esprit, méritent par toutes sortes de rai-
» sons que je vous en fasse des détails circons-
» tanciés.

» La premiere de ces piéces étoit composée
» d'un Prologue intitulé *Le Réveillon des Dieux*,
» & de deux actes détachés, dont l'un avoit
» pour titre le *Pharaon*, & l'autre la *Gageure*
» *de Pierrot*, c'est en général avec assez de
» légéreté, mais semés de détails un peu trop
» vifs, & par-là dignes de quelque attention,
» quoique ces sortes d'ouvrages n'en méritent
» pas beaucoup.

» *Le*

» *Le Réveillon des Dieux* n'étoit, à propre-
» ment parler, qu'une espéce de Bal, où tous les
» Dieux masqués & travestis, hors Mercure,
» venoient se délasser avec les mortels des soins
» de la divinité, sans croire, en s'humanisant
» ainsi, se deshonnorer davantage, qu'en jouant
» comme ils venoient de faire, publiquement
» la Comédie ». (Ceci est un trait satyrique
sur la Comédie des *Dieux Comédiens*, de M.
Dancourt.) « Le sujet au reste n'étoit qu'ébau-
» ché, & l'on peut dire que ce Prologue ne
» répondoit à son titre que par la décoration:
» car pour le fond des scénes, ce n'étoit qu'un
» tissu de portraits satyriques, & de mauvai-
» ses plaisanteries qui n'y avoient aucun rap-
» port, & qui étoit entiérement dénué d'ac-
» tion ». III*e* *Lettre historique sur les Spectacles*, par *M. de Charny*, in 12. Paris, Prault.

REVENANT, (le) Opéra Comique en
un acte, de Messieurs *Laffichard & Valois
d'Orville*, représenté le Samedi 14 Septembre
1737. avec la *Muse Pantomime*, & le *Pere
Barnabas*, concerto Pantomime, non imp.
Certaine Marquise ayant appris que son mari
a été tué à la bataille de Parme, s'est retirée
dans son Château pour éviter les poursuites
des importuns. Il y a trois ans qu'elle est dans
cette retraite, & il n'y a que huit jours qu'E-
raste cousin du Marquis, & amant de la Marquise, s'est avisé de contrefaire le Revenant,
pour l'obliger à lui donner sa main. Par une
promesse de deux mille écus, il a gagné Marton, suivante de la Marquise, Marton a engagé
M. Grapillard son amoureux, de sorte que le

bruit de ce Revenant a rempli le village d'épouvante. La Marquise ne sçachant trop que penser, veut employer un Devin, qui se fait fort de conjurer l'Esprit, & de le chasser. Ce Devin paroit: c'est le Marquis lui-même, qui n'est point mort, & veut sous ce travestissement s'informer secrettement de la conduite de sa femme. Grapillard à qui il se fait connoître d'abord, l'instruit du méchant stratagême d'Eraste. Cette découverte le met en état d'intimider Marton, & de passer auprès de cette soubrette pour un habile sorcier. Elle avoue en tremblant toute la fourberie. Le Marquis continuant son personnage, donne de nouvelles preuves de son sçavoir. Témoin des caresses du petit Comte son fils, & de Julie sa niéce, il devine que ces deux enfans sont amoureux l'un de l'autre. La passion de Lucas Jardinier du Château, pour Marton, lui est également connue, mais ce qu'il ignore, ce sont les sentimens de la Marquise. Voyons avec quelle adresse il va s'en assurer.

LE MARQUIS *en Devin.*

Permettez-moi, Madame, une question.

(AIR. *Margot a vendu son cotillon.*)

Jamais n'avez-vous
A votre Epoux,
Madame, (*bis.*)
Fait d'infidélité?
On sçait qu'une femme
Souvent a dans l'ame
De la légéreté.

LA MARQUISE.

Je crains peu le blâme
De ce côté.

LE MARQUIS.

„ Cependant certain Erafte parent du Marquis vous a
„ preffé vivement.

LA MARQUISE,

„ Pour l'en punir, je l'ai banni de ce Château.

LE MARQUIS

„ Actuellement certain Chevalier de Craquenville vous
„ adore, il fe flatte de vous confoler du Marquis.

LA MARQUISE.

„ Le Chevalier eft un fat, dont les impertinences me ré-
„ jouiffent, & qui bien loin de mériter ma main, ne méri-
„ tera jamais que mon indifférence.

LE MARQUIS.

„ Que le Marquis étoit heureux d'avoir une époufe fi fage.

Ce Chevalier de Craquenville eft un miférable poltron, qu'on a bien fait de peindre tel, puifqu'il eft deftiné à être le jouet de la Marquife, & fervir de but aux mauvaifes railleries de fon mari. Enfin, lorfqu'il eft temps que la piéce finiffe, le mur s'ouvre, Erafte fous les habits du Marquis prétendu défunt, & feignant être fon ombre, vient en fon nom déclarer fon intention à la Marquife, en chantant d'une voix fépulchrale, fur l'air: *Quand je tiens de ce Jus d'Octobre.*

>Reçois l'Epoux que je te donne
>D'Erafte fixe les amours.
>L'ombre de ton mari l'ordonne :
>Sinon, tu mourras dans deux jours.

LE MARQUIS *empêchant Erafte de rentrer.*
Arrête, impofteur ».

Il fe découvre. Erafte & Craquenville décampent au plus vîte, chacun de leur côté. La joye étouffe la voix de la Marquife, mais on pense bien qu'une reconnoissance de cette nature n'a pas besoin d'expression. Ce brusque dénouement est terminé par une fête assez peu attendue des habitans du village, qui viennent se réjouir du retour de leur Seigneur. On ne transcrit que le couplet du vaudeville adressé au Parterre.

> Que le public, juge méchante
> Une piéce qu'on lui présente,
> Il s'en ira.
> Qu'elle lui paroisse plaisante.
> Bien écrite & divertissante,
> Le lendemain d'humeur riante
> Il reviendra.

Extrait manuscrit.

RÉUNION (la) DES AMOURS, Comédie en un acte & en prose de M. de *Marivaux*, représentée le Lundi 5 Novembre 1731. précédée du *Comte d'Essex*, Tragédie. *Hist. du Th. Fr. année* 1731.

RÉUNION (la) DES EPOUX, Opéra Comique de M. *Panard*. Voyez *Epoux (les) réunis*.

RÉUNION (la) FORCÉE, Comédie Françoise en prose & en un acte, suivie d'un divertissement, au Théatre Italien, par M. *Avisse*, représentée pour la premiére fois le Mercredi 19 Juillet 1730. non imprimée.

« Les Comédiens Italiens donnerent le 19 » Juillet 1730. la premiére représentation d'une » petite Comédie en prose en un acte, avec un » divertissement; elle a pour titre la *Réunion* » *forcée.* (*) Cette piéce ne promet pas un

---

(*) Cette Comédie fut composée au sujet du procès de

„ grand succès, le Lecteur en va juger par la
„ légere idée que nous en allons donner.

„ Une Comtesse sur le retour ayant épousé
„ un jeune Cavalier appellé Damon, qui n'a
„ pas pour elle tous les égards qu'elle s'en étoit
„ promis, veut se venger de lui par le divorce;
„ elle ouvre la scéne avec sa suivante Finette,
„ qui la flatte d'un sort plus heureux, qui sui-
„ vra le gain de son procès.

LA COMTESSE.

Hélas je n'ai aucun lieu de me flatter de ce succès, d'ailleurs que je gagne ou que je perde, je vais devenir le sujet des Vaudevilles, des Épigrammes, des Piéces de Théatre. Ah ! cette pensée me fait mourir : encore si l'on ne me faisoit paroître que sur le Théatre François, je ne serois pas si fâchée, &c.

„ M. *Du Dossier* son Procureur, vient lui
„ annoncer un triomphe prématuré, qui n'existe
„ que dans son imagination, & qu'il dit infail-
„ lible par l'heureuse disposition qu'il dit avoir
„ mise dans ce procès. Sur cette frivole espé-
„ rance, il ose parler d'amour & d'hymen à la
„ Comtesse, qui reçoit sa déclaration avec fier-
„ té, attendu l'inégalité des conditions. Du
„ Dossier a recours à Finette ; & pour la mettre
„ dans ses intérêts, il lui promet de lui faire
„ épouser *Lavenir*, son Maître Clerc. Finette,
„ non moins fiere que sa Maîtresse, ne veut pas
„ d'un Clerc de Procureur pour mari. Du
„ Dossier lui promet de le mettre en possession
„ d'une belle & bonne charge d'Huissier à verge.

---

la Demoiselle *Duclos* contre son mari le Sieur *Chemin*, dont elle vouloit faire annuler le mariage qu'elle avoit contracté avec lui. Elle perdit son procès.

» Finette l'accepte à ce prix, mais elle doute
» que sa Maîtresse puisse se résoudre à épouser
» un Procureur; elle dit à Du Dossier que le
» goût de la Comtesse seroit plûtôt pour un
» Financier, ce qui détermine Du Dossier à
» revenir se présenter à elle sous le nom & l'ha-
» bit d'un frere qu'il a dans la Finance, appellé
» M. *Du Zéro*. Il exécute son projet, & sous
» le nom de Financier, il est parfaitement bien
» reçu de la Comtesse. Damon son jeune mari
» vient troubler leur naissante intelligence; il
» demande à la Comtesse cent pistoles dont il a
» besoin, & qu'il veut avoir sur le champ. Les
» injures ne sont pas épargnées de part & d'au-
» tre; M. du Zéro, pour faire sa cour à la Com-
» tesse, donne un billet au porteur de mille
» francs, que Finette reçoit malgré sa Maîtresse.
» *Oronte*, pere de Damon, vient annoncer à
» la Comtesse sa bru, qu'elle a perdu son pro-
» cès tout au long, & qu'on vient de la déclarer
» non recevable, &c.

SCÉNE XI.

LA COMTESSE, ORONTE, DU DOSSIER *en Financier*, FINETTE, LAVENIR.

LAVENIR.

Messieurs & mes Dames, faites-moi la grace de me dire si vous n'avez point vû mon Maître depuis tantôt qu'il est venu ici?

DU DOSSIER *à part*.

La peste soit du faquin; il va tout gâter. Je voudrois être bien loin.

FINETTE.

Quel Maître ?.... parles donc.

LAVENIR.

C'est bien à toi à m'imposer silence. Oui, je cherche M. du Dossier mon Maître..... Ah, le voilà je crois..... Mais non.... vraiment c'est lui-même.... Comment vous voila-t'il fagoté ?

DU DOSSIER bas.

Te tairas-tu !

LAVENIR.

Oh, je vous reconnois bien malgré toutes vos grimaces.

LA COMTESSE.

Assurément c'est lui-même....... Il n'est plus tems de le nier, tout le monde vous reconnoit. Vous êtes bien impertinent de venir ici pour m'en imposer sous un nom emprunté !

DU DOSSIER.

Madame....... l'amour......

LA COMTESSE.

Allez, je n'ai ni affaire de vous ni de votre amour, & je vous défend de mettre jamais le pied chez moi..... que je suis malheureuse ! ce n'est pas assez d'avoir perdu mon procès avec dépens, il faut que je sois encore le jouet d'un faquin comme celui-là !

DU DOSSIER.

Eh bien, puisque je ne suis plus M. du Zéro, & que vous êtes toujours Madame Damon, rendez-moi, s'il vous plaît mon billet.

LA COMTESSE.

Quelle insolence ! que voulez-vous dire ? je n'ai jamais reçu de billet de vous.

DU DOSSIER.

Non, mais cette fille......

FINETTE.

Il est vrai que j'ai emprunté un billet à M. du Zéro, mais je suis bonne pour lui rendre.

DU DOSSIER.

Fort bien, fort bien, l'on s'est moqué ici de moi ; mais je ferai bien voir qu'on n'offense pas impunément un homme de ma profession.

SCÉNE XII.

La Comtesse, Oronte, Finette, Lavenir.

LAVENIR.
Me voila donc défergenté.

FINETTE.
Oui, mon pauvre garçon.

LAVENIR.
Tu ne veux donc plus m'époufer?

FINETTE.
Non.

LAVENIR.
Tu me trouvois tantôt fi joli.

FINETTE.
Je voulois rire.

LAVENIR.
Tu t'es donc moqué de moi.

FINETTE.
Oui.

LAVENIR.
Eh bien, pour me venger j'achéterai une certaine charge & je veux ruiner ton pere, ta mere, tes oncles, tes tantes, tes coufins, & fi tu te marie, toi, tes enfans, ton mari, & tes petits enfans, jufqu'à la fixiéme génération.

FINETTE.
Je me foucie peu de tes menaces.

SCÉNE XIII.

La Comtesse, Oronte, Damon, Finette.

DAMON.
Je reviens fur mes pas; allons, de la joye. Je viens d'apprendre une bonne nouvelle. Eh quoi, Madame, vous vous

abandonnez au chagrin ? ouvrez les yeux, voyez votre bonheur ; auriez-vous trouvé un aussi joli homme que moi ? & je sçai que vous aviez envie de vous remarier. M. du Dossier vous lâchoit des œillades tendres ; certains quidams & d'autres vous rendoient des services intéressés, pour obtenir vos bonnes graces ; mais rendez-moi justice, en avez-vous trouvé un qui me vaille ?

LA COMTESSE.

Oh Monsieur, je ne m'en tiens point à ce jugement, je veux en appeller.

ORONTE.

Eh, croyez-moi Madame, n'hasardez point un second jugement, qui ne vous sera peut-être pas plus favorable que celui-ci. Faites attention quelle peine, quels soins, & que d'argent il vous en a coûté : si vous avez à vous plaindre de Damon, la disproportion des âges qui cause le plus souvent celle des humeurs, & sa grande jeunesse, semble l'excuser. Sa raison, qui doit croître tous les jours, secondée de mes leçons, vous pourront faire oublier le chagrin qu'il vous a causé. La reconnoissance agira en lui, & fera renaître en vous cette inclination qui a été le premier motif de votre mariage.

LA COMTESSE.

Je n'ai que trop aimé ce petit ingrat, & je me sens encore capable de tendresse pour lui, s'il devenoit plus raisonnable.

DAMON.

Raisonnable ! ah, parbleu, Madame, suis-je donc si difficile à contenter ? un peu d'argent, variété de plaisirs, agréable société, habit propre, il ne m'en faut pas davantage. Et quant à vous, Madame, j'aurai pour votre personne tout le respect, tous les égards possibles : en un mot, je vous regarderai comme ma propre mere.

LA COMTESSE.

Ce ne sont point des respects que je vous demande, Monsieur, c'est de l'estime, de l'amitié, & un peu d'amour.

DAMON.

Pour ce dernier article, vous sçavez qu'il ne dépend pas de nous, & ce n'est pas ma faute si je n'en ressens point.

ORONTE.

Allons, Madame, vous voyez que mon fils se rend à la raison ; réunissez-vous avec lui de bonne grace.

LA COMTESSE.

Je vois bien que c'eſt mon étoile d'être ſa femme. Heureuſe ou malheureuſe, il faut la remplir.

SCÉNE DERNIÉRE.

Les précédens, un Laquais.

LE LAQUAIS.

Madame, il y a là bas des Danſeurs & des Chanteurs qui demandent à parler à M. du Zéro.

DAMON.

Ah parbleu; ils viennent fort à propos; qu'on les faſſe monter, je me ſens en humeur de me bien divertir; ils nous
(*à Oronte.*)
ſerviront à célébrer notre nôce, & vous aurez s'il vous plaît la bonté d'ouvrir le bal avec Madame.

LA COMTESSE.

Moi, Monſieur? danſer dans le chagrin où je ſuis?

ORONTE.

Allons Madame, s'il ne faut que cela pour le ſatisfaire, ayez pour lui cette petite complaiſance.

DIVERTISSEMENT. Air.

Au premier âge,
On mépriſoit les biens,
L'Amour ſeul formoit les liens,
D'un heureux mariage,
Plutus n'y régnoit point encor.
Ce Dieu, maître à préſent de notre deſtinée
Nous vend au poids de l'or
Le plus triſte hymenée.

VAUDEVILLE.

Femme riche & ſur le retour,
Voit croître les amans près d'elle;
Fille ſans bien, mais jeune & belle
Les voit déſerter de ſa cour.
Point d'argent, point de mariage;
Argent & vieilleſſe, on dit : bon.
Sans argent, jeuneſſe, on dit : non,
C'eſt aujourd'hui l'uſage.

Vieux cocq riche & mal argotté
Marchande une jeune poulette ;
Jeune cocq en veut-il faire emplette,
S'il est pauvre il est culbuté ;
Point d'argent, point de mariage,
Argent & vieillesse, on dit : bon,
Sans argent, jeunesse ; on dit : non,
   C'est aujourd'hui l'usage.

Beaux Amans qui vous aimez bien,
Et qui semblez faits l'un pour l'autre,
Hélas ! quel malheur est le vôtre,
Lorsque l'un de vous deux n'a rien !
Point d'argent, point de mariage,
Argent & vieillesse, on dit : bon,
Sans argent, jeunesse, on dit : non,
   C'est aujourd'hui l'usage.

Filles sages, voici le prix
D'une vertu dans l'indigence,
Admirateurs en abondance,
Peu d'amans, jamais de maris.
Point d'argent, point de mariage,
Argent sans mérite ; on dit : bon,
Vertu sans argent, l'on dit : non,
   C'est aujourd'hui l'usage.

Au parterre.

Si chacun de vous est content
Qu'aujourd'hui l'on vous ait fait rire,
Oh Messieurs, vous n'avez qu'à dire,
Apportez-nous bien de l'argent ;
Mais point d'argent, point de courage,
Quand j'en vois beaucoup, je dis : bon,
Quand j'en vois peu, je dis : non, non,
   Je suis dans cet usage.

*Extrait du Mercure de France, Août 1730.
p. 1853. & du Manuscrit de la piéce.*

REVÛE (la) DES THÉATRES, Comédie Françoise en prose & en un acte, suivie d'un divertissement, au Théatre Italien, par Messieurs *Dominique*, *Riccoboni* le fils & *Romagnési*, représentée pour la premiére fois le Lundi 1 Mars 1728. Paris, Briasson. *Extrait, Mercure de France, Mars* 1728. p. 590 & *suivantes.*

Cette piéce fut précédée d'un Prologue intitulé *La suite des Comédiens Esclaves*, & de l'*Amant à la mode*, un acte en prose, des mêmes Auteurs.

RHADAMISTE ET ZÉNOBIE, Tragédie de M. *Crébillon*, représentée le Vendredi 23 Janvier 1711. in-12. Paris, Ribou, 1711. & dans le Recueil des piéces de M. Crébillon. Cette piéce est restée au Théatre. *Histoire du Théatre François*, année 1711.

Ce sujet a été traité par le Sieur Gillet de la Tessonnerie, dans un acte de sa Tragi-Comédie intitulée le *Triomphe des cinq Passions*, & par le Sieur de Montauban, sous le simple titre de *Zénobie.*

RHODES SUBJUGUÉE PAR AMÉ IV. COMTE DE SAVOYE, Tragédie du Sieur *Borée*, représentée en 1626. imp. en 1627. in-8°. avec les autres piéces dramatiques de l'Auteur. *Histoire du Théatre Franç.* année 1626.

RHODIENNE (la) *ou la* CRUAUTÉ DE SOLYMAN, Tragédie du Sieur *Mainfray*, représentée en 1620. in-12. 1621. *Hist. du Th. Fr.* année 1620.

RIBOU, (N......) Comédien François a débuté le Lundi 6 Novembre 1747. par le role d'*Oreste*, dans la Tragédie d'*Electre*, reçû le Lundi 15 Jánvier 1748. a quitté le Théatre au mois de Décembre 1750. aujourd'hui vivant Comédien dans la Troupe de Vienne. *Hist. du Th. Fr.* année 1741.

RICCOBONI, (Louis) connu au Théatre sous le nom de Lélio, lorsqu'il débuta avec la nouvelle Troupe Italienne, le 18 Mai 1716. Il continua de représenter avec succès le personnage de premier amoureux, jusqu'au mois de Mars 1729. qu'il obtint son congé de la Cour, pour se retirer en Italie avec sa femme & son fils. « Au mois de Mars dernier, année 1729. » le Sieur Louis Riccoboni, dit Lélio, premier » Acteur de la Troupe des Comédiens Italiens » ordinaires du Roi, la Demoiselle son épouse, » & le Sieur Riccoboni leur fils, demanderent » à se retirer, ce qui leur fut accordé, en con- » servant au Sieur Lélio & à son épouse 1000 » livres de pension à chacun. Le public regrette » avec raison ces deux excellens sujets. Leur fils » avoit déja les dispositions nécessaires & les ta- » lens convenables à sa profession.

» Le Sieur Lélio Auteur de plusieurs piéces » dont il a été parlé dans différens Mercures, est » de Modéne ; son dialogue étoit aisé & ani- » mé ; personne n'a jamais mieux caractérisé les » passions outrées, & avec plus de vraisem- » blance. Les piéces de *Samson*, *la Vie est un » songe*, & tant d'autres qu'il jouoit d'une ma- » niere inimitable, & qu'on demandoit avec » empressement en sont des preuves. C'est lui » qui avoit été chargé de former en Italie une » Troupe de Comédiens pour le Roi, & qui » l'amena en France en 1716. à la tête de la-

» quelle il a toujours été, fous les ordres de feu » Monfieur le Duc d'Orléans, qui l'honoroit » de fon eftime, &c ». *Mercure de France, Mai* 1729. *p.* 992. 993.

Le Sieur Riccoboni, fa femme & fon fils, après environ deux ans de féjour à Parme, revinrent à Paris au mois de Novembre 1731. Le Mercure du mois de Décembre, même année, annonça ce retour en ces termes.

« Le Sieur Riccoboni, dit Lélio, ci-devant » premier Acteur de la Troupe des Comédiens » ordinaires du Roi, la Demoifelle fon époufe, » & le Sieur Riccoboni leur fils, qui avoient » quitté le Théatre en 1729 pour fe retirer en » Italie leur patrie, font revenus en France depuis le mois de Novembre dernier ». La Dame Riccoboni & le Sieur Riccoboni fon fils rentrerent dans la Troupe, mais le Sieur Riccoboni, malgré les inftances qui lui furent faites, n'a pas jugé à propos de fuivre l'exemple de fa femme & de fon fils.

M. Riccoboni né à Modéne comme on l'a déja dit, étoit fils d'un Comédien célébre, il fuivit la profeffion de fon pere, & remplit avec fuccès l'emploi de premier Amoureux, fous le nom de *Fédérico*. A l'âge de vingt quatre ans il entra dans la Troupe de la *Diana*, femme de Jean Baptifte *Conftantini*, connu dans l'ancienne Troupe Italienne fous le nom d'*Octave*. Diana ne trouva pas que le nom de Fédérico fut affez théatral, & elle exigea que le Sieur Riccoboni quittât ce nom pour prendre celui de Lélio, qu'il a toujours porté depuis en Italie & en France. Il avoit époufé en premiéres nôces la sœur de mere de François Materazzi, (le Docteur de la nouvelle Troupe,) qui se nommoit *Gabriella Gardelini*, elle jouoit alors les Soubrettes, mais elle quitta cet emploi pour prendre celui de Seconda Donna, (seconde Amoureuse,) après avoir épousé le Sieur Riccoboni, elle mourut jeune & n'eut point d'enfans. Le Sieur Riccoboni épousa ensuite la Demoiselle *Héléne Baletti*, actuellement vivante & si estimée pour ses talens au nouveau Théatre Italien ; sous le nom de *Flaminia*.

M. Riccoboni est Auteur des piéces Italiennes suivantes représentées sur le Théatre de l'Hôtel de Bourgogne.

LES ERREURS DE L'AMOUR, ou ARLEQUIN NOTAIRE MALTRAITÉ, Canevas Italien en trois actes, 1716.

LA FEMME JALOUSE, Canevas en trois actes 1716.

PANTALON DÉBAUCHÉ, & ARLEQUIN QUI SE TRAHIT LUI MÊME, Canevas en cinq actes, 1716.

L'ITALIEN MARIÉ A PARIS, Canevas en trois actes, 1716 Paris, Briasson.

LES STRATAGÊMES DE L'AMOUR, Canevas en trois actes, 1716.

LE LIBÉRAL MALGRÉ LUI, Canevas en trois actes, 1716 Paris, Briasson.

ARLEQUIN HEUREUX PAR HAZARD, Canevas en trois actes, d'un ancien Auteur, & accommodé au Théatre, 1716.

L'HEUREUSE TRAHISON, Canevas ancien accommodé au Théatre, trois actes, 1717.

LA Force de l'Amitié, Canevas en trois actes, 1717.

L'Italien francisé, Canevas en cinq actes, 1717.

L'Imposteur malgré lui, Canevas en cinq actes, 1717.

Les Ignorans devenus fourbes par intérêt, Canevas en un acte avec des scénes Françoises, du Sieur *Dominique*, 1717.

Le Sincere a contre temps, Canevas en un acte, 1717.

Arlequin muet par crainte, Canevas en trois actes, 1717.

La Métempsicose d'Arlequin, Canevas en un acte, avec quelques scénes Françoises, du Sieur *Dominique*, & un divertissement, 1718.

Les deux Arlequines, Canevas en un acte, 1718.

Le Pere partial, Canevas en cinq actes, 1718.

Prologue du Jugement de Paris, Canevas mêlé de scénes Françoises, du Sieur *Dominique*, 1718.

La Désolation des deux Comédies, Piéce Françoise en prose & en un acte, avec un divertissement, en société avec le Sieur *Dominique*, 1718.

Le Joueur, Canevas en trois actes; 1718.

Le Soupçonneux, Canevas en trois actes, 1721.

Endymion, *ou l'Amour vengé*, Canevas en trois actes, 1721.

Le Négligent, Canevas en un acte, avec

des scénes Françoises, du Sieur *Dominique*, 1721.

ARLEQUIN CARTOUCHE, Canevas en cinq actes, 1721.

POLYPHÊME, Comédie Françoise en prose & en cinq actes, avec des divertissemens, en société avec M. *Le Grand*, 1722.

ARCAGAMBIS, Tragédie burlesque en vers & en un acte, en société avec Messieurs *Dominique, Romagnési & Riccoboni fils*, 1726. Paris, Briasson.

L'ITALIEN MARIÉ A PARIS, Comédie Françoise en prose & en cinq actes, avec des divertissemens, 1728. (C'est la traduction avec quelques changemens de la piéce Italienne, sous le même titre & du même Auteur.) non imp.

RICCOBONI, (Madame) dite Flaminia. Voyez *Flaminia*.

RICCOBONI, (François) fils de Louis Riccoboni & d'Héléne Baletti né en Italie, vint fort jeune à Paris, & débuta dans la Troupe des Comédiens Italiens. C'est le Mercure du mois de Janvier 1726. p. 162. qui va nous en instruire.

« Le 10 Janvier 1726. les Comédiens Ita-
» liens représenterent la *Surprise de l'Amour*;
» c'est une des meilleures piéces de M. de Mari-
» vaux. Le Sieur Riccoboni, fils du Sieur Lélio
» & de la Demoiselle Flaminia, y parut pour la
» premiére fois dans le role de l'Amoureux, &
» fut fort goûté & fort applaudi. C'est un jeune
» homme qui sort du collége, & dont l'esprit
» & les mœurs sont fort estimables. Son pere
» fit un petit discours très-sensé aux Specta-

teurs pour les captiver. Ce qui a donné lieu à un Poëte de lui adresser ces vers.

>Pour ton fils Lélio, ne sois point allarmé,
>Il n'a pas besoin d'indulgence ;
>D'un heureux coup d'essai le parterre charmé
>N'a pû lui refuser toute sa bienveillance.
>Pour ses succès futurs cesse donc de trembler ;
>Que nulle crainte ne t'agite,
>Si ce n'est d'avoir dans la suite
>Un généreux rival qui pourra t'égaler.

Le Sieur Riccoboni le fils continua de jouer au gré du public & fut reçu dans la Troupe où il joua jusqu'en 1729. qu'il suivit son pere & sa mere en Italie. De retour en France au mois de Novembre 1731. il reparut sur le Théatre de l'Hôtel de Bourgogne le 26 du même mois, & représenta le role de *Valere*, dans la Comédie des *Amans réunis*, & il fut parfaitement bien reçu du public & très applaudi. En 1736. le Sieur Riccoboni quitta la Troupe & fut jouer en Province, mais il revint l'année 1737. & parut sur le Théatre Italien le 21 Mars de la même année 1737. dans la Comédie des *Sauvages*, Parodie d'*Alzire*, & remplit le même role qu'il y avoit déja joué dans la nouveauté de cette Parodie. Enfin le Sieur Riccoboni le fils semble avoir quitté absolument le Théatre à la clôture de 1750. & est retourné en Italie sa patrie, où il est présentement (année 1753.) dans la famille du Sieur Riccoboni son pere.

Le Sieur Riccoboni est aussi Auteur de plusieurs piéces Françoises qui ont paru au Théatre Italien avec succès, & dont voici les titres.

A lui seul.

LES EFFETS DE L'ÉCLIPSE, Comédie en un

acte, suivie d'un divertissement, non imprimée, 1724.

ZÉPHIRE ET FLORE, Pastorale héroïque en trois actes & en vers libres, avec des divertissemens, 1727. non imp.

LE SINCERE A CONTRE TEMS, Comédie en vers & en un acte. (C'est la traduction de la piéce Italienne du même titre,) non imp. 1727.

HYPPOLITE ET ARICIE, Parodie en un acte en prose & vaudevilles de la Tragédie lyrique du même nom, 1733. non imp.

LES HEUREUSES TROMPERIES, Comédie en prose & en cinq actes, 1734. non imp.

LE BALLET PANTOMIME DES FILETS DE VULCAIN, 1737.

LE BALLET PANTOMIME D'ORPHÉE, 1738.

ARLEQUIN PHAËTON, Parodie en un acte en prose & vaudevilles de la Tragédie lyrique de *Phaëton*, 1743. non imp.

LE PRINCE DE SURENNES, Parodie en vers & en un acte, de la Comédie héroïque du *Duc de Surrey*, 1746. imprimée.

En société avec Messieurs Dominique & Romagnési.

LES COMÉDIENS ESCLAVES, Prologue, 1726.

ARLEQUIN TOUJOURS ARLEQUIN, un acte, 1726.

ARCAGAMBIS, Tragédie bouffonne, un acte, 1726.

L'OCCASION, Opéra Comique, un acte, non imp. 1726.

MÉDÉE ET JASON, Parodie en un acte, en profe & vaudevilles de la Tragédie lyrique du même nom, 1727.

LA SUITE DES COMÉDIENS ESCLAVES, Prologue non imp. 1728.

L'AMANT A LA MODE, en profe & en un acte, non imp. 1728.

ARLEQUIN HULLA, un acte en profe, fuivi d'un divertiffement, 1728.

LA REVÛE DES THÉATRES, un acte, en profe & vaudevilles, 1728.

LES ENFANS TROUVÉS, ou LE SULTAN POLI PAR L'AMOUR, Parodie en vers & en un acte de la Tragédie de *Zaïre*, 1732.

Avec M. Dominique.

LA COMÉDIE DE VILLAGE, Comédie en un acte & en profe, non imp. 1728.

LA MÉCHANTE FEMME, Parodie en vers & en un acte de la Tragédie de *Médée*, de M. *Longepierre*, 1728.

Avec M. Romagnéfi.

PYRAME ET THISBÉ, Parodie en profe & vaudevilles de la Tragédie lyrique du même nom, 1726.

LES AMUSEMENS A LA MODE, Comédie en vers libres & en trois actes, précédée d'un Prologue, 1732. (Le troifiéme acte qui eft en vers lyriques & mis en Mufique par M. *Mouret*, eft intitulé : *Les Cataftrophes lyri-tragi comiques.*)

Le Bouquet, Comédie en vers libres & en un acte, suivie d'un divertissement, 1733.

Les Ennuis du Carnaval, Comédie en vers libres & en un acte, 1735.

Achille et Déidamie, Parodie en prose & vaudevilles de la Tragédie lyrique du même nom, 1735.

Le Conte de Fée, Comédie en vers libres & en un acte, suivie d'un divertissement, non imprimée, 1735.

Les Indes chantantes, Parodie en trois actes, en prose & vaudevilles du Ballet des *Indes Galantes*, avec trois divertissemens, & précédée d'un Prologue entre deux Acteurs, 1735. non imp.

Les Sauvages, Parodie en vers & en un acte de la Tragédie d'*Alzire*, 1739.

Les Complimens, petite piéce d'une scéne, 1736.

Castor et Pollux, Parodie en un acte en prose & vaudevilles de la Tragédie lyrique du même nom, 1737.

La Conspiration manquée, Parodie en vers & en un acte de la Tragédie de *Maximien*, 1738.

La Querelle du Tragique et du Comique, Parodie en vers & en un acte de *Mahomet II*. Tragédie de M. *De la Noue*, 1739. non imprimée.

L'Écho du Public, Comédie en vers libres & en un acte, 1741.

La même Piéce, avec deux scénes nouvelles, 1741.

RICHARD MINUTOLO, Comédie en

un acte, représentée le Vendredi 11 Mai 1731. précédée d'un Prologue & du *Talisman*, piéce en un acte, & suivie du *Magnifique*, autre piéce en deux actes: ces trois Comédies de M. de *La Motte*, représentées sous le titre de l'*Italie Galante*, ou les *Contes*, imprimée dans l'édition des Œuvres de M. de La Motte, Paris, Prault fils. *Histoire du Théatre François*, année 1731.

RICHE (le) MÉCONTENT, *ou le* NOBLE IMAGINAIRE, Comédie en cinq actes & en vers, de M. *Chappuzeau*, représentée sur le Théatre de l'Hôtel de Bourgogne en 1662. imp. la même année in-12. Paris, Ribou. En changeant ce titre, & le donnant sous celui du *Partisan dupé*, l'Auteur a dédié cette piéce à Madame la Princesse d'Anhalt. *Hist. du Th. Franç.* année 1662.

RICHE (le) VILAIN. Voyez *Dame* (*la*) *d'intrigue*.

RICHEMONT BANCHEREAU, Auteur Dramatique François, a composé pour le Théatre.

LES PASSIONS ÉGARÉES, ou le ROMAN DU TEMPS, Tragi-Comédie, 1632.

L'ESPÉRANCE GLORIEUSE, OU AMOUR ET JUSTICE, Tragi-Comédie, 1632.
Hist. du Th. Franç. année 1632.

RICHER, (Henri) Avocat au Parlement, de Rouen, mort en 1748. a composé pour le Théatre François.

SABINUS, Tragédie, 1734.
Histoire du Théatre Fr. année 1634.

RIDICULE (la) SUPPOSÉE, Comédie

Françoise en prose & en un acte, suivie d'un divertissement, au Théatre Italien, par M. *Fagan*, représentée le Samedi 12 Janvier 1743. non imp. & sans Extrait.

RIEN, Opéra Comique en un acte, avec un Divertissement, de M. *Pontau*, représenté le Vendredi 1 Mars 1737. suivi de l'*Eclipse*, repris le Mercredi 8 Août 1742. non imp.

Astorgan Magicien, a enlevé Isménie, jeune Bergére, amante du Berger Coridon, & la tient renfermée dans son Château, pour la soumettre à ses volontés. Isménie avant d'obéir, prie le Magicien de la laisser seule un moment, pour réfléchir sur le parti qu'on lui propose. Astorgan y consent & se retire. La Bergére n'a pas le loisir de rêver, Coridon paroît à ses yeux sans qu'on sçache par quel moyen il est arrivé : ces deux Amans charmés de se revoir, se jurent une fidélité à toutes épreuves. Astorgan surprenant Coridon aux pieds d'Isménie, enléve cette derniere ; le Berger au désespoir, veut se lancer au fond d'un précipice, mais il est arrêté par la Fée Bienfaisante, qui lui enseigne les moyens de recouvrer sa Bergere, & détruire en même temps les charmes d'Astorgan; pour cet effet il faut se défendre des attraits séducteurs de l'Inconstance ; ce n'est pas tout, ajoûte la Fée : à l'approche de la demeure du Magicien, tu verras un Géant horrible qui te proposera une fatale énigme. Si tu la devine, tes souhaits seront remplis, si au contraire, tu manque à l'expliquer, tu tomberas dans les fers du Géant. Tu n'es pas le premier, continue-t-elle, qui ait tenté l'avanture, & cette Tour que tu vois est pleine d'aimables prisonniers & prisonnieres qui ont eu le malheur d'être la victime de la cruauté d'Astorgan. L'amour de Coridon lui fait méprifer le danger, & il cherche avec joye la fin de cette avanture.

L'Inconstance avec sa brillante suite, vient s'offrir d'abord à sa vue : les suivans de l'Inconstance forment un divertissement, & chantent dans un Vaudeville l'apologie de la passion qui les domine.

Couplet du Vaudeville.

Jason, ce héros renommé
Pour ses exploits & sa vaillance
De l'objet qui l'avoit charmé
Sçut captiver la bienveillance.
Et zon, zon, zon,
Dès qu'il eut la toison,
Il courut à l'Inconstance.

Coridon, sans faire attention aux conseils de l'Inconstance, poursuit son chemin vers le Palais d'Astorgan. Le Géant paroit, & lui présente l'Enigme que voici.

Sans traits, sans couleur, sans figure
Chacun me nomme sans me voir,
Et depuis le moment qu'existe la nature,
Jamais l'œil le plus fin n'a pû m'appercevoir.
A la Ville, ainsi qu'au Village
Un mortel avec moi n'est jamais bien reçû,
Et cependant j'ai l'avantage
D'accompagner souvent l'honneur & la vertu.
Un dernier trait suffit pour me faire comprendre
A ce trait seul, Lecteur attache toi :
De tout ce qu'ici bas chacun dans son emploi,
Les hommes osent entreprendre,
Plus de la moitié vise, & n'aboutit qu'à moi.

CORIDON *d'un air gai.*

« J'y suis.   *Il répéte.*

Plus de la moitié vise, & n'aboutit qu'à moi.

(Air.

(AIR. *Bannissons ici l'humeur noire.*)

C'est l'Intérêt, tout dans la vie
S'y livre avec avidité.

ORCAN *Confident d'Astorgan.*

Vous n'y êtes pas mon ami.

CORIDON *continuant l'air.*

C'est l'amour, tout y sacrifie.

ORCAN.

Non.

CORIDON.

C'est la gloire, ou la vanité.

ORCAN.

Prrrr, vous en êtes bien loin, ma foi. (*à part.*) Sa perte ne tient plus qu'à un petit filet.

CORIDON.

(AIR. *Je suis la fleur des garçons du village.*)

Quoi ce n'est pas l'un de ces trois mobiles,
L'ambition, l'amour, le bien?

ORCAN.

Cherchez encor.

CORIDON.

Mes soins sont inutiles.

ORCAN.

Qu'avez-vous enfin trouvé?

CORIDON *désespéré.*

Rien.

A ce mot le tonnerre se fait entendre, les éclairs brillent, le Géant s'abime, & le désert se change en un séjour enchanté. Les Amans & les Amantes délivrés, viennent remercier leur libérateur.

Tome IV. X

CORIDON. (AIR. *J'étois perdue.*)

En moi vous voyez votre époux,
Charmante Isménie,
Nous ne craignons plus les coups
Du cruel Génie.

ISMÉNIE.

Pour nous quel heureux hasard !
Hélas ! que je suis émue !
Un petit moment plus tard
J'étois (*bis.*) perdue.

La Fée Bienfaisante arrive pour complimenter Coridon, & lui apprend que sans y songer il a trouvé le mot de l'énigme, qui est *Rien*.

CORIDON *au Public.*

» Messieurs, je ne crois pas que cette petite piéce mérite
» l'attention des Critiques : en tout cas, nous leur répon-
» drons que nous avons rempli notre titre.

(AIR. *Ici je fonde une Abbaye.*)

Si contre la piéce nouvelle
Quelqu'un se fâche, fait-il bien ?
Non parbleu, c'est ce qu'on appelle
Se fâcher à propos de rien.

Couplets du Divertissement.

Quelquefois par une sornette,
L'amitié d'un Seigneur s'achette,
C'est un rien qui le produit.
Mais plus que le verre & l'argile,
Cette amitié devient fragile,
C'est un rien qui la détruit.

Pour un souris fait à sa femme,
La fureur d'un jaloux s'enflamme,
C'est un rien qui la produit.
Un petit mot & quelques larmes
Fait bientôt cesser le vacarme,
C'est un rien qui la détruit.

Aujourd'hui notre ame est ravie
De voir si bonne compagnie,
C'est un rien qui la produit.
Si nous avons votre suffrage,
Des Censeurs nous bravons l'orage,
C'est un Rien qui les détruit.

Extrait Manuscrit.

RIEN N'EST DIFFICILE EN AMOUR, Pantomime représentée par la Troupe étrangere à la Foire S. Germain, le Samedi 3 Février 1748. *Affiches de Boudet.*

RISTORINI, (Antoine Marie) Chanteur Italien, natif de Florence, a chanté sur le Théatre de l'Académie Royale de Musique à Paris, au mois de Juin 1729. le role de D. *Micco*, dans l'Intermède Italien intitulé *Don Micco & Lesbina*, & le role de *Bajocco* dans un autre Intermède en deux actes, qui a pour titre *Serpilla & Bajocco*, ou le *Mari Joueur* & la *Femme Bigote.*

RIVAL (le) DANGÉREUX, Opéra Comique en un acte, avec un divertissement, par M. *Le Sage*, représenté à la suite de la *Fée Marotte*, le Samedi 28 Août 1734. non imp.

Cette piéce a été composée sur un particulier qui se faisoit appeller le Marquis Damis, & passoit pour sçavoir faire la pierre philosophale. Ses Mémoires paroissoient alors tout nouvellement imprimés, & M. Le Sage a saisi bien vite le Vaudeville du tems.

Un Inconnu, tel à peu près qu'on vient de le désigner, s'est introduit chez M. Cornet, Procureur, à titre de pensionnaire: il est amoureux de Julie, fille de la maison, & comme l'argent ne lui coute rien, il le répand avec prodigalité. Le pere & la mere de sa Maîtresse, séduits par ses riches présens, ont déja résolu de congédier Valere, à qui Julie est promise, mais avant de rien conclure, ils veulent sçavoir le nom & l'état de l'Inconnu. Marton, suivante de Julie, entiérement gagnée par l'éclat de ce nouvel amant, se charge de ce soin. Elle s'est apperçue que Dubois valet de l'Inconnu la courtise ; elle l'interroge, & le presse au point que ce Valet après avoir exigé le secret, lui avoue que son Maître est un célébre Chymiste, qui posséde le secret de faire de l'or, & pour preuve de ce qu'il dit, il montre un lingot que l'Inconnu a composé le matin même avec un chandelier de cuivre. Marton satisfaite, sans faire une plus ample information, promet sa main à Dubois, & se fait fort de celle de Julie pour l'Inconnu. Elle n'a pas tort, Monsieur & Madame Cornet ajoutant foi aussi légérement au récit de Marton, que cette derniere au discours de Dubois, décident le mariage de leur fille avec l'Inconnu, qu'ils regardent comme un parti d'une richesse inépuisable : conséquemment, Marton signifie à Merlin valet de Valere, son congé & celui de son Maître. Il n'est plus question que d'obliger Julie à souscrire aux volontés de son pere & de sa mere. Malgré son amour pour Valere, cette belle n'ose refuser une bague & un écrin de pierreries dont l'Inconnu lui fait don. Il ajoûte qu'il veut lui acheter un équipage magnifique, & un superbe Hôtel, qu'il fera meubler richement, & sort en laissant une bourse entre les mains de l'obligeante Marton. Julie restée seule avec sa suivante, semble avoir renoncé à Valere, elle va même jusqu'à sentir une certaine inclination pour l'Inconnu, lorsque Valere & Merlin se présentent, Julie se retranche sur l'obéissance qu'elle doit à son pere & à sa mere : Marton parle plus franchement, & dit à Merlin qu'elle préfére Dubois qui est couvert de lingots d'or, à un misérable valet qui n'a pas le sou. Pendant cette espéce de contestation, qui est assez courte, on voit entrer un Exempt & des Archers. L'Exempt met la main sur le collet de Valere, & l'arrête de la part du Roi : Je cherche, dit-il, un Inconnu, pensionnaire chez M. Cornet, & je ne doute pas que ce soit vous. Valere se nomme, & fait connoître qu'il n'est pas celui qu'on veut arrêter. L'Exempt & les Archers courent chercher leur proye. Julie & Marton, par un mouvement de reconnoissance, craignent pour l'Inconnu & son valet. Ce dernier vient fort effrayé, Marton le fait passer par une fausse porte, & lui conseille d'aller au plûtôt trouver son Maître & se sauver avec lui. Valere & Merlin délivrés de leurs dangéreux Rivaux, pourroient alors triompher, mais ils sont trop humains pour vouloir se prévaloir de cette circonstance. Il leur suffit de ne plus trouver d'obstacle.

VALERE à Julie.

« Je conçois ce que vous perdez dans l'Inconnu,
» mais si Valere avec une fortune médiocre, & le plus
» parfait amour pouvoit vous en consoler……

JULIE. (AIR. *Quand Iris prend plaisir.*)

Devez-vous en douter, Valere,
Si l'Inconnu d'abord à fçu plaire;
Ses préfens nous ont tous féduits.
Mais ils n'ont pû me brouiller la cervelle.
Si mes yeux étoient éblouis,
De l'eclat de tous ses louis,
Mon cœur du moins (*bis.*) étoit fidéle.

MARTON *à Merlin.*

» Dubois m'avoit dit que son Maître & lui avoient le
» secret de faire de l'or : dès ce moment, adieu Merlin.

MERLIN.

(AIR. *Perrette étoit deſſus l'herbette.*)

Oh palsambleu je vous pardonne,
De m'avoir quitté, ma mignonne,
Pour le personnage important,
A votre place, ma pouponne,
Qui diable n'en eut fait autant.

VALERE *à Julie.*

» Je crois qu'au défaut du Chymiste, vos parens voudront
» bien m'accepter pour gendre.

MERLIN.

» Je vais ordonner une petite fête.

MARTON.

» Dubois t'a prévenu, il avoit fait préparer par ordre de
» son Maître, un divertiſſement qui va être éxécuté.

MERLIN.

» Qu'il eſt doux de danſer quand un autre paye les vio-
» lons ».

Le Vaudeville eſt le même que celui des mariages de Canada, dont le refrain eſt,

Contentement paſſe richeſſe.

Sans ſonger à faire aucune comparaiſon de
piéces, on peut dire que le dénouement de
celle ci eſt pris ſur celui du Tartuffe de M. Moliere, avec cette différence que tout le monde

est charmé de la punition du Tartuffe, au lieu qu'ici, loin de souhaiter le malheur de l'Inconnu, tout ce qu'on dit de lui, & ce qu'on en voit dans la seule scéne où il paroit, nous intéresse en sa faveur.
Extrait Manuscrit.

RIVAL (le) DE LUI MÊME, Opéra Comique en un acte, en vers & en vaudevilles, de M. *Carolet*, représenté par les petits Comédiens, le Mardi 19 Août 1732. précédé du Prologue intitulé *Le Parterre merveilleux.* Cette piéce est imp. dans le Recueil de celles de M. Carolet, intitulé tome IX. du Théatre de la Foire. On en trouvera l'Extrait, *Mercure de France*, Septembre 1732. p. 2026. *& suivantes.*

RIVAL (le) DE SON MAÎTRE, Comédie en cinq actes, d'un Auteur *Anonyme*, non imp. représentée le Vendredi 25 Avril 1687. *Hist. du Th. Fr. année* 1687.

RIVAL (le) FAVORABLE, Comédie en vers & en trois actes, suivie d'un divertissement, au Théatre Italien, par M. de *Boissi*, représentée pour la premiére fois le Vendredi 30 Janvier 1739. Paris, Prault pere. *Extrait, Mercure de France*, Mars 1739. p. 553. *& suiv.*

RIVAL (le) SECRÉTAIRE, Comédie en un acte & en vers, de M. *Desforges*, représentée le Mardi 12 Novembre 1737 précédée d'un Prologue d'un autre Auteur, & suivi de l'*Accommodement imprévu*, & de l'*Heure du Berger*, piéces nouvelles. Le Rival Secrétaire est imp. in-12. Paris, Cailleau. *Hist. du Th. Fr. année* 1737.

RIVAL (le) SUPPOSÉ, Comédie en un acte & en profe, de M. de *Saintfoix*, repréfentée le Samedi 25 Octobre 1749. précédée de *La Colonie*, piéce du même Auteur, & d'un Prologue. *Hift. du Th. Fr.* année 1749. Paris, Duchefne.

RIVALE (la) D'ELLE-MÊME, Comédie en un acte & en profe, de M. *Boiffy*, repréfentée le Vendredi 19 Septembre 1721. à la fuite de la *Mort de Pompée*, imp. dans le Recueil des Œuvres de l'Auteur. *Hift. du Th. Franç.* année 1721.

RIVALE (la) SUIVANTE, Comédie en un acte & en vers, de M. *Rouffeau*, in-12. Paris, Cailleau, & repréfentée le Jeudi 3 Août 1747. précédée des *Confidences réciproques*, piéce en un acte, & fuivie d'un Prologue & du *Plaifir*, Comédie auffi en un acte. *Hift. du Th. Franç.* année 1747. Paris, Jorri.

RIVALES, (les) Comédie en cinq actes & en vers de M. *Quinault*, repréfentée fur le Théatre de l'Hôtel de Bourgogne en 1653. in-12. Paris, de Luines, 1661. & dans le Recueil des Œuvres de l'Auteur. *Hift. du Th. Fr.* année 1653.

RIVAUX, (les) Comédie en cinq actes & en vers, de M. *Saurin*, repréfentée le Lundi 4 Février 1743. fuivie de l'*Efprit de contradiction*. *Hiftoire du Th. Fr.* année 1743. Paris, Prault fils.

RIVAUX, (les Quatre) Tragi Comédie de M. *Desfontaines*. Voyez *Alcidiane*.

RIVAUX (les) AMIS, Tragi-Comédie de M. l'Abbé de *Boifrobert*, repréfentée en 1638.

in-4°. Paris, Courbé, 1639. *Hist. du Th. Fr.* année 1638.

RIVAUX (les) D'EUX-MÊMES, Comédie en un acte & en vers, d'un Auteur *Anonyme*, non imp. représentée le Lundi 27 Août 1714. précédée des *Coups de l'Amour & de la Fortune. Hist. du Th. Fr.* année 1714.

RIVAUX (les) DE VILLAGE, Ballet Pantomime éxécuté au Théatre de l'Opéra Comique, le Samedi 26 Juillet 1738. à la suite du *Fossé du Scrupule*. Ce Ballet fut assez goûté.

RIVEY, (Pierre de la) Champenois, Auteur Dramatique, a composé pour la scéne Françoise.

LE LAQUAIS, Comédie en cinq actes & en prose, 1578.

LA VEUVE, Comédie en cinq actes & en prose, *idem*.

LES ESPRITS, Comédie en cinq actes & en prose, *idem*.

LE MORFONDU, Comédie en cinq actes & en prose, *idem*.

LE JALOUX, Comédie en cinq actes & en prose, *idem*.

LES ECOLIERS, Comédie en cinq actes & en prose, *idem*.

Imprimées in-12. Paris, 1597. & Rouen du Petitval, in-12. 1601.

LA FIDELLE, Comédie en prose & en cinq actes, 1611.

LA CONSTANCE, Comédie en cinq actes & en prose, *idem*.

LES TROMPERIES, Comédie en cinq actes & en prose, *idem*.

Ces trois derniéres piéces imprimées in-12. Troyes, Chevillot, 1611. *Histoire du Théatre François*, année 1678.

ROBBÉ, (Jacques) Auteur connu par un Traité de Géographie qu'il a fait imprimer, naquit à Soissons en 1643. mort à Paris au mois d'Avril 1721. a composé pour la scéne Françoise, sous le nom de *Barquebois* :

LA RAPINIERE, Comédie en cinq actes & en vers, 1682. imp. la même année. *Hist. du Th. Franç.* année 1682.

ROBE (la) DE DISSENTION, *ou* LE FAUX PRODIGE, Opéra Comique en deux actes & deux divertissemens, par M. *Piron*, représenté à la Foire S, Laurent, le Samedi 7 Septembre 1726. non imp.

ACTEURS.

LÉANDRE, *Cavalier François, amant d'Isabelle.*

D. PÉDRE, *Cavalier Espagnol, amoureux d'Elvire.*

D. FERNAND, *Cavalier Espagnol, amoureux d'Isabelle.*

ISABELLE, *Maîtresse de Léandre, sœur de D. Pédre.*

ELVIRE, *Maîtresse de D. Pédre, sœur de D. Fernand.*

OLIVETTE, *femme de Gusman.*

GUSMAN, *valet de D. Fernand.*

L'ALGOUAZIL, *D. Harpalos.*

ARLEQUIN, *D. Balivernos.*

TROUPE DE FEMMES.

TROUPE D'ESPRITS ÉLÉMENTAIRES.

LES QUATRE NATIONS.
LAZARILLE, *valet de D. Pédre.*
La scéne est dans une ville d'Espagne.

ACTE I.

SCÉNE PREMIÉRE.

ARLEQUIN *vêtu en Espagnol.*

Il place quatre Danseurs, travestis en Esprits élémentaires, qu'il avertit de se tenir prêts pour le besoin qu'on aura d'eux.

SCÉNE II.

LÉANDRE, ARLEQUIN.

Léandre se désespére d'avoir appris que le frere de sa Maîtresse la marie à son rival. Il est surpris de voir Arlequin travesti ; celui ci lui apprend qu'il s'est fait *Don Balivernos.*

LÉANDRE. (AIR. *Du Confiteor.*)

Don Balivernos ! eh ! dis-nous,
Cet habit, ce nom, pourquoi faire ?

ARLEQUIN.

Bon ! les grands Seigneurs & les foux ,
N'ont d'autre raison d'ordinaire,
Dans ce qu'ils font, qu'un *je le veux ,*
Et je suis je crois l'un des deux.

Léandre le prend pour un fou, & lui reproche de n'avoir encore rien fait pour son amour. Arlequin lui soutient que ses affaires vont à merveille ; qu'au moyen de certains tours de gibeciere qu'il a fait devant D. Pédre & D. Fernand, il a acquis leur confiance, au point qu'ils croiroient qu'il a le teint blanc s'il le leur difoit, & qu'il leur a perfuadé qu'une robe noire, qu'il a emprunté à un Algouazil, paroiffoit couleur de feu, & brodée d'or aux yeux des maris & des freres, dont les femmes & les fœurs étoient irréprochables. Léandre le quitte plein d'efpérance.

SCÉNE III.

Un Algouazil, Arlequin. (*)

L'Algouazil de qui Arlequin a emprunté la robe, en paroît inquiet, & lui demande l'ufage qu'il en veut faire.

ARLEQUIN.

(AIR. *Vous qui vous moquez par vos ris.*)

Je veux fous le noir hoqueton,
Me venger d'un outrage :
D'un Commiffaire en fonction
Jouer le perfonnage,
Et mettre à contribution
Un quatriéme étage.

L'Algouazil trouve le tour drole ; mais il ajoûte qu'il lui faut dans la journée la robe, pour crier à l'audience, *Paix-là ! paix.*

SCÉNE IV.

Gusman, Arlequin.

Gufman, valet de D. Fernand, qui a caufe de fa femme, croit être dans le cas de la robe, demande à Arlequin s'il lui fera permis de la voir. Celui ci le lui promet.

―――――――――

(*) Cette fcéne fut fupprimée à caufe de fon inutilité pour l'intrigue de la piéce.

SCÉNE V.

GUSMAN, LAZARILLE.

Lazarille, valet de D. Pédre, qui entend parler de la Robe, demande ce que c'est, & s'il ne la pourra pas voir. Gusman lui explique le mystere, & sur le portrait que Lazarille fait de sa femme, il le renvoye au noir de la Robe.

SCÉNE VI.

GUSMAN, OLIVETTE.

Gusman dit à Olivette sa femme, qu'il a trouvé un secret pour tout sçavoir.

OLIVETTE. (AIR. *Le Cabaret est mon réduit.*)

Tu voudrois en vain m'émouvoir,
Avec ta menace équivoque;
Toute femme aimant son devoir,
En le faisant bien s'en moque,
En le faisant bien, (*bis.*)
En le faisant bien s'en moque.

GUSMAN. (AIR *La bonne aventure.*)

Ce que j'ai tant désiré,
L'on me le procure:
Enfin bientôt je sçaurai,
Si je suis deshonnoré:
La bonne aventure
O gué,
La bonne aventure.

(AIR. *Vaudeville du Fleuve d'Oubli.*)

Je veux que sans feintise
Tu dise . . . . . .

OLIVETTE.

Quoi! bourru?
U, u, u,
Veux-tu que je te dise
Que je t'ai fait cocu,
U, u, u,

Ou bien, fi pour te complaire
Tu veux que j'aille, di,
Biribi,
Te le faire, te le faire.

Elle l'affure enfuite qu'elle eft honnête femme, & pour preuve, elle lui donne deux foufflets, avec promeffe d'autres, s'il doute encore de fa vertu. Gufman lui apprend que certaine Robe a la vertu de faire voir aux maris fi leurs femmes leur font fidelles, & qu'il va la voir, pour n'avoir rien à fe reprocher.

OLIVETTE. (AIR. *Je ne fuis né ni Roi ni Prince.*)

Mari qui fur ces fariboles,
Ne s'en tient pas à nos paroles,
Mériteroit bien de fe voir
Pourvû des noms qui l'effarouchent ;
Et le mériter, & l'avoir,
Sont ici deux points qui fe touchent.

Gufman va avertir fes voifins du prodige de la robe, & Olivette fes voifines de la venir mettre en piéces.

SCÉNE VII.

ISABELLE, ELVIRE, OLIVETTE.

Olivette, toute émue, apprend à Ifabelle & à Elvire, qu'un maudit forcier va découvrir toutes les fredaines des femmes. Elvire qui croit que le prodige n'en eft point un, craint cependant que fon frere n'y ajoûte foi.

ELVIRE. (AIR. *Je ne fuis né ni Roi ni Prince.*)

Don Pédre auffi bien que mon frere,
Peut ajoûter foi toute entiere,
A ce que dit Balivernos ;
Je crains en fille raifonnable
Que le prodige ne foit faux.

OLIVETTE.
Et moi qu'il ne soit véritable.

Elvire & Isabelle disputent contre Olivette, & veulent lui persuader qu'elle n'a rien à craindre de la Robe. Olivette qui sçait bien à quoi s'en tenir, dit en s'en allant.

(AIR. *Tu n'as pas le pouvoir.*)

Je ne rencontre pas ici
Des gens de mon parti;
J'en vais chercher & j'en aurai
Plus que je ne voudrai.

SCÉNE VIII.

ISABELLE, ELVIRE.

Isabelle assure Elvire que D. Pédre son frere n'est point homme à donner dans la chimere de la Robe.

SCÉNE IX.

DON FERNAND, ELVIRE.

Elvire veut dissuader son frere D. Fernand, de faire l'épreuve de la Robe, mais il l'oblige à se taire, en lui disant qu'elle a peut-être ses raisons, ou pour Isabelle, ou pour elle.

SCÉNE X.

DON FERNAND, ARLEQUIN.

Arlequin feint de ne vouloir pas montrer la Robe à Don Fernand, dans la crainte que s'il avoit une femme qui fut dans le cas, on ne fît jouer le poignard sur elle. Il allégue l'exemple de Messaline, que Claudius fit mourir, après qu'il lui eut fait voir son prodige. Fernand paroît surpris qu'il ait vécu si longtemps. Arlequin l'assure qu'il a près de trois mille ans; que son pere étoit Caporal Grec au siége de Troye; que sa mere au bout de dix ans d'absence devint grosse de lui, & qu'il sortit de son ventre précisément dans le temps que son pere entroit dans celui du cheval de Troye. Cette rencontre de ventre, ajoûte-t-il, fit dire aux tireurs d'horoscope, que je serois fort sujet à mon ventre. Au reste, continue-t-il, ce n'est pas trop que dix ans : une mere ne portera-t-elle que neuf mois un enfant qui doit vivre trois ou quatre mille ans? Fernand convient qu'il a raison, & demande à voir la Robe. Il reste tout consterné de la voir toute noire. Arlequin lui en demande la raison. Fernand lui avoue qu'il doit épouser la sœur de D. Pédre.

D. FERNAND. (Air. *Branle de Metz*.)

Son frere qui la gouverne,
Reçoit chez lui quelquefois,
Certain Cavalier François.....

ARLEQUIN.

C'en est assez, je discerne,
Et je devine cela ;
Ce Cavalier vous lanterne.
Il est François, vous voila
Au fait de ces Messieurs-là.

(Air. *Les Feuillantines*.)

On ne peut les héberger
Sans danger,
Dans le pays étranger.
C'est-là leurs grandes manies
De planter, de planter des colonies.

D. FERNAND.

Je tiens nos femmes & nos filles très-mal en sûreté où elles sont.

ARLEQUIN chante.

Vous avez raison la plante,
Ils sont tous sur ce ton-là
La rira.

Après tout, ils ne font à autrui que ce qu'ils veulent bien qu'on leur fasse.

Fernand prie Arlequin de faire voir la Robe au frere de sa Maîtresse, pour voir comme il s'en trouvera. Arlequin qui n'a d'autre but, y consent volontiers, & pour lui faire voir son ample pouvoir, il lui propose un divertissement de peuples Elémentaires. D. Fernand accepte la proposition, pour dissiper son humeur noire.

ARLEQUIN. (AIR. *Le tapedru.*)

Bleuâtre ondain,
Que le corps vous fretille
Plus dru qu'un anguille !
Gnome souterrain
Bondissez comme un daim !
Silphe, imitez
A chaque capriole.
Un balon qui vole,
Salamandre ayez
Le feu dessous les pieds.

Les Danseurs qu'Arlequin a fait placer, paroissent & dansent ; après la danse Arlequin leur demande quelque petite maxime d'Opéra.

UNE NIMPHE chante.

Dans la flamme & les airs, sous la terre & dans l'onde
L'Amour vole indifféremment ;
Cet aimable Maître du monde,
Est par tout dans son élément.

Il fuit le Ciclops horrible,
A l'entour de ses fourneaux :
La Nymphe inaccessible
Jusques sous ses eaux :

Le buveur insensible
Au fond des caveaux ;
Et l'oiseau paisible
Aux nids les plus hauts.

Dans la flamme & les airs, sous la terre & dans l'onde
L'Amour vole indifféremment ;
Cet aimable Maître du monde
Est partout dans son élément.

Couplets du Vaudeville.

Plaire à qui sçait nous charmer
Est des biens le moins frivole ;
Avec l'heureux temps d'aimer,
Le temps des plaisirs s'envole.
Vivons, mourons en aimant,
La tendresse est notre élément.

UNE SILPHIDE.

Vous, dont l'amour turbulent
Comme l'air est plein d'orage,
D'un doux raccommodement
Vous avez les avantages.
Vivons, mourons en aimant,
La tendresse est notre élément.

ACTE II.
SCÉNE PREMIÉRE.

D. FERNAND, ARLEQUIN.

ARLEQUIN. (Air. *La verte jeunesse.*)

Quelle moquerie !
A la ville, aux champs,
Pour ma broderie
Point d'yeux clairvoyants !
Si riche & si belle
Parmi les humains,
Ne trouvera-t-elle
Que des Quinze-vingts ?

D. FERNAND.

Vous ne l'avez encore montrée qu'au frere d'une fille de

chambre, & au mari d'une jolie Limonadiere. Voici Gusman mon valet, dont la femme est très-raisonnable, je suis sûr qu'il en verra toute la beauté.

SCÉNE II.

L'ALGOUAZIL, D. FERNAND, GUSMAN, ARLEQUIN. (*)

L'Algouazil vient chercher sa Robe, D. Fernand demande quel il est. Arlequin embarrassé dit qu'on vient le chercher de la part de la Sainte Hermandad, sur le bruit du prodige de la Robe. L'Algouazil qui parle de Juge, d'Audiance, est interrompu par Arlequin, qui fait un *imbroglio*, qui fait croire à Don Fernand qu'Arlequin lui dit la vérité. Il se rend caution pour lui. L'Algouazil veut la Robe. Arlequin le menace.

ARLEQUIN. (AIR. *Nous autres bons villageois.*)

Sortez, Seigneur Harpalos,
Et craignez, si vous êtes sage,
Que mon bras sur votre dos
Ne fasse tomber quelque orage.

L'ALGOUAZIL.

Du Juge, si l'on s'y frottoit,
Bientôt la gueule en péteroit.

ARLEQUIN.

Eh bien, la gueule en pétera,
Mais la tienne se taira.

(*Il le bâtonne.*)

___

(*) Scéne retranchée.

SCÉNE III.

D. Fernand, Gusman, Arlequin.

Arlequin *étale sa robe comme le tableau d'un Chanteur du Pont-neuf.*

(Air. *La beauté.*)

Vienne voir qui pourra de ma robe nouvelle,
La beauté.
C'est le droit du garçon, dont la sœur est pucelle,
La rareté.
Ou de l'heureux époux, dont la femme est fidelle,
La curiosité.

Gusman prie qu'on mette de la partie Lazarille qui passe. On l'appelle.

SCÉNE IV.

Don Fernand, Lazarille, Gusman, Arlequin.

Gusman & Lazarille ne voyent que du noir. Lazarille en convient bonnement, & Gusman en mari prudent, feint de voir la couleur de feu & la broderie.

ARLEQUIN *à part.*

L'impudent! (*haut.*) Remerciez bien votre femme.

(Air. *Tout le long de la riviere.*)

Ami, je vous félicite,
Voilà sa vertu dans son jour;
Oh ça, soyez donc dans la suite
Sûr de son tour, lour, lour, lour, lour,
De son tendre & fidéle amour.

Arlequin explique les sujets brodés sur la Robe, &c...... Lazarille impatient de ne rien voir, serre ses lunettes & s'en va.

SCÉNE V.

Olivette, Arlequin, Gusman.

Olivette gronde son mari, & menace Arlequin, mais elle reste toute étonnée de se voir justifiée par la vertu de la Robe, &c.

SCÉNE VI.

Olivette, Gusman.

Olivette insiste de façon sur la vertu de la Robe & sur la sienne, que Gusman outré de son effronterie, l'assure de n'avoir vû que du noir.

OLIVETTE. (AIR. *Tu n'as pas le pouvoir.*)
Ayes vû ce que tu voudras,
Je ne m'en dédis pas.
Je n'ai que trop fait mon devoir.

GUSMAN.
Je n'ai vû que du noir.

Ils se querellent. Arlequin qui veut mettre le hola, reçoit un soufflet d'Olivette, qui sort. Arlequin félicite ironiquement Gusman, sur la vertu de sa femme, qui feint d'être charmé du service qu'il lui a rendu.

SCÉNE VIII.

Léandre, Arlequin.

Léandre vient apprendre à Arlequin qu'il a vû D. Pedre à la porte de D. Fernand, & que sans doute ils vont partir pour la cérémonie du mariage. Il se repent de n'avoir pas plûtôt parlé à D. Pédre, qui l'a assuré qu'il lui auroit accordé sa sœur, s'il la lui avoit demandé avant D. Fernand. Arlequin l'assure qu'il n'a rien à craindre sur l'épreuve de la Robe, où D. Fernand a été pris, & qui actuellement la fait voir à ses amis, dont plusieurs font comme a fait Gusman, ce qui accrédite la fourberie. Il sort avec son Maître.

D. Fernand revêtu de la Robe, paroit accompagné de D. Pedre. L'un & l'autre voyent la Robe telle qu'elle est, c'est-à-dire, toute noire. D. Fernand prend brusquement la résolution de renoncer à Isabelle, que D. Pédre accorde tout de suite à Léandre. Survient Olivette, poursuivie par Gusman, un bâton à la main. Il est arrêté par D. Fernand, qui est étonné qu'après l'épreuve glorieuse qu'il a fait de la vertu de sa femme, il ose la maltraiter. Gusman répond qu'il a déguisé la vérité, & qu'il a vû la robe toute noire.

D. FERNAND. (Air. *De la besogne.*)
Eh, pourquoi donc me faisois-tu,
Le faux rapport qui m'a perdu ?

GUSMAN.
Ah ? demandez à mes semblables,
Tous vilains cas sont reniables.

L'Algouazil vient pour la troisiéme fois demander sa Robe, & la trouvant sur le dos de D. Fernand il la lui ôte, & découvre la fourberie d'Arlequin. D. Fernand sort désespéré. Une troupe de femmes poursuivent Arlequin à coups de bâton, on les oblige à se retirer, & on demande à Arlequin la cause de la mauvaise humeur de ces femmes contre lui.

ARLEQUIN déclamant.

La Robe qu'a Créüse offrit jadis Médée,
Caufa moins de fracas dans Corinthe embrafée,
Que ma Robe indifcréte en alloit faire ici.
Des femmes en fureur j'étois à la merci,
Et j'en voyois fur moi déja fondre une armée,
Quand peu jaloux du fort du malheureux Orphée :

(AIR. *Quand Iris prend plaifir à boire.*)

J'ai calmé leur inquiétude,
En avouant ma turpitude,
Et que le prodige étoit faux ;
Après avoir bien ri de l'impofture,
Des coups de baton fur le dos
Du pauvre Don Balivernos
Ont terminé (*bis.*) fon aventure.

La fimphonie annonce le divertiffement.

Divertiffement des quatre Nations.

UNE FRANÇOISE.

La jaloufie
Eft une frénéfie
Dont l'amour peut aimer l'éclat,
Mais dans les nœuds d'hymen elle eft infupportable :
Ce qui rend l'amant délicat
Fait le mari déraifonnable.

VAUDEVILLE.

Pauvre mari, l'aftre malin
Influera s'il veut fur ta tête ;
Toute ta vigilance en vain
Voudroit conjurer la tempête,
Le plus fûr eft de filer doux :
Gare, gare, gare les jaloux.

✣

Une femme eft prompte à former
Le plan d'une douce vengeance ;
Mais plus elle a de quoi charmer
Plus on lui doit de confiance ;
Le plus fûr eft de filer doux :
Gare, gare, gare les jaloux.

L'Espagnol, près de sa moitié
Entretient une sœur écoute ;
Qu'en arrive-t-il ? sans pitié
On lui donne ce qu'il redoute:
Le plus sûr est de filer doux :
Gare, gare, gare les jaloux.

Les Suisses près de leurs flacons,
Sur ce point-là rarement grondent ;
De-là vient que dans leurs Cantons
Moins qu'ici les cornes abondent ;
Le plus sûr est de filer doux :
Gare, gare, gare les jaloux.

Au fond du Sérail d'un Sultan
La jalousie est en retraite ;
De-là vient que sur son turban
L'on voit une si belle aigrette ;
Le plus sûr est de filer doux :
Gare, gare, gare les jaloux.

Visitez maris ombrageux,
La France, le pays des modes ;
Loin d'y voir des maris fâcheux
Vous en trouverez de commodes ;
Le plus sûr est de filer doux :
Gare, gare, gare les jaloux.

Messieurs, s'il faut que par malheur
Ceci ne vous amuse guère,
Sçait-on qui rira de bon cœur ?
Les Italiens nos confreres ;
Mais si vous accourez chez nous:
Gare, gare, gare les jaloux.

ROBINSON, Piéce en un acte de Messieurs *Le Sage* & *d'Orneval*, représentée par la Troupe de Francisque, pendant le cours de la

R O

la Foire S. Germain 1721. précédée de *Magotin*, piéce en un acte, & d'un Prologue intitulé l'*Ombre d'Alard*.

L'acte de Robinson eut un grand succès, on n'en sera pas étonné, lorsqu'on voudra se souvenir que le voyage ou plûtôt le Roman qui porte ce nom étoit alors nouveau, & qu'il avoit été reçu du public avec un empressement des plus marqués, non imp. & sans Extrait.

ROCHARD (N........) DE BOUILLAC, Acteur vivant du Théatre Italien, débuta à Fontainebleau le 22 Octobre 1740. par le personnage de *Marton*, dans la Comédie de *La* * * * * *, & ensuite à Paris le 19 Novembre suivant, dans le *Superstitieux*, par le role qui donne le titre à la piéce. Il fut reçu dans la Troupe au mois de Décembre même année 1740. Cet Acteur joue également au gré du public les grands roles déclamés & ceux du chant. On auroit peine à faire exactement son éloge, s'en attirant tous les jours de nouveaux.

« ROCHEFORT, (......... Michu de) fils
» d'un Peintre de même nom, & Peintre lui-
» même, s'engagea dans la Troupe de Cadet
» le pere en 1699. & apprit de ce Chef de
» Troupe à jouer l'Arlequin, & par reconnois-
» sance il épousa la Sultane favorite, mais dis-
» graciée de cet Entrepreneur. Rochefort re-
» vint à Paris vers la fin de l'année 1705. &
» ne trouvant point à se placer, il s'associa avec
» Tiquet, Maître & joueur de Marionnettes,
» pour former une nouvelle Troupe de Dan-
» seurs de corde, de Sauteurs & d'Acteurs, qui
» parut à cette Foire. La société de Rochefort

Tome IV. Y

» & de Tiquet finit avec la Foire S. Laurent
» 1708. & la Troupe se dispersa. Rochefort re-
» prit le chemin de la Province, & ne parut à
» Paris que vers la fin de 1712. Il entra chez
» Octave à la Foire S. Germain 1713. pour
» jouer les roles d'Arlequin : ses deux filles vin-
» rent avec lui, & l'aînée fut chargée de l'em-
» ploi de premiere Amoureuse, & la Cadette
» eut une place dans les Ballets. Rochefort quit-
» ta Octave à la fin de cette Foire, & retourna
» en Province, où il devint célèbre Opérateur :
» mais sa santé ne lui permettant plus de voya-
» ger, il revint à Paris, où après avoir langui plus
» de deux ans, il y mourut hydropique en 1730.
» A l'égard de ses filles, la Comédienne devint
» Dame de compagnie d'un vieux Banquier,
» qui l'engagea à quitter le Théatre, & qui lui
» laissa une maison auprès de Paris, où elle se
» retira avec sa mere. La Danseuse épousa un
» Maître de Ballet d'une Troupe de Province,
» & suivit le sort de son mari ». *Mémoires sur
les Spectacles de la Foire*, Paris, Briasson,
1743. *Tome I. p.* 44. *& suivantes.*

ROCHER, (R.....M..... Sieur du) Auteur
Dramatique, a composé pour le Théatre François :

L'INDIENNE AMOUREUSE, *ou* L'HEUREUX
NAUFRAGE, Tragi-Comédie, 1631.

LA MÉLIZE, *ou* LES PRINCES RECONNUS,
Pastorale comique, 1634. *Hist. du Th. Fr.
année* 1631.

RODOGUNE, PRINCESSE DES PAR-
THES, Tragédie de M. *Corneille*, représentée
au Théatre de l'Hôtel de Bourgogne en 1644.

R O

in-4°. Paris, Courbé 1647. & dans le Recueil des Œuvres de M. Corneille. *Hist. du Théatre François*, année 1644.

RODOGUNE, Tragédie de M. *Gilbert*, représentée en 1644. in 4°. Paris, Quinet, 1646. *Histoire du Théatre Fr.* année 1644.

RODOMONTADE, (la) Tragédie de Charles *Bauter*, sous le nom de *Méliglosse*, 1605. imp. la même année dans le Recueil des Poësies de l'Auteur. *Hist. du Th. Fr. an.* 1605.

« ROGER, Maître à danser, mais sans Eco-
» liers, joua pendant quelques Foires le role de
» Pierrot au Jeu de Bertrand, (en 1698.) Il
» mourut jeune & pulmonique ». *Mémoires sur les Spectacles de la Foire*, Tome I. p. 13.

ROGER, (la mort de) Tragédie de Charles *Bauter*, sous le nom de *Méliglosse*, 1605. imp. dans le Recueil de ses Poësies. *Histoire du Th. Franç.* année 1605.

ROGER, (la mort de) Tragédie d'un Auteur *Anonyme*, représentée au Théatre de l'Hôtel de Bourgogne en 1622. imp. dans le Recueil intitulé Théatre François, in-8°. Paris, Loison, 1625. *Histoire du Théatre Franç.* année 1625.

ROGER, ROI DE SICILE, SURNOMMÉ LE ROI SANS CHAGRIN, Opéra Comique en trois actes, par Messieurs *Le Sage* & *d'Orneval*, représenté à la Foire S. Laurent au mois de Juillet 1731. *Théatre de la Foire*, Compagnie des Libraires, tome IX.

ROLAND (le) FURIEUX, Tragédie de M. *Mairet*, représentée en 1635. Paris, Sommaville, 1640. in-4°. *Histoire du Th. Fr.* année 1635.

Y ij

ROLAND, Tragédie lyrique en cinq actes, avec un Prologue, paroles de M. *Quinault*, Musique de M. *Lully*, représentée par l'Académie Royale de Musique devant Sa Majesté, le 18 Janvier 1685. & à Paris le 8 Février suivant, in-4°. Ballard, & tome III. du Recueil général des Opéra. *Extrait* . . . .

IIᵉ REPRISE de *Roland*, Tragédie lyrique en cinq actes avec un Prologue, paroles de M. *Quinault*, Musique de M. *Lully*, remise au Théatre le . . . . 12 Février 1705. 2ᵉ édit. in-4°. Ballard.

ACTEURS DU PROLOGUE.

Démogorgon.	Le Sieur Le Sage.
La principale Fée.	Mlle Duperay.
Une Fée chantante.	Mlle Cochereau.

BALLET.

Suite de Démogorgon.	Les Sieurs Boutteville, Dumoulin C. Du Mirail, Dumoulin J. Dangeville L. & C.
Fées.	Mlles Dangeville, Bassé, Carré, Prevost, Morancourt & Le Comte.

ACTEURS DE LA TRAGÉDIE.

Angélique.	Mlle Desmatins.
Thémire.	Mlle Armand.
Suivante d'Angélique.	Mlle Loignon.
Suivant d'Angélique.	Le Sieur Fournier.
Médor.	Le Sieur Poussin.
Ziliante.	Le Sieur Dun.
Deux Insulaires.	Les Sieurs Chopelet & Mantienne
Roland.	Le Sieur Thévenard.
Amantes enchantées.	Mlles Loignon & Vincent.
Deux suivans d'Angélique.	Les Sieurs Boutelou fils & Perere.
Astolphe.	Le Sieur Boutelou.
Coridon, Berger.	Le Sieur Cochereau.

Bélife, Bergere.	Mlle Pouffin.
Therfandre.	Le Sieur Defvoyes.
Un Berger.	Le Sieur Boutelou fils.
Une Bergére.	Mlle Vincent.
Logiftille.	Mlle Duperai.
La Gloire.	Mlle Du Jardin.

ACTEURS DU BALLET.

ACTE I. *Infulaires.*   Le Sieur Balon.
Les Sieurs Germain, Boutteville, Ferrand, Blondy, Dumoulin L. & C. Marcel & Javillier.

ACTE II. *Amours.*   Les Sieurs F. Dumoulin, Boutteville & Dumoulin.

Nymphes.   Mlles Dangeville, Baffecourt & Morancourt.

ACTE III. *Peuples.*   Mlle Subligny.
Mlles Dangeville, Baffecourt, Carré, Prevoft, Morancourt & Le Comte.
Les Sieurs Germain, Ferrand, Dumoulin L. Du Mirail, Dangeville & Dumoulin J.

ACTE IV. *Le Marié.*   Le Sieur Balon.
La Mariée.   Mlle Subligny.
Bergers.   Les Sieurs Ferrand, Blondy, Boutteville & Dangeville L.
Bergéres.   Mlles Dangeville, Baffecourt, Morancourt & Le Comte.
Paftres.   Les Sieurs Dumoulin C. & J.
Payfanes.   Mlles Carré & Prevoft.

IIIᵉ REPRISE de *Roland*, Tragédie lyrique de M. *Quinault*, Mufique de M. *Lully*, remife au Théatre par l'Académie Royale de Mufique, le 15 Novembre 1709. in-4°. Ballard, fans noms d'Acteurs.

IVᵉ REPRISE de *Roland*, Tragédie lyrique de M. *Quinault*, Mufique de M. *Lully*, remife au Théatre par l'Academie Royale de Mufique, le Mardi 15 Décembre 1716. in-4°. Ribou.

ACTEURS DU PROLOGUE.

Démogorgon.	Le Sieur Hardouin.
Une Fée.	Mlle Antier.

BALLET.

Suite de Démogorgon.   Le Sieur F. Dumoulin.
Les Sieurs Dangeville, Pécourt, Javilliers,
Maltaire, Guyot & Pierret.
Suite de Logiftille.   Mlles Le Maire, Le Roy,
Mangot, Duval, Rameau & Deschaliers.

ACTEURS DE LA TRAGÉDIE.

Angélique.	Mlle Journet.
Thémire.	Mlle Poussin.
Médor.	Le Sieur Cochereau.
Ziliante.	Le Sieur Dun *pere*.
Roland.	Le Sieur Thévenard.
Aftolphe.	Le Sieur Muraire.
Coridon.	Le Sieur Buseau.
Belise.	Mlle Poussin.
Therfandre.	Le Sieur Mantienne.
Logiftille.	Mlle Antier.
La Gloire.	Mlle Milon.

ACTEURS DU BALLET.

ACTE I. *Infulaires.*   Le Sieur D. Dumoulin.
Les Sieurs Germain, Dumoulin L. Blondy,
Marcel, F. & P. Dumoulin,
Pécourt & Dangeville.

ACTE II. *Amans consens.*   Mlle Guyot.
Les Sieurs Dumoulin L. Marcel,
F. Dumoulin & Pécourt.
Mlles Menès, Isecq, La Ferriere & Haran.

ACTE III. *Peuples du Cashay.*   Mlle Prevoft.
Le Sieur Marcel & Mlle Menès.
Les Sieurs Germain, Dumoulin L. Pierret,
Pécourt, P. Dumoulin, Dangeville,
Guyot & Maltaire.
Mlles Isecq, Le Maire, Dupré, La Ferriere,
Haran & Chateauvieux.

ACTE IV.   *Nôce de Village.*

Le Marié.	Le Sieur D. Dumoulin.
La Mariée.	Mlle Prevoft.

Le pere & la mere du Marié.
Le Sieur Ferrand & Mlle Le Maire.
Le pere & la mere de la Mariée.
Le Sieur Pierret & Mlle Le Roy.
Deux Payfans.
Les Sieurs F. Dumoulin & P. Dumoulin.

Bergers & Bergéres.   Les Sieurs Germain,
Javillier, Guyot & Maltaire.
Mlles Dupré, Duval, Déséchalliers & Rameau.
Acte V. *Suite de Logiſtille.*   Mlles Menés, Iſecq,
La Ferriere, Haran, Chateauvieux & Brunch.
Héros.   Les Sieurs Germain, Dumoulin L.
Blondy, Marcel, Javillier & Pierret.

Vᵉ Reprise de *Roland*, Tragédie &c. remiſe au Théatre par l'Académie Royale de Muſique, le Mardi 11 Novembre 1727. in-4°. Ribou.

Acteurs du Prologue.

Démogorgon.	Le Sieur Chaſſé.
La principale Fée.	Mlle Eremans.
Une Fée.	Mlle Cartou.

Ballet.

Suite de Démogorgon, Génies.
Le Sieur Laval.
Les Sieurs P. Dumoulin, Dangeville, Savar,
Tabary, Pierret & Camargo.
Suite de la principale Fée.
Mlles Le Mire, Verdun, Binet, Du Rocher,
La Martiniere & Camargo C.

Acteurs de la Tragédie.

Angélique.	Mlle Antier.
Thémire.	Mlle Péliſſier.
Médor.	Le Sieur Tribou.
Ziliante.	Le Sieur Dun.
Roland.	Le Sieur Thévenard.
Aſtolphe.	Le Sieur Galoudet.
Coridon.	Le Sieur Grenet.
Béliſſ.	Mlle Minier.
Therſandre.	Le Sieur Cuvillier.
Logiſtille.	Mlle Eremans.
La Gloire.	Mlle Antier C.

Acteurs du Ballet.

Acte I. *Inſulaires.*   Le Sieur D. Dumoulin.
Les Sieurs P. Dumoulin, F. Dumoulin,
Dangeville, Maltaire L. Tabary, Pierret,
Savary & Camargo.

ACTE II. *Amans contents.* Les Sieurs Dumoulin L.
Savar, Laval & Maltaire C.
Mlle Sallé.
Mlles Camargo L. Petit, Thibert & Du Rocher.
ACTE III. *Peuples du Cathay.* Le Sieur Blondy.
Les Sieurs Dumoulin L. Pikuartz, Duval,
Dangeville & Maltaire l'ainé.
Mlle De Lisle.
Mlles Duval, Thibert, Sallé, Du Rocher
& La Martiniere.
ACTE IV. *Nôce de Village.*

Le Marié.	Le Sieur D. Dumoulin.
La Mariée.	Mlle Prevost.
La mere du Marié.	Mlle Duval.
Le pere de la Mariée.	Le Sieur Tabary.
La mere de la Mariée.	Mlle Thibert.
La sœur de la Mariée.	Mlle Camargo L.

Deux Pastres.
Les Sieurs F. Dumoulin & P. Dumoulin.
Bergers & Bergeres.
Les Sieurs Dangeville, Pikuartz, Maltaire L.
& Javillier.
Mlles Biner, De Lisle C. Du Rocher
& La Martiniere.
ACTE V. *Suite de Logistille.* Mlles Prevost & Sallé.
Mlles Le Mire, Verdun, Binet, Thibert,
Du Rocher & La Martiniere.
Ombres d'anciens Héros Le Sieur Maltaire C.
Les Sieurs Dangeville, Maltaire L., Savar,
Tabary, Camargo & Pierret.

VI. REPRISE de *Roland*, Tragédie, &c. remise au Théatre par l'Académie Royale de Musique, le Jeudi 19 Décembre 1743. in-4°. Ballard.

ACTEURS DU PROLOGUE.

Démogorgon.	Le Sieur Le Page.
La principale Fée.	Mlle Chevalier.
Une Fée.	Mlle Bourbonnois.

BALLET.

Suite de Démogorgon. Les Sieurs Matignon,
P. Dumoulin, Dangeville, Levoir, Mercier
& La Feuillade.

Suite de la principale Fée.
Mlles Le Breton, Courcelle, Thierry, Frémicourt, S. Germain & Minot.

ACTEURS DE LA TRAGE'DIE.

Angélique.	Mlle Le Maure.
Thémire.	Mlle Fel.
Médor.	Le Sieur Jélyotte.
Ziliante.	Le Sieur Le Page, ensuite le Sieur Chaffé.
Roland.	Le Sieur Chaffé.
Astolphe.	Le Sieur Bérard.
Coridon.	Le Sieur Jélyotte.
Belise.	Mlle Fel.
Thersandre.	Le Sieur Cuvillier.
Logistille.	Mlle Chevalier
Premier Insulaire.	Le Sieur La Tour.
Deuxiéme Insulaire.	Le Sieur Cuvillier.
Premiere Amante enchantée.	Mlle Bourbonnois.
Deuxiéme Amante enchantée.	Mlle Coupée.
Suivante d'Angélique.	Mlle Bourbonnois.
Suivant d'Angélique.	Le Sieur Albert.

ACTEURS DU BALLET.

ACTE I. *Insulaires.* Le Sieur D. Dumoulin. Les Sieurs Du May, Monservin, Dupré, F. Dumoulin, Mercier, Levoir, Dangeville, Matignon & Maltaire C.

ACTE II. *Amans enchantés.* Mlle Camargo.
Un Amour. Mlle Verriere C.
Une Nymphe. Mlle Puvigné.
Les Sieurs La Feuillade, P. Dumoulin, Hamoche, Levoir & Mercier.
Mlles S. Germain, Courcelle, Frémicourt, Thierry & Minot.

ACTE III. *Peuples du Cathay.* Mlle Dallemand.
Le Sieur Monservin & Mlle Carville.
Les Sieurs Du May, Dupré, La Feuillade, Maltaire C. Matignon & Hamoche.
Mlles Rabon, Petit, Erny, Beaufort, Puvigné & Bary.

ACTE IV. *Noce de Village.*
Le Marié & la Mariée. Le Sieur D. Dumoulin & Mlle Camargo.

Le pere & la mere du Marié.	Le Sieur Du May & Mlle Petit.
Le pere & la mere de la Mariée.	Le Sieur Dupré & Mlle Rabon.

Bergers & Bergéres.

Les Sieurs Hamoche & Matignon.
Mlles Frémicourt & Le Breton.
Les Sieurs La Feuillade & Mercier.
Mlles S. Germain & Courcelle.

Le frere & la sœur des Mariés.

Le Sieur Duval & Mlle Verriere L.

	Pastres.	Les Sieurs P. Dumoulin & Levoir.
ACTE V.	*Ombres de Héros.*	Le Sieur Maltaire C. Les Sieurs Monservin, Du May, Dupré, Mercier & Levoir.
	Suite de Logistille.	Mlle Le Breton. Mlles Erny, Frémicourt, Thierry, Courcelle, S. Germain & Minot.

Voyez dans ce Dictionnaire les différentes Parodies qu'on a faites de la Tragédie lyrique de Roland, à l'Opéra Comique, au Théatre Italien, &c.

ROLAND, Parodie en un acte en prose & vaudevilles de la Tragédie lyrique du même nom, par Messieurs *Sticotti* & *Panard*, représentée pour la premiére fois le Lundi 20 Janvier 1744. Paris, Prault fils.

« ROLAND, (N.......) originaire de Pro-
» vence, ci-devant premier Danseur du feu
» Duc de Mantoue, qui l'avoit amené à Paris
» en 1704. (où il dansa dans la Comédie du
» *Port de Mer*,) parut pour la premiere fois
» le 1 Mai 1732. sur le Théatre de l'Hôtel de
» Bourgogne, ou il éxécuta une danse comi-
» que & grotesque en Paysan, qui fut applaudie
» du public ». Le Sieur Roland dansa peu de
temps, son âge ne lui permettant pas de con-

tinuer un exercice qui demande toute la vigueur de la jeunesse.

ROLAND, (N......) née à Venise & âgée de 17 ans, fille du Danseur dont on vient de parler, débuta au Théatre Italien avec son pere, le 1 Mai 1732. « & dansa à la fin de la piéce » les *Caracteres de la Danse*, avec beaucoup » d'intelligence & de vivacité ; les cabrioles & » les entrechats ne lui coûtent rien, & quoi- » qu'elle ait encore bien des perfections à ac- » quérir, le public qui la regarde comme un » très-bon sujet, l'a fort applaudie. Il n'y a pas » longtemps qu'elle a dansé à l'Opéra de Lon- » dres, & dans ceux des Provinces de France ; » outre ses talens pour la danse, elle est encore » bonne Comédienne, ayant joué differens » roles en François & en Italien, dans diverses » troupes ». *Mercure de France, Mai* 1732. *pag.* 992, 993.

« Le 30 Juin 1732. les Comédiens Italiens » remirent au Théatre la Comédie de *Colom-* » *bine Avocat pour & contre*, en prose & en » trois actes, représentée dans sa nouveauté » par les anciens Comédiens Italiens en 1685. » La Demoiselle *Roland*, nouvelle Danseuse » Italienne dont on a parlé, y débuta pour la » premiére fois, par le role de *Colombine*, qu'el- » le joua avec assez d'intelligence, ayant été » applaudie du public ». *Mercure de France, Juin II. volume, pag.* 1422.

« Le 14 Août 1732. les Comédiens Italiens » remirent au Théatre la Comédie héroïque en » vers & en trois actes des *Jeux Olympiques*, » ou le *Prince malade*, dans laquelle la De-

« moiselle *Roland* dansa une Entrée en Magi-
» cienne, avec une vivacité & une légéreté sur-
» prenante. Elle acquiert tous les jours de nou-
» velles perfections, &c ». *Mercure de France*,
Août 1732. p. 1845.

« Le 19 Janvier 1733. les mêmes Comé-
» diens donnerent une petite Piéce nouvelle en
» vers & en un acte, avec des divertissemens,
» qui a pour titre, *Les Etrennes, ou La Ba-*
» *gatelle*....... La Demoiselle *Roland, qui a été*
» *reçue depuis peu dans la Troupe*, danse le
» pas de deux avec le Sieur Riccoboni, qui est
» fort applaudi ». *Mercure de France*, Janvier 1733. p. 146.

« Le 28 Juin 1734. les Comédiens Italiens
» donnerent la premiere représentation d'une
» Comédie du Sieur Romagnesi..... Cette piéce.
» fut suivie d'un Ballet Pantomime représen-
» tant la fable de *Pigmalion*, éxécuté avec ap-
» plaudissement par la Demoiselle *Roland*, &
» par le Sieur Riccoboni sur des airs de vio-
» lons de la composition de M. Mouret, très-
» bien caractérisés. Le même sujet de Ballet a
» été dansé à Londres au mois d'Avril dernier,
» par la Demoiselle Sallé & par le Sieur Mal-
» taire ». *Mercure de France*, Juillet 1734.
pag. 1617.

Au mois de Septembre 1734. la Demoiselle
Roland qui avoit été reçue dans la Troupe des
Comédiens Italiens, a un quart de part, quitta
le Théatre Italien, ne pouvant pas subsister
du produit de ce qui lui revenoit, & passa au
Théatre de l'Opéra de Londres. *Note manuscrite.*

« Le 12 Septembre 1740. les Comédiens
» Italiens donnérent une nouvelle Pantomime,
» dansée par la Demoiselle *Roland*, & par le
» Sieur Poitiers, nouveau Danseur, tous deux
» arrivés depuis peu de Londres. Cette Dan-
» seuse avoit déja paru sur le même Théatre
» en 1732 & 1733. avec applaudissement, &
» ne fait pas moins de plaisir présentement ».
Mercure de France, Septembre 1740. p. 2090.

« Le 10 Février 1742. les Comédiens Ita-
» liens donnerent une piéce nouvelle....... qui
» a pour titre, *Le Mari garçon*. Cette Comé-
» die fut suivie de deux différens divertissemens
» éxécutés d'une maniere très comique par la
» Dlle *Roland*, par le Sieur Poitiers, compo-
» siteur des Ballets, par les deux enfans de ce
» Danseur, & par les Acteurs de la Comédie
» Italienne, &c ». *Mercure du mois de Février*,
1742. *pag.* 368.

Le Mercredi 28 du même mois de Février
1742. les mêmes Comédiens représentérent le
Faucon & le *Retour de Tendresse*, & la recette
fût au profit de la Demoiselle *Roland*, de Poitiers & de ses enfans. Ce présent qui n'avoit
point encore été pratiqué en France, fut fait à
l'imitation de ce qui se pratique en Angleterre,
tant pour les Auteurs que pour les Acteurs.
La Demoiselle Roland, le Sieur Poitiers & ses
enfans après cette représentation, reprirent le
chemin de Londres. *Note Manuscrite.*

ROMAGNESI, (Jean - Antoine) fils de
Gaetan Romagnesi, & petit-fils de Marc-An-
toine Romagnesi, de l'ancienne Troupe Italienne, naquit à Namur; sa mere appellée Anne

Richard, étoit de la Province de Normandie. Après la mort de Gaetan Romagnesi, arrivée à Bruxelles le 26 Octobre 1700. sa veuve épousa le nommé Duret, qui prenoit la qualité d'Avocat. Le jeune Romagnesi qui avoit reçu une assez bonne éducation du vivant de son pere, n'eut pas les mêmes agrémens du Sieur Duret, on le maltraitoit, & quoiqu'il eut débuté dans la Troupe de sa mere, & avec assez de succès pour un jeune homme de quinze ans, on n'avoit aucun soin de lui, & on lui refusoit même jusqu'à son nécessaire ; désespéré des duretés de sa mere & de son beau-pere, Romagnesi prit la résolution de quitter la maison paternelle, & de se mettre dans le service militaire. En effet, après s'être emparé de quelques petits effets, il partit, & s'engagea soldat avec un Capitaine qui eut pour lui d'aussi mauvais procédés que son beau pere, malgré le présent d'une petite montre, qui étoit le plus considérable des effets qu'il avoit emporté. Au bout de quelque temps Romagnesi déserta & passa dans les Troupes du Duc de Savoye. Autres infortunes & mauvais traitemens de la part de son nouveau Capitaine. Tant de malheurs coup sur coup, firent prendre à Romagnesi la résolution de revenir en France, & pour y parvenir il écrivit au Sieur Quinault, Comédien à Strasbourg, pere de Mlles & Messieurs Quinault Comédiens du Roi, dont le public regrette si justement la retraite des uns & la mort des autres. Romagnesi, dis je, écrivit donc au Sieur Quinault, & lui exposa en termes patétiques sa malheureuse situation, le priant de l'aider à l'en faire sortir. Le Sieur Quinault fut exact à faire réponse : il manda au suppliant qu'il fît ensorte de pouvoir venir à Basle, & que dans cette ville il trouveroit une nouvelle lettre, qui lui indiqueroit le moyen de se rendre à Strasbourg. Romagnesi prit si bien ses mesures, qu'il déserta une seconde fois, & de Curé en Curé, ou d'Abbaye en Abbaye, il trouva le moyen de pourvoir à sa subsistance sur sa route, & d'arriver aux portes de Basle, en culotte rouge, en veste blanche, un mauvais chapeau sur sa tête, & sans un sol dans sa poche. A ce triste état se présenta un nouvel inconvénient. Messieurs de Basle ne laissoient entrer dans leur ville aucune personne qui venoit du côté de la Savoye, sans s'informer exactement de son nom, de sa qualité, & du dessein qui l'y conduisoit. Romagnesi qui ne jugeoit pas à propos de faire part de ses avantures aux Magistrats de Basle, rêvoit aux moyens d'éluder leur ordre, lorsque le hasard lui en fournit l'occasion. A cent pas de la ville il apperçut un troupeau de cochons qui étoient conduits par un garçon de dix à douze ans. Il s'avança vers ce jeune homme, & se saisissant du fouet qu'il avoit à la main, il lui ordonna d'un ton absolu de laisser passer une heure ou deux avant que d'entrer dans Basle, ajoûtant qu'à l'égard de ses cochons il les laisseroit à l'entrée du Fauxbourg. Le petit garçon intimidé promit d'obéir, & Romagnesi sans perdre de temps, chassant les cochons devant lui, prit le chemin de la ville, ou étant entré il y laissa le troupeau ainsi qu'il s'y étoit engagé, ensuite s'étant informé du Bureau de la poste aux lettres, il s'y rendit, mais il ne trouva point celle qu'il attendoit de Quinault, le Courier de Strasbourg ne devant arriver que le jour suivant. Ce retardement fut cruel pour Romagnesi, & il le sentit dans toute son étendue, mais enfin il falloit prendre un parti, & il n'en trouva point d'autre que celui d'entrer dans une petite auberge prochaine du bureau de la poste, où il demanda à souper & à coucher. L'état dans lequel il étoit parut suspect pour le payement à l'hôtesse, elle parla de payer d'avance; Romagnesi l'assura qu'elle seroit contente, & qu'il attendoit une lettre qui le mettroit en état de la satisfaire. Cette promesse parut douteuse à l'Aubergiste, & elle etoit prête à congédier son nouvel hôte, lorsqu'un Boulanger voisin, qui avoit été témoin de l'entrée & de la conversation de Romagnesi, touché d'un mouvement de compassion, s'engagea de payer pour ce dernier, au cas qu'il ne tint pas sa parole. Celui ci marqua sa reconnoissance dans les termes les plus forts. Le lendemain matin, le Boulanger vint prendre Romagnesi & l'accompagna au Bureau de la poste aux lettres, celle de Quinault étoit arrivée, port franc: cet Acteur lui marquoit qu'il arriveroit le même jour, & en effet sur les quatre heures du soir il tint sa parole. Il seroit difficile d'exprimer la joye de Romagnesi, qu'il marqua par les plus tendres embrassemens, & avec une grande abondance de larmes. Quinault voulut absolument donner à souper au Boulanger, ayant appris le service qu'il avoit rendu à Romagnesi. Le lendemain ayant fait habiller le plus proprement qu'il fut possible son nouveau camarade, il partit avec lui pour Strasbourg, où ils arriverent sans aucun accident. Comme la désertion de France embarrassoit Quinault pour Romagnesi, il jugea à propos de demander une audience secrette au Commandant & à l'Intendant de Strasbourg; il leur conta l'aventure du jeune Romagnesi le plus qu'il lui fut possible à son avantage. Le Commandant & l'Intendant promirent leur protection, & dirent à Quinault qu'il pouvoit faire paroître son Acteur quand il le jugeroit à propos. Quinault fit part de cette bonne nouvelle à Romagnesi, qui redoubla ses sentimens de reconnoissance. Il débuta au bout de quelques jours, & fut très accueilli des Spectateurs. Peu de temps après les inquiétudes de Romagnesi au sujet de sa désertion cesserent totalement par une amnistie qui fut publiée, & un congé de son Capitaine qui en avoit reçu un ordre exprès. Après avoir passé deux ans à Strasbourg, Romagnesi quitta la Troupe de Quinault pour passer dans celle d'Octave (Jean-Baptiste Constantini) qu'il tenoit à Paris aux Foires de S. Germain & de S. Laurent, sous le titre d'Opéra Comique, où il remplit avec succès les roles de premier Amoureux. Ce fut à ce Théatre où Romagnesi se fit connoître pour Auteur, par une piéce en prose & vaudevilles en trois actes, intitulée *Arlequin au Sabat*, qui fut représentée à la Foire S. Laurent de l'année 1716. & assez bien reçue du public. A la fin de cette même année 1716. Octave ayant été obligé de quitter son entreprise de Spectacle, Romagnesi s'engagea dans une Troupe qui jouoit à Marseille, jusqu'en 1718. qu'il revint à Paris, où il débuta sur le Théatre François, le Lundi 4 Juillet dans la Tragédie de *Rhadamiste & Zénobie*, par le role de *Rhadamiste*; ensuite *Alceste* dans le *Misantrope*; *Néron* dans *Britannicus*; *Valere* dans *Crispin rival de son Maître*; & enfin *Xipharés* dans *Mithridate*; mais n'ayant pas été goûté du public, il reprit le chemin de la Province. Il joua à Bordeaux, de là à Bruxelles, ensuite à Cambrai, & de Cambrai il vint à Paris, où il débuta dans la Troupe des nouveaux Comédiens Italiens; ce qui fut annoncé dans le Mercure du mois d'Avril de la façon suivante.

« Le (Vendredi) 13 Avril (1725.) le Sieur » Romagnesi, nouvel Acteur, & petit-fils de » Cinthio, fameux Comédien de l'ancienne » Troupe Italienne, débuta pour la première » fois dans la Comédie de *La Surprise de l'A-* » *mour*, & joua le role de *Lélio* avec beaucoup » d'intelligence. Il fut encore plus goûté & plus » applaudi dans les autres roles qu'il a joué » depuis ». *Mercure de France*, Avril 1725. *pag*. 828, 829.

Peu de temps après son début, Romagnesi fut reçu dans la Troupe où il continua de remplir son emploi, & plusieurs autres roles de différents caracteres, entr'autres celui du Suisse, qu'il jouoit excellemment. Au talent d'Acteur il joignit celui d'Auteur, & composa tant seul qu'en société un grand nombre de piéces qui presque toutes eurent de la réussite. On en trouvera le catalogue à la fin de cet article.

Au mois de Mai 1742. le Roi ayant jugé à

propos d'aller passer environ six semaines à Fontainebleau, (*) les Comédiens François & Italiens reçurent suivant l'usage l'ordre de s'y rendre, pour y donner la représentation de leurs piéces. Sur la fin du mois d'Avril, Romagnesi se sentit quelque indisposition, qu'il ne crut pas d'une dangéreuse suite, cependant le 11 Mai suivant, revenant de se promener dans la Forêt de Fontainebleau, en rentrant dans sa chambre il tomba sans connoissance, & mourut une heure après dans les bras de Mlle Belmont sa tante. Le Curé de Fontainebleau ayant refusé de lui donner la sépulture, on prit le parti de renvoyer son corps à Paris, renfermé dans un caisson, & il fut inhumé à Saint Sauveur sa Paroisse, le 13 Mai 1742.

Romagnesi étoit grand, assez bien fait, il avoit la voix un peu sourde, & sa poitrine sembloit péner lorsqu'il débitoit un couplet un peu long. Au reste il étoit assez bon Acteur, & jouoit dans tous les genres, mais il excelloit dans les rôles d'yvrogne & de Suisse.

Ordre des Ouvrages Dramatiques de Romagnesi, tant à lui seul qu'en société.

A lui seul.

LE RETOUR DE LA TRAGÉDIE, Comédie en prose & en un acte, suivie d'un divertissement, 1726. non imp.

LE TEMPLE DE LA VÉRITÉ, Comédie en prose & en deux actes, avec des divertissemens, précédée d'un Prologue aussi en prose, 1726.

─────────
(*) Le Roi se rendit à Fontainebleau le 6 Avril & en repartit le 19 du mois de Mai suivant.

SAMSON, Tragédie en vers & en cinq actes, 1730.

LE PETIT MAÎTRE AMOUREUX, Comédie en vers & en trois actes, 1734. non imp.

LA FEINTE INUTILE, Comédie en vers libres & en trois actes, 1735.

LE BAILLY ARBITRÉ, Comédie en prose & en un acte, 1735.

LA RUSE D'AMOUR, Comédie en un acte, 1736. non imp.

L'AMANT PROTHÉE, Comédie en vers en trois actes & trois divertissemens, 1739.

LE SUPERSTITIEUX, Comédie en vers & en trois actes, 1740. non imp.

(On prétend que le plan & une partie du Dialogue des scénes en prose, de cette Comédie lui avoir été donné par M. Perrin.)

LES OMBRES PARLANTES, Comédie en un acte, dans le goût des piéces Italiennes d'Italie, 1740. non imp.

ARLEQUIN AMADIS, Parodie en un acte de la Tragédie lyrique d'*Amadis*, non imp.

PYGMALION, Comédie en prose & en trois actes, 1741. non imp.

ALCIONE, Parodie en un acte de la Tragédie lyrique du même nom, 1741. non imp.

LES ORACLES, Parodie en un acte de la Pastorale lyrique d'*Issé*, 1741.

Avec M. Niveau.

LE TEMPLE DU GOÛT, Comédie en vers libres & en un acte, suivie d'un divertissement, 1733.

R O

Avec M. Davesnes.

Le Frere ingrat, *ou* Le Prodigue puni, Comédie en vers & en trois actes, 1735. non imp.

Avec M. Laffichard.

La Fille arbitre, Comédie en profe & en trois actes, 1737.

L'Amour Censeur des Théatres, Comédie en profe & en un acte, 1737. non imp.

En société avec M. Dominique.

L'Italienne Françoise, Comédie en profe & en trois actes, précédée d'un Prologue, 1725. non imp.

L'Isle de la Folie, Comédie en profe & en un acte, fuivie d'un divertiffement, 1727.

Arlequin Bellerophon, Parodie en un acte de la Tragédie lyrique de *Bellerophon*, 1728.

La Bonne Femme, Parodie en un acte de la Tragédie lyrique d'*Hippermneftre*, 1728.

Alceste, Parodie en un acte de la Tragédie lyrique du même nom, 1728.

Arlequin Tancrède, Parodie en un acte de la Tragédie lyrique de *Tancréde*, 1729.

Les Paysans de qualité, Comédie en un acte & en profe.

Les Débuts, Comédie en profe & en un acte, fuivie d'un divertiffement. *Bajocco & Serpilla*, Parodie en un acte du *Joueur*, intermede Italien repréfenté fur le Théatre de l'Académie Royale de Mufique, ces trois Piéces précédées d'un Prologue, 1729.

D. Micco et Lesbina, Parodie en un acte de l'Interméde Italien du même nom, représenté sur le Théatre de l'Académie Royale de Musique, 1729.

Le Feu d'Artifice, *ou la* Piéce sans dénouement, Comédie en prose & en un acte, suivie d'un divertissement, 1729. non imp.

Hésione, Parodie en un acte de la Tragédie lyrique du même nom, 1729.

La Foire des Poëtes, Comédie en prose & en un acte, suivie d'un divertissement.

L'Isle du Divorce, Comédie en prose & en un acte, suivie d'un divertissement.

La Silphide, Comédie en prose, suivie d'un divertissement. Ces trois Piéces précédées d'un petit Prologue, non imp. 1729.

Bolus, Parodie en vers & en un acte de la Tragédie de *Brutus*, de M. de *Voltaire*, 1731.

Arlequin Phaëton, Parodie en un acte de la Tragédie lyrique de *Phaëton*.

Arlequin Amadis, Parodie en un acte de la Tragédie lyrique d'*Amadis*, 1731. non imp.

En société avec M. Riccoboni le fils.

Les Amusemens a la Mode, Comédie en vers libres & en trois actes, (Le troisiéme en vers lyriques, mis en Musique par M. *Mouret*, sous le titre des *Catastrophes lyri-tragi-comiques*.) précédée d'un Prologue, 1732.

Le Bouquet, Comédie en vers & en un acte, suivie d'un divertissement, 1733.

Les Ennuis du Carnaval, Comédie en vers & en un acte, 1735.

ACHILLE ET DÉÏDAMIE, Parodie en un acte de la Tragédie lyrique du même nom, 1735.

LES INDES CHANTANTES, Parodie en trois petits actes, & trois divertissemens, du Ballet lyrique des *Indes Galantes*, précédée d'un Prologue entre deux Acteurs, 1735. non imp.

LES SAUVAGES, Parodie en vers & en un acte de la Tragédie d'*Alzire*, 1736.

LES COMPLIMENS, petite piéce d'une seule scéne, en vers, jouée à l'ouverture du Théatre, 1736.

LES GAULOIS, Parodie en vers & en un acte de la Tragédie de *Pharamond*, 1736.

CASTOR ET POLLUX, Parodie en un acte de la Tragédie lyrique du même nom, 1737.

ATYS, Parodie en un acte de la Tragédie lyrique du même nom, 1738. non imp.

LA CONSPIRATION MANQUÉE, Parodie en vers & en un acte de la Tragédie de *Maximien*, 1738.

LA QUERELLE DU TRAGIQUE ET DU COMIQUE, Parodie en vers & en un acte de la Tragédie de *Mahomet II.* de M. *De la Noue*, 1739. non imprimée.

L'ÉCHO DU PUBLIC, Comédie en vers libres & en un acte, 1741.

*En société avec Messieurs Dominique
& Riccoboni le fils.*

LES COMÉDIENS ESCLAVES, Prologue, en prose.

ARLEQUIN TOUJOURS ARLEQUIN, Comédie en prose & en un acte, suivie d'un divertissement.

ARCAGAMBIS, Tragédie burlesque en un acte.

L'OCCASION, Opéra Comique en un acte, suivi d'un divertissement, 1726. (La derniere piéce non imp.)

MÉDÉE ET JASON, Parodie en un acte de la Tragédie lyrique du même nom, 1726.

LA SUITE DES COMÉDIENS ESCLAVES, Prologue en prose, non imp.

L'AMANT A LA MODE, Comédie en prose & en un acte, non imp.

ARLEQUIN HULLA, Comédie en prose & en un acte, suivie d'un divertissement.

LA REVÛE DES THÉATRES, Comédie en prose & en un acte, suivie d'un divertissement, 1727.

LES ENFANS TROUVÉS, *ou* LE SULTAN POLI PAR L'AMOUR, Parodie en vers & en un acte de la Tragédie de *Zaïre*, 1732.

ROMAN, (le) Comédie Françoise en vers & en trois actes, au Théatre Italien. Voyez *Basiles. (les deux)*

ROMAN (le) COMIQUE. Voyez *Ragotin*.

ROMAN (le) DU TEMPS. Voyez *Passions (les) égarées.*

ROMAN (le) MERVEILLEUX. Voyez *Romans (les) Ballet.*

ROMANS, (les) Ballet héroïque, paroles de M. de *Bonneval*, Musique de M. *Niel*, représenté pour la premiére fois par l'Académie Royale de Musique, le Jeudi 23 Août 1736. in-4°. Ballard.

ACTEURS DU PROLOGUE.

La fiction.   Mlle Eremans.

Clio,

Clio.	Mlle Julie.
Un Amateur de la fiction.	Le Sieur Person.
Une Suivante de la fiction.	Mlle . . . .

BALLET DU PROLOGUE.

Peuples différents.	Mlle Le Breton.
Italiens.	M. Dupré, Mlle Rabon.
Espagnols.	M. Du May, Mlle Thibert.
Turcs.	M. Savar, Mlle Du Rocher.
François.	M. Bontems, Mlle Frémicourt.
Chinois.	M. Villette, Mlle S. Germain.
Indiens.	M. Hamoche, Mlle Courcelle.

I. ENTRÉE. *La Bergerie.* (*)

L'Amour.	Mlle Fel.
Arcas.	M. Person.
Iphis.	M. Tribou.
Doris.	Mlle Pélissier.
Deux Bergers.	. . . .
Une Bergère.	. . . .

BALLET.

Bergers & Bergères.
Le Sieur D. Dumoulin, Mlle Sallé.
Les Sieurs F. Dumoulin, P. Dumoulin,
Hamoche, Maltaire L. & Matignon.
Mlles Le Breton, S. Germain, Courcelle,
Fremicourt & Centuray.

La Fortune.	Mlle Rabon.

Suivans de la Fortune.
Les Sieurs Javillier & Dupré.
Mlles Du Rocher & Carville.

II. ENTRÉE. *La Chevalerie.*

Roger.	Le Sieur Dun.
Marphise.	Mlle Eremans.
Léon.	Le Sieur Tribou.
Mélisse.	Mlle Antier.
Un Guerrier.	Le Sieur Dumast.
Une Guerriere.	Mlle Duplessis.

(*) L'Académie a jugé à propos de transposer l'Entrée de la *Bergerie* à la place de la troisiéme Entrée, & la troisiéme est devenue la premiere, la deuxiéme n'ayant point été changée.

RO

BALLET.

Plaisirs.	Mlle Marlette.

Les Sieurs Du May, Dupré, Dangeville
& P. Dumoulin.
Mlles Frémicourt, Courcelle,
S. Germain & Centuray.

Guerriers & Guerriéres.	Le Sieur Javillier L.

Le Sieur Matignon & Mlle Le Breton.
Mlle Rabon.
Les Sieurs Savar : Javillier C. & Javillier 3.
Mlles Du Rocher, Carville & Petit.

III. ENTRÉE. *La Féerie.*

Démogorgon.	Le Sieur Chassé.
Logistille.	Mlle Antier.
Deuxiéme Fée.	Mlle Julie.
Eglantine.	Mlle Fel.
Un Génie.	Le Sieur Jélyotte.

BALLET. Fées.

Mlles Carville, Du Rocher, Thibert,
S. Germain, Courcelle & Centuray.

Génies.	Le Sieur Javillier L.

Les Sieurs Javillier C. Du May & Dupré,
Génies élémentaires.

Gnomes.	Le Sieur Matignon, Mlle Frémicourt.
Sylphes.	Le Sieur Hamoche, Mlle Puvigné.
Ondains.	Le Sieur Maltaire, Mlle Dallemand.
Salamandres.	Le Sieur Maltaire L.
	Mlle Le Breton.

Le Roman merveilleux

Entrée ajoûtée aux précédentes, paroles & Musique des mêmes Auteurs, représentée pour la premiére fois le Dimanche 23 Septembre 1736.

ACTEURS.

Lindor.	Le Sieur Tribou.
Isméne.	Mlle Pélissier.
Le Grand-Prêtre des Sauvages.	Le Sieur Le Page.
Minerve.	Mlle Duplessis.
Un Génie de la Comédie.	Mlle Dun.
Un Génie de l'Opéra.	Le Sieur Jélyotte.

R O

BALLET. Sauvages.
Les Sieurs Javillier C. Javillier 3. Dupré,
Du May, Dangeville, F. & P. Dumoulin.
Suite de Minerve.
Le Sieur Maltaire ; Mlle Mariette.
Les Sieurs Dupré & Maltaire C.
Mlles Rabon & Petit.
Vendangeurs & Moissonneurs.
Les Sieurs Hamoche & Matignon.
Mlles Dallemand & Le Breton.
Les Sieurs Javillier 3. & Du May.
Mlles Frémicourt & S. Germain.

ROMULUS, Tragédie de M. de *La Motte*, représentée pour la premiére fois le Jeudi huit Janvier 1722. suivie du *Mariage forcé*. Paris, Dupuis, & dans les Œuvres de l'Auteur, Paris, Prault fils, 1753.

ROQUE, (Regnault Petit, Sieur de la) Comédien de la Troupe du Marais, & ensuite de celle de Guénégaud. *Histoire du Th. Fr.* année 1680.

ROSE, (la) Feu d'Artifice éxécuté au Théatre Italien, le Mardi 14 Janvier 1749.

ROSELIE, (la) ou DON GUILLOT, Comédie en vers & en cinq actes, par M. *Dorimon*, représentée par la Troupe de Mademoiselle en 1661. *Hist. du Th. Fr.* année 1661.

ROSELIS, (Barthélemi Gourlin, Sieur de) Comédien François, débuta à Paris le 1 Mars 1688. & fut reçu dans la Troupe du Roi pour les personnages de Roi & de Paysan, mort en 1704. *Histoire du Théatre François*, année 1708.

ROSEMONDE, Tragédie de M. *Baro*, représentée en 1649. in-4°. Voyez *Alboüin. Histoire du Théatre François*, année 1649.

Z ij

ROSIDOR, (N......) Comédien de Province, débuta à Paris au Théatre François, pour les premiers roles tragiques, le 11 Novembre 1691. & fut remercié. *Hift. du Th. Fr. année 1691.*

ROSILÉON, (les aventures de) de M. *Pichon*, non imp. *Hiftoire du Théatre Franç. année 1629.*

ROSIMOND, (Prevoſt) débuta au Théatre François par *Cinna*, dans la piéce du même titre, le Mardi 17 Juin 1733. retourné en Province. *Hiftoire du Théatre François, année 1733.*

ROSIMONT, (Claude la Rofe, Sieur de) le meilleur Acteur Comique de la Troupe du Marais, entra dans celle du Palais Royal, où il débuta le 3 Mars 1675. par le role du *Malade imaginaire*, qu'il repréfenta au gré des connoiffeurs & du Public. Il remplaça Moliere dans l'emploi du haut comique à Manteau, & joua auffi les valets brillans. Rofimont paffa avec fes camarades au Théatre de la rue Mazarine, & fut confervé dans la Troupe à la réunion des Comédiens de l'Hôtel de Bourgogne, avec ceux de la rue Mazarine en 1680. Rofimont continua fa profeffion jufqu'au premier Novembre 1686. qu'il mourut fubitement. Au talent d'Acteur il joignit celui d'Auteur, mais il fut très-fubalterne dans ce dernier genre. Quoi qu'il en foit, voici l'ordre Chronologique de fes piéces de Théatre.

LE DUEL FANTASQUE, *ou* LES VALETS RIVAUX, Comédie en vers de huit fyllabes & en un acte, 1668.

Le Nouveau Festin de Pierre, *ou l'A-*
thée foudroyé, Tragi-Comédie en vers &
en cinq actes, 1669.

L'Avocat sans étude, Comédie en vers
& en un acte 1670. (Cette piéce s'est conservée en Province, & s'y joue sous le titre de
l'*Avocat Savetier*, elle est même réimprimée
sous ce dernier titre.

La Dupe amoureuse, Comédie en vers
& en un acte, 1670.

Les Trompeurs trompés, *ou* Les Femmes vertueuses, Comédie en vers & en
un acte, 1670.

Le Quiproquo, *ou* Le Valet étourdi,
Comédie en vers & en trois actes, 1671.

Le Volontaire, Comédie en vers & en
un acte, 1676. *Histoire du Th. Franç. année*
1676.

ROTROU, (Jean) né à Dreux le 19 Août
1609. mort en cette ville le 27 Juin 1650. âgé
de quarante ans, dix mois & quelques jours. Il
fut un des célèbres Auteurs dramatiques de son
temps. Voici l'ordre chronologique des piéces
qu'il a données au Théatre François.

L'Hypocondriaque, *ou le* Mort Amoureux, Tragi-Comédie, 1628.

La Bague de l'Oubli, Comédie, 1628.

Cléagénor et Doristée, Tragi-Comédie, 1630.

La Diane, Comédie, 1630.

Les Occasions perdues, Tragi-Comédie,
1631.

L'Heureuse constance, Tragi-Comédie,
1632.

Z iij

LES MÉNECHMES, Comédie, 1632.
HERCULE MOURANT, Tragédie, 1632.
LA CÉLIMENE, Comédie, 1633.
L'HEUREUX NAUFRAGE, Tragi-Comédie, 1634.
LA CÉLIANE, Tragi-Comédie, 1634.
LA BELLE ALPHRÈDE, Comédie, 1634.
LA PÉLERINE AMOUREUSE, Tragi-Comédie, 1634.
LE FILANDRE, Comédie, 1635.
AGÉSILAN DE COLCHOS, Tragi-Comédie, 1635.
L'INNOCENTE INFIDÉLITÉ, Tragi-Comédie, 1635.
LA CLORINDE, Comédie, 1636.
AMÉLIE, Tragi Comédie, 1636.
LES SOSIES, Comédie, 1636.
LES DEUX PUCELLES, Tragi-Comédie, 1636.
LAURE PERSÉCUTÉE, Tragi-Comédie, 1637.
ANTIGONE, Tragédie, 1638.
LES CAPTIFS DE PLAUTE, *ou* LES ESCLAVES, Comédie, 1638.
CRISANTE, Tragédie, 1639.
IPHIGÉNIE EN AULIDE, Tragédie, 1640.
CLARICE, *ou l'*AMOUR CONSTANT, Comédie, 1641.
LE BÉLISSAIRE, Tragédie, 1643.
CÉLIE, *ou le* VICEROI DE NAPLES, Comédie, 1645.
LA SŒUR, Comédie, 1645.
LE VÉRITABLE SAINT GENEST, Tragédie, 1646.

Don Bernard de Cabrere, Tragi-Comédie, 1647.

Venceslas, Tragi-Comédie, 1647.

Cosroes, Tragédie, 1648.

La Florimonde, Comédie, 1649.

Don Lope de Cardonne, Tragi-Comédie, 1649. *Histoire du Théatre François, année 1628.*

« ROUILLET, (Claude) natif de Beaune » en Bourgogne, Poëte Latin & François » a composé pour la scéne Françoise :

Philanire, Tragédie, Paris, 1563. *Hist. du Th. Fr. année 1563.*

ROUSSEAU, (N.......) de Toulouse, Poëte vivant, a donné au Théatre François.

La Rivale suivante, Comédie en vers & en un acte, précédée d'un Prologue, 1747.

La Ruse inutile, Comédie en vers libres & en un acte, 1749.

Au Théatre Italien.

L'Année merveilleuse, Comédie en vers libres & en un acte, suivie d'un divertissement, 1748.

L'Étourdi corrigé, *ou l'*École des Peres, Comédie en vers libres & en trois actes, suivie d'un divertissement, 1750. non imp.

A l'Opéra Comique avec M. Favart.

La Coquette sans le sçavoir, un acte, 1744.

Rousseau, (J. J.) de Geneve, Auteur vivant, a donné au Théatre François.

L'Amant de lui-même, Comédie en profe & en un acte, 1752.

A l'Académie Royale de Musique.

Le Devin de Village, Ballet en un acte, Musique du même Auteur, 1753.

ROUSSELET, (N..... Meunier) de Paris, Comédien de Province, débuta sur le Théatre François le Samedi 2 Juillet 1740. par le role de *Mithridate* dans la Tragédie du même nom, & quelques autres roles de Rois. Passa ensuite au Théatre du Sieur Pontau, alors Entrepreneur de l'Opéra Comique, & y joua jusqu'à la fin de la Foire S. Laurent, retourné en Province, reparut une seconde fois au Théatre François aux mois de Juin & de Juillet 1752. pour les roles de Rois & de Financiers. Remercié,

ROUSSELOIS, (N...... Josse) de Paris, Comédien de Province, débuta au Théatre François le Lundi 12 Mai 1738. par le role de *Mithridate*, dans la Tragédie du même nom, & ensuite dans plusieurs autres roles du même emploi : retourné en Province. Reparut au même Théatre le Dimanche 14 Mars 1745. par le role d'*Orosmane*, dans la Tragédie de *Zaïre*, & celui de *Nicodême*, dans la Comédie du *Deuil*, il continua dans plusieurs autres roles tragiques & comiques. Retourné en Province, & Chef de Troupe à Metz.

ROUTES (les) DU MONDE, Opéra Comique en un acte, par Messieurs *Le Sage*, *Fuzelier* & *d'Orneval*, représenté à la Foire S. Laurent, au mois de Juin 1730. tome VIII.

du Théatre de la Foire, Paris, Gandouin.

ROXANE, Tragédie de M. *Desmarests*, représentée en 1639, Paris, Courbé, in-4°. *Histoire du Théatre Franç.* année 1639.

ROXANE, (la mort de) Tragédie de J. M. S. in-4°. 1647. *Hist. du Th. Fr.* année 1647.

ROXELANE, Tragi-Comédie de M. *Desmares*, représentée en 1643. in-4°. *Hist. du Th. Fr.* année 1643.

ROY, (Pierre Charles) Chevalier de l'Ordre de Saint Michel, Auteur vivant, a donné au Théatre François :

LES CAPTIFS, Comédie en vers libres & en trois actes, avec des divertissemens, précédée d'un Prologue aussi en vers libres, 1714. non imp.

A l'Académie Royale de Musique.

PHILOMÉLE, Tragédie en cinq actes & un Prologue, Musique de M. *De la Coste*, 1705.

BRADAMANTE, Tragédie en cinq actes & un Prologue, Musique du même, 1707.

HIPPODAMIE, Tragédie en cinq actes & un Prologue, Musique de M. *Campra*, 1708.

CRÉUSE L'ATHÉNIENNE, Tragédie en cinq actes & un Prologue, Musique de M. *De la Coste*, 1712.

CALLIRHOÉ, Tragédie en cinq actes & un Prologue, Musique de M. *Destouches*, 1713.

SÉMIRAMIS, Tragédie en cinq actes, avec un Prologue, Musique de M. *Destouches*, 1718.

LES ÉLÉMENS, Ballet en quatre entrées,

avec un Prologue, Musique de Messieurs *La Lande & Destouches*, 1725.

Les Stratagêmes de l'Amour, Ballet en trois entrées & un Prologue, Musique de M. *Destouches*, 1726.

Les Sens, Ballet en cinq entrées & un Prologue, Musique de M. *Mouret*, 1732.

Les Graces, Ballet en trois entrées & un Prologue, Musique du même, 1735.

Le Ballet de la Paix en trois entrées & un Prologue, Musique de Messieurs *Rebel & Francœur*, 1738.

La Fuite de l'Amour, entrée ajoûtée au Ballet de la *Paix*, Musique des mêmes.

Nirée, entrée ajoûtée au Ballet de la *Paix*, Musique des mêmes.

Les Augustales, Divertissement en un acte, Musique des mêmes, 1744.

L'Année Galante, Ballet héroïque en quatre actes & un Prologue, Musique de M. *Myon*, 1747.

Titon et l'Aurore, Ballet en un acte, Musique de M. *Bury*, 1751.

Roy (le) de Cocagne, Comédie en vers libres & en trois actes avec des divertissemens, précédée d'un Prologue aussi en vers libres, par M. *Le Grand*, représentée pour la premiere fois le Samedi 31 Décembre 1718. Paris, Ribou, & dans les Œuvres de l'Auteur. *Histoire du Th. Franç.* année 1718.

ROYER, (N......) Auteur vivant, Maître de Musique de Monseigneur le Dauphin & de Mesdames de France, a composé pour l'Académie Royale de Musique

PYRRHUS, Tragédie en cinq actes avec un Prologue, paroles présentées par M. *Fermelhuys fils*, 1730.

ZAÏDE, REINE DE GRENADE, Ballet héroïque en trois actes, avec un Prologue, paroles de M. de *La Mare*, 1739.

MOMUS AMOUREUX, acte ajoûté au Ballet héroïque de *Zaïre*, paroles du même, 1739.

LE POUVOIR DE L'AMOUR, Ballet en trois actes avec un Prologue, paroles de M *Le Febvre de Saint Marc*, 1743.

ROZE. (la) Voyez *Fêtes* (les) *de l'Hymen*.

ROZELY, (N. Raissouche Montet.) débuta le Mercredi 24 Octobre 1742. par *Andronic*, dans la piéce du même nom, reçu à Pâques de l'année 1743. mort le Mardi 22 Décembre 1750. regretté pour ses mœurs & ses talens. *Hist. du Th. Franç* année 1753.

RUE (la) S. DENIS, Comédie en prose & en un acte, de M. *Champmeslé*, représentée pour la premiére fois le Mercredi 17 Juin 1682. précédée de la Tragédie de *Phédre*, dans les Œuvres de l'Auteur. *Hist. du Théatre Franç.* année 1682.

RUGGIERI, (NN.) freres, célébres Artificiers Italiens, vivans, ont fait & éxécuté tous les Feux d'artifices au Théatre Italien, &c.

RUPTURE (la) DU CARNAVAL ET DE LA FOLIE, Comédie Françoise & espéce de Parodie du Ballet lyrique du *Carnaval & de la Folie*, en prose & en un acte, suivie d'un divertissement, au Théatre Italien, par M. *Fuzelier*, représentée pour la premiére fois le Jeudi six Juillet 1719. non imprimée.

Scéne Ire.

« Momus paroît avec la Folie, à qui il fait des reproches sur son air triste & mélancolique..... Depuis, dit-il, que vous fréquentez l'Opéra, vous ne parlez plus que par sentence comme un écran...... Je ne veux plus chanter, dit la Folie, je suis lasse de débiter de la métaphisique à l'Opéra...... C'est pourtant un chef-d'œuvre, repart Momus, d'avoir trouvé le moyen de réduire la métaphisique en chansons, & la morale en rigaudons. La Folie apprend à Momus qu'elle va se marier : que le Carnaval n'est plus celui qu'elle a choisi pour son époux. Je ne veux point, ajoûte t-elle, d'un mari qui reste si longtemps à table, & sur-tout le soir, dit Momus; la Folie dit de plus que c'est en ce jour qu'elle doit recevoir les hommages de ses sujets; cela sera impossible, lui repart Momus, car quand les plaines de Grenelle, de S. Denis & des Sablons seroient jointes ensemble, elles ne pourroient pas les contenir tous, à moins qu'ils ne vinssent par Députés, encore le cortége seroit-il assez nombreux. *La Folie sort.*

Scéne II.

» Un Officier des Gardes de la Folie, vient de sa part pour prendre l'ordre de Momus. Ce Dieu lui demande le sujet du bruit qu'il vient d'entendre ? ce sont, dit l'Officier, quelques rébelles que la raison vouloit faire révolter contre la Folie. Eh, qui sont ces rébelles, dit Momus? il y a, répond l'Officier, un vieux

» Philosophe Péripatéticien..... Un Philosophe
» Péripatéticien, reprend Momus! il a grand
» tort, car son Maître Aristote a bien produit
» des foux, à commencer par Alexandre le
» Grand. Il y a encore, continue l'Officier, un
» grand homme à corsage allongé & au teint
» jonquille, qui se nomme M. *De la Griffe*, oh,
» oh! dit Momus, voilà un nom d'Huissier.
» Point du tout, répond l'Officier, c'est un
» Poëte, qui prétend attaquer la Folie jusques
» dans ses plus forts retranchemens, & l'exter-
» miner s'il est possible; il dit aussi, poursuit
» l'Officier, qu'il veut faire des Opéra raisonna-
» bles: oh bien, dit Momus, qu'on lui donne le
» pas sûr ceux qui en feront de déraisonnables...
» Est-ce là tout, M. l'Officier? il y a encore,
» répond celui-ci, un homme qui se dit Méde-
» cin, & qui prétend guérir toutes les maladies
» présentes, passées & à venir, avec une li-
» queur que des ignorans prendroient pour de
» l'eau de la Seine; je le crois, dit Momus, ce
» ne sont pas les porteurs d'eau qui tirent le
» meilleur parti de la riviere. L'Officier sort,
» & le Carnaval entre yvre & se soutenant sur
» Arlequin qui chante:

Bacchus, laisse-moi soupirer,
Amour, laisse-moi boire.

Scène III.

» Il apperçoit Momus, à qui il dit qu'il vou-
» droit bien ne plus aimer cette ingrate Folie,
» qui se rit de ses plus tendres soupirs. Momus
» lui chante une invocation à la haine, qui
» commence ainsi:

Eteints mes feux, brise ma chaine, &c.

Dans ce temps survient la Folie.

Scéne III.

» Le Carnaval & elle s'expliquent sur leur
» rupture, & le Carnaval sort avec Arlequin
» en chantant

Allons, à la guinguette, allons.

Scéne IV.

» Momus sort quelque temps après, & laisse
» la Folie seule :

Scéne V.

» Cette derniére apperçoit l'Amour qui vient
» à elle, & sur ce qu'elle paroit surprise de le
» voir sitôt de retour de Cithere; l'Amour lui
» dit que depuis qu'il a goûté l'Architecture mo-
» derne de ses Temples de Passi & du Moulin de
» Javelle, il ne peut plus s'accommoder de ceux
» d'Amathonte & de Cithere, où il n'y a ni
» chambre secrette, ni d'escalier dérobé; il ajoûte
» que depuis qu'il est grand garçon, il n'est plus
» difficile au coucher ; lits de camp, bottes de
» paille, gazons, tout l'accommode. Mais, re-
» prend la Folie, que dira Psiché? Je ne l'aime
» plus, répond l'Amour, & c'est vous, char-
» mante Folie, qui pouvez faire à présent mon
» bonheur. Vous êtes bien concis, dit la Folie;
» oh diable, continue l'Amour, depuis quel-
» ques années j'ai quitté tout ce verbiage pom-
» peux dont je me servois du temps des Cyrus
» & des Clélies : je suis devenu aussi laconique
» qu'un Caissier à qui on demande de l'argent ;

» je le crois, dit la Folie ; vous répondez auſſi
» aiſément oui qu'il dit non ; mais en récom-
» penſe, continue l'Amour, ſi je parle peu, je
» geſticule beaucoup. Geſticulez, geſticulez,
» reprend la Folie, vous ne pouvez le faire
» qu'avec grace ; ma foi vous l'entendez, dit
» l'Amour ; vous ſçavez ſans doute, que les
» geſtes expriment mieux que les paroles. Après
» cela la Folie déclare à l'Amour que s'il n'aime
» plus Pſyché, elle n'aime plus auſſi le Carna-
» val, & que c'eſt lui (l'Amour) à qui elle veut
» donner ſon cœur ; enſuite elle lui apprend
» qu'elle a ordonné une fête pour lui, & qu'elle
» va ſe parer pour y briller davantage. Elle ſort.

Scéne VI.

» L'Amour reſte ſeul & apperçoit Pſyché,
» qui débute par lui faire de grands reproches
» ſur ſon infidélité. L'Amour lui répond fort
» cavaliérement, ce qui donne lieu à Pſyché de
» lui dire qu'il ne lui parloit pas ainſi lorſqu'elle
» étoit fille ; lorſque vous étiez fille, répond
» l'Amour, j'étois garçon ; mais ajoûte-t-il, fai-
» ſons mieux, ſéparons nous. Non, non, répli-
» que Pſyché, cela ne ſera pas ainſi. Je plaide-
» rai, je ſuis jeune, je ſolliciterai, & nous ver-
» rons. Que vous êtes ſotte ! reprend l'Amour
» en riant ; faites mieux : ſoyez coquette. Tenez,
» Mars vous lorgne ; c'eſt un grand brunet qui
» porte la perruque naturelle, & qui a le tou-
» pet. Ma mere Vénus le connoît bien, & l'on
» peut ſûrement faire l'eſſai d'un Galant qu'elle
» a marchandé. Allez, allez, dit Pſyché, je ne
» veux point des reſtes de votre mere Vénus.

» C'est avoir l'appétit glouton, replique l'A-
» mour, que de ne pas vouloir se mettre à ta-
» ble après des gens qui ont bon appétit. Psy-
» ché outrée des mépris de l'Amour s'évanouit
» entre ses bras.

Scène VII.

» Momus arrive fort à propos, pour aider à
» l'Amour à mettre Psyché sur un siége de ga-
» zon. L'Amour demande à Momus son se-
» cours, non pour la faire revenir de son éva-
» nouissement, mais pour s'en débarrasser tout-
» à-fait. Momus rêve un moment, & lui dit
» qu'il en a trouvé le moyen; il l'en instruit
» tout bas, & lui conseille de sortir.

Scène VIII.

» A peine est il sorti, que Momus évoque le
» Fleuve Léthé, à qui il demande de son eau,
» pour en faire boire à deux Amans qui com-
» mencent à ne plus s'aimer. Léthé demande à
» Momus à qui son eau est bonne? quoi! ré-
» pond celui-ci, vous ne sçavez pas, vous qui
» êtes le Dieu de l'oubli, à quoi votre eau est
» bonne? c'est par son moyen qu'on voit tous
» les jours à Paris des barbons qui oublient leur
» âge, des Petits Maîtres qui oublient leur nais-
» sance; des coquettes qui oublient leur amour;
» des Normands qui oublient leurs promesses,
» & des Gascons qui oublient leurs bourses
» quand ils vont au Cabaret. Le Lethé, (c'est
» Arlequin qui fait ce role,) va pour chercher
» de cette eau, & revient avec un pot vuide;

» Momus lui ordonne de retourner ; mais celui-
» ci lui dit que s'il retourne il apportera peut-
» être l'eau sans le pot, ce qui engage Momus
» à y aller lui-même ; il arrive auſſi-tôt, &
» après avoir fait revenir Pſyché de son éva-
» nouiſſement, il lui fait boire de l'eau qu'il
» vient de chercher ; il en fait boire auſſi au Car-
» naval qui survient. Cette eau fait pleinement
» son effet, car ce dernier ne se souvenant plus
» de la Folie, donne la main à Pſyché, qui a
» pareillement oublié l'Amour. Ce parfait oubli
» eſt confirmé par la préſence de l'Amour &
» de la Folie, qui arrivent en se donnant la
» main, ſans rendre jaloux les deux buveurs. Le
» plaiſir qu'ils ont de se voir débarraſſés de leurs
» anciens Amans, ne leur permet pas de diffé-
» rer plus longtemps à s'en réjouir, & ils don-
» nent ordre de commencer la fête que la Folie
» avoit fait préparer. Cette fête eſt un Ballet
» mêlé de chants, & compoſé des suivans de
» cette Déeſſe ; ſçavoir deux hommes de robe,
» deux guerriers, deux marins & deux Petits
» Maîtres, avec chacun des trophées, des en-
» ſeignes qui marquent leur état. Le divertiſſe-
» ment eſt terminé par une danſe de la Folie &
» par un vaudeville ». *Extrait Manuscrit &*
du Mercure, mois de Juillet 1719.

RUPTURE (la) EMBARRASSANTE. Voyez
Jalouſie (la) embarraſſante.

« RUSCA, (Marguerite) femme du Sieur
» Thomaſſin, originaire de Boulogne, l'une des
» Comédiennes Italiennes de l'Hôtel de Bour-
» gogne, connue ſous le nom de *Violetta*, mou-
» rut le 28 Février 1731. après une longue ma-

» ladie, âgée d'environ 40 ans. Elle jouoit or-
» dinairement dans les Comédies Italiennes le
» role de Suivante. Elle a été inhumée à faint
» Laurent fa Paroiffe, après avoir reçu tous fes
» Sacremens ». *Merc. de France*, *Mars* 1731,
pag. 576-577.

RUSE (la) D'AMOUR, Comédie Françoife en profe & en un acte, au Théatre Italien, par M. *Romagnefi*, repréfentée pour la
première fois le Mardi 12 Juin 1736. non imp.
& fans Extrait.

RUSE (la) INUTILE, Comédie en vers libres
& en un acte, par M. *Rouffeau* de Touloufe,
repréfentée pour la première fois après la Tragédie d'*Alzire*, le Lundi 6 Octobre 1749. Paris, Jorry. *Hiftoire du Th. Franç. année* 1749.

RUSES (les) DE L'AMOUR, Comédie en
vers & en trois actes, par M. *Philippe Poiffon*,
repréfentée après la Comédie de *Georges Dan-
din*, le Lundi 30 Avril 1736. Paris, Prault fils,
& dans le Théatre de l'Auteur, même Libraire.
Hift. du Th. Fr. année 1736.

Quoique cette piéce foit imprimée, l'Extrait
que le Mercure en a donné dans le mois de
Juin, 2e volume même année 1736. p. 1434-
1443. nous a paru fi bien fait, que fortant des
régles que nous nous fommes prefcrites, nous
le préfentons aux Lecteurs qui n'ont ni la piéce
ni l'Extrait.

« Cette piéce a été affez bien reçue du Pu-
» blic ; nous n'en donnons ici qu'un Extrait peu
» détaillé, mais qui comprend ce qui conftitue
» le fond & le titre ; nous n'avons pas crû pou-
» voir mieux nous en acquitter qu'en fuivant

» l'Auteur même qui ayant disposé sa piéce avec
» ordre, a observé une gradation de ruses
» d'acte en acte.

» *Clitandre* amant *d'Isabelle*, ouvre la scéne
» avec Frontin son valet; Isabelle à qui il n'a
» jamais parlé, parce qu'elle ne fait que sortir du
» Couvent, a été promise par *Dorimon* son pere,
» à un homme dont la richesse fait tout le méri-
» te, & qui, à cela près, est justement appellé
» *Zéro*. Clitandre fait connoître à son valet la
» passion qu'il a pour cette aimable fille, & pour
» l'engager à trouver quelque ruse pour rompre
» ce mariage, il lui promet de lui faire épouser
» sa suivante Lisette; Frontin lui promet à son
» tour de le seconder; il lui demande son por-
» trait, dont il veut faire usage pour commen-
» cer l'intrigue. Ils se retirent tous deux, voyant
» approcher *Isabelle & Lisette*. Isabelle parois-
» sant triste, Lisette qui s'est déja doutée du
» sujet de sa mélancolie, lui dit que c'est appa-
» remment le mariage où son pere l'a engagé à
» son insçu, qui l'afflige; Isabelle lui témoigne
» qu'elle aimeroit mieux être encore au Cou-
» vent, que d'en être sortie pour n'épouser
» qu'un Zéro.

» Frontin entre tout à coup avec un bijou dans
» la main, ce bijou est le portrait de son Maî-
» tre, qu'il avoit perdu, & qu'il vient, à ce
» qu'il dit, de retrouver par le plus grand bon-
» heur du monde. Lisette, par un motif de
» curiosité demande à voir ce portrait, dont les
» pierreries lui donnent dans les yeux; Isabelle
» qui le veut voir à son tour, n'admire que les
» traits de Clitandre, qu'elle a déja vû, & qui

» occupe encore sa mémoire; Frontin ravi de
» ce coup d'essai, reprend le portrait pour l'al-
» ler porter à son Maître, avec l'agréable nou-
» velle qu'il n'a pas déplu à Isabelle; cette pre-
» miere ruse est bientôt mise à profit, & donne
» lieu à une seconde.

» Dorimon ayant fait entendre à Zéro son
» gendre prétendu, qu'il veut, en attendant le
» mariage dont ils sont convenus, que sa fille
» s'orne l'esprit, qu'elle apprenne la Musique,
» la Danse, & même la Géographie; Zéro
» n'en convient pas, parce qu'il se défie de tous
» les Maîtres. Clitandre instruit des intentions
» de Dorimon, vient se présenter à lui en qua-
» lité de Maître de Géographie; Dorimon en
» est aussi content que Zéro en est fâché; il prie
» le faux Géographe de donner une premiere
» leçon à sa fille; Clitandre s'en acquitte si bien,
» qu'il fait une déclaration d'amour en mots
» équivoques, & lit son bonheur dans les yeux
» de sa belle Ecoliere; Zéro ne s'accommodant
» pas d'une leçon qu'on donne tout bas, dit à
» Clitandre de parler haut; Lisette feint d'en-
» trer dans les intérêts du Jaloux; elle dit à Do-
» rimon que cette Géographie ne convient
» point à sa jeune Maîtresse, & qu'il vaudroit
» mieux lui donner un Maître à chanter; Zéro
» y consent, mais il veut que ce soit une fille
» qui montre à chanter à sa future épouse: la
» ruse de Lisette devient inutile par-là: Dori-
» mon sollicité par Zéro, remercie le Géogra-
» phe avec beaucoup de politesse. Tout le mon-
» de s'étant retiré, Frontin vient rejoindre son
» Maître, qui lui paroît très satisfait de sa pre-

» miere ruse, mais qui lui apprend qu'on l'a
» remercié, & prie Frontin d'inventer quelque
» nouvelle ruse.

» Au second acte, après quelques scénes qui
» n'ont pas une liaison intime avec le titre de
» la piéce, & dans l'une desquelles, Zéro pressé
» par Dorimon, peu satisfait de ses brusqueries,
» se contrefait d'une maniere assez comique
» pour plaire à Isabelle ; Frontin prend si bien
» son temps, que la trouvant seule avec Lisette,
» il lui présente un billet doux de la part de
» Clitandre ; Isabelle fait quelque difficulté de
» le recevoir ; mais Lisette lui ayant levé tous
» les scrupules, elle le lit. Dans ce billet Cli-
» tandre lui demande la permission de la voir ;
» autre scrupule pour exercer l'art de Lisette ;
» pendant que Lisette achéve de mettre la cons-
» cience de sa jeune Ecoliere en pleine sécurité,
» Frontin va avertir Clitandre qu'il peut entrer ;
» il entre sur le champ ; Isabelle a beaucoup de
» peine à se rassurer ; cependant la conversation
» se lie entre ces quatre amans, & on la pousse
» si loin, qu'on est surpris par Dorimon & par
» Zéro. Dans cet embarras, Frontin qui heu-
» reusement a un violon dont il apprend à
» jouer, dit à Clitandre de contrefaire le Maî-
» tre à danser ; il joue un menuet, Clitandre
» le danse avec Isabelle, au grand étonnement
» de Dorimon, & encore plus de Zéro, que la
» jalousie berce à mesure qu'on fait danser à sa
» future. Clitandre se retire, après avoir dit à
» Isabelle de bien retenir cette leçon, qu'il
» viendra achever le soir ; Frontin se sauve à
» son tour ; Lisette prie Dorimon de s'aller re-

» poser des fatigues de cette danse qu'il vient
» de voir. Lisette veut suivre Dorimon, mais
» Zéro qui ne cherche point à se reposer, l'ar-
» rête, & lui demande quel est ce mystere, Li-
» sette lui répond :

>Ma foi je n'en sçais rien ; ce que je puis penser,
>C'est que dans quelqu'endroit on aura dit peut-être,
>Qu'il falloit pour la danse à ma Maîtresse un Maître,
>Et comme celui-ci je pense est sans façon,
>Il est entré d'abord pour lui donner leçon.

» Zéro n'est pas fort satisfait de sa réponse,
» & sa jalousie le met en défiance plus que
» jamais.

» Le troisiéme acte qui avoit été le plus mal
» reçu, est devenu le plus beau, par le soin
» qu'on a pris d'en retrancher dès la seconde
» représentation quelques longueurs qui avoient
» paru superflues. Clitandre & Frontin le com-
» mencent ; Frontin dit à son Maître qu'il a
» passé chez le Notaire, qu'il a chargé de ven-
» dre une de ses terres ; il ajoûte que Dorimon
» lui-même en est l'acheteur ; cette circonstance
» fait plaisir à Clitandre, parce qu'elle peut lui
» procurer le moyen de voir quelquefois Isa-
» belle. Frontin achéve de le combler de joye,
» en lui apprenant que le Clerc de ce Notaire
» est un habile fripon de ses amis, qui lui a
» promis de le servir dans un heureux stratagê-
» me qu'il a imaginé pour le rendre heureux
» dans l'amour qu'il a pour Isabelle. Lisette
» vient, elle assure Clitandre de l'amour de sa
» Maîtresse ; elle lui dit que Zéro toûjours plus
» jaloux, ne veut pas qu'Isabelle reçoive aucune
» visite, mais qu'elle a imaginé une ruse dont

» elle va l'inſtruire dans quelque endroit où ils
» ne puiſſent pas être ſurpris. Ils ſortent enſem-
» ble pour concerter cette nouvelle ruſe d'a-
» mour. Liſette dit à Frontin de reſter pour
» venir l'avertir quand Dorimon & Zéro vien-
» dront en ce lieu. Après un court monologue
» de Frontin, Dorimon & Zéro arrivent; ce
» dernier croit reconnoître Frontin pour le Pre-
» vôt du prétendu Maître à Danſer; il l'arrête,
» & lui demande ce qu'il vient faire; Frontin
» contrefait l yvrogne, & ſe tire d'affaire par-là.
» Dorimon inſtruit Zéro d'une nouvelle acqui-
» ſition qu'il va faire pour augmenter la dot
» de ſa fille; c'eſt la terre dont on vient de par-
» ler; il dit que le vendeur de cette terre s'ap-
» pelle Clitandre, & qu'il doit venir avec le
» Notaire pour ſigner deux contrats à la fois;
» ſçavoir, celui de mariage, & celui de la
» vente de la terre; Zéro toûjours plus ſoupçon-
» neux, lui répond d'un ton fâché, qu'on ſe
» paſſeroit bien de ce Clitandre; Dorimon lui
» fait connoître que ſes bruſqueries continuel-
» les lui font de la peine pour ſa fille, & qu'il
» craint qu'elle ne conſente pas de bon cœur à
» accepter la main d'un époux ſi peu complai-
» ſant; Zéro lui dit que ſa future eſt bien chan-
» gée depuis une converſation qu'ils ont eû en-
» ſemble, & pendant laquelle il lui a paru le
» plus aimable de tous les maris. Liſette vient
» annoncer une Dame de condition à Dorimon;
» il va la recevoir. Cette Dame n'eſt autre que
» Clitandre même; c'eſt la ruſe que Liſette a
» imaginée; Iſabelle vient pour recevoir cette
» prétendue Dame, mais ce n'eſt pas ſans avoir

» été mise au fait par Lisette ; on apporte des
» siéges, & la conversation devient très-jolie
» de la part de la fausse Dame ; en voici quel-
» ques fragmens : Dorimon demandant à la
» Dame prétendue si elle a une maison dans le
» quartier : elle répond

. . . . . Oui, qu'on prétend m'ôter ;
Mais celui qui la vent pourroit s'en désister ;
J'ai des droits suffisans qui lui feront connoître,
Qu'il ne lui convient pas d'en vouloir être maître,
Et si dans peu de temps il ne changeoit d'avis,
Je lui ferois bien voir quelle femme je suis.
A le désabuser je suis bien résolue, &c.

. . . .
Elle est belle, & je veux l'occuper au plûtôt ;
L'aspect en est charmant, la façade agréable ;
Elle ne peut aux yeux rien offrir que d'aimable.
Je n'en détaille point tous les appartemens ;
Par le beau du dehors on juge du dedans ;
Je n'en changerai point ; c'est pour toute ma vie.

» L'allégorie se soutient jusqu'au bout ; pen-
» dant la conversation Clitandre coule un billet
» dans la main d'Isabelle, qui prenant pour le
» lire un moment où elle n'est point apperçue,
» apprend le role qu'elle doit jouer ; la fausse
» Dame se retire, après s'être fait connoître
» pour la mere de Clitandre, qu'elle voudroit
» bien, dit-elle, pouvoir marier à Isabelle,
» qu'elle baise plusieurs fois. Isabelle instruite
» par le billet, témoigne à son pere qu'elle n'a
» aucune répugnance à accepter Zéro pour
» époux ; on annonce le Maître Clerc du No-
» taire, qu'on attend avec les deux contrats à
» signer. Frontin travesti fait ce personnage.
» Comme il s'agit de deux contrats, Clitandre
» vient pour celui qui le regarde ; le Maître
» Clerc

» Clerc donne à signer un Contrat pour un
» autre ; de sorte que Dorimon signe avec Cli-
» tandre le contrat de mariage au lieu de celui
» de vente : c'est alors que Frontin en colere
» fait connoître le *quiproquo* par ces vers.

Voilà ce qu'ont produit tous vos longs complimens ;
Ils m'ont ici fait faire une faute étonnante,
L'un vouloit le contrat, l'autre vouloit la vente.
Et vos civilités ont fait le résultat,
Que vous avez signé tous les deux le contrat.

« Zéro s'emporte si fort sur cette méprise,
» que Dorimon retire sa parole, & consent
» que le contrat de mariage ait lieu ; il com-
» mande à Isabelle de le signer, on peut bien
» juger qu'elle n'a jamais obéi à son pere de
» meilleure volonté ».

RUSE (la) D'AMOUR, Comédie Françoise en prose, & en un acte, représentée au Théatre Italien le Mardi 12 Juin 1736. non imprimée.

ACTEURS.

LÉONORE.
LUCINDE.
LISETTE, *suivante de Léonore.*
ARAMINTE.
CLITANDRE.
DAMON, *frere d'Araminte.*
L'ESPINE, *valet de chambre de Clitandre.*

La scéne est à la Campagne, chez Lucinde.

Léonore, fille de condition, sans fortune, n'a d'autre ressource que l'amitié de Lucinde sa cousine, dont elle est l'héritiere, & avec qui elle demeure. Lucinde, aussi bien que Léonore, est fille, jeune & aimable, mais elle est fort riche, maîtresse d'elle-même, & a une antipathie pour l'amour & le mariage qu'elle a peur que sa cousine ne partage pas. Elle l'a menée à la campagne, & lui reproche sa mélancolie. Lisette excuse sa Maîtresse sur l'ennui de la solitude. Lucinde représente à sa cousine que la solitude est nécessaire à la campagne, parce que la liberté qu'elle autorise y rend la société, surtout celle des hommes, très-dangereuse au repos du cœur de celles qui sont comme elles ennemies déclarées de tout engagement ; &, sur ce que Léonore ne lui répond pas de façon à la rassurer, elle lui déclare nettement que ne voulant point la voir malheureuse, elle ne doit plus compter sur elle, si elle prend quelqu'engagement d'amour, ou de mariage, & sort, en lui répétant la même menace ; malgré celles de Lisette, qui la met fort en colere, en lui prédisant que l'amour se vengera d'elle tôt ou tard, & qu'elle ne désespere pas de voir bientôt un joli homme à ses genoux.

Léonore allarmée, fait confidence à Lisette de son amour pour Clitandre, jeune Officier avec qui elle a fait connoissance à une assemblée où sa cousine n'a pû venir, parce qu'elle étoit indisposée, & que souvent elle a revu depuis chez Celimene, dont il est le neveu, & qui est son amie, aussi bien que celle de Lucinde. Lucinde ne s'est point apperçue de leur intelligence, parce qu'ils se sont observés devant elle, & que n'osant regarder un homme en face, elle n'a jamais vû leurs yeux se rencontrer. Clitandre est en Allemagne, & Léonore s'imagine qu'il sera au désespoir de ne la point trouver à Paris à son retour, d'autant qu'elle n'a osé lui donner de ses nouvelles en partant pour la campagne, de peur que son impatience amoureuse ne le fit passer sur toutes sortes de considérations pour la venir trouver. Lisette apprend à Léonore que Damon, homme de robe d'un certain âge, très-étourdi, & en même temps très-borné, que Lucinde reçoit quelquefois, en considération d'Araminte sa sœur, est éperdument amoureux de sa cousine, ce que Léonore trouve peu vraisemblable.

Lucinde rentre & dit qu'un carrosse vient d'arriver; elle ordonne à Lisette d'aller voir qui ce peut être, d'autant qu'elle n'a invité personne. Léonore en dit autant. Lisette annonce la prude Araminte, & Monsieur son frere qu'elle a eu peine à reconnoître, parce qu'il est en habit galonné & qu'il a une épée. Lucinde trouve que le frere est de trop; elle charge Léonore d'aller les recevoir, & Lisette de donner les ordres nécessaires; Léonore sort, & Lisette, avant d'en faire autant, met encore Lucinde fort en colere, en lui annonçant que le Conseiller Damon est amoureux d'elle. Damon entre en faisant un faux pas, il dit à Lucinde qu'il a devancé sa sœur, qui s'amuse avec Léonore, & se félicite tout bas de trouver Lucinde seule, ce qui ne lui est jamais arrivé. Il saisit cette occasion de se déclarer; Lucinde qui d'abord lui a fait perdre la parole d'un regard, le voyant reprendre courage, commence par se fâcher, & finit par se moquer de lui, ce que le

Conseiller prend en bonne part, de sorte que la croyant adoucie, il ne se voit interrompu qu'avec chagrin, par l'arrivée de sa sœur, de Léonore & de Lisette. Il continue ses extravagances, & voyant que Lucinde prie Araminte de ne le plus ramener chez elle, il prie de son côté Léonore de le recevoir au refus de sa cousine, ou de faire semblant de l'aimer pour lui donner de la jalousie. Il ne comprend pas qu'une fille vertueuse puisse être offensée d'une proposition de mariage. Mon frere, lui dit la vieille Araminte, il y a des vertus si rigides, que les vues les plus légitimes sont offençantes pour elles, & j'agirois comme Madame, si on me faisoit les mêmes propositions. Ha ! Madame, répond Lisette, il y a trop longtemps qu'on connoît votre sagesse pour que personne ait l'audace d'y attenter. Lucinde impatientée propose un tour de jardin, & signifie à Damon qu'ayant à parler en particulier à Araminte, il faut qu'il se proméne seul, ou avec Léonore qu'elle prie de lui tenir compagnie. Le Conseiller paroît persuadé qu'on ne tiendroit pas contre lui s'il n'avoit un rival aimé ; mais je le découvrirai, dit-il, ce rival, & il aura affaire à moi...... s'il a quelque procès. Il reste avec Léonore, qui ne paroît pas disposée à l'entretenir, de sorte qu'il se propose de rêver seul aux moyens de rendre Lucinde sensible, & n'en imagine pas de meilleur qu'une indifférence affectée ; Léonore l'encourage à le tenter, & il la quitte pour commencer l'exécution de ce beau projet. Léonore trouve que l'Amour ne peut mieux se venger de sa cousine qu'en lui envoyant un amant si ridicule. L'Espine valet de chambre de Clitandre qui n'a jamais vû Léonore, & qu'elle ne connoît pas pour être à son Amant, entre, & demande un asile pour son Maître, dont la chaise de poste s'est rompue, & qui est un peu incommodé de sa chûte, en attendant que sa voiture soit raccommodée, ce qui demande quelques heures. Léonore qui connoît la sévérité de sa cousine le refuse, malgré Lisette, & sur ce qu'il insiste, & paroît d'une humeur un peu libre, elle veut appeller, lorsque Clitandre, impatient du retard de son envoyé, vient lui même pour en apprendre la cause. Les deux Amans se reconnoissent avec beaucoup de surprise. Léonore fait part de ce cas fortuit à Lisette qui fait semblant de vouloir appeller à son tour. Léonore veut faire partir son Amant, de peur que Lucinde ne les surprenne ensemble, il n'y peut consentir. Lisette est chargée d'aller faire le guet, & l'Espine se charge de lui tenir compagnie. Léonore apprend à son Amant la conversation qu'elle vient d'avoir avec sa cousine de qui dépend sa fortune. Clitandre lui dit qu'il est son maître, & assez riche pour la dédommager de ce qu'elle peut perdre en perdant l'amitié de Lucinde. Léonore répond qu'elle ne consentira jamais à déranger ses affaires en le chargeant d'une femme sans biens, & que d'ailleurs elle est trop attachée à Lucinde, pour se marier sans son consentement; Clitandre se plaint de son injustice. Lisette & l'Espine rentrent, & disent à leurs Maîtres qu'ils n'ont rien à craindre, & que Lucinde est au fond de la grande allée avec Araminte. Léonore propose à Clitandre de sortir de la salle où ils sont, parce qu'ils les verront venir de plus loin dans la galerie. Lisette & l'Espine restent ensemble & font leur marché ; mais Lisette veut que l'Espine trouve le moyen de faire réussir les affaires de Léonore & de Clitandre, & ne se donne qu'à ce prix, ce que l'Espine ne trouve pas aisé, vû le caractere de Lucinde, & la résolution où est Léonore de ne se marier que du consentement de sa cousine. Léonore & Clitandre reviennent. Celui-ci se plaint de ce que Léonore le veut faire partir sans lui donner la moindre espérance, & pendant qu'ils exhortent l'Espine à trouver les moyens de les tirer d'intrigue, & qu'il promet de faire de son mieux ; Lucinde revient avec Araminte, & revient du côté par où il faut que le Maître & le valet sortent pour s'en aller. Clitandre veut se déclarer à Lucinde ; Léonore n'y peut consentir, & le fait entrer avec l'Espine dans le cabinet de sa cousine. Elle sort ensuite pour lui dérober le désordre où elle est. Lucinde flattée des complimens que lui fait Araminte sur son aversion pour tout engagement, lui dit en confidence qu'elle a composé un petit ouvrage intitulé *Les malheurs de l'union conjugale*, & promet de le lui montrer. Araminte le veut voir sur le champ, & veut l'aller chercher dans son cabinet, Lucinde l'arrête & fait des façons d'Auteur. L'ouvrage n'est pas achevé ; ce n'est qu'un brouillon qu'on ne pourra déchiffrer ; ses livres sont trop mal en ordre ; aucune de ces raisons ne retient Araminte, qui est prête d'entrer dans le cabinet, lorsque son frere survient, qui demande à Lucinde si elle s'est apperçue de son indifférence, elle lui dit que non, & il lui demande ses ordres pour Paris, où il veut aller coucher, dût son départ la mettre au désespoir. Autant d'affectation perdue, lui dit Araminte, nous avons autre chose à faire qu'à vous écouter, & sur le champ elle prend le chemin du cabinet; Lucinde essaye encore en vain de l'arrêter. Pendant ce temps Damon regarde à sa montre, & voyant qu'il est sept heures, demande pardon à Lucinde de la quitter si brusquement; elle lui pardonne volontiers; il offre pourtant de rester, & lui représente qu'elle est encore à temps de l'arrêter, lorsqu'Araminte sort toute indignée du cabinet, où elle a trouvé deux hommes; ce n'étoit pas sans raison, dit-elle, que vous vouliez m'empêcher d'entrer là dedans; elle ajoûte qu'elle est impatiente d'être à Paris pour répandre cette aventure, & qu'elle doit l'éclat à sa propre justification. Damon ne sçait ce qu'elle veut dire, mais il est bientôt éclairci. Clitandre sort à son tour du cabinet; il a pris son parti, & a envoyé l'Espine avertir les intéressés. Il feint d'être amoureux de Lucinde, & lui propose de l'épouser. Lucinde lui reproche de s'être introduit dans son cabinet à son insçu, mais Araminte lui dit qu'elle ne prend point le change, & qu'elle ne peut mieux faire que de l'épouser, puisqu'il parle de mariage. Damon s'applaudit de ne s'être pas trompé quand il a crû qu'un rival lui fermoit l'accès du cœur de Lucinde. Clitandre offre de lui en faire raison; bon, dit-il, il n'y a point de raison à cela. Clitandre se met aux genoux de Lucinde, qui perd contenance, Léonore & Lisette entrent avec l'Espine.

Léonore feint beaucoup d'étonnement. Lisette rappelle à Lucinde qu'elle lui a prédit qu'on verroit bientôt un joli homme à ses pieds. Damon & Araminte veulent sortir, Lucinde les retient, & prie tout bas Léonore de dire que c'est pour elle que Clitandre est venu, lui promettant de le lui donner pour mari avec une dot considérable. Léonore se fait prier & y consent enfin. Elle dit à Clitandre qu'il est inutile de feindre plus longtemps, & qu'elle ne peut souffrir de voir sa cousine accusée par sa faute. Clitandre paroît étonné, mais elle lui dit tout bas de se taire. Araminte félicite Lucinde de ce qu'elle est heureusement justifiée, Damon qui sent renaître son espoir, ne le garde pas longtemps; la rigueur de Lucinde y met bon ordre. Il dit qu'il va partir, & sort. Lisette prie Araminte de le retenir pour servir de témoin. Araminte sort aussi pour l'empêcher de s'en aller. Lucinde charmée de la prétendue générosité de sa cousine, l'offre en mariage à Clitandre, en lui représentant qu'il perdroit son temps s'il s'attachoit à elle; il paroît n'y consentir qu'avec peine, mais il y consent, aussi bien que Lisette consent à épouser l'Espine par-dessus le marché.

La piéce dont nous venons de donner l'Extrait est de feu M. Romagnesi. L'intrigue en est froide & le dénouement peu vrai-semblable; cependant elle a eu quelque succès (*) aux représentations, ce que nous croyons devoir attribuer au dialogue qui est généralement assez

---

(*) Voyez le Mercure de France, second volume de Juin, année 1736. page 1198.

naturel, & quelquefois assez animé. Mais comme il n'y a pas de scéne dont le fond soit véritablement comique, nous nous dispenserons d'en copier aucune de suite, & nous nous contenterons d'extraire un ou deux endroits de celles qui nous paroissent les plus propres à confirmer le jugement que nous venons de porter sur le mérite du dialogue.

SCÉNE PREMIÉRE.

Lucinde, Léonore, Lisette.

. . . .
. . . .

LÉONORE à *Lucinde.*

Vous chargez un peu vos portraits ; vous les défigurez. Quelle douceur, ma chere Lucinde, ne goûte-t-on point dans une union bien assortie ? représentez-vous un époux aimable.

LISETTE.

Empressé.

LÉONORE.

Complaisant

LISETTE.

Plein d'ardeur.

LÉONORE.

Tendre.

LISETTE.

Caressant.

LÉONORE.

Jeune.

LISETTE.

Bienfait.

LÉONORE.

Enjoüé.

LISETTE.

Alerte.

LÉONORE.

Pourriez-vous vous en défendre ?

LISETTE.

Il n'y a pas moyen d'y tenir.

LÉONORE.

On jouit avec lui d'une douce liberté.

LISETTE.

Ho ! liberté toute entiere.

LÉONORE.

On n'a d'autre soin que de lui plaire.

LISETTE.

Et de l'aimer.

LÉONORE.

Une femme vit tranquille.

LISETTE.

Adorée.

LÉONORE.

Dans les plaisirs.

LISETTE.

Dans les délices.

LÉONORE.

Ne préférez-vous point un semblable état à celui d'indolence.

LISETTE.

Bon, bon, à mettre les choses au pis, le mariage le plus orageux est préférable au célibat le plus tranquille. Mais, que dis-je ? tranquille ! il ne sçauroit l'être, &c.

SCÉNE IV.

LUCINDE, DAMON.

. . . .
. . . .

DAMON.

Le temps nous est cher, Madame ; nous allons être interrompus. Sur quoi dois-je tabler ? hé, vîte donc ?

LUCINDE.

Ha ! c'en est trop. Pensez-vous bien à ce que vous dites, Monsieur.

DAMON.

Si j'y pense, Madame ! en doutez-vous ?

LUCINDE.

Je le pardonnerois à un jeune éventé ; mais un homme de votre âge & de votre caractere ne doit-il pas sentir le ridicule d'une pareille déclaration. Qu'elle soit vraie ou fausse, elle m'offense également. Je me flattois d'être à l'abri.......

DAMON.

Qu'a donc cet aveu qui doive vous déplaire, Madame ? N'êtes-vous pas Maîtresse de vous-même ? une femme en pouvoir de mari n'en seroit peut-être pas si scandalisée.

LUCINDE.

Je me dois plus qu'à tout les maris du monde, & je vous prie très-sérieusement de cesser une conversation qui m'est à charge ;

DAMON.

Mais, Madame, il faut prendre un parti. Vous êtes jeune, riche, & belle ; Que voulez-vous donc faire de tout cela ?

LUCINDE.

Que rien ne vous inquiéte.

DAMON.

La chose me regarde de trop près pour ne pas m'intéresser au-delà de tout.

LUCINDE.

Je commence à me reprocher la colere où je me suis mise.

DAMON.

Ha ! ne sçavois-je pas bien qu'il en falloit venir-là ?

LUCINDE.

Je la conserverois contre tout autre, mais je vous pardonne.

DAMON.

Aimable Reine !

LUCINDE.

Et l'on doit plutôt rire de vos extravagances, que s'en fâcher.

DAMON.

Plaît-il ?

LUCINDE.

Mais comme le ridicule n'amuse qu'un moment, il est temps de finir.

DAMON *à part, voyant arriver sa sœur avec Léonore & Lisette.*

Ha! morbleu! voici du monde qui vient bien mal-à-propos ; elle étoit presque ébranlée, &c.

SCÉNE XII.

LISETTE, L'ESPINE.

. . . .
. . . .

LISETTE.

Comment donc? du premier abord Monsieur exige des récompenses avant d'avoir rendu des services.

L'ESPINE.

C'est que je prévois tous ceux que j'aurai à te rendre, & je demande des à comptes.

LISETTE.

Je paye comptant, mais jamais d'avance.

L'ESPINE.

Hé bien, je vais te présenter mon mémoire ; premiérement, pour avoir aimé Lisette dès la premiere vue.

LISETTE.

C'est à moi que j'en ai l'obligation.

L'ESPINE.

Pour t'aimer de bonne foi.... la..... sans vouloir te tromper.

LISETTE.

Mon expérience y mettroit bon ordre.

L'ESPINE.

Troisiémement, pour être prêt à t'épouser sans de plus amples informations.

LISETTE.

Les maris y font toûjours trompés ; si on leur cache la vérité, ils l'ignorent ; si on la leur découvre, ils ne la croient pas.

L'ESPINE.

Je crois que tu as raison, & tu me fais des objections si justes, que je n'ai plus recours qu'au droit de conquête ; allons, rebelle, subissez la loi du vainqueur.

LISETTE,

Monsieur de l'Espine, je donne des soufflets.

L'ESPINE.

Fi ! cela dégraderoit un visage militaire ; mais n'importe, les coups que l'on reçoit en amour font autant d'honneur que ceux qu'on donne à la guerre, & je vais m'exposer à tes charmantes brutalités.

LISETTE.

Non pas, s'il vous plaît, car je chasse après avoir battu.

L'ESPINE.

Il n'y a point de ressource avec cette fille-là, &c.

Extrait Manuscrit.

RYER, (Pierre du) né à Paris en 1605. de l'Académie Françoise en 1646. mort dans la même ville vers le 4 ou le 5 Octobre 1658. il a donné au Théatre François.

ARGÉNIS ET POLIARQUE, *ou* THÉOCRINE, Tragi-Comédie, 1630.

L'ARGÉNIS, SECONDE JOURNÉE, Tragi-Comédie, 1631.

LISANDRE ET CALISTE, Tragi-Comédie, 1632.

ALCIMÉDON, Tragi-Comédie, 1634.

LES VENDANGES DE SURESNE, Comédie, 1635.

LE CLÉOMÉDON, Tragi-Comédie, 1635.

LUCRÈCE, Tragédie, 1637.
CLARIGÈNE, Tragi-Comédie, 1638.
ALCIONÉE, Tragédie, 1639.
SAÜL, Tragédie, 1639.
ESTHER, Tragédie, 1643.
BÉRÉNICE, Tragédie en prose, 1645.
LE SCÉVOLE, Tragédie, 1646.
THÉMISTOCLE, Tragédie, 1648.
NITOCRIS, REINE DE BABILONE, Tragédie, 1649.
DINAMIS, REINE DE CARIE, Tragi-Comédie, 1650.
ANAXANDRE, Tragi-Comédie, 1654.

Fin du quatrième Volume.

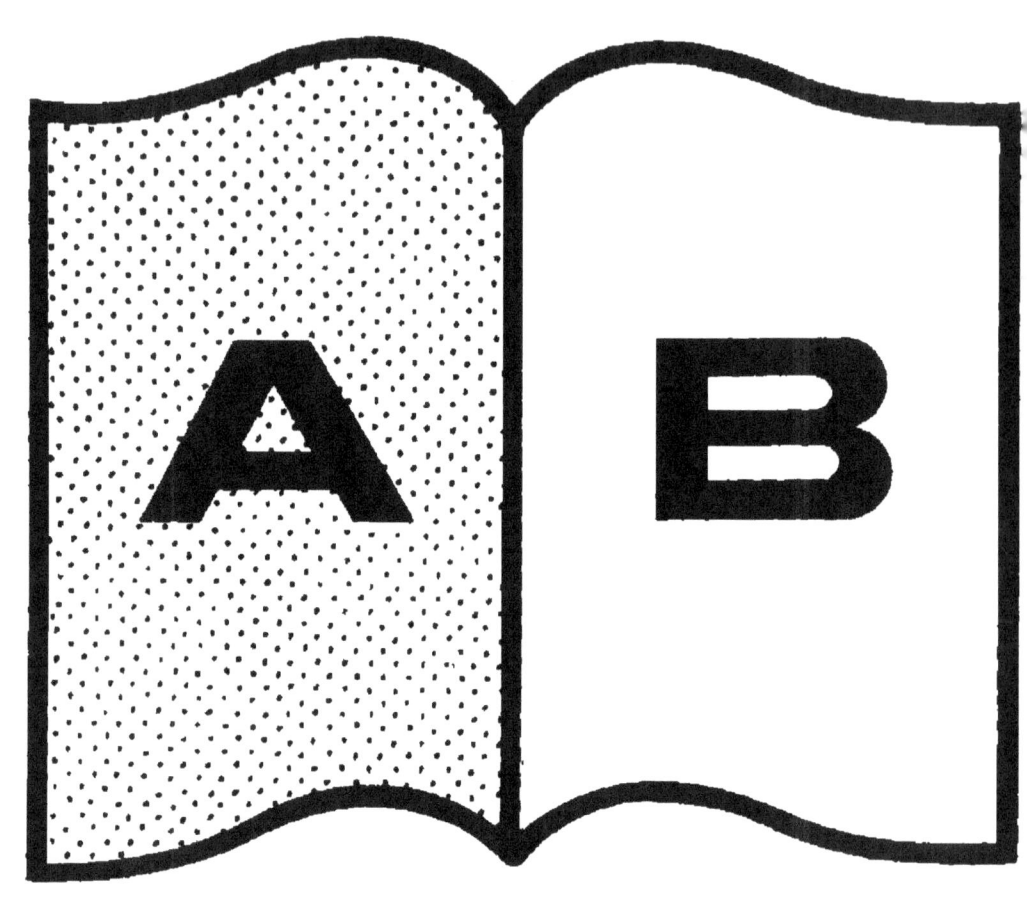

Contraste insuffisant

NF Z 43-120-14

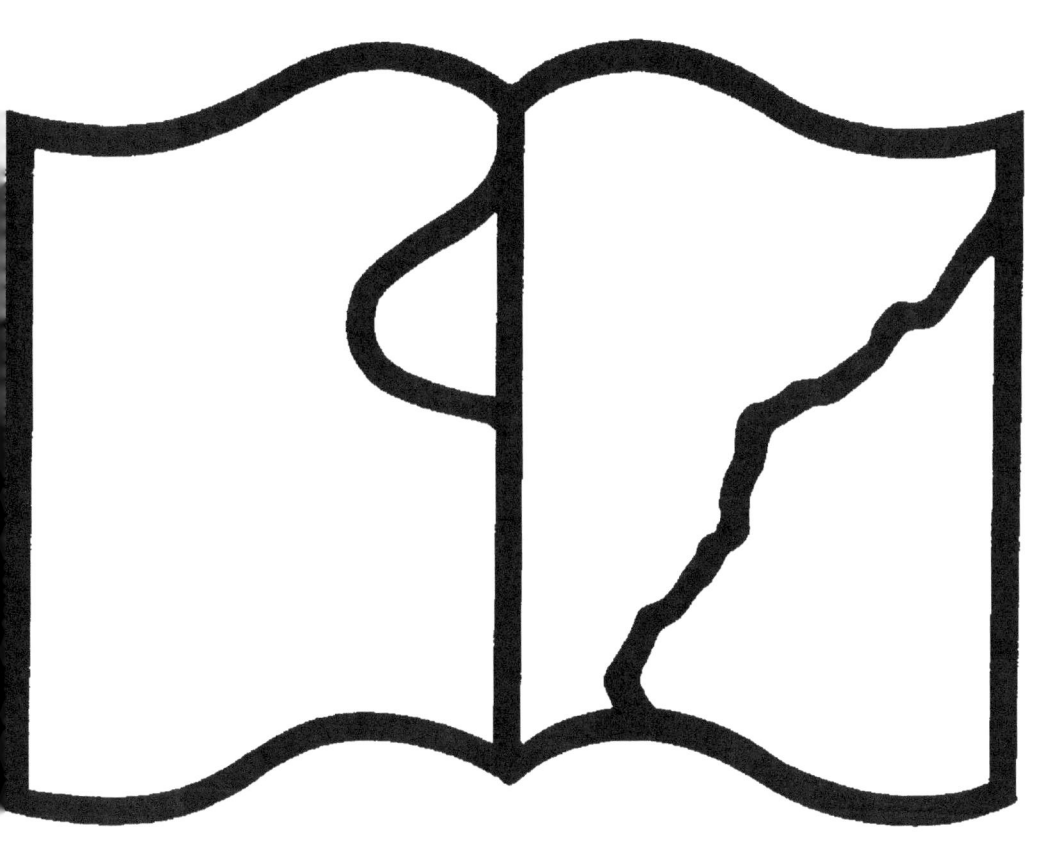

Texte détérioré — reliure défectueuse

NF Z 43-120-11

www.ingramcontent.com/pod-product-compliance
Lightning Source LLC
Chambersburg PA
CBHW071040240526
45471CB00014B/11